आदिदेव आर्य देवता

आदिदेव आर्य देवता

संध्या जैन

प्रभात प्रकाशन, दिल्ली
ISO 9001:2008 प्रकाशक

प्रकाशक • **प्रभात प्रकाशन**
4/19 आसफ अली रोड,
नई दिल्ली-110002

संस्करण • प्रथम, 2018
मूल्य • पाँच सौ रुपए
मुद्रक • आर-टेक ऑफसेट प्रिंटर्स, दिल्ली

AADIDEV AARYA DEVATA *by* Smt. Sandhya Jain ₹ 500.00
Published by Prabhat Prakashan, 4/19 Asaf Ali Road, New Delhi-2
e-mail: prabhatbooks@gmail.com ISBN 978-93-5266-873-1

आम जनजातीय धारणा

अंग्रेजी राज में अध्ययन की ऐसी शैली का सूत्रपात हुआ, जिसमें भारत की आदिवासी या जनजातीय जनसंख्या को आदिम सामाजिक समूहों के रूप में दिखाया गया, जो हिंदू समाज की मुख्यधारा से भिन्न और परे थी। अध्ययनकर्ता इस संस्थापित रूढ़िवादिता पर संदेह कर रहे हैं, क्योंकि आध्यात्मिक-सांस्कृतिक परिदृश्य की सरसरी दृष्टि भी अत्यंत प्राचीन काल से जनजातियों और गैर-जनजातियों के बीच गहरे संबधों की ओर इशारा करती है। दोनों समूह, जिन्हें एक-दूसरे से एकदम भिन्न बताया गया है, के बीच सक्रिय प्रभाव इस धारणा को चुनौती देता है। इसके अनुसार जनजातियाँ सुदूर जंगलों या पर्वत श्रृंखलाओं में रहती हैं। एक जटिल चित्र उभरता है, जिसमें जनजातियाँ (गण, जन-जाति) जाति और वर्ण समाज में विकसित और सक्रिय होती हैं, वहीं कुछ अपेक्षाकृत, एकांत चुनती हैं।

अंग्रेजी राज में मानव-विज्ञानियों की खोज से तथाकथित-जनजातीय और तथाकथित-हिंदू समाज का निरंतर संबंध प्रकाशित हुआ (देखिए आदि संस्कृति, सनातन धर्म)। प्राचीन साहित्य और आम इतिहास में भी उसकी झलक मिलती है, विशेषकर आद्य मध्यकाल से जिसके विवरण भी मौजूद हैं (देखिए जनजातीय राज्य की स्थापना और धर्म का विकास)। यह विडंबना ही है कि एक तथ्य जिसे शोधकर्ता व्यापक रूप से स्वीकार करते हैं, उसे अकादमिक मुख्यधारा में स्वीकारा नहीं जा रहा है।

स्वतंत्रता संग्राम के दौरान महात्मा गांधी और अन्य राष्ट्रवादी नेताओं ने समाज के पिछड़े वर्गों के साथ राज्य के प्रशासकों की अनिष्टकारी हरकत पर नाराजगी जताई और इस बात पर जोर दिया कि जनजातियाँ हिंदू समाज का अभिन्न अंग हैं। इस अध्ययन का उद्देश्य यह दिखाना है कि जनजातीय और हिंदू समाज की मुख्यधारा के बीच गहरे संबंध शुरू से ही सामाजिक-सांस्कृतिक-आध्यात्मिक और आर्थिक-राजनीतिक श्रृंखला में रहे हैं और मुख्यधारा और किनारे की धारणाएँ और तथाकथित सारभाग-किनारे का

मतभेद मात्र एक औपनिवेशिक चाल ही थी। औपनिवेशिक साहित्य शास्त्र के बावजूद जनजातीय लोग कभी भी हिंदू उच्च वर्ग (जिसे मैक्सम्यूलर ने ब्राह्मणवादी का दरजा दिया) के सांस्कृतिक मानदंडों के अनुरूप न होकर भी उसकी विविधता में सक्रिय और भारी योगदान देते रहे हैं। जैसे-जैसे हम हिंदू धर्म के जनजातीय देवों का विवेचन करेंगे, यह बात और साफ होगी।

राष्ट्रवादियों ने राज के इस तर्क को अस्वीकार किया कि भारत कृत्रिम रूप से बना था तथा विभिन्न मतों, संप्रदायों और जातीय अस्तित्वों का जमावड़ा था, जो एक विशेष भौगोलिक क्षेत्र में स्थापित था। राष्ट्रवादियों ने समझाया कि शुरुआत से ही भारत की सभ्यता, सामंजस्य और अखंडता हिंदू विशेषता है, जो विभिन्न धारणाएँ, प्रथाएँ तथा अन्य स्तरों की चेतना का प्रतिनिधित्व करती हैं और ईश्वर तक पहुँचने के सभी मार्गों को स्वीकृत करती हैं। औपनिवेशिक राज्य ने इस बात पर जोर दिया कि ब्राह्मण, खेतिहर, अछूत और आदिवासी भिन्न-भिन्न समूह थे, जिनके विशिष्ट रीति-रिवाज और विश्वास थे। व ब्राह्मण अपना वर्चस्व स्थापित करने के लिए सबका दमन करना चाहते थे। जनगणना वर्गीकरण में नकली जाति श्रेणियों और छल-कपट द्वारा जनजातियों को हिंदू समाज की मुख्यधारा से अलग करने का प्रयास किया गया (देखिए जाति और जनजाति : एक औपनिवेशिक चाल)।

राष्ट्रवादियों (मानव-विज्ञानी बेरिअर रल्विन, शरतचंद्र राय, जी.एस. धुर्ये और हाल ही में के. सुरेश सिंह) ने प्रथा, मिथकशास्त्र और लिखित इतिहास में स्पष्ट जनजातियों की ईश्वरत्व की धारणा और हिंदू धर्म में समानताओं पर जोर दिया है। जीवित हिंदू परंपरा ने तथाकथित ब्राह्मण मूल्यों के एकतरफा परिस्रवण की औपनिवेशिक परिकल्पना को नकार कर उसके स्थान पर तीव्र गतिशीलता और तथाकथित 'निचले' सामाजिक वर्ग के विश्वास मतों के प्रचुरोद्भव को स्पष्ट किया। वास्तव में पूर्वकल्पित क्रम-परंपरा के आधार पर सामाजिक समूहों को वर्गीकृत करने का प्रयास सार्वजनिक प्रवचनों के जरिए अनोखा योगदान है। मैरियर के अनुसार यह इस बात का स्पष्ट प्रमाण था कि आध्यात्मिक वर्णक्रम ने जनजातीय और हिंदू धर्म को स्वीकार कर लिया था; जहाँ एक ओर जनजातीय तत्त्वों ने उन्मुक्त रूप से विधिवत् हिंदू परंपरा में प्रवेश किया, वहीं हिंदू परंपरा की विशिष्टताएँ जनजातीय पूजा पद्धतियों का हिस्सा बन गईं।

नए शोध के अनुसार भारत की स्थानीय संस्कृति और सभ्यता सामूहिक आधार पर विकसित हुई है और इसका सरलतापूर्वक कृत्रिम विभाजन संभव नहीं है। यह सवाल उठना स्वाभाविक है कि क्या 'जनजातीय' और 'हिंदू' जैसे वर्गीकरण प्रामाणिक हैं। इस विषय पर अकादमिक एकमत न होने के कारण यह अध्ययन पुरानी पारिभाषिक शब्दावली का अनुसरण करने पर बाध्य है, हालाँकि यह अब अपर्याप्त है। वर्तमान

अध्ययन मुख्य रूप से स्वीकार करता है कि जनजातीय धर्म का जनजातीय समुदाय अनुसरण करते हैं। मंदिरों में आमतौर पर हिंदू धर्म का सभी हिंदुओं द्वारा मान्य शास्त्रोचित पद्धति से अनुसरण किया जाता है। अब तक विद्वान् इन्हें क्रमशः 'छोटी' और 'महान' परंपराएँ मानते थे, लेकिन वास्तव में दोनों क्षेत्र मिलकर एक-दूसरे के पूरक थे। उड़ीसा के संदर्भ में, मसलन दोनों एक सुपरिभाषित क्षेत्रीय परंपरा में सम्मिलित हो जाते थे (देखिए जगन्नाथ : श्रेष्ठ जनजातीय देवता)।

रेडफील्ड ने इस आदान-प्रदान का विवेचन किया—यह संभवतः हिंदू धर्म पर वर्तमान मानवशास्त्रीय अध्ययनों का सबसे महत्त्वपूर्ण निष्कर्ष है"'हिंदू धर्म की एकता रीति और धर्मग्रंथों के विशिष्ट समूह में ही निहित नहीं है जैसी संस्कृतनिष्ठ हिंदुत्व द्वारा परिभाषित या असंस्कृत लोगों के वैकल्पिक 'निचले स्तर' के लोकप्रिय हिंदुत्व में देखी जा सकती है। गीत, नृत्य, नाट्य, शिल्प, चित्रकला, धार्मिक कथाओं और रीतियों में, जो गाँववासियों की रीतियों और विश्वासों को शहरी लोगों, एक क्षेत्र को दूसरे और शिक्षित को अशिक्षित से जोड़ती हैं। उन गाँवों में हिंदू प्रभाव दिखाई देता है, जहाँ जनजातीय समूह जातिगत हिंदुओं के साथ आदान-प्रदान करते हैं। ऐशमैन के अनुसार, 'हिंदू' बनने का निर्णायक चरण तब होता है, जब आदिवासी देवता को तीन विशेषताओं सहित हिंदू मंदिर में सम्मिलित किया जाता है, यानी दैविक पूजा; सभी जातियों द्वारा मान्यता और क्षेत्रीय सीमा से परे प्रतिष्ठा।

कुल्के के अनुसार, जब भी किसी जनजातीय देवता को हिंदू पंथ में ऊँचा स्थान दिया गया, उसने अपना मूल एक शांकवीय चिह्न तथा जनजातीय पुजारी बरकरार रखा। वास्तव में चिह्न और पुजारी नए भक्तों (गैर-जनजातीय जातिगत हिंदू और मूल जनजातीय लोगों) के बीच सेतु का काम करते थे। ऐसी स्थिति में जनजातीय देवता की शक्ति को मानने वाला शासक अकसर दरबार द्वारा नियुक्त ब्राह्मणों से भगवान् की वैकल्पिक या 'चलंति प्रतिमा' अपने महल में पूजा के लिए प्रतिष्ठित करवाता था। अकसर दुर्गा या चामुंडा की मूर्ति को मूल मूर्ति के आगे या पीछे स्थापित किया जाता था।

जिस तेजी से जनजातीय देवताओं ने अपने स्थानीय वन या पर्वत के माहौल से निकलकर अखिल भारतीय प्रसिद्धि प्राप्त की, उससे हिंदू आध्यात्मिक परंपरा की निरंतर यथार्थता परिलक्षित होती है। इस बहिर्मुखी गतिशीलता के प्रमुख उदाहरण हैं—भारत भर में साँप (नाग, नाग देवता) और भू-देवी की पूजा, जो न केवल वन समाज, बल्कि गाँव, क्षेत्रीय और प्रकृति में विद्यमान है। भू-देवी को विभिन्न स्थानों पर पृथ्वी माता, धरती माता, काली, पार्वती, दुर्गा इत्यादि रूप में पूजा जाता है। लेकिन के.एस. सिंह के अनुसार उसे भेंट की जानेवाली बलि (बकरी, मुरगी, भैंस) प्राचीन जनजातीय प्रथा के अनुरूप है, जिससे उसके जनजातीय आधार का पता लगता है (देखिए नाग और देवी),

देशभर में फैले असंख्य मंदिरों, जिसमें शहर और महानगर भी शामिल हैं, आज भी गर्भगृह में मुख्य प्रतिमा के अलावा पत्थर और कंकड़ (देवी के जनजातीय चिह्न) को पूजने की आदिवासी प्रथा जारी है। प्राचीन काल से ही नाग को स्थानीय शक्ति, उर्वरता और संपत्ति के रक्षक के रूप में पूजा जाता है। आज भी अनेक मंदिरों और स्थानों पर जीवित साँप की पूजा की जाती है और श्रावण माह में नाग पंचमी के विशेष त्योहार पर साँप की शक्ति और ज्ञान का गुणगान किया जाता है। हिंदू मिथकशास्त्र में नाग शिव का प्रतीक है। एक ऐसे देवता, जिनके जनजातियों से गहरे संबंध रहे हैं। कृष्ण, जिनके प्रभावशाली जनजातीय प्रत्यायक हैं, उनके साथ भी साँप के गहरे संबंध रहे हैं। के.सी. मिश्र के अनुसार भगवत गीता के दसवें अध्याय में लगभग तीस महत्त्वपूर्ण आदि देवताओं का उल्लेख है, जिन्हें हिंदू धर्म में कृष्ण का आंशिक अवतार कहा गया है (जो भी तेजस्वी और शुभ है या जिसमें शक्ति निहित है, वह मेरे यश के हिस्से से उदित हुआ है, 10.41)। बुद्ध पूर्व युग में जनजातियों द्वारा इन देवताओं की पूजा की जाती थी (इनका एक प्रारंभिक पुस्तक, र्नसुत्तनिपात की निद्देस व्याख्या में उल्लेख है)।

बौद्ध और जैन परंपराओं, के भी जनजातीय संबंध हैं, साँप बुद्ध और तीर्थंकरों का इष्ट देव है। गौतम बुद्ध शाक्य जनजाति से थे, जबकि वर्धमान महावीर ज्ञात्रिक जनजाति के वंशज थे। दोनों जनजातियाँ प्रसिद्ध व्रिज्जी संगठन का हिस्सा थीं। इनका मौर्य सामाज्य के उदय से पहले वैशाली क्षेत्र में वर्चस्व था। तेईसवें तीर्थंकर, पार्श्वनाथ, बनारस के शासक अश्वसेन की पत्नी वामा देवी के बेटे का जन्म चैत्र मास की चतुर्थी को अमावस्या के दिन हुआ। उनके जन्म से ही उनका रंग नीला और शरीर पर साँप जैसे चिह्न थे, वे फणिभूषण के नाम से जाने गए, जो शिव का उपनाम भी है।

उत्तरी भारत के मनसा देवी पंथ (यह शब्द भक्तों के समूह और एक विशेष देवता की पूजा करनेवालों के लिए प्रयुक्त किया जाता है और इसे 'संपदाय' और 'मत' जैसे शब्दों की तुलना में ज्यादा बेहतर माना जाता है। ईसाई परंपरा में जिनके नकारात्मक अर्थ थे। धर्म-प्रचारकों और औपनिवेशिक शासकों ने इनका प्रयोग स्थानीय देवताओं को नीचा दिखाने के लिए किया) इनके यहांशी नाग और भू-देवी की पूजा का प्रमुख परंपराओं में सम्मिलन है। बंगाल, बिहार और असम में विस्तृत रूप से पूजित, मनसा देवी की जनजातीय और लोक कुलपरंपरा फिर भी ज्ञेय है। लेकिन संपूर्ण भारत में देवी और नाग की पूजा इतने विस्तृत रूप से की जाती है कि विशिष्ट पहलुओं को जनजातीय या शास्त्रीय में विभाजित करना असंभव है (देखिए नाग और देवी; और जगन्नाथ : उत्कृष्ठ जनजातीय देवता)।

सहस्राब्दियों से जनजातियों और जातिगत हिंदुओं ने ब्रह्मांड की शक्तियों (वनदेवी, हाथी, शेर, चील), पौधे (तुलसी), पवित्र वृक्ष (पीपल), नदी के पानी और प्राकृतिक

स्रोत्रों के रूप में पूजा है। आनंद कुमार स्वामी के अनुसार पवित्र वृक्ष फाइकस रिलीजियोसा वनस्पति और जल के बीच पुरातन बंधन का द्योतक है। मिर्सिआ इलिआद के अनुसार—'कभी-कभी जल का प्रतीकवाद सभी मिथकीय और शास्त्रीय पुनः व्याख्याओं से परे होता है और इसका अंत पवित्र ग्रंथों में प्रवेश से होता है। देव्युपनिषद् के अनुसार देवताओं ने जब देवी से यह प्रश्न पूछा कि वे कौन हैं और कहाँ से आई हैं, उसका उत्तर मिला, मेरा जन्म समुद्र के पानी के अंदर हुआ है, जिसे यह पता है उसे ही देवी का स्थान प्राप्त होगा।' एन.एम. चौधरी के अनुसार वैदिक काल से वृक्ष को अपने प्राकृतिक स्वरूप और ईश्वर के स्थान पर पूजा गया है, जैसे 'देवता, गंधर्व, अप्सरा, यक्ष, नाग…प्रेत या भूत।' पवित्र वृक्ष में 'जादुई शक्ति है और इसका आह्वान अपनी सुरक्षा, स्वास्थ्य, संपत्ति और संतान के लिए किया जाता है। यह दावा करना लगभग असंभव है कि वृक्ष और जल जैसे आदिकालीन चिह्न जनजातीय चेतना से असंबद्ध हैं और इन्हें ब्राह्मणवादी विश्वास तंत्रों ने थोपा था। तथ्यों के अनुसार जनजातीय संस्कृति के विद्वानों द्वारा कहलाई जानेवाली हिंदू मुख्यधारा के समानांतर चलती हैं (वास्तव में दोनों एक अदृश्य परासरण से गहरे उलझे हुए हैं। अत: जनजातीय धर्म को प्राचीन सनातन धर्म; सभ्यता, जीवन पद्धति, संस्कृति, विश्वास) के अभिन्न अंग के रूप में स्वीकार करना उपयुक्त है।

हिंदू देवगणों के सबसे प्रसिद्ध देवता, शिव और विष्णु, की जनजातीय उत्पत्ति के गहरे प्रमाण हैं। के.एस. सिंह के अनुसार देश के बड़े हिस्से में वनवासी समुदाय शिव की पूजा करते थे। आज भी जनजातीय क्षेत्रों में शिव और शक्ति, जो जनजातीय समुदायों में तंत्र और जादू से जुड़े हैं, उनके अनेक मंदिर हैं। शिव के जनजातीय संबंध जनजातीय देवियों से थे, जिनकी अकसर चट्टान या प्रस्तर स्तंभ के रूप में पूजा की जाती थी, जो बाद में शिवलिंग में विकसित हुए, जो एक शांकवीय मूर्ति है। लिंग सदैव शक्ति, स्त्री सिद्धांत से घिरा होता है। लेकिन उड़ीसा में ऐसी चट्टानों के भी उदाहरण हैं, जो देवी के परिचायक होने के अलावा शक्ति से भी घिरे हुए हैं और इसलिए वस्तुत: स्वयंभू लिंग जैसे लगते हैं!

जनजातीय तत्त्वों को हिंदू धर्म के मूल में ढूँढ़ा जा सकता है। वराह (शूकर) और नरसिम्ह (शेर) के रूप में विष्णु के अवतार में वन का गहरा प्रभाव है। ये शास्त्रीय धर्म में जनजातीय तत्त्वों को प्रबल बनाते हैं। ए.एल. बाशम का मानना है कि वराह की उत्पत्ति संभवत: पूर्वी मालवा के लोगों से है। संपूर्ण जनजातीय क्षेत्र में वराह और नरसिम्ह को शांकवीय चिह्नों के रूप में पूजा जाता है। विशाखापत्तनम के निकट इन्हें चंदन के लेप से ढके पत्थर के लिंग में साकार किया गया है।

माना जाता है कि विष्णु की उत्पत्ति अनेक विशिष्ट देवताओं से हुई। इनमें शामिल हैं वासुदेव, वृष्णि और सत्तवत जनजाति के सर्वोच्च देवता, जिनकी पूजा के बारे में

वैयाकरण पाणिनी ने पाँचवीं-छठी ईसा पूर्व में उल्लेख किया है; यादव वंश के भगवान् कृष्ण; आभीर जनजाति के भगवान्, गोपाल; और नारायण, हिंदुकुश पर्वतों का देवता। लेकिन विष्णु की सौर उत्पत्ति भी मानी जाती है (विष्णु दिवाकर) और वैदिक देवताओं में उन्हें प्रकाश और सूर्य का प्रतीक माना गया है।

समय के साथ विष्णु के स्वरूप में अद्भुत परिवर्तन हुआ है। गुप्त काल में अपने वराह अवतार में वे लोकप्रिय थे। तब से उन्हें मुख्यत: राम और कृष्ण के रूप में जाना जाता है। वहीं उत्तर में कृष्ण संप्रदाय में राधा, ग्वालिन जिसे उत्तर गुप्त काल में देवी का स्थान दिया गया, के प्रवेश से ऊर्जा का संचार हुआ। राधा का उल्लेख भागवत, नारद, विष्णु या अन्य किसी प्रमुख पुराण में नहीं है। उन्हें भक्ति संतों ने लोकप्रिय बनाया, जिन्होंने योद्धा कृष्ण को नकार कर उसके स्थान पर बाल और किशोर कृष्ण को तथा गोपियों के साथ उनकी शरारतों को ज्यादा महत्त्व दिया। अन्य देवताओं की भाँति कृष्ण को अपनी किसी भी पत्नी से जोड़ा नहीं गया है, न सत्यभामा और न ही समर्पित रुक्मिणी। संपूर्ण उत्तर भारत में उन्हें राधा-वल्लभ (मथुराए राजस्थान और गुजरात में एक लोकप्रिय पंथ) (राधा-रमण : राधा के प्रिय) और राधा-कृष्ण के नाम से पूजा जाता है। हाल का गाथा सप्तशती, सन् 200 ईसवी के लगभग प्राकृत में रचित संकलन, में कृष्ण और राधा के प्रेम संबंधों का प्रारंभिक साहित्यिक उल्लेख है। अगला उल्लेख लगभग आठवीं शताब्दी ईसवी में रचित भट्ट नारायण के नाट्क 'वेणी संहार' में है। बारहवीं शताब्दी के पूर्वाद्ध तक दार्शनिक निम्बार्क ने राधा को सभी इच्छाएँ पूरी करनेवाली देवी बना दिया। लेकिन असाधारण प्रतिभावान कवि जयदेव (सन् 1200 ईसवी के आस-पास) ने अपने अमर काव्य 'गीत गोविंद' में कृष्ण के प्रति राधा और गोपियों के प्रेम को उदात्त बनाया। जैसे-जैसे भक्ति आंदोलन ने जोर पकड़ा और संतों ने व्यक्तिगत देवताओं में अपनी श्रद्धा व्यक्त की, राधा का श्रेष्ठ भक्त के रूप में गुणगान किया गया। विद्यापति और चंडीदास (लगभग 1375.1450 ईसवी) ने पूर्वी भारत में राधा-कृष्ण के आपसी प्रेम भक्ति का प्रचार किया। घुर्टो के अनुसार राधा का दैवत्व उस समय पूर्ण रूप से स्थापित हो गया, जब महान् चैतन्य 'महाप्रभु' जिन्हें अपने जीवन काल (सन् 1485-1533 ईसवी) में देवता की तरह पूजा जाता था, उन्होंने राधा को अपना इष्ट देव घोषित किया। लेकिन राधा की लोकप्रियता मुख्यत: उत्तर में है और दक्षिणी वैष्णव मंदिरों में उनका उल्लेख न के बराबर है।

सभ्यता की शुरुआत से ही जनजातियों के पड़ोसी गाँवों के समुदायों से निकट संबंध रहे हैं। अनेक गणचिह्न देवता, जिन्हें जनजातियाँ पवित्र मानती हैं, उन्हें गाँवों में देवता माना गया है। अधिकांश गाँवों में पेड़ के नीचे पत्थर के आकार में पूजे जानेवाले ग्राम देवता मूलत: एक जनजातीय देवी थी। अन्य ग्राम देवता जैसे बाँसमाता (बाँस के

जंगल की देवी) और बागदेव (शेरों की देवी) की उत्पत्ति भी जनजातीय है।

जनजातीय लोग सात बहनों की पूजा करते हैं, जिनके ग्रामीण समुदायों में अनेक अनुयायी हैं। बिशप व्हाइटहेड के अनुसार आंध्र प्रदेश में मसूलीपटट्म में स्थानीय मछुआरे सात अत्यंत सौम्य और सहायक देवियों को पूजते हैं—मुत्यालम्मा (मोतियों की देवी), चिन्निनतम्मा (देवी, जो घर की मुखिया हैं), चाल्ललम्मा (छाछ का ध्यान रखनेवाली देवी) घंटालम्मा (घंटी पहनने वाली देवी), यमरारम्मा (व्यापार करनेवाली देवी), मामीलम्मा (आम के वृक्ष के नीचे बैठने वाली देवी और) गंगम्मा (चेचक से रक्षा करनेवाली देवी)। कैथरीन हार्पर के अनुसार कोचीन में जंगलों में रहनेवाली जनजाति सात कुमारियों (कन्नीमार) को पूजते हैं, ये दयालु देवियाँ परिवार के कल्याण का ध्यान रखती हैं। ओनिशी के अनुसार महाकाव्यों और पुराणों में उल्लिखित माँओं (मातृ) की विशिष्टताओं से उनकी जनजातीय उत्पत्ति के बारे में पता चलता है। महाभारत (शल्य पर्व) में लिखा है कि मातृ वृक्षों, चौराहों, गुफाओं और श्मशान घाट में रहती हैं; युद्ध में वे भयानक होती हैं और जादू से विलुप्त होकर अपनी इच्छानुसार रूप बदल सकती हैं। हार्पर के अनुसार मातृ को सुंदर और भयंकर...एक ही आकार के विपरीत बताया गया है, माएँ स्कंद-मुरूगन-कार्तिकेय, जिन्हें गणेश सहित शिव का पुत्र माना जाता था, के साथ शास्त्रीय देवगणों में सम्मिलित हो गईं (देखिए मुरूगन और गणेश : शिव के पुत्र)।

जनजातीय लोगों के देवताओं का शांकवीय रूप और उनके मुख्यतः भयंकर स्वरूप का कारण उनका जंगली प्राकृतिक परिवेश है। के.एस. सिंह के अनुसार दुर्गा की अद्भुत शक्ति सर्वविदित है, शिव का भी एक उग्र स्वरूप है और विष्णु का अपने वराह और नरसिम्ह अवतारों में। किंवदंति के अनुसार दानव हिरण्यकशिपु का संहार करने के लिए नरसिम्ह एक खंबे से बाहर निकलकर आए, क्योंकि स्तंभ एक शांकवीय प्रतिमा है, जिसे आज भी जनजातीय क्षेत्रों में पूजा जाता है, इसलिए इसे ब्राह्मणवाद प्रभाव का फैलाव कहना गलत होगा। उड़ीसा में लकड़ी के खंबों पर बने नरसिम्ह, जो खंबेश्वरी (स्तंभ की देवी) देवी के प्रतीक के अनेक उदाहरण हैं। माना जाता है कि नरसिम्ह की शक्ति का स्रोत स्तंभ में निवास करनेवाली शक्ति है। स्तंभ का मूलभाव हिंदू परंपरा में इतना लोकप्रिय हुआ कि माना जाता है कि भैरव के रूप में शिव एक स्तंभ से निकले। उसी प्रकार तंत्रवाद में भी गहरी जन छाप देखी जा सकती है—वराह और नरसिम्ह की महिला प्रतिपक्ष, पराही और नरसिम्ही, जो तंत्रवाद आम हैं, उड़ीसा की जनजातियों में लोकप्रिय हैं। नरसिम्ह का गिरिजा (पर्वत से जनमा) पक्ष इस औपनिवेशिक विचार के विरुद्ध हैं कि हिंदू धर्म जातिगत हिंदुओं द्वारा एकतरफा लागू किया गया था। शेर या चीते के सिर के रूप में आदिवासी देवता की उड़ीसा और आंध्र की गुफाओं और पर्वतों में पूजा की जाती है। ऐशमैन का कहना है कि आंध्र में लगभग सत्तर प्रतिशत नरसिम्ह के

मंदिरों में भगवान् की एक शांकवीय (अधिकांश पत्थर) मूर्ति है। उड़ीसा में नरसिम्ह में शालग्राम पत्थर के रूप में पूजे जाने के उदाहरण हैं।

कुल्के, राँथरमुंड और अन्य विद्वानों के अनुसार कुरूबा, लंबाडी, येनाडी, येरूकुल और चेंचू जनजातियों और तिरूपति के श्री वेंकटेश्वर में गहरे संबंध हैं। केरल में भगवान् अयप्पम और जम्जू में माता वैष्णो देवी के भी जनजातीय संबंध थे। पुरी के जगन्नाथ सहित इन सभी भगवान् और मंदिरों का शास्त्रीय हिंदू देवगणों में सर्वोच्च स्थान है। वास्तव में ये केंद्र सदियों से जनजातीय और गैर-जनजातीय समाज में निरंतर आदान-प्रदान के परिचायक हैं। वेदांत के प्रसिद्ध विद्वान् आदि शंकराचार्य ने पुरी में अपनी पीठ के विशिष्ट द्वैत मत के संस्थापक और भक्ति संत रामानंद के गुरु आचार्य रामानुज की तिरूपति में प्रसिद्धि और प्रतिष्ठा फैलाने के लिए काफी कार्य किया। मध्यकाल में मध्य भारत क्षेत्र में अनेक जनजातीय परिवारों का राजनीतिक उदय इस रूढ़िबद्ध धारणा को तोड़ता है कि जातिवादी हिंदुओं की राजनीतिक, आर्थिक या सांस्कृतिक सर्वोच्चता के सामने जनजातियों को नुकसान ही उठाना पड़ा है। इन राज्यों में जनजातीय देवताओं और शासकों का उदय हुआ, जिन्होंने शक्ति, वैष्णव और शैव पंथों को प्रश्रय दिया और भव्य मंदिरों का निर्माण करवाया। जनजातीय क्षेत्रों में शासन करनेवाले हिंदू राजाओं ने जनजातीय देवताओं को कुलस्वामिन, संरक्षक भगवान् के रूप में अपनाया (देखिए जनजातीय राज्य निर्माण और धर्म का विकास)।

जगन्नाथ की जनजातीय उत्पत्ति अविवाध है, हालाँकि आज भगवान् जगन्नाथ 'उच्च' हिंदू दृश्यपटल से अविच्छेद्य हैं और उड़ीसा की क्षेत्रीय विशिष्टता का एक प्रमुख हिस्सा है। सभी उल्लेखों के अनुसार सबसे पहले देवता की पूजा सबारा सवारा, साओरा जनजाति द्वारा की जाती थी और बाद में वे 'चमत्कारपूर्ण' तरह से पुरी में प्रकट हुए। आज भी दैत या दैत्य (मूल जनजातीय उपासकों के वंशज) नामक पुजारियों का एक विशेष समूह ही देवता को सजाता और घुमाता है और इसके अलावा लकड़ी उनकी प्रतिमा का पुनर्निर्माण करती है। उड़ीसा में इस प्रकार के जनजातीय-उच्च हिंदू संबंधों के अनेक उदाहरण हैं। सबसे प्रसिद्ध स्वयंभू लिंग, भुवनेश्वर में लिंगराज, को बाडु नामक जनजातीय पुजारियों की एक विशेष श्रेणी ही स्नान और सज्जित करती है। राज्य में अनेक प्रमुख जनजातीय देवियाँ भी हैं (देखिए नाग और देवी)।

आलोचकों ने इतनी सशक्त सांस्कृतिक गत्यात्मकता की यह कहकर अवहेलना की है कि यह हिंदू धर्म के आधिपत्य प्रकृति का परिणाम है, जो अपने मार्ग में आनेवाली प्रत्येक वस्तु को आत्मसात् कर लेती है, लेकिन फिर भी कुछ महत्त्वपूर्ण सवाल उठते हैं। जनजातियों और गैर-जनजातियों के बीच आध्यात्मिक-सांस्कृतिक आदान-प्रदान की प्रचुरता और निरंतरता के कारण हम यह सवाल उठा सकते हैं कि क्या दोनों समूहों

को भिन्न सांस्कृतिक स्तरों का माना जा सकता है? जनजातीय देवताओं को संलग्न हिंदू समुदायों ने आसानी से अपना लिया है। यदि हिंदू देवकुल ने जनजातीय और लोक देवताओं को केवल अपने क्षेत्र का विस्तार करने के लिए अपनाया तो शामिल होने वाली देवताओं का स्तर और स्वरूप 'महान् परंपरा' में प्रवेश करने तक ही सीमित क्यों नहीं किया गया? 'महान' परंपरा क्यों देवकुल में जनजातीय देवताओं के उच्च स्थान प्राप्त करने में सहायक रही? क्योंकि ऐसा अखिल भारतीय स्तर पर हुआ, इसलिए यह निष्कर्ष निकालना सरल है कि जनजातियाँ, गैर-जनजातियाँ समुदायों से अपने आदान-प्रदान में सांस्कृतिक रूप से गौण न होकर हिंदू सांस्कृतिक विकास का उद्‌गम थी।

जनजाति, गाँव और शास्त्रीय धर्म के स्तर पर विषय-वस्तु, मूलभाव, विश्वास और प्रथा की सर्वव्यापकता इस विचार का समर्थन करती है कि जनसाधारण (जनजाति या अन्य) और परंपरा संपूर्ण रूप से एक थे। जनजातियों का हिंदू परंपरा से आध्यात्मिक मामलों पर कोई विशेष मतभेद नहीं है। कुछ महानतम हिंदू मंदिरों का निर्माण जनजातीय शासकों ने करवाया, जिन्होंने दुर्गा पूजा, रथयात्रा और दशहरा उत्सवों को प्रश्रय दिया। रामायण और महाभारत जनजातीय चेतना में व्याप्त हो गए और महान् महाकाव्यों के मिथकों और किंवदंतियों में जनजातीय योगदानों ने सांस्कृतिक साँचे को और समृद्ध बनाया (देखिए जनजातीय हिंदू सांत्यतक)।

जनजातियाँ स्वयं को विस्तृत समाज के हिस्से के रूप में देखती थीं और उसके अंदर श्रेणी और स्थान पाने का प्रयास करते हुए अवसर मिलते ही अकसर जातियों में परिवर्तित हो जाती थी। डी.डी. कोशांबी के अनुसार जनजातीय तत्त्व का जाति में विलयन भारतीय इतिहास का महान् मूल सत्य है, इस प्रक्रिया को सुसाध्य बनाने में ब्राह्मणों ने प्रमुख भूमिका का निर्वाह किया। एक रोचक तथ्य, जैसा कि हम बाद में देखेंगे, कि जाति, जिसे लंबे समय से हिंदू समाज की विशिष्टता समझा गया—का उद्‌भव संभवत: जनजातीय था। बी.बी. कुमार के अनुसार वास्तव में 'जात' और 'जाति' शब्द का प्रयोग अधिकांश भारतीय भाषाओं और जनजातीय बोलियों में जाति और जनजाति दोनों के लिए समान रूप से किया जाता है। कुमार का कहना है कि न केवल जनजाति की औपनिवेशिक परिभाषा अनुपयुक्त है, बल्कि जनजातियों का निर्धारण करनेवाली तथाकथित विशेषताएँ जातियों पर भी समान रूप से लागू होती हैं, जैसे सर्वसामान्य भाषा सजातीय विवाह या कुल विजातीय विवाह, जाति व जनजाति परिषद्, भोजन और विवाह संबंधों में कुछ निषेध, समूहों में क्रम परंपरा और सीमित आत्मनिर्भरता (अन्योन्याश्रय और काम का बँटवारा) उनका कहना है कि अधिकांश जनजातियाँ मध्यवर्ती जातियों की भाँति हैं और जाति शब्द के सदृश हैं।

जनजातीय नेताओं ने विस्तृत सामुदायिक जागरूकता के चलते राजपूत-क्षत्रिय

पदवी की माँग की, जिसके कारण के.एस. सिंह और सुरजीत सिन्हा जैसे विद्वानों ने जनजातीय क्षेत्रों में राज्य निर्माण की प्रक्रिया का जनजातियों का 'राजपूतकरण' के रूप में वर्णन किया। राजपूत पदवी पाने की उत्कट इच्छा के चलते जनजातीय नेताओं ने ब्राह्मणों को अपने क्षेत्र में बसकर अनुष्ठान करने और उपयुक्त वंशावलियाँ खोजने (गढ़ने) का आमंत्रण दिया, ताकि क्षत्रिय पद की उनकी माँग को मान्यता मिले। असम के जनजातीय अहोम ने ब्रह्मपुत्र घाटी में शैव और वैष्णव संप्रदायों को प्रश्रय दिया और स्थानीय बोलियों में महाकाव्यों और पुराणों के अनुवाद को प्रोत्साहित किया। ऐसा जनजातीय क्षेत्र के अनेक हिस्सों में देखा गया।

स्टीफन फयूरव्स ने उन्नीसवीं-बीसवीं शताब्दियों के उत्तरार्द्ध में जनजातीय क्षेत्रों में राजनीतिक-आध्यात्मिक नेताओं और आंदोलनों का अध्ययन किया और पाया कि अधिकांश जनजातियाँ 'विशुद्ध' जीवनशैलियाँ अपनाकर हिंदू समाज के अंदर उच्चतर सामाजिक स्थान के लिए शास्त्रीय 'संस्कृतवाद' का मार्ग अपना रही थीं। फयूरव्स ने पाया कि औपनिवेशिक राज्य की अंतर्वेधी आर्थिक नीतियों और उसकी सांस्कृतिक नीतियों से उत्पन्न तनाव का एक ओर प्रचंड विरोध हो रहा था, वहीं दूसरी ओर सुधारवाद आंदोलन थे, जो शाकाहार, मद्यत्याग और व्यक्तिगत ईश्वर के प्रति श्रद्धा का प्रचार कर रहे थे। गौहत्या का सख्ती से निषेध था।

बिहार में सन् 1895 के लगभग मिशनरियों के धोखा दिए जाने के कारण बिरसा मुंडा का उदय हुआ। बिरसा ने मुंडा धर्म में महत्त्वपूर्ण परिवर्तन कर उसे धार्मिक पवित्रता और तप पर आधारित किया। उसके अनुयायी जनेऊ धारण करते थे और मांस और मदिरा से परहेज करते थे। बिरसा के अनुयायी ब्रह्मा, मातृ देवी, विष्णु काली, दुर्गा, सीता के स्वामी, गोविंद, तुलसीदास और 'निगुण' और 'सगुण' को पूजते थे।

उन्नीसवीं शताब्दी की शुरुआत और बीसवीं शताब्दी के शुरुआती दशकों में छोटानागपुर के आराओं में से अनेक आध्यात्मिक नेताओं (भगत) का उदय हुआ। दमनकारी राजस्व प्रक्रिया और जमींदारों व सरकारी अधिकारियों के शोषण से मुक्ति पाने के लिए उन्होंने धर्मांतरण का विराध किया और जातिवादी हिंदुओं से बराबरी की माँग की। जात्रा भगत ने उन्हें झाड़-फूँक, आत्मा की पूजा, पशु बलि, मांसाहार और मदिरा त्यागने और गाय और बैलों से अपने खेतों पर हल चलवाना छोड़ने का निर्देश दिया। बलराम भगत ने गाय की पूजा पर बल दिया; उनके अनुयायी गौरक्षिणी भगत कहलाए। ताना भगत का प्रभावशाली आंदोलन पूरे छोटानागपुर में फैल गया और इसमें मांस और मदिरा से परहेज का आह्वान किया गया।

सन् 1793 की बंगाल स्थायी भूमिव्यवस्था के फलस्वरूप संथालों के निर्ममतापूर्वक शोषण के विरुद्ध उन्होंने ब्रिटिश शासन के खिलाफ हिंसक विद्रोह छेड़ दिया। वे गदी

के शिव के भक्त थे। उनका सबसे महत्त्वपूर्ण आंदोलन था—खेखार आंदोलन, जिसके नेताओं के आत्मा (बोंगा) की उपासना की भर्त्सना की और सर्वोच्च ईश्वर, ठाकुर जीड़ की उपासना का प्रचार किया। सन् 1871 में तालधिया के भागरित (भगीरथ) ने खाना पकाने से पहले नहाकर आनुष्ठानिक पवित्रता का प्रचार किया। उनके एक नेता ने भगवान् राम की पूजा को लोकप्रिय बनाया। सन् 1880 में दुबिया गोसाई ने अपने अनुयायियों को सूअर और मुरगियों को मारकर हिंदू रीति-रिवाजों के पालन करने का निर्देश दिया। सन् 1930 में बोरोबेरा के बंगम माझी ने अपने अनुयायियों को मांस और मदिरा से दूर रहने और केवल खादी पहनने के लिए कहा। इसने कांग्रेस पार्टी का ध्यान आकृष्ट किया और सरदार वल्लभभाई पटेल और डॉ. राजेंद्र प्रसाद ने इनकी सभाओं में शामिल हुए। उसी वर्ष 210 संथालों का उपनयन संस्कार किया गया। संथालों की स्वतंत्रता संग्राम में हिंसक भूमिका भी रही।

सन् 1831 के विद्रोह में सिंहभूम जिले के छोटानागपुर के मुंडा के साथ शामिल हो गए। वे प्राचीन तौर-तरीकों को बचाने और अपने जनजातीय देवताओं की पूजा करने के इच्छुक थे। छोटानागपुर के बाड़ाभूम के भूमिज हिंदी भाषी थे। जिनपर राजपूत होने का दावा करनेवाले छोटे-छोटे राजा शासन करते थे। बीसवीं शताब्दी के तीसरे दशक में उन्होंने अंग्रेजों के विरुद्ध विद्रोह कर दिया। भगत जैसे आंदोलनों के जीवन में शांतिपूर्ण तरीके से हिंदू प्रभाव का विस्तार हुआ। भूमिज विशेष रूप से क्षत्रियों का स्थान पाने के इच्छुक थे।

मिदनापुर बंगाल के लोधा, जिन्हें अंग्रेजों ने 'अपराधी जनजाति' घोषित कर दिया था, बीसवीं शताब्दी के तीसरे दशक में एक वैष्णव साधु, राजेंद्र नाथ दास ब्रह्म अवधूत के प्रभाव में आए। उन्होंने लोधा लोगों से सूअर का मांस न खाने का आह्वान किया।

सन् 1929 के लगभग मध्य भारत की गोंड जनजाति के लोगों के बीच बालाघाट जिले के भाऊसिंह राजनेगी ने सुधार आंदोलन आरंभ किया, जिसमें उन्होंने दावा किया कि बाड़ा देव, सर्वोच्च ईश्वर, शिव के समरूप थे। उन्होंने इस बात पर बल दिया कि गोंड कभी विशुद्ध क्षत्रिय और महान् क्षत्रिय थे। सोलहवीं शताब्दी में उनके राजकुमार दलपत सिंह ने राजपूत राजकुमारी देवी दुर्गावती से विवाह किया, जिसने वीरतापूर्वक मुगलों का सामना किया। भाऊसिंह राजनेगी के अनुसार गोंड लोगों का पतन इसलिए हुआ था, क्योंकि वे भ्रष्ट हो गए थे, मांसाहार करने लगे थे और हल चलाने में गायों का प्रयोग करने लगे थे। भाऊसिंह ने कट्टर हिंदू धार्मिक पवित्रता का प्रचार किया और गौमांस, सूअर और मुरगी के मांस और शराब पीने पर रोक का आह्वान किया।

उन्नीसवीं शताब्दी के अधिकांश भाग में असम की जनजातियों (सिन्तेंग, ग्रेरो, लुशाई और कुकी) ने अंग्रेजों का विरोध किया। शताब्दियों से गहन रूप से हिंदू धर्म से

प्रभावित इस क्षेत्र में वैष्णव संत शंकर देव (लगभग 1449 में नौगाँव में जनमे का विशेष प्रभाव था)। शंकर देव ने ईश्वर के प्रति प्रेम और श्रद्धा का प्रचार किया और ईश्वर की नजरों में सभी मनुष्यों की समानता पर बल दिया—'चांडाल, जो हरि के गुण गाता है, बलि का कार्य भली प्रकार करता है' उनके अनुयायियों में नागा, मीरी और गारों शामिल थे।

हिंदू समाज में उच्च स्थान पाने की जनजातीय आकांक्षा औपनिवेशिक काल में जारी रही; लेकिन स्वतंत्रता के पश्चात् आरक्षण नीति ने जनजातीय पदों को आकर्षक बनाकर इस प्रक्रिया पर रोक लगा दी। बीसवीं शताब्दी के दूसरे और तीसरे दशक में बिहार के संथाल जनेऊ पहनने और क्षत्रिय पद की माँग करने लगे थे।

सन् 1931 में छोटानागपुर के महतों ने जनजातीय पद छोड़कर अखिल भारतीय पहचान की चाह में बिहार में कुर्मी और महाराष्ट्र में कुंबी के साथ संबंधित होने का दावा किया। बीसवीं शताब्दी के तीसरे दशक में एक गोंड नेता ने राजपूत महासभा से औपचारिक रूप से क्षत्रिय पद की माँग की। खैरागढ़ के राज-गोंडों ने निम्न राजपूत परिवारों में विवाह करते हुए अपनी नागवंशी (जिन्हें मध्य भारत में क्षत्रिय माना जाता था) के रूप में स्वयं को स्थापित करने के लिए अपनी वंशावली के पुनर्निर्माण का पारंपरिक तरीका अपनाया। मोंरूग के चेरो ने भी च्यवनवंशी राजपूत बनने के लिए समान तरीके अपनाए।

जाति व्यवस्था में जनजातियों की बढ़ती संख्या से जनजातीय पुजारियों को ब्राह्मण का दरजा मिला। अनेक 'मिश्रित जातियों' के नामों से उनकी जनजातीय उत्पत्ति का पता चलता है। लेकिन यदि समाजशास्त्रीय परिप्रेक्ष्य से देखें तो जनजाति और जाति में बहुत-थोड़ा अंतर है और जाति की उत्पत्ति वंश व गोत्र से है। किसी भी दृष्टि से जनजाति और जाति में अंतर का कोई भौगोलिक, भाषाई, सांस्कृतिक या आर्थिक आधार नहीं है और इसलिए समाजशास्त्री सांतत्यक का विचार स्वीकार करने लगे हैं। जैसा कि एफ.जी. बेली ने कहा, "हमें जाति और जनजाति को एक ही रेखा के दो विरोधी कोनों के रूप में देखना चाहिए। कुछ खंडीय जनजातीय प्रतिमान के निकट तो कुछ संघटित समाज के प्रतिमान के करीब।"

अनंत काल से समाज का विशालदर्शी दृश्य दिखलाता है कि विदेशी आक्रमणों और वर्चस्व के बावजूद हिंदू समाज का विगत काल से अनोखा संबंध रहा जैसा कि और कहीं देखने को नहीं मिलता है और साथ ही विश्वास, विचार और कर्मों में एक अटूट निरंतरता रही है। अमिता बाविस्कार के अनुसार बीसवीं शताब्दी के सातवें दशक में वैदिक अग्निचयन संस्कार का अध्ययन करनेवाला एक पश्चिमी विद्वान् यह देखकर आश्चर्यचकित रह गया कि केरल के नंबूदिरी ब्राह्मण स्रोत सूत्र के समय, यानी दो हजार वर्षों से भी अधिक समय से विधिपूर्वक कर्मकांड कर रहे थे! उसी प्रकार दक्कन में

मानव-विज्ञानियों को सुस्पष्ट प्रमाण जनजातीय देवता, खांडोबा के विधि-विधानों में वैदिक अग्निचयन और अश्वमेध यज्ञ के सुस्पष्ट प्रमाण मिले हैं, जिनकी पूजा अनेक स्थानीय देवताओं के साथ मिलकर की जाती है और जिनकी शताब्दियों से सशक्त क्षेत्रीय उपस्थिति हो गई है (देखिए खांडोबा : दक्कन में एक जनजातीय देवता)।

नर्मदा घाटी में इंदल पूजा की खोज भी आश्चर्यजनक है। जनजातीय भिलाला की यह सबसे महत्त्वपूर्ण विधि है। इसमें वर्षा और धरती के संयोजन की पूजा की जाती है, जिससे अनाज पैदा होता है। विद्वानों के अनुसार इंदल पूजा इंद्र (वर्षा के देवता) की प्राचीन वैदिक और पुराणिक उपासना थी, जो सुदूर जनजातीय हिस्से में आज भी अपने मूल रूप में विद्यमान है, हालाँकि समाज की मुख्यधारा में इंद्र की उपासना लगभग समाप्त हो गई है (देखिए जनजातीय—हिंदू सांत्यतक)। लेकिन एफ.आर. ऑलचिन द्वारा पशुचारी जनजातियों की विश्वास प्रक्रियाओं का खुलासा, जिससे होली, दीवाली और पोंगल जैसे सदा लोकप्रिय त्योहारों में गोबर और पवित्र भस्म की पूजा की शुरुआत और पुरातनता का पता चलता है, संभवत: जनजातीय और हिंदू धार्मिक कार्यों के आपस में मिलने का अद्वितीय उदाहरण है (देखिए गोबर गणेश और गाय जनजाति)।

जनजातीय और 'उच्च' हिंदू धार्मिक परंपराओं के बीच इस चिरस्थायी घनिष्ठ संबंध से यह प्रश्न उठता है कि क्या हिंदू धर्म को आदिवासी विश्वासों के भव्य विस्तार के रूप में देखना सही होगा। महात्मा गांधी ने अंग्रेजों द्वारा जनजातियों के 'आदिवासी' और 'जीववादी' वर्गीकरण की यह कहकर भर्त्सना की कि ये श्रेणियाँ हिंदू विचारधारा का हिस्सा नहीं थीं; वास्तव में ये किसी भी स्थानीय भाषा में विद्यमान नहीं हैं। 'आदिवासी' शब्द का अर्थ है 'स्थानीय या किसी भी क्षेत्र की मूल जनसंख्या से संबंधित,' लेकिन इस शब्द का पहले-पहल अंग्रेज औपनिवेशकों द्वारा ऑस्ट्रेलिया के स्थानीय निवासियों के लिए अनादर के रूप में प्रयोग किया गया। गोरों ने उस महाद्वीप में स्थायी रूप से स्थापित लगभग पाँच सौ समूहों को 'जनजाति' का दरजा दिया, जिनमें से प्रत्येक की अपनी भाषा या बोली थी। जीववाद इस विश्वास का परिचायक है कि प्राकृतिक घटनाओं में 'जीवन' या 'आत्मा' है और पौधों, भू-विज्ञानी विशेषताओं और मौसम संबंधित घटनाओं में अलौकिक या आध्यात्मिक विशेषताएँ हैं। लेकिन यह विश्वास केवल आदिवासियों तक ही सीमित न होकर संपूर्ण भारतीय प्रकृति में व्याप्त है।

अति विकसित जैन धर्म में ब्रह्मांड के सभी सजीव व निर्जीव प्राणियों में आत्मा का वास है।

इसलिए गांधीजी ने यह कहते हुए दु:ख प्रकट किया कि 'हम इस प्रकार के वर्गीकरण से अनभिज्ञ थे, जीववादी, आदिवासी इत्यादि लेकिन हमने इसे अंग्रेज शासकों से सीख लिया है।' जब मिशनरी डॉक्टर चेस्टरमैन ने सवाल किया कि 'क्या यह आपत्ति

कोंड पहाड़ियों पर रहनेवाली 'जीववादी' आदिवासी प्रजाति पर लागू होती है,' तो गांधीजी ने बल दिया कि हाँ, यह लागू होता है, क्योंकि मैं जानता हूँ कि जीववादियों के रूप में वर्णन के बावजूद इन जनजातियों को लंबे समय से हिंदू धर्म में आत्मसात् किया गया है। ये मिट्टी से उत्पन्न देशी दवा की भाँति हैं और इनकी जड़ें वहाँ गहरे तक हैं।'

जनजातियों और 'उच्च' जातियों ने भारत की देशीय परंपराओं का समान रूप से सम्मान किया है और उसे सहेजा है, हालाँकि उसकी सांस्कृतिक और आध्यात्मिक दाय के प्रति जनजातीय योगदान मुख्यत: अमान्य है। यह वास्तव में असाधारण है, क्योंकि जीव-विज्ञानियों और मानवजाति विज्ञानियों द्वारा मेहनत से किया गया क्षेत्रकार्य वर्णक्रम के प्रतीयमानत: विपरीत छोरों के बीच निरंतर अन्योनयक्रिया को स्पष्टत: स्थापित करता है। इस अध्ययन में प्रसिद्ध राष्ट्रीय और अंतरराष्ट्रीय शिक्षाविदों की खोजों को मिलाकर संयुक्त रूप से वह प्रस्तुत करने का प्रयास किया गया है कि जनजातीय समाज हिंदू सभ्यता की कुंजी और आधार है।

अनुक्रम

अध्याय–1

आदि संस्कृति, सनातन धर्म

आधुनिक काल में हिंदू समाज के सामने अतिसंवेदनशील मसले उसकी स्व-परिभाषा और संघटन से संबंधित रहे हैं, जो बाहरी लोगों के प्रत्यक्ष ज्ञान से भिन्न हैं। औपनिवेशिक काल से इस राष्ट्रवादी दावे पर एक बड़ा अकादमिक विवाद भी रहा है कि उपमहाद्वीप के सभी मूल निवासियों का समान आधार है और इसलिए वे हिंदू या सनातन धर्म के बराबर अनुयायी हैं। औपनिवेशिक काल के अधिकारियों ने देशभर में पूजे जानेवाले अनेक देवी-देवताओं का विशिष्ट और भिन्न धार्मिक परंपराओं के रूप में वर्गीकरण किया था, जिसके फलस्वरूप उन्हीं की दृष्टि में परिणाम बेतुके और दुर्वह होते थे। समसामयिक काल में विवाद का मुख्य कारण अत्यंत भावनात्मक और राजनीतिक रंग लिये हुए जनजातीय समूह (आदिवासी, वनवासी, गण, जात, जाति, जन-जाति के नाम से जाने जानेवाले) का मसला कि क्या उन्हें न्यायसंगत रूप से हिंदू धर्म का हिस्सा कहा जा सकता है या उन्हें सदैव देशज सभ्यता के बाहर रखा जाएगा। जनजातीय विश्वास और प्रथाओं के साथ हिंदू धर्म के प्रमुख सिद्धांतों का यदि लेखा-जोखा करें तो इस मसले पर कुछ रोशनी पड़ सकती है।

शाश्वत परंपरा

हिंदू धर्म के लोगों द्वारा सहस्राब्दियों से सँजोए गए शाश्वत मूल्यों का यहाँ वर्णन करते हैं, जो आमतौर पर व्यापक पारिभाषिक शब्द सनातन धर्म 'शाश्वत परंपरा' का हिस्सा हैं। धर्म को अकसर अंग्रेजी शब्द 'रेलिजिन' के समानार्थी शब्द के तौर पर आमतौर से प्रयोग किया जाता है, जो वास्तव में एकेश्वरवादात्मक मतों के लिए सबसे उपयुक्त है, जो एकमात्र रक्षक और मुक्ति के ही मार्ग पर विश्वास करते हैं। सनातन धर्म इससे कहीं ज्यादा जटिल और बहुस्तरीय सिद्धांत है और इस भूमि पर विद्यमान सभी

आध्यात्मिक अनुभव और खोजें इसमें सम्मिलित हैं।

'सनातन धर्म' जीवन जीने की एक पद्धति है। सनातन धर्म, जिसमें प्राचीन ऋषियों की अंतरिक्षीय दृष्टि सम्मिलित है, आध्यात्मिकता और व्यावहारिकता का अनोखा मिश्रण है। यह सभी प्राणियों, मनुष्य व अन्य जीव-जंतुओं के सर्वव्यापक कल्याण के आदर्श से प्रभावित है। धर्म स्वाभाविक अंतरिक्षीय नियम है, और ऋत अंतरिक्षीय सिद्धांत। अन्य विश्व धर्मों की भाँति इसकी भी विधिवत् संरचना, पंथ और धर्मविधि है, जो अखिल भारत और हिंदू देवगणों के इर्द-गिर्द घूमती है। लेकिन धर्म इस संरचना में ही सीमित नहीं है; न वह निरपेक्षता से बँधा हुआ है। यह निश्चल धारणा नहीं है, जो समय और अंतराल में स्थिर हो, न ही वह बीते हुए काल के मूल्यों का समर्थन करता है या उन्हें प्रोत्साहित करता है। ऋग्वेद स्पष्ट रूप से इस बात पर बल देता है कि परिवर्तन प्रकृति का नियम है।

धर्म विचारशील और प्रासंगिक है। इसकी विशेषता है गति, परिवर्तन, ऊर्जावाद और अनुकूलनशीलता। यह सर्वव्यापक मूल्यों का समर्थन करता है, लेकिन यह व्यक्ति और विशिष्ट के प्रति संवेदनशील है। वास्तविक नैतिक संघर्ष की स्थिति में धर्म एक को स्थिति की आवश्यकताओं के अनुसार कार्य करने की अनुमति देता है। धर्म का चरम लक्ष्य है विमुक्ति। अत: प्रत्येक व्यक्ति के लिए अपने धर्म, 'स्वधर्म' को जानना आवश्यक है। भगवत् गीता के अनुसार संदेह की स्थिति में व्यक्ति वेद, स्मृति; वैदिक ज्ञान की व्याख्याबद्ध, सदाचारी व्यक्तियों के आचरण और अपने अंत:करण का अनुसरण (अवरोही अनुक्रम में) कर सकता है। अत:धर्म मानव कर्तव्यों की पुष्टि है।

धर्म की विशिष्ट उपलब्धि है कि वह परम वास्तविकता या सत्य की खोज में एक विशाल अमानचित्रित भू-भाग को घेरता है, जहाँ विशुद्ध चेतना सर्वप्रथम है और ज्ञान का अनुभव अंतर्ज्ञानी अवबोधन से होता है। इस क्षेत्र के बारे में सार्थक रूप से विचार और संवाद करना असंभव है, जिसकी उपनिषद् से उद्धृत शब्दों 'वह जो नहीं है' या 'वह जो परे है' में सर्वोत्तम व्याख्या है। स्वयं की दोहरे शब्दों में व्याख्या करने की यह विशिष्ट क्षमता कि वह क्या है और क्या नहीं, धर्म की विशिष्टता है और उसे अन्य धर्मों से अलग करती है। यह पृथक्करण महत्त्वपूर्ण है, क्योंकि इसी ने धर्म को मतांधता और कट्टरता का शिकार होने से बचाया है, यदि ऋषियों ने वेदों के प्रकटन को अंतिम और आनेवाले समय के लिए चिरस्थायी माना होता तो भावी पीढ़ियों को स्वयं सत्य की खोज और अनुभव का अधिकार नहीं मिला होता।

आर्नल्ड टॉयनबी के अनुसार प्रमुख एकेश्वरवादात्मक धर्मों का विकास पूर्ववर्ती वर्तमान सभ्यताओं के अवशेषों पर हुआ। लेकिन सनातन धर्म ने स्वयं एक जीवित सभ्यता होते हुए उस काल के विधिवत् हिंदू धर्म को अंगीकार किया। एक अच्छा हिंदू होना

धर्म के किसी विदित पक्ष का पालन या आचरण किए बिना संभव है, क्योंकि नास्तिक को भी धर्म नैतिक रूप से मान्य करता है और आध्यात्मिक परिदृश्य में उसे स्थान से वंचित नहीं रखता।

हिंदू धर्म की यह उदारता 1977 के उच्चतम न्यायालय के एक फैसले में परिलक्षित होती है, जिसमें कहा गया है कि इस धर्म में शामिल है, ''हर प्रकार का विश्वास और उपासना बिना किसी को चुनने या हटाने की आवश्यकता के। हिंदू हर आविर्भाव में दैवी का सम्मान करता है, चाहे वह कुछ भी हो, और वह सैद्धांतिक रूप से सहिष्णु है, अन्य-हिंदू और गैर-हिंदुओं के उनकी पसंद के मत और पूजा विधि के अनुसार छोड़कर··· । हिंदू कृत्रिम तरीके से सोचता है और पूजा के अन्य प्रकार, भगवानों और विभिन्न सिद्धांतों को अपर्याप्त, न कि गलत या आपत्तिजनक मानता है, उसका मानना है कि उच्चतम दैवी शक्तियाँ विश्व और मानवता का भला करने के लिए एक-दूसरे की पूरक हैं···धर्म का मर्म ईश्वर के होने या न होने या फिर एक ईश्वर है या अनेक पर आश्रित भी नहीं है। क्योंकि धार्मिक सत्य सभी मौखिक परिभाषा से परे माना गया है, इसलिए उसकी परिकल्पना धर्म सैद्धांतिक शब्दों में नहीं की गई है···'' (1977 (1) एन. एल.जे. 5)।

सनातन धर्म सबको अपने आप में सम्मिलित करता है—यह सदाचार, कर्तव्य और अनंत नियम है, जो समय या अंतराल या मनुष्य/दैवी शक्ति/ शासक की शिक्षा में जड़ नहीं है, लेकिन बदलते समय की माँग के अनुसार स्वयं को पुनर्जीवित करता है और जितने लोग हैं, मुक्ति के उतने ही मार्ग बतलाता है। परंपरा में धर्म को नदी के समान बताया गया है, जिससे इसके बदलते स्वभाव और प्रत्यक्ष समानता तथा इसकी निरंतरता का पता चलता है। नदी की भाँति अपरिवर्तनीय लगते हुए धर्म सदियों से निरंतर बहाव में है। निरंतर अपने पानी; विषय-वस्तु को ताजा कर और उसकी पुनः पूर्ति कर, और लगातार अपना मार्ग बदलकर। परिवर्तन को रोका नहीं जा सकता और उससे डरना भी नहीं चाहिए, बल्कि उसका अनुभव करना चाहिए। मनीषियों की दृष्टि की इस असाधारण सुघटता से हिंदू धर्म को बिना अपना सारभूत स्वरूप या पहचान खोए अपने तात्विक सिद्धांतों को काल के सामाजिक और ऐतिहासिक सत्य के अनुसार रूपांतरित करने की अविश्वसनीय क्षमता मिली। परिवर्तन और निरंतरता को एक साथ विकसित करने की इस क्षमता ने हिंदू सभ्यता को फूट से बचाया है, जिसने विश्व के अन्य हिस्सों में परिवर्तन को समझने का प्रयास कर रहे समाज को तोड़कर रख दिया है।

धर्म का अंतिम लक्ष्य है, जागरूकता। स्वयं से प्रश्न और स्व अनुभूति द्वारा जीवन और मृत्यु के अनंत चक्र से मुक्ति, जिसका आधार मनुष्य की अपने जीवन के प्रति अनभिज्ञता है। हिंदू धर्म कृपादृष्टि, ईश्वर की कृपादृष्टि या गुरु की कृपादृष्टि, द्वारा

मुक्ति की संभावना को स्वीकार करता है। लेकिन यह किसी अन्य मनुष्य के कष्टों से प्रतिनिधिमूलक मुक्ति की धारणा को अस्वीकार करता है। अत: प्रत्येक आत्मा को निर्वाण (मोक्ष, मुक्ति) प्राप्ति के लिए ईश्वरत्व पाने की आकांक्षा करनी चाहिए।

विद्वानों और आम आदमियों को ज्ञात और उनके द्वारा समझा जानेवाला हिंदू धर्म का यह दार्शनिक और शाब्दिक वर्णन जैसा कि उपमहाद्वीप के चारों कोनों में वनों, पहाड़ों, जंगलों और मैदानों, नगरों और शहरों में समझा और व्यवहार किया जाता है। वह लोकप्रिय धर्म की गतिशील विविधता और ओजस्विता का भलीभाँति अभिग्रहण नहीं कर पाता है। विवेकशील विद्वानों का मानना है कि जहाँ धर्मग्रंथों में प्रतिष्ठापित विचार और धारणाओं का लोग अत्यंत सम्मान करते हैं, वहीं अनेक प्रसंग, जिनका धर्मग्रंथों में भारी महत्त्व है, आम लोगों के वास्तविक विश्वास और व्यवहार से सुदूर लगते हैं। इसमें कोई आश्चर्य नहीं है कि लोकप्रिय स्तर पर हिंदू धर्म का अध्ययन करनेवाले मानव-विज्ञानी जीवंत आस्था पर आँकड़े एकत्र करने और उनकी व्याख्या करने के लिए धर्मग्रंथों के स्थान पर मानवजाति वर्णन पर विश्वास करना ज्यादा पसंद करते हैं।

लोकप्रिय धर्म

लोकप्रिय स्तर पर आम हिंदुओं की धार्मिक आस्थाओं और प्रथाओं को धर्म कहा जाता है, जिनका केंद्र कुछ चुने हुए देवी-देवता हैं, जो उनके जीवन में महत्त्वपूर्ण भूमिका का निर्वाह करते हैं। कर्नाटक के एक गाँव में क्षेत्र के अध्ययन में एम.एन. श्रीनिवास ने पाया, ''गाँव में सबको इस बात पर विश्वास था कि ईश्वर विद्यमान है…'' (1976 : 323)। और क्योंकि ईश्वर वास्तव में था, इसलिए उसके अवतारों से, चाहे वे देवी हों या देवता, दैनिक जीवन के अनेक अत्यावश्यक कार्यों को सफलतापूर्वक करने के लिए मदद माँगी जा सकती थी। बदले में ईश्वर अपने भक्तों से माँग करते थे और उन्हें पूजना, बलि देना और उनका पूरा सम्मान करना होता था, अन्यथा उनके क्रोध और सजा का सामना करना पड़ता (द्रविड़ : 329)।

सन् 1952 में श्रीनिवास के अध्ययन 'रेलिजन ऐंड सोसाइटी एमंग द कूर्गस ऑफ साउथ इंडिया' ने स्वतंत्रता पश्चात् काल में धर्म के अवबोधन और समाज के साथ उसके संबंध को काफी हद तक प्रभावित किया। उन्होंने 'सांस्कृतिक' धर्म की धारणा जताई, एक ऐसा स्वरूप जो 'प्रांतीय व्यवधानों से परे है और पूरे भारत के लिए समान है' (1965 : 75)। उनका मानना था कि यह अखिल भारतीय विश्वास 'प्रायद्वीपीय,' 'क्षेत्रीय' और 'स्थानीय हिंदू धर्मों' (द्रविड़ : 214) से भिन्न है और सांस्कृतिक और स्थानीय, ग्राम-आधारित धर्म के बीच गहरे मतभेद की ओर इशारा किया। श्रीनिवास ने 'सांस्कृतिक' धर्म और संस्कृत में लिखे गए धर्मग्रंथों के बीच निर्णायक संबंधों पर जोर

नहीं दिया, लेकिन उन्होंने परंपरा की कुछ विशिष्टताएँ बताईं, जैसे विष्णु और शिव जैसे भगवानों की लोकप्रियता, नदियों की पवित्रता पर हिंदुओं का सर्वव्यापक विश्वास, प्रमुख तीर्थ स्थलों का महत्त्व, महाकाव्यों (रामायण और महाभारत) की पवित्रता, परमपावन गाय, कर्म और धर्म की धारणाओं पर विश्वास और ब्राह्मणों की सर्वोच्चता।

भारत में 'महान्' और 'लघु' परंपराओं की धारणा विद्वानों के बीच अभिसामयिक ज्ञान है। यदि ध्यानपूर्वक अध्ययन करें तो हम पाएँगे कि दैवत्व का यह स्पष्ट अनुक्रम चाल न भी कहें तो अकादमिक सुविधा से कुछ अधिक नहीं है। इस धारणा का सबसे पहले बीसवीं शताब्दी के पाँचवें दशक के आरंभ में रॉबर्ट रेडफील्ड ने मानव-विज्ञान में एक साधन के तौर पर प्रश्न उठाया था, जब वे लोक समाज और सभ्यता के बीच भिन्नता का अध्ययन कर रहे थे। रेडफील्ड और मिल्टन सिंगर दोनों का ही यह मानना था कि छोटी ग्रामीण और लोक परंपराओं को स्थानीय सभ्यता की 'मुख्य संस्कृति' में परिवर्तित करने में शहरीकरण ने दाय की भूमिका निभाई (1954 : 63)।

लेकिन हिंदू धर्म के लिए यह नमूना, अनुपयुक्त है। संस्कृतनिष्ठ परंपरा और संस्कृत भाषा, साहित्य और सभ्यता के बीच की कड़ी ढूँढ़ने में कुछ वास्तविक समस्याएँ सामने आती हैं। उदाहरण के लिए 'रामायण' और 'महाभारत' जैसे महाकाव्यों के सामान्य पाठ, जो वास्तव में अखिल भारतीय स्तर पर लोकप्रिय हैं, संस्कृत में हैं। लेकिन जिन असंख्य कहानियों ने सांस्कृतिक परिदृश्य को समृद्ध किया है, उन्हें आम आदमियों के बीच देशी भाषाओं में सुनाया और अभिनीत किया जाता है। कुछ देशी विवरण जैसे हिंदी तुलसीदास और तमिल कंबन में 'रामायण' धार्मिक गौरवग्रंथ माने जाते हैं। इसके अलावा देशी अवतारों में कुछ कहानियाँ बिल्कुल ही बदल गई हैं और इनमें महान् देवी-देवताओं और अखिल भारतीय तीर्थ स्थलों के स्थान पर स्थानीय देवताओं और पवित्र केंद्रों का गुणगान किया गया है। लेकिन इसके अलावा 'महान्' और 'लघु' परंपराओं में असाधारण फैलाव है, जिससे दोनों में से एक को भी ठोस शब्दों में वर्णन करना लगभग असंभव है। इस बात को सिंगर ने यह कहकर स्वीकार किया कि मैंने महान् परंपरा को ढूँढ़ना छोड़ दिया और संस्कृत हिंदुत्व के रूढ़िवादी वृत्तांत को चुनने का प्रयास भी बंद कर दिया। (1972 : 82)।

सिंगर ने जैसा महसूस किया कि महान् एकेश्वरवादी परंपराओं से भिन्न हिंदू धर्म 'महान्' या 'लघु' परंपरा के प्रधिकृत वृत्तांत को न तो मान्यता देता है और न उसे स्वीकार करता है; और न वह स्वयं को उच्च या निचले वर्ग के रूप में देखता है। लेकिन श्रीनिवास, रेडफील्ड और सिंगर ने जो गंभीर गलती की, वह थी कि उन्होंने मौन रूप से इस ओर इशारा किया कि तथाकथित उच्च और निम्न वर्ग या महान् सांस्कृतिक और लघु गैर-सांस्कृतिक परंपराओं का भिन्न अस्तित्व है। उन्हें भिन्न श्रेणियों के रूप में देखा

जा सकता है, क्योंकि उनकी पहचान अलग है; लेकिन उन्हें भिन्न और असंबंधित मानना अनुचित होगा। इस असावधान और गलत विश्लेषण से एक ऐसी संस्कृति भंग हो गई, जो मौलिक सिद्धांतों से जुड़ी हुई थी और उसके स्थान पर हिंदू परंपरा का बिगड़ा हुआ पूर्वानुमान पुख्ता हुआ, जिसमें उसे भौगोलिक सान्निध्य से जुड़ा हुआ विभिन्न जातियों और जनजातियों और आध्यात्मिक विश्वास का संपिडन बताया गया था।

इस बात से इनकार नहीं किया जा सकता है कि हिंदू समाज के अंदर जिन दलों के पास शक्ति और उच्चतर सामाजिक स्थान है, वे अपने विश्वास और प्रथाओं को अन्य वर्गों से ज्यादा 'उन्नत' मानते हैं। लेकिन धर्मग्रंथ आधारित या लोकप्रिय आस्थाओं के घटकों में कोई आम सहमति नहीं है। अत:'महान्' और 'लघु' के बीच अंतर करने के प्रयास के पीछे यह विचार है कि वे विभिन्न विश्वदर्शनों से उभरने वाली भिन्न रचनाएँ हैं और एकीकृत आध्यात्मिक-दार्शनिक स्पेक्ट्रम के विभिन्न वर्गों को यथार्थ विवरण देता है। इस समान संस्कृति की विशिष्टता है, भूमि की पवित्रता का विस्तृत विचार, जो स्थानीय और क्षेत्रीय अवर-संस्कृतियों तथा अखिल भारतीय प्रकृति में व्याप्त हो जाता है। अत: ज्यादा-से-ज्यादा समूह एक एकीकृत सामाजिक-आध्यात्मिक-सांस्कृतिक सांतत्यक में सम्मिलित और संघटित होते जा रहे हैं, जिसके व्यक्तिगत एकक कभी-कभी स्पष्टतया भिन्न लगते हैं; लेकिन फिर भी सभ्यता के एक महासागर में सूक्ष्म तरीके से एकीकृत हो जाते हैं।

कीरत : भारत के आदिवासी

एक प्रारंभिक कार्य में जी.पी. सिंह ने स्थापित किया है कि कीरत और उनके सजातीय समूह भारत के प्राचीनतम आदिवासी लोगों में हैं। वे विशाल भौगोलिक क्षेत्र में फैले हुए थे, जो गंगा के मैदानों, विभिन्न नदियों और उनकी सहायक नदियों, कैलाश पर्वत क्षेत्र, उत्तरी और पूर्वी हिमाचल के साथ लगी पहाड़ियों और वनों, विंध्य क्षेत्र और उत्तर-पश्चिमी, मध्य और पश्चिमी भारत और दक्कन के विभिन्न भागों तक थे। इस बात पर जोर देते हुए कि कीरतों के उद्‌गम को चुनौती नहीं दी जा सकती, उन्होंने उन्नीसवीं और बीसवीं शताब्दी के ब्रिटिश और भारतीय मानव-विज्ञानियों और भाषा-विज्ञानियों द्वारा उनके विदेशी उद्‌गम को सिद्ध करने के प्रयासों को नकार दिया (सिंह 1990 : 59-60)।

इस संबंध में प्रस्तुत अधिकांश तथ्य लोकप्रिय साहित्यिक कार्यों पर आधारित हैं, लेकिन क्योंकि कालानुक्रम को निश्चित रूप से स्थापित नहीं किया जा सकता, इसलिए हमने आमतौर पर तारीखें नहीं दी हैं। अकादमिक मतैक्य और अर्थ निकाले गए शिलालेखों पर आधारित नहीं हैं। हमने शास्त्रीय (गैर-जनजातीय) समुदायों के लिए संस्कृत शब्द 'आर्य' का प्रयोग किया है, क्योंकि अनेक पुरातात्विक तथ्यों के सामने

जो इस बात की पुष्टि करते हैं कि कोई आर्य हमला नहीं हुआ था और मोहनजोदड़ो, हड़प्पा इत्यादि सभ्यताओं के रचयिता इसी भूमि से थे। औपनिवेशिक शब्द आर्यन ने अपनी विश्वसनीयता खो दी है। आर्य ('महान्') शब्द का सबसे सटीक अर्थ है, हमारे पूर्वजों द्वारा ज्यादा पसंद किए जानेवाले नैतिक मानदंडों को पाने में अपनी उपलब्धियों के संदर्भ में स्वयं को देखते थे। उसी प्रकार हमने 'आदिवासी जाति' और 'जीववादी' जैसे अपमानजनक औपनिवेशिक वर्गीकरण त्याग दिए हैं, जिनका उद्देश्य कुछ सामाजिक समूहों को नीचा दिखाकर गिरजाघर के लिए पकड़ना था (देखिए जाति और जनजाति : एक औपनिवेशिक बनावट)।

यजुर्वेद (XXX.16) में कहा गया है कि कीरत गुफाओं में रहते थे और पहाड़ पर चढ़ते थे। 'पंचविंश ब्राह्मण' (xiii.1.2.3) और 'शतपथ ब्राह्मण' (I 1.4.14) कीरतों के एक विशिष्ट परिवार 'कीरत कुल' की ओर संकेत करते हैं, जिसके अनुसार वे इस देश के मूल निवासी थे (द्रविण 61)। कीरत शब्द पहाड़ों, जंगलों और पहाड़ों में गुफाओं में रहने और शिकार करके रहनेवालों के लिए प्रयोग किया जाता था। उन्हें जंगली गैर-आर्य जनजाति माना जाता था।

यहाँ यह बताना जरूरी है कि जनजातियों के रूप में कुछ समूहों के पदनाम का जाति (विभाजक औपनिवेशिक खोज) से लगभग नहीं के बराबर लेना देना है। यहाँ तक कि कुछ जनजातियों की उत्पत्ति ब्राह्मणों से थी तो कुछ की क्षत्रियों से। मनु (x. 43-44) के अनुसार कम-से-कम बारह जातियाँ—पौंड्रक, औद्, द्रविड़, कंबोज, यवन, शक, परद, पहलव, चिना, कीरत, दरद और खास, क्षत्रिय से शूद्र श्रेणी में गिर गईं, क्योंकि उन्होंने पवित्र अनुष्ठानों का पालन नहीं किया, धार्मिक कर्तव्यों और वेदों में दिए गए अध्यादेशों की अवहेलना की, धार्मिक आदेशों और नियमों का उल्लंघन किया और ब्राह्मणों से परामर्श नहीं किया (ब्युहलर : 412)। जो आर्य श्रेणी से नीचे गिरे, उन्हें शुरू में व्रत्य कहा जाता था, लेकिन बाद में उन्हें दस्यु, म्लेच्छ, शूद्र, इत्यादि नामों से भी जाना गया (सिंह 1990 : 66)।

आधुनिक काल में मनुष्यों की शारीरिक, बौद्धिक या नैतिक विशेषताओं में वर्गीकरण को अकादमिक क्षेत्र में अत्यंत संदेह की दृष्टि से देखा जाने लगा है। इसलिए औपनिवेशिक काल में प्रस्तावित जातीय सिद्धांतों को हम कोई महत्त्व नहीं देते हैं, लेकिन क्योंकि इनके से कई जातीय पूर्वग्रह धोखे से विद्वत वर्ग विस्तृत समाज भी में प्रवेश कर गए हैं और अकसर अनजाने में गंभीर विद्वानों द्वारा भी प्रयोग किए जाते हैं, इसलिए हम भारतीय लोगों के औपनिवेशिक जातीय वर्गीकरण और गिरजाघर और साम्राज्य के लिए उसके महत्त्व पर लघु दृष्टि डालेंगे (देखिए जाति और जनजाति : एक औपनिवेशिक बनावट)।

कीरतों में विंध्य क्षेत्र की पुलिंद, सबर और मुटिबा जैसी सजातीय जनजातियाँ शामिल हैं, जिन्हें पारंपरिक रूप से प्रसिद्ध वैदिक ऋषि विश्वामित्र के पचास पुत्रों का वंशज माना जाता है। अपने पिता द्वारा ब्राह्मण समुदाय से निकाले जाने के बाद उन्हें दस्यु निर्वासित कहा गया, 'दस्युनाम भूथिष्ठ' (ऐतरेय ब्राह्मण vii.18) 'ऐत्रैय ब्राह्मण' के अनुसार इनमें से कुछ सीमांत क्षेत्र के म्लेच्छों से मिल गए, अन्य दक्षिण की ओर चले गए और उनके वंशज पुलिंद, सबर और मुटिबा कहलाए। अनेक ब्राह्मण और पौराणिक परंपराएँ बताती हैं कि अनेक आर्य जनजातियों को उनके जंगली रहन-सहन और रीति-रिवाजों का पालन न करने के कारण पुनः अनार्य वर्गीकृत किया गया।

राजा ययाति ने भी तुर्वसु को जो यवन और म्लेच्छों से मिलता था, सहित अपने बेटों को निर्वासित कर दिया। राजा सागर ने शक, यवन और कंबोजों को गैर-वैदिक कहकर विभिन्न दिशाओं में भगा दिया (सिंह 1990 : 66)। यवन पदच्युत क्षत्रिय थे न कि निश्चित रूप से यवन, जबकि कंबोजों को पाणिनी, कात्यायन और पतंजलि के समय में क्षत्रिय माना जाता था। चाइना उत्तर-पश्चिमी क्षेत्र के क्षत्रिय थे। 'मानवधर्मशास्त्र' का अध्ययन करते हुए रोमिला थापर का कहना है कि स्थानीय म्लेच्छ, क्षत्रिय वर्ण से थे और धार्मिक कर्तव्य नहीं निभाने के कारण उन्हें पदच्युत किया गया। स्थानीय जनजातियाँ जैसे कीरत, द्रविड़, अभीर, सबर, मालव, सिबी, त्रिगर्त और यौधेय व्रत्य (पदच्युत) क्षत्रिय थे (थापर 1984 : 164-5)।

कीरत, जिनमें सभ्य और असभ्य ब्राह्मण और गैर-ब्राह्मण शामिल थे, विंध्य क्षेत्र के विशाल जंगलों में मिल-जुलकर रहते थे। इनमें निसद भी शामिल थे। जी.पी. सिंह बताते हैं कि मतंग नामक एक कीरत ने यज्ञोपवीत पहनकर राजवाहन नामक राजकुमार से कहा कि वह एक ब्राह्मण का बेटा है। राजकुमार को जंगल में मगध (राजधानी पुष्पपुरा) के राजा राजहंस ने भेजा था, जिसने वहाँ मालवा के राजा मानसर से पराजित होने के बाद शरण ली थी। मतंग का आतिथ्य स्वीकार करने के बाद राजकुमार ने पूछा कि वह क्यों इतने भयानक वन में रह रहा है, जबकि यज्ञोपवीत से तो वह ब्राह्मण लगता है, जबकि उसके शरीर पर लगे घाव उसे कीरत बताते हैं। मतंग ने कहा कि जंगल में कई ऐसे लोग हैं, जो केवल नाम के ब्राह्मण हैं, क्योंकि वे जाति नियमों का पालन नहीं करते और जंगलियों, वनचर जैसे रहते हैं, हालाँकि अनेक ऐसे भी हैं, जो बहुत सभ्य हैं, शास्त्र और तंत्र पढ़ते हैं और ब्राह्मणों की रक्षा करते हैं (सिंह 1990 : 75-76)।

इसी प्रकार मिथिला का राजा और मगध के राजा का निकट सहयोगी, प्रहारवर्मन जब मालवा के राजा से पराजित होकर अपनी राजधानी लौट रहा था तो उसने एक संकटपूर्ण वन पथ से गुजरते हुए कीरतों और सवरों (मूल रूप से विंध्य जनजातियाँ) की देवी चंडिका या दुर्गा के प्रति निष्ठा देखी, जिससे उनकी ब्राह्मण उत्पत्ति सिद्ध हो

गई। सिंह का मानना है कि दंडिन द्वारा इस घटना का वर्णन प्रामाणिक और अत्यंत ऐतिहासिक महत्त्व का है, क्योंकि बरबरता और ब्राह्मणवाद का एक ही जनजातीय समुदाय में ऐसा अनोखा सम्मिलन और कहीं नहीं मिलेगा। इसके अलावा यह मनु की व्याख्या को प्रमाणित करता है। इसलिए सुनीति कुमार चटर्जी चेतावनी देते हैं, "जब किसी पुराने भारतीय मूल-पाठ में गैर-आर्य या विदेशियों को गिरे हुए क्षत्रिय के रूप में बताया जाता है तो इसके पीछे सदैव यह अभिप्राय है कि वे कम-से-कम सभ्यता या सैन्य संगठन में आगे थे और इसलिए उन्हें केवल बरबर कहकर अस्वीकार नहीं किया जा सकता" (1974 : 28)।

कीरत हिमालय की घाटियों के निवासी थे और उन्होंने नेपाल में लंबे समय तक चलने वाले एक राजवंश की स्थापना की (सिंह 1990 : 77) वे उत्तराखंड क्षेत्र के वर्तमान अल्मोड़ा, नैतीताल और पिथौरागढ़ क्षेत्रों में रहते थे, जहाँ प्राचीन काल से लोग रहते थे (उपरोक्त : 78) 'कालिका पुराण' में उन्हें कामरूप का मूल निवासी कहा गया है (काकाटी 1967 : 8 एफ)। कश्मीर में, कल्हण (सन् 1148-50 ईसवी) 'राजतरंगिनी' में एक स्थानीय वन जनजाति के रूप में उनका उल्लेख है (सिंह 1990-79)। दक्षिण के कीरत जैसे बोया और बेडा हिंदू जाति के कपास साफ करनेवाले थे। वे स्वयं को 'निषादुलु,' 'निषादु' के वैध वंशज बुलाते थे। अंग्रेजों ने जंगली जनजातियों के रूप में उनका वर्गीकरण किया, जो ब्राह्मणों को पुरोहितों के रूप में रखते थे (उपरोक्त : 80)।

उत्तर-पूर्व में अनेक अत्यंत प्राचीन कीरत जनजातियाँ हैं जैसे—नगा (नगालैंड), खासी-जैंतिया (मेघालय), गारो (असम, त्रिपुरा, मेघालय), कछारी (असम), चूटिया (असम), हिल-टिप्पेराह (त्रिपुरा), अका (अरुणाचल प्रदेश) और मिशमिस (अरुणाचल प्रदेश), मिशमिस का संबंध ब्रह्मकुंड से है, जो सुदूर पूर्व में हिंदू तीर्थ स्थल है, जहाँ परशुराम गए थे (उपरोक्त : 87)। इस क्षेत्र में कीरतों की आदिकालीन जड़ें उनके राजा घटक तक जाती हैं, जिन्हें नरक ने पराजित किया और जिन्होंने चाइना व अन्य जनजातियों सहित महाभारत के युद्ध में नरक के उत्तराधिकारी, राजा भागदत्त की सेना की ओर से युद्ध किया (महाभारत सभा पर्व 23, 19) उघोग पर्व 19,14-15)।

सातवीं शताब्दी के एक वर्णन में कीरतों को विंध्य की भील्ल, लुब्धक और मतंग जनजातियों के समरूप बताया गया है। दंडिन बल देते हैं कि कीरत और सबर एक ही हैं। ये सभी पर्वतारोही और जंगलों में रहनेवाले थे, धनुर्धर और लड़ाकू सबर कहलाए, जबकि शिकारी पुलिंदा। 'कल्हण की राजतंरगिणी' कीरतों की भीलों, विंध्य और राजस्थान की एक स्थानीय जनजाति से संबंध की पुष्टि करती है (सिंह 1990 : 114)। कीचक, जो नेपाल और भूटान के बीच पहाड़ी क्षेत्र में रहते थे और मैसूर के बेदर (उपरोक्त : 120) भी कीरत (उपरोक्त : 118) ही थे।

उतने जंगली नहीं

शास्त्रीय संस्कृत साहित्य में कीरतों को उत्कृष्ट शिकारी बताया गया है, लेकिन वे अल्पविकसित किसान थे और 'झुम' (बदल-बदलकर) खेती करते थे, जो उनके पास मौजूद विशाल जंगलों को देखते हुए वह उपयुक्त भी थी। झुम में एक पहाड़ी की ढलान से पेड़-पौधों को साफ कर और उस हिस्से को जलाकर उसपर धान, बाजरा व कुछ सब्जियाँ उगाई जाती थीं। कुछ मौसम बाद उन स्थानों को बदल-बदलकर उन्हें छोड़ दिया जाता था। हालाँकि यह हल से खेती करने से ज्यादा आसान था, लेकिन यह तरीका अकुशल था और इससे पैदावर भी कम होती थी। उत्तर और उत्तर-पूर्व में कीरत जनजातियाँ यही तरीका इस्तेमाल करती थीं। उत्तराखंड के राजी-कीरत इसे 'कटील' या खील कहते थे (उपरोक्त : 195)। कीरतों ने खोदने के लिए डंडा और जोतने के लिए कुदाली जैसे अपरिष्कृत औजारों का विकास किया और चावल की सीढ़ीदार खेती की प्रक्रिया आरंभ की। वे पशु-पालन नहीं करते थे, लेकिन माना जाता है कि हाथी और मुरगी को पालतू बनाने वाले वे पहले लोग थे (उपरोक्त : 196)।

कीरत अनुभवी व्यापारी थे। कीरत महिलाएँ छाल और चटाई के बदले में औषधीय जड़ी-बुटियाँ का विनिमय करती थीं (सालटोर : 750-52)। पंड़ित सत्यव्रत समसरामी के अनुसार 'ऐतरेय ब्राह्मण' (1.3.7) में कहा गया है, ''पूर्वी भारत के कीरत शहरों से आर्य अपना सोम का पौधा लाए'' (सिंह 1990 : 197)। पूर्वी कीरत अपने पहाड़ी इलाके में सोम की खेती कर उसे आर्यों को बेच देते थे, जिन्हें पौधे को बेचना सख्ती से निषिद्ध था (मनु iii, 180 : याज्नवल्कय I, 223)। स्मृति साहित्य इस बात की पुष्टि करता है कि ब्राह्मणों के लिए सोम बेचना एक अपराध था। आदिकाल से जनजातियाँ जंगल में पाई जानेवाली सभी वस्तुएँ (सागौन व अन्य वृक्षों के सीधे बल्ले, बाँस, शहद, राल, लाख, रेशम, कोया) एकत्रित कर ग्राम समुदायों और भ्रमणशील व्यापारियों को बेच देते थे या उनसे वस्तु-विनिमय करते थे। जंगल में पाई जानेवाली वस्तुओं पर उनके अधिकार भलीभाँति मान्य थे, लेकिन औपनिवेशिक काल में जब अंग्रेजों का आगमन हुआ तो उन्हें रेलवे के निर्माण के लिए कोयले और लकड़ी की आवश्यकता पड़ी, जिसके लिए उन्हें भारत की समृद्ध वन संपदा में सीधे प्रवेश चाहिए था। इसके लिए उन्होंने यह बहाना कर जंगल पर अधिकार जमाना चाहा कि जंगल और उसके संसाधनों पर सरकार, न कि समुदाय का, अधिकार है (धुर्ये 1963 : 134)। अंग्रेजों के वन कानूनों ने जनजातियों को वन संपदा और भोजन और आय के पारंपरिक स्रोतों से वंचित कर दिया, जिसके कारण उनके पास विरोध के अलावा और कोई विकल्प नहीं बचा और वे औपनिवेशिक राज्य की दृष्टि में 'अपराधी' बन गए। यह मसला वर्तमान कार्य के विस्तार से बाहर है।

'महाभारत' में कीरतों के आर्थिक जीवन की समृद्धि और विविधता का पता चलता है। उत्तरी हिमालय, करूश क्षेत्र, लौहित्य क्षेत्र के दोनों ओर और सीमांत क्षेत्रों के अनेक कीरत राजाओं ने युधिष्ठिर को कर देकर उसकी प्रभुसत्ता स्वीकार की। इंद्रप्रस्थ को दिए गए कर में शामिल था—चंदन की लकड़ी या काला अगर, काली मिर्च, अगल्लोचम विभिन्न पशुओं की खालों के ढेर, उच्च दरजे का चमड़ा, बहुमूल्य पत्थर, पहाड़ों से विशाल मात्रा में सोना, चाँदी, माणिक्य और मोती जैसे बहुमूल्य पत्थर, इत्र, खुशबूदार जड़ी-बूटियाँ, सुंदर पशु, आकर्षक पक्षी व अन्य आकर्षण भेंट। इन भेंटों के प्रकार और मात्रा से यह पता चलता है कि कीरत उतने असभ्य नहीं थे, जितना उन्हें महाकाव्य (महाभारत), सभा पर्व में बताया गया है, क्योंकि ''यदि उपहार, जितना उल्लिखित है, इसका एक हिस्सा भी थे तो हम यह नहीं कह सकते हैं कि कीरतों की अर्थ व्यवस्था आदिम थी'' (थापर 1984 : 168)।

कीरत धातु का प्रयोग करनेवाली स्थानीय कलाओं और बुनावट में दक्ष थे, जो खासी-जैंतिया, दिमसो कचारी (असम, नागालैंड), टिप्पेरा और मिशमिस जैसी उत्तर-पूर्व की जनजातियों में लोकप्रिय थे। उनके सूती कपड़े की मैदानी लोगों में भारी माँग थी। आर.एम. नाथ का मानना है कि असम के कीरतों ने प्राचीन काल में रेशम की विभिन्न प्रकार की खेती आरंभ की (सिंह 1990 : 200) प्लाइनी सन् 73-77 ईसवी का कहना था कि लोहे का काम उत्कृष्ट दरजे का था (टेलर 1947, 1 : 59-68, 73) खासियों को तलवार, भाले, बाण, बंदूक व अन्य अग्निशस्त्र बनाने आते थे और वे सोने और चाँदी में काम करने में निपुण थे। चूटिया ताँबे के काम में दक्ष थे, जैसा कि ग्यारहवीं-बारहवीं शताब्दी में सदियों में बने ताम्रेश्वरी ताँबे से बना मंदिर के खँडहरों को देखकर पता चलता है (सिंह 1990 : 201-02)। महाकाव्य युग में कीरत युधिष्ठिर के दूत कीरत दूतम भी थे, जो उसे दुर्योधन की चालों और योजनाओं की जानकारी देते थे। मौर्यों के शासनकाल में कीरत पहरेदारों और जासूसों का काम करते थे (उपरोक्त : 224)।

धर्म की उत्पत्ति

औपनिवेशिक काल में हिंदू दैवी पंथ, जिसमें अनेक देवी-देवता थे, की बहुदेववादी कहकर नीचा दिखाने की कोशिश की गई। लेकिन हिंदूओं के लिए विभिन्न देवी-देवता सर्वोच्च सत्य परब्रह्म के विभिन्न स्वरूप या प्रसर्जन हैं। विभिन्न देवताओं या फिर एक भगवान् के अनेक अवतारों के बीच कोई बड़ा अंतर नहीं है और यह लचीलापन स्थिति की आवश्यकताओं के अनुसार स्थानीय, क्षेत्रीय और अखिल भारतीय स्तर पर देवी-देवताओं के विभाजन और विलयन में सहायता करता है।

ग्राम देवता, गाँव के मुख्य अधिष्ठाता देवता की उत्पत्ति का श्रेय कीरतों को जाता

है। मुख्यतः एक देवी, देवता भी इस देवकुल का हिस्सा बन गए और जनजातीय और गैर-जनजातीय दोनों ही लोगों के बीच इनका गहरा सम्मान किया जाता था। देवी का पृथ्वी से मिट्टी और भूमि के रूप में गहन संबंध है। ग्राम देवियों का एक विशिष्ट भू-भाग पर प्रभाव होता है; माना जाता है कि देवी भूमि से उठती हैं और अपने विभिन्न सांसारिक स्वरूपों को अपने में एकीकृत कर लेती हैं। भूदेवी पृथ्वी का दैवी स्वरूप हैं। एक लोकप्रिय दंतकथा के अनुसार सती के रूप में पार्वती ने स्वयं को दुःखी होकर मार लिया, जब उनके पिता दक्ष ने शिव का अपमान किया! दुःख में डूबे शिव पार्वती के मृत शरीर को उठाकर विश्व भर में घूमे। लेकिन शिव के दुःख से होने वाले गंभीर परिणामों के भय से विष्णु ने अपने चक्र से पार्वती के मृत शरीर के टुकड़े कर दिए। देवी के शरीर के विभिन्न हिस्से जिन स्थानों पर गिरे, वे शक्ति पीठ बन गए और पृथ्वी और संसार से उनके शाश्वत बंधन का प्रतीक भी। शक्ति, देवताओं को ऊर्जा भी प्रदान करती है; परंपरानुसार देवताओं को कार्य करने के लिए, प्रोत्साहित करने के लिए उन्हें पत्नी (शक्ति) की आवश्यकता होती है। अतः मंदिरों में देवताओं को उनकी पत्नियों के साथ स्थापित किया जाता है, जबकि देवी की प्रतिमाएँ अकेली होती हैं (फुलर 1992 : 44)।

प्राचीन काल से ही ब्राह्मण कीरत ग्राम देवता और देवियों और कीरत देवी के समारोहों और त्योहारों का सम्मान करते थे। 'ग्राम देवता प्रतिष्ठा' में कीरत देवी, सबरी, यक्ष, भूत, प्रेत; पिशाच, रुद्र, शिव के आततायी अनुयायी, दैत्य, योगिनी, लकड़ी, पत्थर और मिट्टी से बनी विभिन्न प्रकार की शक्ति व अनेक देवी-देवताओं का नाम ग्रामदेवताओं की सूची में दिया गया है (सिंह 1990 : 235)। वैष्णव, शाक्त, कपालिक और गणपत भी ग्रामदेवता के भक्त बन गए (उपरोक्त : 438)।

लोकप्रिय कीरत देवताओं में शामिल हैं, पवित्र वृक्ष, मातृ देवी और चंडिका देवी, साँप, पत्थर (लिंग) और स्मारक पत्थरों की पूजा (राघव : 103, 115)। जनजातीय और ग्राम देवताओं की स्पष्ट निर्धारित विशेषताएँ या विशिष्ट प्रतिमा-विज्ञान नहीं होते। देहात के छोटे-छोटे मंदिरों में पूजे जानेवाले इन देवताओं का प्रतिनिधित्व अनगढ़ पत्थर या अन्य छोटे-छोटे चिह्न करते हैं। कुछ प्रतिमाएँ जैसे लाल रंग किए हुए अनगढ़ पत्थरों को गाँवों में पेड़ के नीचे या खुले मंच पर बने मंदिरों में स्थापित कर दिया जाता है। अनेक प्रसिद्ध शिव मंदिरों में माना जाता है कि लिंग प्राकृतिक रूप से धरती से निकला (स्वयंभू)। यही बात शक्ति पीठ पर भी लागू होती है। ऐसे मंदिरों में अकसर पाए जानेवाले धातु के त्रिशूल या घड़े जनजातीय बस्तियों, गाँवों, कस्बों और शहरों में बराबर पाए और पूजे जाते हैं और आदिकाल से आध्यात्मिक परिदृश्य में अट्टू निरंतरता का प्रतीक हैं।

विभिन्न देवताओं और शक्तिशाली आत्माओं के प्रसादन में कीरत धर्म और ऋग वैदिक प्रणाली में अनेक स्पष्ट समानताएँ हैं, यहाँ तक कि जी.पी. सिंह को वैदिक धर्म

में जनजातीय संस्कृति के तत्त्व नजर आते हैं। क्योंकि कीरतों का उल्लेख यजुर्वेद और अथर्ववेद जैसे वैदिक मूल-पाठ में भी है, इसलिए यह संभव है कि वैदिक धर्म के अनुयायी और कीरतों ने एक-दूसरे को प्रभावित किया होगा। इससे उत्तर वैदिक काल में पशु बलि और उत्तर और पूर्वी भारत में कीरतों द्वारा पशु बलि, विशेशकर नागाओं के फीस्ट्स ऑफ मेरिट में समानताएँ नजर आती हैं (सिंह 1990 : 260)। अन्य सीमांत जनजातियों की भाँति मिशमिस आदिकाल से 'दोन्यी-पोलो' (सूर्य, चंद्रमा) की पूजा करते थे; वह उनके सर्वोच्च भगवान् थे और सच की मर्यादा बनाए रखते थे (उपरोक्त : 232)। दोन्यी-पोलो का अरुणाचल प्रदेश की सभी पच्चीस जनजातियाँ सम्मान करती हैं और ये जीवन के कारण का प्रतीक हैं (रघुनाथन 2000 : 94)। बलि की उत्पत्ति दोन्यी-पोलो से होती है और उनकी ही बलि दी जाती है, जबकि अन्य देवताओं को भी संतुष्ट किया जाता है। दोन्यी-पोलो जीवन में प्रत्येक वस्तु के दोनों पक्षों का प्रतिनिधित्व करता है पोलो विचार है, दोन्यी कर्म; पोलो नर है, दोन्यी स्त्री; पोलो कोमल है और समय को रखता है, जबकि दोन्यी जीवन से भरपूर रचयिता है। दोनों ऊर्जा मिलकर सृष्टि जीवन और ब्रह्मांड के पीछे सर्वोच्च ऊर्जा का प्रतिनिधित्व करती हैं (उपरोक्त)।

इस बात के अनेक साहित्यिक व अन्य प्रमाण हैं कि कीरत शिव, शक्ति या देवी (मातृ देवी) के भक्त थे। शिव, जिन्हें मुख्यत: गैर-आर्य देवता माना जाता था, आदिकाल में हिमाचल क्षेत्र में कीरतों द्वारा पूजा जाता था। उन्हें कीरतेश्वर, कीरतों के भगवान् के रूप में जाना जाता था (सिंह 1990 : 239)। मैक्स वेबर, ए.ए. मैकडॉनल और ए.बी. कीथ का मानना है कि शिव स्थानीय जनजातियों के सर्वोच्च भगवान् थे। मोहनजोदड़ो से मिली एक मोहर में शिव जैसे तीन मुखी को दिखाया गया है, जो योगिक मुद्रा में जानवरों से घिरे बैठे हैं। और जिनके सिर पर दो सींग हैं। मोहनजोदड़ो और हड़प्पा से मिली अन्य वस्तुओ में आदि शैव, लिंग और मातृ देवी की पूजा का पता चलता है। सिंह का कहना है कि इससे पाशुपत परंपरा पर आधारित शिव के विकास को समझा जा सकता है, क्योंकि शिव पंथ के विभिन्न चरण थे, जो अलग-अलग समय में लोकप्रिय हुए। के.ए. नीलकंठ शास्त्री सहमत हैं, "शैववाद मात्र एक पंथ नहीं, बल्कि संबंधित पंथों का संघ है" (उपरोक्त : 430)।

एक विचार यह है कि सींगों वाले देवता का संबंध किसी जनजाति से हो सकता है। ऋग्वेद में शिव एक जनजाति है और कुछ विद्वानों का मानना है कि यह एक जनजाति है, जिसके प्रमुख देवता शिव थे (सरकार 1971 : 10) शताब्दियों बाद सिकंदर के इतिहासकारों ने सिबाय (शिवास) नामक एक जनजाति का उल्लेख किया है। पतंजलि (महाभाष्य) ने इसका संबंध शिवपूरा शहर से जोड़ा है, जिसकी पहचान पंजाब (पाकिस्तान) के झांग जिले के आधुनिक शोरकोट से की गई है। ये शिव हड़प्पा

के सींग वाले देवता से संबंधित लोगों के वंशज हो सकते हैं (थापर 1992 : 33)।

रोचक बात यह है कि महाभारत से पूर्व प्राचीन साहित्य में लिंग और शिव की पूजा में कोई स्पष्ट संबंध नहीं है (मध्य 200 ईसा पूर्व) पतंजलि के समय में कीरतों के भगवान् शिव का शास्त्रीय देवकुल में पूरी तरह से संघटन नहीं हुआ था। पाणिनी के 'अष्टाध्यायी' पर अपनी व्याख्या में पतंजलि शिव का उल्लेख लौकिक-देवता, न कि मुख्य देवता के रूप में करते हैं और लिंग का उल्लेख भी नहीं करते। सिंह का मानना है कि पहली शताब्दी ईसा पूर्व के आस-पास शिव लिंग की पूजा लोगों में लोकप्रिय होने लगी (उपरोक्त : 428)। महाभारत (अनुशासन पर्व) में कहा गया है कि शिव की लिंग के रूप में पूजा की जाती थी। शिवलिंग मूलतः एक विशाल पत्थर या पत्थर का स्तंभ था, जिसकी दिव्य उत्पत्ति मानी जाती थी; सिंह का मानना है कि यह पूर्व वैदिक और प्रागैतिहासिक काल का था (1990 : 242)। लिंग की पूजा प्राचीन भारत और नेपाल में सर्वत्र की जाती थी और यह किसी एक स्थान में सीमित नहीं थी; सभी उल्लेखों से पता चलता है कि यह एक गैर-प्रथा थी। जे.एच. हटन का कहना है कि एक साधारण शंकु के रूप में लिंग और त्रिकोणीय प्रिज्म के रूप में योनि का कोहिमा के अंगमी नगा और दीमापुर के प्रागैतिहासिक एकाश्मक कुछ-कुछ प्रतिनिधित्व करते हैं (उपरोक्त : 257)।

औपनिवेशिक काल में अंग्रेज, लेखकों, विशेषकर धर्म प्रचारकों ने लिंग को लैंगिक पूजा के रूप में उल्लेख किया और लिंग और योनि को माननीय पुरुष और स्त्री जननेंद्रियाँ माना, न कि दैवी सर्जनात्मक ऊर्जा का प्रतीक। यहाँ तक कि भारतीय विद्वानों ने भी अनजाने में इस विचारधारा का अनुसरण किया है। हम इस विवाद के गुण-दोष में न पड़ते हुए यह प्रस्ताव रखते हैं कि सभी जनजातीय चिह्नों की उत्पत्ति ब्रह्मांड की दिव्य शक्ति के प्रति विस्मय को लेकर हुई है, न कि माननीय शक्ति और अलौकिक पर अधिकार प्राप्त करने की अनुभूति से। अतः यह असंभव लगता है कि भारतीय आध्यात्किमकता का इतना शाश्वत चिह्न मिशनरियों और औपनिवेशिक आधिकारियों के निश्चित कार्यसूची वाले दावों के अनुरूप होगा। इस चिह्न पर एक राय के विकास को भावी विद्वानों पर छोड़ते हुए हमने ऐसी पारिभाषिक शब्दावली और परिभाषा का प्रयोग नहीं किया है, जो इतने प्राचीन धर्म का अनुसरण करनेवालों को अपमानजनक लगे।

महाभारत (अरण्यक पर्व 40, 2-47) और भैरवी के प्रसिद्ध नाटक 'कीरतजुर्ननियम्' में शिव के लोकप्रिय कीरत भगवान् होने का उल्लेख है। दोनों वर्णनों में उल्लिखित कहानी के अनुसार शिव ने कीरत का वेश धरा और कीरत अनुयायियों के साथ पांडव नायक, अर्जुन से उत्तरी हिमाचल में किसी पहाड़ी पर अधिकार को लेकर युद्ध किया। पराजित होकर अर्जुन को पता चला कि कीरत स्वयं शिव थे। उसने क्षमायाचना की, यह इस बात की पुष्टि करता है कि कीरत शिव की पूजा करते थे (थापर 1984 : 168,

187 निर्देश-अंक 83)। बाणभट्ट ने सातवीं शताब्दी ईसवी में लिखे अपने उपन्यास 'कादंबरी' (पूर्वभाग : 144-45) में उज्जैन के एक राजकुमार, चंद्रपीड़ की कहानी का उल्लेख किया है, जिसने सुवर्णपुर से परे कीरतों और उनकी सहयोगी जनजातियों से लड़ते हुए एक शिव मंदिर और उसकी दक्षिणी दिशा में एक गुफा देखी। संभवतः उत्तरी हिमाचल के कीरतों ने शिव की पूजा शुरू की, जिनका निवास कैलाश पर्वत की चोटी पर था। भगवान् शिव पहाड़ियों और जंगलों में रहनेवाली जनजातियों, व्रत्य, निषाद व अन्य गैर-आर्यों में अत्यंत लोकप्रिय थे (भंडारकर 1965 : 131-2)।

शक्ति की पूजा का शिव की पूजा के साथ विकास हुआ, क्योंकि शक्ति का शिव के साथ गहरा संबंध था। कीरत मातृ देवी की देवी, पार्वती, उमा, दुर्गा, काली, चंडिका, अंबिका इत्यादि के रूप में उपासना करते थे। माना जाता है कि दुर्गा और पार्वती की हिमालय क्षेत्र में जनजातीय उत्पत्ति हुई। 'हरिवंश' (10, 248) में 'कीरतों को दुर्गा या उमा का उपनाम माना जाता है कि कीरत व अन्य लोग उपासना करते थे। महादेवी, शैव कीरतों के बीच अत्यंत लोकप्रिय थीं। वे एक 'काली' या भयावह देवी, जिन्हें शिव की पत्नी, चंडी, कहा जाता था, की भी उपासना करते थे। उन्हें बंगाल और उड़ीसा के जंगलों में पूजी जानेवाली लकड़ी की देवी, वसूली, भी समझा जाता था।

माँ के पहले स्वरूपों को निश्चित रूप से पहाड़ों से जोड़ा जाता था। उमा हेमवती, हिमवत (हिमालय) और पहाड़ों पर निवास करनेवाली पार्वती की बेटी, की कीरत अत्यंत प्राचीन काल में पूजा करते थे। 'केन उपनिषद्' (III.12.25.IV) के अनुसार उमा-हेमवती मूलतः हिमालयवासियों की देवी थीं। जेकोबी का कहना है कि वे एक स्वतंत्र देवी थीं, जो बाद में रुद्र की पत्नी बनीं (सिंह 1990 : 245) 'वराह पुराण' (28, 34) में कीरतनी नामक हिमालय और विंध्य क्षेत्रों कीरतों द्वारा पूजी जाने एक देवी का उल्लेख है। हेमचंद्र 'अभिधानचिंतामणि परिशिष्ट' में एक देवी का उल्लेख करते हैं, जिनका नाम कीरती था। वाक्पति की प्राकृत कविता 'गौदवाहो' (5.305) में देवी को सबरी (सबर महिला) कहा गया है। मेरूतंत्र में देवी सवर की उपासना का उल्लेख है (सिंह 1990 : 247)।

बाणभट्ट की कादंबरी में कीरत, सबर व अन्य विंध्य जनजातियों द्वारा दुर्गा (चंडी या चामुंडा देवी) की उपासना और भेंट और बलि से उन्हें शांत करने का उल्लेख है। विंध्य वन के निकट दुर्गा की प्रतिमा का मंच काले पत्थर का था; उसके आगे लाल चंदन का लेप लगे लोहे का एक भैंस था। मंदिर का द्वार जंगली हाथी के दाँतों से बना था और उसके ऊपर लोहे का मेहराब था। हर्ष के बाद के काल में कीरत-सबर-निषाद की ये देवी उत्तरी भारत में अत्यंत लोकप्रिय हुईं (उपरोक्त : 243)।

शाक्तों की पुस्तक चंडी जो 'मार्कंडेय पुराण' में सम्मिलित है, में देवी विंध्यवासिनी की उपासना का उल्लेख है। 'कुब्जिका तंत्र' के अनुसार विंध्यगिरी विंध्यवासिनी के 42

शाक्त पीठों में से एक हैं।

उत्तरी-पूर्वी कीरत नरक के पहले और बाद के काल में शिव और शक्ति की उपासना करते थे। 'कालिका पुराण,' 'योगिनी तंत्र' और 'महानिर्वाण तंत्र' में उनकी पूजा के रीति-रिवाज दिए गए हैं। कीरत, शक्ति का प्रतिनिधित्व करनेवाली, देवी कामाख्या की योनि चिह्न के रूप में पूजा करते थे। परंपरानुसार सती का प्रजनन अंग कामगिरि (गुवाहाटी के पास नीलाचल पहाड़ी) पर गिरा और यह स्थान की देवी, कामाख्या की पीठ बन गया। कीरतों ने संभवत: देवी के लिए एक छोटा सा मंदिर बनाया, जिसके स्थान पर नरक ने प्रागज्योतिष कामरूप, असम विजय प्राप्त करने के बाद एक मंदिर बनवाया। इसके बाद देवी की पूजा कीरत तथा पौराणिक रीति दोनों से की जाने लगी (उपरोक्त 252-3)। यह मंदिर आज देश की 51 शाक्त पीठों में से एक है (देखिए नगा और देवी)।

शिव तिप्पेराह पहाड़ी, आधुनिक त्रिपुरा के प्रमुख देवताओं में से थे (काकाटी 1967 : 64)। चूटिया, जिनका प्रारंभिक तेरहवीं शताब्दी में साध्यपुरी (सादिया क्षेत्र) में शासन था, केसईखाती (कच्चा मांस खाने वाली) का सम्मान करते थे, जिन्हें ताम्रेश्वरी देवी (ताँबे के मंदिर की देवी) के नाम से भी जाना जाता था और जो देवी काली थीं (उपरोक्त : 62)। जैंतेश्वरी, जैंतियों रणचंडी और महामाया कछारियों की देवी थीं (सिंह 1990 : 259)।

सातवीं शताब्दी ईसवी के अंत तक असम, बंगाल, बिहार, उड़ीसा, नेपाल विंध्य और उत्तराखंड के कीरत काफी हद तक हिंदू मुख्यधारा का हिस्सा बन गए थे, जबकि दक्कन के कीरत इसमें बाद में शामिल हुए। पहली सहस्राब्दी ईसवी तक कीरतों ने काफी हद तक शास्त्रीय हिंदू मुख्यधारा में शामिल होकर 'ब्राह्मणवादी' हिंदू धर्म में अनेक देवी-देवताओं ने योगदान दिया। हिंदू आध्यात्मिक परंपरा का विकास जनजातीय और गैर-जनजातीय समूहों के संश्लेषण से हुआ (उपरोक्त : 237) यहाँ यह कहना प्रासंगिक होगा कि आर्य हमले के सिद्धांत के समाप्त हो जाने के बाद इस बात पर कोई अकादमिक आम राय नहीं है कि भारत के प्राचीन आर्य (गैर-जनजातीय) लोग कौन थे। भावी विद्वानों को इस बात का अध्ययन करना चाहिए कि क्या जनजातियाँ या जनजातियों के हिस्से पहाड़ या जंगलों से निकलकर और मैदानों में बसकर स्वयं को जंगलों या पहाड़ों में रह रहे समूहों की अपेक्षा सभ्य आर्य समझने लगे। इस समान उत्पत्ति से गैर-आर्य लोगों के बीच जनजातीय देवी-देवताओं की प्रधानता को समझा जा सकता है।

शास्त्रीय हिंदुओं के प्रभाव में पहाड़ी टिप्पेराह कीरतों के धार्मिक रीति-रिवाजों में महत्त्वपूर्ण परिवर्तन हुआ। उनके चौदह देवी-देवताओं को शास्त्रीय देवकुल से पहचाना जाने लगा—(1) हर या शिव, हिंदू त्रिदेवों में ध्वंसक, (2) उमा या दुर्गा, शिव की

पत्नी, (3) हरि या विष्णु, त्रिदेवों में परिरक्षक, (4) माँ या लक्ष्मी, विष्णु की पत्नी और समृद्धि की देवी, (5) बानी वाणी या सरस्वती, ज्ञान की देवी, (6) कुमार या कार्तिकेय, युद्ध के देवता और देवताओं के सेनापति, (7) गणप या गणेश, विवेक के देवता, (8) बिच्छू या चंद्र, चंद्रमा, (9) का या ब्रह्मा त्रिदेव में रचयिता, (10) अबधी, महासागर या जल के देवता, (11) गंगा, हिंदुओं की सबसे पवित्र नदी, (12) सेखी या अग्नि, अग्नि देवता, (13) काम, प्रेम के देवता और (14) हिमाद्री, हिमालय पर्वत। कभी-कभी इस सूची में भू-देवी को भी शामिल किया जाता है (सिंह 1990 : 231-2)।

जनजातियों और गैर-जनजातियों की समान उत्पत्ति के सिद्धांतों को इस बात से और बल मिलता है कि समाज के अन्य समूहों की भाँति कीरतों को भी विकसित हो रहे आध्यात्मिक सिद्धांतों और परंपराओं के दबावों को सहना पड़ा। वे जैन और बौद्ध धर्म की परंपराओं से अत्यंत प्रभावित हुए। अशोक के तेरहवें प्रमुख शिलालेख से पता चलता है कि सम्राट् ने अपने अधिकरियों को वनवासियों और अन्य जनजातियों को धर्म स्वीकार करने के लिए बाध्य करने को कहा (बरूआ 1968 : 100 एफ)। कीरत शब्द का आदेश-पत्रों में स्पष्ट उल्लेख नहीं है, लेकिन विंध्य पहाड़ियों के पुलिंदों (एक सजातीय जनजाति) का नाम सूची में शामिल है (सिंह 1990 : 262)। आर.डी. बैनर्जी के अनुसार साँची के विशाल स्तूप (185-73 ई. पूर्व) में उत्कीर्ण 'चिरतीय-भिच्चूनोदनम' इस बात की पुष्टि करता है कि कुछ कीरत भिक्खू (भिक्षु) बन गए और उन्हें शासकों व अन्य संरक्षकों से दान मिलता था। के.पी. जायसवाल के अनुसार साँची और भरहूट की नकचिपटी आकृतियाँ कीरतों की हैं (उपरोक्त : 263)।

कलिंग के चक्रवर्ती जैन सम्राट् खाखेल का पहली शताब्दी ईसा पूर्व का हाथीगुफा शिलालेख स्पष्ट रूप से कीरतों का उल्लेख करता है। हालाँकि यह शिलालेख बुरी तरह से खराब हो चुका है, लेकिन इससे इस बात की पुष्टि हो जाती है कि कीरतों सहित बड़ी संख्या में लोग इस काल में जैन धर्म और संस्कृति के प्रभाव में आए (उपरोक्त : 265)। पाँचवीं या छठी शताब्दी ईसवी के आस-पास कीरत वैष्णव संप्रदाय की भागवत परंपरा के प्रभाव में आए। श्रीमद भागवत महापुराणम (11-4-18) में इस बात का उल्लेख है कि कीरत और अभीर, पुलिंद, खास, हूण, यवन व अन्य विष्णु के भक्त बन गए (उपरोक्त : 261)।

कीरतों ने धर्म के विकास में स्थायी योगदान दिया। उन्होंने टोटेम की अवधारणा, और आत्मन के दार्शनिक सिद्धांत, पुनर्जन्म और कर्म के सिद्धांत का विकास किया। उनका मानना था कि एक दूसरी दुनिया है, जहाँ पिछले जन्म के कर्मों के अनुसार पुनर्जन्म से पहले मृत व्यक्तियों की आत्माएँ कुछ समय बिताती हैं (उपरोक्त : 266)। धरती पर रहते हुए किए गए अच्छे या बुरे कार्यों, कर्म के अनुसार स्वर्ग या नरक मिलता

था। कीरतों के सामाजिक और धार्मिक कर्मकांडों से नवप्रस्तर काल से ही महापाषाणी स्मारकों का विकास होने लगा, जिन्हें अंतिम-संस्कार, समारोहों और धार्मिक कार्यों के लिए प्रयोग किया जाता था (उपरोक्त : 176-77)। उनके आदिम कर्मकांडों में जानवरों की बलि चढ़ाकर उनका खून छिड़कना या उसे लगाना या सिंदूर और अन्य लाल रंग लगाना शामिल था (उपरोक्त)।

महापाषाणी स्मारक दर्शन से प्रभावित कला का प्रारंभिक स्वरूप है। मृतकों के लिए स्मारकों के रूप में खड़े किए गए इनमें विशाल खड़े हुए दीर्घाश्म स्तंभ, खड़े पत्थर, मेज के आकार के पत्थर cromlect शामिल थे। मृतकों की हड्डियों को मिट्टी के धड़ों में एकत्रित कर कुल की सामूहिक समाधि में रख दिया जाता था। इन स्मारकों से पूर्वजों की पूजा के संकेत मिलते हैं। विद्वानों का मानना है कि खड़े हुए दीर्घाश्म स्तंभ और लेटे हुए पत्थर पुरुष और स्त्री सिद्धांत का प्रतिनिधित्व करते हैं (उपरोक्त : 266)। सिंह का कहना है कि नवप्रस्तर काल के इन पत्थर के स्मारकों का संबंध जनन-क्षमता, पूर्वजों की पूजा, बलि और लिंग और योनि की पूजा से था, जिन्हें बाद में शास्त्रीय धर्म और तांत्रिक विधि-विधानों में शैव-शक्ति की पूजा से जोड़ा गया (उपरोक्त : 177-180)।

सुनीति कुमार चटर्जी का कहना है कि वर्तमान सामाजिक और भौतिक संस्कृति की अनेक वस्तुएँ हमें कीरतों से मिली हैं जैसे चावल, कुछ सब्जियों और फलों जैसे इमली और नारियल की खेती, रीति-रिवाजों में पान के पत्ते का प्रयोग, हमारे लोक शिल्प, समुद्री शिल्प, धोती और साड़ी की हमारी विशिष्ट हिंदू पोशाक, हमारे वैवाहिक रीति-रिवाज, जिनमें सिंदूर और हल्दी का प्रयोग होता है (उपरोक्त : 436), पगड़ी और धोती (उपरोक्त : 441)।

आध्यात्मिकता और भूगोल

औपनिवेशिक काल, जिसके दौरान आर्य हमले के सिद्धांत की सच्चाई को लेकर संदेह उठने लगे थे, उसमें भारतीय राष्ट्रवाद के मसले का अध्ययन करते हुए सुकुमार दत्त ने पाया कि भारत के विशिष्ट स्वरूप की अवधारणा आदिकाल से ही लोगों के मन में थी। वेदों में दिए गए जनजातीय स्थान, नाम सभी भावी साहित्य पर अपना प्रभाव डालते हैं। वेदों में राजा को जनसंख्या या विस का गैर-क्षेत्रीय शासक कहा गया है; वे पंचजन की ओर भी संकेत करते हैं। यश्क, प्राचीनतम वैदिक कोशकार, का कहना है कि यह चार वर्णों की ओर संकेत करता है, जिसमें से पाँचवें निषाद हैं (चंदा 1916 : 3 एफ.एफ.)।

वैदिक कवि भूमि के प्रति गहन प्रेम अभिव्यक्त करते हैं, जो एक विशिष्ट (आर्य) संस्कृति के प्रचार में गर्व से। जटिलता से जुड़ा है (दत 1926 : 16)। इस संस्कृति के

विस्तार में आध्यात्मिक-सांस्कृतिक संबंधों और विस्तार में आध्यात्मिक-सांस्कृतिक संबंधों और उपासना के समुदाय के माध्यम से, न कि राजनीतिक जीत से, भारत में राष्ट्र की अवधारणा स्थापित हुई। अतः भूगोल और आध्यात्मिकता एक-दूसरे से गहरे जुड़े हुए थे, जो सभी जनजातियों और समुहों को अपने में समाकर स्थान दे सकते थे, अप्रसासियों को भी, बशर्ते वे इस आध्यात्मिक एकता को अपने में समाते, "क्योंकि यहाँ संस्कृति, न कि प्रजाति या भाषा, प्रवेश का पारपत्र थी (उपरोक्त : 17)। समान धर्म के व्यवहार ने सामाजिक एकता बनाई, जिसके इर्द-गिर्द एक सामूहिक चेतना का विकास हुआ।"

सदियों से वेद, ब्राह्मण, कल्पसूत्र, उपनिषद्, पुराण और धर्मशास्त्रों से यह आध्यात्मिक एकता सभी जनजातीय और विदेशी समूहों सहित जैन, बौद्ध व अन्य धाराओं, जिनके वह संपर्क में आई और समा गई। श्रीअरविंद के शब्दों में, "वह समस्त आध्यात्मिक उपासना और अनुभव का संश्लेषण बन गई, अपने अनेक पक्षों से एक सत्य का अवलोकन किया, स्वयं को कोई विशिष्ट नाम या सीमित करनेवाली विशिष्टता ने देकर अपने निरंतर चलने वाले पंथों और विभाजनों को केवल पदवियाँ दीं। अपनी मूलभूत विशेषता में, अपने पारंपरिक धर्मग्रंथों, संप्रदायों और चिह्नों के माध्यम से विशिष्ट रूप से भिन्न यह एक सैद्धांतिक धर्म न होकर आध्यात्मिक संस्कृति की विस्तृत, सर्वव्यापक और एकीकृत करनेवाली प्रणाली है" (घोष : 36)।

जाति का उदय विभिन्न समूहों के एकीकरण, माध्यम और आपसी मतभेद सुलझाने के तंत्र के रूप में हुआ। जैसे-जैसे प्राचीन रीति-रिवाजों (अकर) का विस्तार हुआ मानवजातीय अंतर खत्म हुए और जनजातियों और समुदायों ने स्वयं को जाति के केंद्र के इर्द-गिर्द भलीभाँति समायोजित किया। क्योंकि इस एकता ने सभी को अपने में समेट लिया, इसलिए जाति भारतीय समाज का एकमात्र और पर्याप्त बंधन सिद्ध हुई (दत्त : 1926 : 53)।

इसी भूमि की उपज होने के कारण हिंदू धर्म वंशानुगत सिद्धांतों के व्यवहार पर बल देता था। जन्म और आनुवंशिकता का विचार अत्यंत महत्त्वपूर्ण हो गया और सभी हिंदुओं के लिए गोत्र अनिवार्य हो गया। ऐसा इसलिए, क्योंकि (जैसा जनजातियों में) पूर्वजों की आत्मा का आह्वान सभी संस्कारों में किया जाता था, जो लंबे समय से चले आ रहे आनुवंशिक गुणों के कारण व्यक्ति के संस्कारों का योग्य होने के प्रतीक थे। अतः इस कार्य में उन लोगों के साथ आध्यात्मिक समानुभूति शामिल है, 'जिन्होंने हमें पैदा किया है' (दत्त 1926 : 24)।

सैद्धांतिक रूप से प्रतिबंधी होने के बावजूद विभिन्न समूहों ने आनुवंशिक सिद्धांत को जोश से अपनाया और भारतीय इतिहास नकली कुलपरंपराओं और मनगढ़त वंशों के साथ अग्रसर हुआ (देखिए जनजातीय राज्य का निर्माण और धर्म का विकास)।

यहाँ पर इस बात पर ध्यान देना चाहिए कि छोटानागपुर के मुंडा, जो किली नामक असगोत्रीय कुलों में संघटित थे, ने अपने किली को गोत्र में परिवर्तित कर लिया, संडी किली संडिल गोत्र बन गया और नोम तूती किली भोज-राज-गोत्र में परिवर्तित हुआ (रॉय 1912 : 410)। असम की कोच जनजातियाँ अपनी सर्जनात्मकता का इस्तेमाल कर भंग-क्षत्रिय या राजवंशी के रूप में उदित हुईं और राजपूतों से संबंधों का दावा किया (रिसले 1915 : 74-76, 92)।

आध्यात्मिक-भौगोलिक एकता के बोध का विस्तार हुआ और यह तीर्थ-मंदिरों और तीर्थ स्थलों के विस्तृत तंत्र, पौराणिक साहित्य के माध्यम से नदियों के पवित्रीकरण द्वारा बैठ गई और संपूर्ण भूमि को सांस्कृतिक एकता में गूँथ लिया। तीर्थ यात्रा की प्रथा लोगों में एक भौगोलिक समझ का विकास करने में निश्चित रूप से शक्तिशाली कारण है, जिससे वे यह समझते और महसूस करते हैं कि भारत केवल भौगोलिक टुकड़ों का समूह नहीं है, बल्कि केवल एक लेकिन विशाल अवयव-संस्थान है, जिसके एक कोने से दूसरे कोने तक स्पंदमान जीवन का संचार हो रहा है (मुखर्जी 1921 : 39)।

तीर्थ की अवधारणा स्थायी नहीं थी और वैदिक और उत्तर वैदिक से पौराणिक काल तक इसका विकास हुआ। वैदिक पुस्तकों में तीर्थ के प्रारंभिक स्वरूप का उल्लेख है, जो एक पूरे क्षेत्र या आमतौर पर पहाड़ों और जंगलों को पवित्र मानता था। तीर्थ शब्द का विरले ही वैदिक साहित्य में तीर्थ स्थल के रूप में उल्लेख है और यह अकसर ही सड़क, पथ या नदी-तट के लिए प्रयुक्त होता है 'ऋग्वेद' (I. 46 +8(I.+ 169 (IV. +29 +3) 'ऋग्वेद' (VIII +47 +49(X +9 +4), 'तैतरीय संहिता' (IV. 5.11.1-2; VI.I.1-2)और 'अथर्ववेद' (IV. 24 +1 &3(XIX. 10-8) में सरस्वती जैसी नदियों का देवियों के रूप में वर्णन है। भारतीय धार्मिक परंपरा में जल सदा से महत्त्वपूर्ण रहा है, क्योंकि माना जाता है कि जल सारे पाप धो डालता है। दृडवती, अपय और सरस्वती जैसी पवित्र नदियों के तट पर बलि दी जाती है, उपरोक्त (III +23 +4; ऐतरे ब्राह्मण II.19.)। पर्वतों की भी देवताओं के रूप में पूजा की जाती है (ऋग्वेद I. 122 +3(VIII. 6 +28(X ++9(X +30)। इसलिए तीर्थ माने जानेवाले विशिष्ट स्थानों को ढूँढ़ना कठिन है। ऐतरेय ब्राह्मण में यात्रा की सलाह दी गई है, लेकिन अभी भी किसी पवित्र स्थल के तीर्थ की संकल्पना नहीं है, न ही तीर्थों के लिए कोई विशेष विधान या कर्मकांड कराने वाले व्यक्ति की।

धर्मसूत्र और प्रारंभिक स्मृति के काल में तीर्थ की अवधारणा ऐसे स्थान की थी, जो किसी प्राकृतिक घटना जैसे, दो या अधिक नदियों, प्राकृतिक सरोवरों, गरम पानी के चश्मों का संगम या किसी संत से जुड़ा हो। गौतम (XIX.14), बौधायन (III.10.12) और वसिष्ठ (22.12) इस बात पर बल देते हैं कि जो देश स्थान पवित्र हैं और सभी

पाप नष्ट कर देते हैं, उनमें पर्वत, नदियाँ, पवित्र ताल, संतों के रहने के स्थान, गौशाला और भगवान् के मंदिर शामिल हैं।

लेकिन महाकाव्यों और पुराणों के काल में ही तीर्थ अंततः एक संस्था के रूप में विकसित हुए। प्रारंभिक मध्यकाल (सातवीं शताब्दी ईसवी) तक जनजातीय और लोक तत्त्वों के आत्मसात्करण ने उन्हें अखिल भारतीय स्वरूप प्रदान किया (नाथ 1993 : 30)। अब तीर्थ हर संभव स्वरूप में मौजूद हैं। 'पद्म पुराण' (III.39.56-61) में कहा गया है कि जिन स्थानों पर अग्निहोत्र और श्राद्ध किया जाता है, मंदिर, घर जिसमें वेदों का अध्ययन किया जाता है, गोशाला, जहाँ अवश्थ पेड़ उगता है, जहाँ पुराण का पाठ होता है, जहाँ आपके गुरु खड़े होते है, जहाँ एक पतिव्रता गृहिणी, पिता और योग्य पुत्र वास करते हैं, सभी पवित्र हैं (काणे : IV, 564)।

पुराण के लेखकों ने तीर्थों में धार्मिक कर्मकांडों की असीमित विविधता को स्थान दिया और लोकाचार और देशाचार (स्थानीय रीति-रिवाज और परंपरा) के विभिन्न स्वरूपों को वैध करके उन्हें पवित्र किया। तीर्थ अब वैदिक यज्ञों के विकल्प के रूप में उभरे (एनसिंक 1979 : 105-117) और अब उन्हें अनेक सोमयज्ञों से ज्यादा पुण्यप्रद माना गया (स्कंद पुराण II.8.6.81-84।) (महाभारत III 80-153)। पौराणिक परंपरा में सामूहिक सहयोग और एकीकरण पर बल दिया गया। पुराण 'आम आदमी के धर्म गंथ बन गए, जो सभी के लिए थे' (जैहनर 1966 : 12)।

जाति या लिंग के बंधन के बिना कोई भी केवल तीर्थों की यात्रा कर मुक्ति पा सकता था, सरयू और घाधरा के संगम पर स्नान करने से प्राप्त पुण्य हजार अश्वमेध और सौ वाजपेयों के बराबर था (स्कंद पुराण II. 8.6.81.84)।

लोक रीति-रिवाजों का तीर्थ प्रथाओं में वर्चस्व होने लगा। तीर्थ जहाँ पहले होम अग्नि को नैवेध, मंत्र-स्नान, संध्या, तर्पण (भगवान्, संतों और पूर्वजों को परितर्पण), दान इत्यादि किए जाते थे, में अब पूजा, कीर्तन, महात्म्य श्रवणम् विभिन्न तीर्थों के धार्मिक महत्त्व के वर्णनों को सुनना और यात्रा किए जाने लगे। पवित्र जल में स्नान करने के स्थान पर उसमें केवल एक डुबकी लगा लेने से स्वस्थ, पवित्र, तरुण बन जाते थे, यहाँ तक कि कायापलट भी हो जाता था (नाथ 1993 : 34)।

स्कंद पुराण में उल्लेख है कि ऋषियों ने एक बार एक ऐसी बदसूरत कीरत स्त्री को देखा, जिसने सूर्य ग्रहण के दिन मणिकर्णिका तीर्थ में पानी में डुबकी लगाई और सुंदर बन गई। पुराणों में कहा गया है कि कुंभ या सूर्य और चंद्र ग्रहण जैसे विशेष खगोलीय योग में या माघ के महीने में नदी में डुबकी लगााने से मुक्ति मिलना निश्चित है। तीर्थ स्थलों में रीति-रिवाज से होने वाले प्रदूषण को नजरअंदाज कर दिया गया, जबकि अस्थायी निषेध को धीरे-धीरे लागू किया गया और लोगों को सिखाया गया कि गौ मांस, सुअर

के गोश्त और ताड़ी के सेवन से धर्म व्यर्थ हो जाता है। हिंदू वैष्णव प्रभाव में खड़िया, ओराओं और मुड़ा ने मांस का सेवन बंद कर दिया (नाथ 1993 : 44)।

त्योहार, जो प्रारंभिक वैदिक काल से जनजातीय जीवन का हिस्सा थे, समूह चेतना को सुदृढ करने का एक महत्त्वपूर्ण माध्यम बन गए। 'ब्रह्म पुराण' (अध्याय-66) पूरी में इंधुम्न तालाब के तट पर सात दिन तक चलने वाले त्योहार 'गुंडीचयात्रा' का उल्लेख है। जगह-जगह लगने वाले हाट में जनजातीय लोग जंगली उत्पाद और स्वयं बनाए गए लौह शिल्प के बदले में मानवीकृत वस्तुओं का विनिमय करते थे। इस आदान-प्रदान से प्राचीन काल में सांस्कृतिक और तकनीकी विचारों का आदान-प्रदान संभव हुआ होगा विशेषकर कृषि से संबंधित, एम.एन. श्रीनिवास का मानना था कि सांस्कृतिक परंपरा को क्षेत्र के खेतिहारों तक ले जाने में तीर्थों की भूमिका थी। गुजरात में हटकेश्वर नामक एक तीर्थ था (स्कंद पुराण VI.108)।

सुदूर क्षेत्रों में लोकप्रिय मिथक जनजातियों को महत्त्वपूर्ण देवताओं से जोड़ते थे। सबसे आम प्रसंग एक प्रमुख देवता के जंगल में रहने और एक जनजातीय लकड़ी से प्रेम कर उससे विवाह करने का था। मैसूर के बिलिगिरि पर्वत श्रृंखला के सोलिगा वैष्णव भगवान् रंगस्वामी को अपना जीजा मानते हैं। कहानी इस प्रकार है कि मुखिया, बोम्स गौड़ा की सात बेटियाँ थीं। सबसे छोटी, कुसुमाले, अत्यंत सुंदर थी। रंगस्वामी वन में घूम रहे थे, तब उन्होंने कुसुमाले को देखा और उससे प्रेम करने लगे। सोलिगा क्योंकि वन से जड़ और कंद एकत्रित करते हैं, इसलिए एक दिन भगवान् ने भ्रम पैदा कर रात को दिन बना दिया। उस दिन कुसुमाले ने और दिनों से कही ज्यादा जड़ें एकत्रित कीं और उन्हें उठा नहीं पाई। उसने एक क्षीण वृद्ध व्यक्ति से सहायता माँगी, जो इस शर्त पर उसकी मदद करने के लिए तैयार हो गया कि वह उससे विवाह करेगी। आपत्ति होने के बावजूद उसने स्वीकार कर लिया और जड़ों के साथ घर लौटी, जहाँ उसके पिता ने समुदाय के बाहर किसी को अपना पति स्वीकार करने पर उसका अपमान किया। भगवान् लड़की को अपने साथ ले गए और जब लड़की का पिता उनका पीछा करने लगा तो उसे सूप भर सोने के सिक्के देकर अंतर्ध्यान हो गए (सिंह 1993 : 7-8)। यह कहानी सोलिगा की विवाह परंपरा से मेल खाती है, जिसमें भागकर और बिना किसी रीति-रिवाज के विवाह किया जाता है। सोलिगा बिलिगिरि के रंगना मंदिर में विधि के अनुसार कार्य करते हैं, जैसे मंदिर के रथ रथोत्सव और शोभयान को खींचना, रंगस्वामी और उनकी पत्नियों की उत्सव मूर्तियों को उठाना, जुलूस के दौरान जिन मार्गों से रथ गुजरता है, उन्हें सजाना और मंदिर के बाहर के सभी कार्य करना। इस मुफ्त बित्ती सेवा के बदले उन्हें रागी, नमक, तेल और दाल जैसी खाद्य वस्तुएँ मंदिर से मिलती हैं और वे हर समय मंदिर में प्रवेश कर सकते हैं। सोलिगा शनिवार को व्रत करते हैं, क्योंकि

यह दिन देवता को समर्पित होता है (उपरोक्त)।

श्रीसैलम (कुरनूल जिला, आंध्र प्रदेश) के चेंचू ने लंबे समय से मल्लिकार्जुन की लिंग के रूप में पूजा की है, एक ऐसा तथ्य जिसका महाभारत (वन पर्व) और (लिंग पुराण) दोनों में उल्लेख किया गया है। देवी भ्रमरंब की पीठ यहीं पर है (रमेशन 2000 : 13)। मंदिर की दंतकथा में उल्लेख है कि एक बार शिव आखेट के लिए श्रीसैलम आए, जहाँ एक सुंदर चेंचू स्त्री से उन्हें प्रेम हो गया और उन्होंने उससे विवाह कर लिया। वह स्त्री भगवान् शिव के साथ निकट के वनों में आखेट के लिए जाने लगी। भगवान् शिव 'चेंचू मल्लिआह' उपनाम से जाने जाने लगे।

मंदिर में इस कथा को एक खूबसूरत पत्थर पर उकेरा गया है, जिसमें शिव त्रिशूल से एक चीते को मार रहे हैं और उनके पीछे पार्वती वन स्त्री के रूप में चार कुत्तों के साथ खड़ी हैं। चेंचू अपनी इच्छा से कभी भी मंदिर, यहाँ तक कि गर्भगृह में भी प्रवेश कर सकते हैं। वार्षिक शिवरात्रि समारोह में वे भगवान् का रथ खींचते हैं और मंदिर में छोटे-मोटे काम करते हैं (उपरोक्त : 15)। मंदिर का प्रबंधन मुख्यतः एक जंगम पुजारी द्वारा स्थानीय चेंचुओं की सहायता से किया जाता है, लेकिन फरवरी से मई तक मुख्य त्योहारों के दौरान इसका प्रबंधन कुडडप्पा जिले का पुष्पगिरि मठ करता है (उपरोक्त : 17)।

नल्लमली पहाड़ियों के चेंचू पहले श्रीसैलम के भगवान् शिव को अपना जीजा मानते थे, लेकिन जब आंध्र प्रदेश में वैष्णव संप्रदाय प्रमुख हुआ तो वे नरसिम्ह को अपना जीजा मानने लगे। एक कथा के अनुसार नरसिम्ह के रूप में अपने अवतार में विष्णु एक चेंचू लड़की से मिले, जिसे उन्होंने गलती से अपनी पत्नी समझ लिया। हालाँकि बाद में उन्हें अपनी भूल का पता चल गया, लेकिन उन्होंने फिर भी उस जनजातीय लड़की चेंचू लक्ष्मी-नरसिम्ह से विवाह किया और उसे स्वर्ग में अपने निवास ले गए (सिंह 1993 : 8-9)।

कलिका देवी, पीपलादेव, अलिका माता, हर्सत माता जैसे जनजातीय देवी-देवता हिंदू देवकुल के प्रमुख देवी-देवताओं से संबद्ध थे और जनजातीय मंदिर महत्त्वपूर्ण तीर्थ बन गए। बस्तर में देवी दंतेश्वरी को मौली, जनजातियों की प्रमुख देवी के रूप में पूजा जाता है, लेकिन उसे पौराणिक काली और महादुर्गा के रूप में भी पहचाना जाता है (उपरोक्त)। उसी प्रकार कार्तिकेय स्कंद जनजातीय देवताओं से प्रमुख पौराणिक देवता बन गए (देखिए मुरूगन और गणेश: शिव के पुत्र)।

प्राचीन काल से जनजातीय क्षेत्रों में मंदिरों ने इन समुदायों के मुख्यधारा में संघटन में महत्त्वपूर्ण भूमिका का निर्वाह किया। नर्मदा के तट पर सूर्पनेश्वर मंदिर में आस-पास के क्षेत्रों से जनजातीय लोग अधिकांशतः ताड़वी और भील और गुजरात और महाराष्ट्र से तीर्थयात्री आते हैं (विश्वनाथ 1985 : LXV, iii)। जनजातियों जैसे कि सोलिगा और

चेंचू को मंदिर के विधि-विधानों में महत्त्वपूर्ण भूमिकाएँ देकर सम्मिलित किया गया।

विजय नाथ का कहना है कि पुराणों में स्मर्त परंपरा का जनजातीकरण दिखाया गया है। अत: शराब का सेवन, जो जनजातीय समाज के लिए अनिवार्य है, कि 'मार्कंडेय पुराण' में भर्त्सना नहीं की गई है और मांस और मदिरा भगवान् दत्तात्रेय को भेंट में दिए जाते हैं (मार्कंडेय पुराण XIX 4;10)। उन्होंने पाया कि सामूहिक नाच और गाने की जनजातीय प्रथा पौराणिक परंपरा में आ गई। तीर्थ त्योहारों के दिन नृत्य किया जाता है और पेशेवर संगीतकार और नर्तक मंदिरों से जुड़े होते हैं। ढोल और खड़ताल जैसे लोक वाद्यों से कीर्तन किया जाता है और अनेक पौराणिक भगवान् विशिष्ट नृत्यों से संबद्ध हो गए, जैसे कृष्ण रासलीला से और शिव तांडव से (नाथ 1993 : 53)।

संस्कृत

कीरतों ने प्राचीन भारत में भाषा और साहित्य के विकास में महत्त्वपूर्ण योगदान दिया। जी.पी. सिंह का मानना है कि हालाँकि हम वैदिक संस्कृत पर कीरत भाषा के प्रभाव को नहीं जानते हैं, लेकिन यह संभव है कि आर्यों ने पेड़-पौधों और जीव-जंतुओं से संबंधित कीरतों की शब्दावली अपना ली (1990 : 442)। कीरत पढ़े-लिखे लोग थे; बौद्ध पुस्तक 'ललितविस्तार' में 64 लेख हैं, जिसमें कीरतों के विशेष लेख हैं। मिथिला क्षेत्र के एक कीरत नेता ने मिथिला और नेपाल में कीरत लिपि आरंभ की, लेकिन आज इसके बारे में कम ही जानकारी है।

बीसवीं शताब्दी के सातवें दशक तक सुनीति कुमार चटर्जी ने इस बात पर विवाद किया कि हिंदी की बजाय संस्कृत को राष्ट्रीय भाषा होना चाहिए। उनका कहना था कि संस्कृत आर्य धर्म और आर्य लोगों की भाषा है। भारत में सदैव इस बात पर विश्वास किया गया है कि देवताओं; वेदों और शास्त्रों की भाषा संस्कृत विश्व में प्राचीनतम और सभी भाषाओं की जननी है। जहाँ विभिन्न भारतीय भाषाओं के बीच सही संबंधों की जानकारी से हम अपरिचित हैं। चटर्जी का दावा था कि द्रविड़ भाषाएँ (तमिल, तेलुगु, टुंलु, कन्नड़), निषाद भाषाएँ (संताली), कीरत (मंगोल) भाषाएँ संस्कृत से उत्पन्न हुईं। साथ ही प्राकृत और अपभ्रंश और सिंधी, पंजाबी, राजस्थानी, गुजराती, ब्रजभाषा, हिंदुस्तानी, अवधी, भोजपुरी, मैथिली, मगही, बंगाली, उड़िया, असमिया जैसी उत्तरी भाषाएँ, जिन सबका उन्होंने 'आधुनिक आर्यन' भाषाओं (चटर्जी 1973 : 29-30) के रूप में वर्णन किया है। ये भाषाएँ मुसलिम हमलों के समय में बोली जाती थीं और मुसलमानों ने इन्हें हिंदवी, भारत के हिंदुओं, आर्य की भाषाएँ कहा।

पिछले 2500-3000 वर्षों से संस्कृत का भारत में अत्यंत महत्त्वपूर्ण स्थान रहा है, क्योंकि इसका पूरे देश में विस्तार हुआ और यह हिंदू संस्कृति और विभिन्न भाषाओं

वाले विभिन्न समूहों के बीच आपसी संचारण का अनोखा माध्यम थी (उपरोक्त : 31)। यह संस्कृत, जिसे उच्चरित आर्यन कहकर बेहतर समझाया जा सकता है, का विकास 500 ईसा पूर्व से 500 ईसवी के बीच हुआ। इसमें लिखित शास्त्रीय संस्कृत शामिल थी, जो कि 1000 ईसा पूर्व के आस-पास द्रविड़ व कोल भाषाओं के प्रभाव में वैदिक संस्कृत से विकसित हुई। कुछ ध्वन्यात्मक और रूपात्मक अंतर के अलावा यह उच्चरित आर्यन सभी वर्गों के बीच प्रचलित थी और इसमें 500 ईसा पूर्व से शास्त्रीय संस्कृत, सामयिक प्राकृत बोलियाँ जैन प्राकृत, पाली, बौद्ध मिश्र संस्कृत और अन्य सभी स्थानीय बोलियाँ शामिल थीं। वैदिक संस्कृत का स्वर विज्ञान, आकृति-विज्ञान, वाक्यविन्यास और शब्दावली इस उच्चरित आर्यन से बहुत भिन्न थे (उपरोक्त : 31-2)।

500 ईसा पूर्व के बाद शास्त्रीय संस्कृत और विभिन्न प्राकृत मध्य हिंद-आर्यन श्रेणी की थीं, जिनके वाक्यविन्यास और शब्दावली द्रविड़ और कोल ऑस्ट्रिक से प्रभावित थे। चटर्जी का मानना है कि अत्यंत प्राचीन काल से देश के विभिन्न समूहों का एक विचार रहा है, जो शब्दावली और स्वरविज्ञान की भिन्नता से परे था और जो वाक्यविन्यास को करीब लाया (उपरोक्त)। इसी प्रकार द्रविड़ और ऑस्ट्रिक वक्ता आर्य भाषा को अपना सके। आर्य भाषा आम आदान-प्रदान और पवित्र धर्मग्रंथों की भाषा बन गई और इस प्रकार सही मायनों में राष्ट्रीय भाषा बन गई (उपरोक्त)। उनका कहना है कि वास्तव में यही कारण है कि क्यों संस्कृत का कभी अर्थपूर्ण विरोध नहीं हुआ, सिवाय स्वंतत्रता पश्चात् राजनीति से प्रेरित प्रविड़ कजगम दलों के अभियान के। संस्कृत सभी भारतीय भाषाओं, आर्य और गैर-आर्य, का स्रोत है और इसलिए इसे भारतीय संस्कृति से विलग नहीं किया जा सकता। एक तरह से भारत का संस्कृतीकरण उसके एक राष्ट्र में एकीकृत होने की कहानी है।

चटर्जी के निष्कर्षों की यथातथ्यता पर टिप्पणी तो नहीं की जा सकती, लेकिन हम यह कह सकते हैं कि आधुनिक विद्वान् औपनिवेशिक अधिकारियों द्वारा मनमाने ढंग से थोपी गई और उपनिवेश पश्चात् लेखकों द्वारा स्वीकृत जातीय और जातीय-भाषाई श्रेणियों पर सवाल उठा रहे हैं (देखिए जाति और जनजाति : एक औपनिवेशिक चाल)। लेकिन विभिन्न भारतीय भाषाओं और संस्कृत की नाजुक जीवंत भूमिका पर चटर्जी की टिप्पणी की ब्रिटिश प्रशासकों ने स्वतंत्र रूप से पुष्टि की।

एच.एच. विल्सन, कमेटी ऑफ पब्लिक इंस्ट्रक्शन के सचिव ने सलेक्ट कमेटी ऑन इंडियन टेरिटरीज को जानकारी दी कि "कोई व्यक्ति अच्छा देशी भाषा का विद्वान् बन जाएगा, यदि वह अच्छा संस्कृत का विद्वान् है...स्थानीय लोगों के बंगाली सीखने के तरीके में बंगाली व्याकरण का अध्ययन शामिल नहीं है; हमारे देने से पहले तक उनके पास बंगाली व्याकरण था ही नहीं; उनके हिसाब से बंगाली सीखने के लिए संस्कृत

सीखी जाती थी। यदि आप एक व्यक्ति को संस्कृत का अच्छा विद्वान् बना दे तो वह सही विशुद्धता और लालित्य से बंगाली लिख पाएगा।''

बंगाली भाषा में संस्कृत और बंगाली शब्दों के अनुपात के बारे में पूछे जाने पर विल्सन ने जवाब दिया, ''बंगाली भाषा संस्कृत के सबसे करीब है'''बंगाली हितोपदेश' जो कि कक्षा में पढ़ाई जानेवाली पुस्तक है, जिसमें छात्रों को महाविद्यालय में परखा जाता है, में पहले 147 शब्दों में से केवल पाँच संस्कृत के नहीं हैं; ताकि संस्कृत जानने वाला नौजवान पाएगा कि उस पुस्तक में, जो कि भारत पहुँचने पर उसे मिलने वाली पहली पुस्तक है, उसे 147 में से 142 शब्द आते हैं।'' विल्सन ने निष्कर्ष निकाला कि संस्कृत, ''अधिकांश बोलियों, विशेषकर उपरी भारत का ढाँचा है, और हालाँकि यह दक्षिणी भारत की भाषा का हिस्सा नहीं है, लेकिन यह मालाबार तक की भाषा की रचना में इतना गहरे तक प्रवेश करती है कि चार बटा पाँच शब्द संस्कृत के हैं'' (विल्सन 1853 : 9-11)।

अतः विभिन्न भारतीय भाषाओं और बोलियों में आमतौर पर जितना स्वीकार किया गया है, उससे कहीं अधिक समानता है, जिससे आपसी संवाद और विचार विनिमय बढ़ा है। इस बात पर ज्यादा बल न देते हुए यह काफी स्पष्ट है कि भाषा के घनिष्ठ संबंध से देश के विभिन्न समूहों के बीच, चटर्जी के शब्दों में 'विचार के समुदाय' का विकास हुआ।

□

अध्याय–2

जाति और जनजाति : एक औपनिवेशिक अवधारणा

"भारत के बारे में जानने के लिए पहली और आवश्यक चीज वह है जो न है और न कभी था, या कहें भारत जैसा कोई देश जिसके पास यूरोपीय विचारों के अनुसार, न किसी प्रकार की एकता थी, भौतिक, राजनीतिक, सामाजिक और धार्मिक; न कोई भारतीय राष्ट्र, न 'भारत के लोग' जिनके बारे में हम इतना सुनते हैं।"

—सर जॉन स्ट्राचे 1903:5

औपनिवेशिक काल में जाति और जनजाति का घनिष्ठ संबंध नस्ल जैसे विदेशी विचारों के इर्द-गिर्द विभाजन को लेकर परिवर्तित हो जाता है, जो राजनीतिक निबंध का ढाँचा है और जिसमें उनका वर्चस्व है और जो औपनिवेशिक काल के बाद भी जारी रहता है। भारत का औपनिवेशिक काल पूर्व समय की विकृत अवधारणा औपनिवेशवाद की सतत बपौती है। औपनिवेशिक जातिवादी सिद्धांतों के कुशल विनिर्माण में क्रिस्पिन बेट्स का कहना है कि जाति इस अविचल आधार पर खड़ी थी कि यह आधुनिक यूरोपीय या ब्रिटिश अन्य सभी जातियों से श्रेष्ठ थी। जाति ने पश्चिमी इतिहास के एक विशिष्ट काल में अपनी पहचान बनाई। पिछली दो शताब्दियों में भारतीय समाज पर उसकी गहरी छाप को अपर्याप्त महत्त्व मिला है (बेट्स 1995 : 220–21)। उनका मत है तथाकथित 'आदिवासियों' का अध्ययन औपनिवेशवाद के खिलाफ उनके विद्रोह और जनजातीय राज्यों के स्वामी के रूप में विगत इतिहास के तौर पर करना चाहिए न कि औपनिवेशिक काल के नमूनों की तरह। 'जाति क्या है' प्रश्न का उत्तर देने के स्थान

पर यदि हम पूछें कि 'कौन उसे परिभाषित करना चाहता है' तो हमें बेहतर जानकारी मिलेगी (उपरोक्त : 257)।

जातिवाद वस्तुतः यूरोपीय जीव-विज्ञानियों का अकादमिक योगदान है और इस तथ्य से जातिवादी सिद्धांतों का 'वैज्ञानिक' के रूप में प्रचार समझ में आ सकता है। कैरोलस लिनेयस सिस्टेमा नात्यूरे, (1735) ने 'अस्तित्व की एक महान् कड़ी' की सांस्कृतिक बाइबिल संबंधी धारणा का विस्तार किया, जिसके अनुसार ईश्वर या प्रकृति संसार को इस प्रकार संगठित करती है कि मनुष्य से लेकर कीड़े-मकोड़ों तक सभी जीवित प्राणियों को उपयुक्त अनुक्रम में रखा गया है। इसके बाद पीटर कैंपर (1772-1789) ने मनुष्य के सिर की रूपरेखा के निरीक्षण के आधार पर मनुष्यों के बीच परिमेय और प्रमाणीय अंतर प्रस्तावित किए, जिन्हें वास्तव में लागू करना करना लगभग असंभव सिद्ध हुआ (उपरोक्त : 222-3)। एडवर्ड लॉन्ग हिस्टरी ऑफ जमैका, (1774) ने मानव प्रजाति की बहुविध उत्पत्ति के सिद्धांत के समर्थन में नकली जैविक आँकड़ें प्रस्तुत किए। उन्होंने मानवजाति का तीन प्रमुख प्रजातियों में विभाजन किया, यूरोपीय, नीग्रो और ओरांग उटान। उनके विचारों को अमरीका में दासता का समर्थन करनेवाले दलों ने स्वीकार कर लिया।

सन् 1785 में एस.टी. वॉन सोमेरिंग ने अफ्रीकी और यूरोपीय संरचना के तुलनात्मक माप प्रस्तुत किए। इसमें दोनों जातियों की बुद्धि में अंतर की संभावना जताई गई और वर्तमान पूर्वग्रह संस्थापित हुए (कर्टिन 1964 : 45-8)। बैरन कविए ने इस बढ़ते हुए जातिवाद को तुलनात्मक संरचना और जीवाश्म-विज्ञान के अध्ययन और कपालीय क्षमता के निष्कर्षों से बढ़ाया। जबकि जेम्स काओल्स प्रीचर्ड ने असत्यापित सौंदर्यविषयक मानकों का उल्लेख किया। फ्रांज जोजफ गाल (1757-1828) और गैस्पर स्पुनजाइम (1774-1832) ने संस्कृति को शारीरिक विशेषताओं से जोड़ने के लिए कपाल-विज्ञान का प्रयोग किया, जिसे आगे जाकर जोजफ कोंब ने प्रतिपादित किया 'एसेज ऑन फ्रेनोलॉजी' (1819)।

उन्नीसवीं शताब्दी के तीसरे दशक में मानवमिति 'विज्ञान' के साथ अमरीकी जातीय विवाद में शामिल हो गए। चिकित्सक एस.जी. मॉर्टन और सिद्धांतवादी लुई अगासी ने दासता को इस बात पर बल देकर तर्क संगत ठहराया कि मानव जातियों की रचना बिल्कुल भिन्न प्रजातियों के रूप में की गई थी। मॉर्टन ने कपाल संग्रह द्वारा तथ्य प्रस्तुत किए, जो तब विश्व का विशालतम संग्रह था, जिसके द्वारा उसने दिमागी कौशल के अनुसार मानव जातियों के सुव्यस्थित क्रम का दावा किया। उन्होंने गोरों को सबसे बुद्धिमान जाति, अमरीकी इंडियंस को कम बुद्धिमान और नीग्रो को सबसे बेवकूफ जाति के रूप में श्रेणीबद्ध किया। सन् 1859 में मानव प्रजाति की बहुविध रचना को शुरुआती धक्का लगा, जब चार्ल्स डारविन ने 'ओरीजिन ऑफ स्पीशीज' ने संपूर्ण मानवजाति की

मूलभूत एकता की पुष्टि की। लेकिन जाति के सिद्धांतवादियों ने उनके उत्पत्ति के सिद्धांत का भलीभाँति उपयोग किया, जिसमें मानवीय विकास के लिए विस्तृत समय मापक्रम दिए गए थे। उनकी नई कल्पना ने नीग्रो को होमो सेपियंस से संबंधित, लेकिन निम्न प्रजाति स्थापित किया, जो कॉकेशियन और बंदर के बीच कहीं थी (बेट्स 1995 : 225-6)।

इसे पॉल ब्रोका द्वारा शुरू किए गए नए मानवमिति विज्ञान ने और बढ़ावा दिया। ब्रोका रोग-विषयक शल्यचिकित्सा के प्रोफेसर और एंथ्रोपोलॉजिकल सोसाइटी ऑफ पेरिस 1859 के संस्थापक थे। ब्रोका ने प्रस्तावित किया कि मानव जातियों को रेखाकार पैमाने पर क्रमबद्ध किया जा सकता था; उन्होंने अपने अत्यंत नारी-द्वेषी और जातिवादी सिद्धांतों का प्रतिपादन करने के लिए पेरिस के अस्पताल के मरीजों का इस्तेमाल किया। उनके अनुयायी पॉल टोपीनार्ड, उन्नीसवीं शताब्दी के प्रमुखतम मानव-विज्ञानी और सर विलियम फ्लावर, तुलनात्मक शरीररचना-विज्ञान के प्रोफेसर और एंथ्रोपोलॉजिकल इंस्टीट्यूट के अध्यक्ष (1883-85) थे। उन्होंने भारत की जातियों और जनजातियों का परिमाण निर्धारित करने और उन्हें वर्गीकृत करने के प्रयासों को प्रभावित किया। (उपरोक्त : 226-7 सन् 1841 तक भी) ब्रिट्रिश एसोसिएशन फॉर द एडवांसमेंट ऑफ साइंस ने जातिगत प्रश्नावली तैयार की, जिसमें व्यक्तिगत और पारिवरिक जीवन, जीवन चक्रों, भाषा और सिर के नाप की जानकारी माँगी गई। लेकिन इसका ज्यादा शुरू में इस्तेमाल नहीं किया गया और 1865, 1872 और 1881 की भारतीय जनगणना का आरंभिक वर्गीकरण जातियों के ब्राह्मणवादी सिद्धांत पर आधारित था। चार में से एक वर्ण, ब्राह्मण, क्षत्रिय, वैश्य और शूद्र को नियत किया गया, हालाँकि जातियों के बीच असली संबंधों से यह मेल नहीं खाता था और न ही इसका कोई प्रशासनिक उपयोग था। अतः 1891 की जनगणना जे.सी. नेस्फील्ड और डेंजिल इबेटसन द्वारा निर्धारित व्यावसायिक मानदंडों पर आधारित थी (उपरोक्त : 229)।

केंद्रीय प्रांतों के मुख्य कमिश्नर और पंजाब के उप राज्यपाल, इबेटसन ने जाति के लोकप्रिय अवबोधनों का अध्ययन किया। जैसे कि जाति केवल हिंदू धर्म की विशेषता है; इसमें लोगों को ब्राह्मण, क्षत्रिय, वैश्य और शूद्र के रूप में वर्गीकृत किया गया है और यह निरंतर और अपरिवर्तनीय है। ध्यान से देखने पर उन्होंने पाया कि सिद्धांत वास्तविकता से परे था। वे इस निष्कर्ष पर पहुँचे कि जाति धार्मिक से ज्यादा सामाजिक प्रथा थी, क्योंकि इसलाम स्वीकार करने से जातिगत वर्गीकरण पर कोई प्रभाव नहीं पड़ता था। इसके अलावा शूद्र कहे जानेवाले समूह ब्राह्मणों को बहिष्कृत समझते थे। इबेटसन का मानना था कि वैश्य या क्षत्रिय कोई नहीं थे और शूद्र केवल 'अपने से नीचे समझे जानेवाले व्यक्तियों के लिए सुविधाजनक अपशब्द था'। उनका मत था कि जाति असीमित रूप से भिन्न थी और उसे परिभाषित करना कठिन था। उसका तथाकथित

वंशागत स्वरूप केवल एक धारणा थी। जातियाँ वस्तुत: संघ थीं; और सबसे पहला संघ समान उत्पत्ति पर आधारित एक जनजाति थी। अनेक जाति विभाजन या उपजाति एकक, जैसे कि गोत्र, की उत्पत्ति मूल रूप से जनजातीय थी। जे.सी. नेस्फील्ड ने उस सिद्धांत को भी नकार दिया, जो भारत की जनसंख्या को आर्य और आदिम में विभाजित करता है' (उपरोक्त : 229-30)। इबेटसन के विचारों को साम्राज्य की विक्टोरियाई प्रकृति में नकार दिया गया और उस समय विकसित हो रही मानवमिति और जातीय वर्गीकरण की यूरोपीय तकनीकों को स्वीकार कर लिया गया।

ऐसे घटिया मिथकों से अंग्रेजों ने जातियों और जनजातियों के बारे में और परिष्कृत जातीय सिद्धांत विकसित किए। अठारहवीं शताब्दी के पूर्वार्द्ध में सर विलियम जोंस ने उत्तर और दक्षिण भारतीयों और उच्च और निम्न जातियों के बीच अंतर का विचार प्रस्तुत किया, हालाँकि उनके तथाकथित 'आर्य हमले' के सिद्धांत के पुरातात्विक प्रमाण कम थे। जातिगत व्यवहार विशेष रूप से जनजातीय समुदायों के परिप्रेक्ष्य में प्रबल हुए, जिनके बारे में अंग्रेज कम जानते थे। लेकिन उनसे सबसे ज्यादा डरते थे। जैसे-जैसे अंग्रेज अधिकारियों ने भारतीय समाज के ब्राह्मणवादी सिद्धांतों को आत्मसात किया, वे जनजातीय को ब्राह्मण के स्वाभाविक विरोध में स्थान देने लगे। एक बार भिन्न जातियों का विचार स्वीकार किया जाने लगा तो स्थानीय जनजातियों और 'आर्यन' ब्राह्मणों के बीच सम्मिलन के दरजे से, अंग्रेजों की संतुष्टि के लिए, मध्यस्थ जातियों का प्रचुरोद्भव समझाया जा सकता था (उपरोक्त : 234)।

पहली जातीय परिकल्पना की चर्चा मध्य भारत के जंगलों में की गई, जहाँ अंग्रेजों को शक्तिशाली जनजातीय विरोध का सामना करना पड़ा। सन् 1778 में अलेक्जेंडर एलियट और चार अधिकारियों को कटक से नागपुर और फिर होशंगाबाद अभियान छेड़ना पड़ा इनमें केवल एक व्यक्ति जीवित होशंगाबाद पहुँचा। सन् 1795 में कप्तान ब्लट के बस्तर अभियान को जमकर मार खानी पड़ी और इस साहसिक कार्य के बाद गोंड़ जनजाति खूँखार के रूप में कुख्यात हुई। इसी तरह इसी तरह गुजरात के भील और बिहार के संथाल और कोल भी कुख्यात हुए। ऐसी अनेक अफवाहें फैली कि आदिवासी नर बलि देते हैं, हालाँकि इसके कोई वास्तविक प्रमाण सामने कभी नहीं आए। बाद के अभियानों ने जनजातियों द्वारा बलि दिए जाने के लिए अंग्रेजों के डर को मिथ्या सिद्ध किया। छत्तीसगढ़ क्षेत्र में उन्हें यह देखकर आश्चर्य हुआ कि विशाल संख्या में हिंदू, जिनमें राजपूत और 'खेतिहर ब्राह्मण' शामिल थे, जनजातियों के साथ मिलकर रहते थे। फिर अब देखा गया कि गोंडों के वास्तविक रीति-रिवाज और प्रथाएँ स्थापित औपनिवेशिक विचारों से भिन्न थे (उपरोक्त : 234-5)। सन् 1833 में लेफ्टिनेंट वॉ और रेनी ने चुनारगढ़ से अमरकांत तक अभियान के बारे में लिखा है—"अनेक लोगों

को यह संदेह है कि गोंड नर बलि देने और उस मांस का सेवन करने से नहीं झिझकते, लेकिन जिन हिंदू निवासियों से हमने पूछताछ की उन्होंने उन्हें नरभक्षण के आरोप से मुक्त कर दिया। जिन गोंडों से हम मिले, उनमें नरभक्षण के लक्षण तो दूर, वे गोमांस भी नहीं खाते। निम्न श्रेणियों में अन्य प्रकार के पशु आहार पर कोई आपत्ति नहीं है, हालाँकि मुखिया और उच्च श्रेणी के लोगों ने इस संबंध में हिंदुओं के पूर्वग्रह अपना लिये हैं।''

नागपुर स्थित फ्री चर्च ऑफ स्कॉटलैंड के रेवरेंड स्टीफन हिसॅलापर्के मरणोपरांत-प्रकाशित पेपर्स 'रिलेटिंग टू द एबोरिजिनल ट्राइब्स ऑफ द सेंट्रल प्रॉविंसेज', 1866 में गोडों की जाति का केंद्र रूप में उल्लेख हैं। उन्होंने इस बात पर बल दिया है, कि 'कोलरी' और द्रविण' जनजातियों की विशिष्ट जातियाँ हैं, उन्हें गोंडी तेलुगु और तमिल भाषाओं के बीच समानताएँ नजर आईं और उन्होंने प्रस्ताव दिया कि सतपुड़ा पहाड़ियों में रहनेवाली 'कोलरिया' जनजातियाँ करेंस और बर्मा और मलेशिया के जनजाति से संबंधित थीं।

तथाकथित 'जातियों' और 'जनजातियों' के बीच जातीय अंतरों को वर्गीकृत और मानकीकृत करने के प्रयास किए गए। सन् 1851 में लंदन के क्रिस्टल पैलेस में लगी ग्रेट एग्जिबिशन में भारतीयों के जीवित नमूने प्रदर्शित किए गए, जिसके तुरंत बाद गवर्नर जनरल लॉर्ड केनिंग ने प्रसिद्ध 'फोटोग्राफिक सर्वेक्षण, द पीपल्स ऑफ इंडिया' अधिकृत किया, जिसे 1868 से 1875 के बीच आठ खंडों में प्रकाशित किया गया पिने (1991 : 252-63); फाल्कनर (1991 : 264-77)। सन् 1857 के विद्रोह ने भी फोटाग्राफिक संग्रह का आदेश देने के निर्णय को प्रभावित किया और भारतीय समाज को संगठित और नियंत्रित करने की अंग्रेजों की आवश्यकता को मजबूत किया (मेटकाफ 2002 : 111)। इस कार्य में जिन विशेष उपकरणों का प्रयोग किया गया, वे थे सर्वे ऑफ इंडिया 1878 और सेंसस ऑफ इंडिया 1871, उन्नीसवीं शताब्दी के छठे दशक में हिंदू और मुसलिम कानूनी संहिताओं के कानून पास कर उन्हें और सख्त बना दिया गया।

जातीय सिद्धांत प्रबल हुए और ग्रामीण और भ्रमणशील समूहों को 'अपराधी जनजातियाँ' घोषित कर दिया गया। 'नारी-सुलभ' जातियाँ, चतुर बंगाली सहित 'युद्धप्रिय' जातियों की खोज की गई। भारत वस्तुत: 'जीवित संग्रहालय' बनकर रह गया, जिसमें सभी प्राचीन रीति-रिवाज, आदतें और प्रथाएँ वर्तमान समय तक अपने मूल रूप में विद्यमान थीं। उपरोक्त 'द पीपल्स ऑफ इंडिया' की वैज्ञानिक परिशुद्धता का सबसे अच्छा उदाहरण बंजारों का वर्णन है। पारंपरिक रूप से खानाबदोश चरवाहे और व्यापारी शुरुआत में उनका वर्णन 'संपूर्ण सच्चाई के लिए विख्यात' के रूप में किया गया' बाद में इसी समूह को मनमाने ढंग से 'अपराधिक जनजाति' घोषित कर दिया गया। मेटकाफ के अनुसार 'भ्रांति जो यथातथ्य बन गई' का सटीक उदाहरण थी।

सन् 1866-67 में लंदन की ग्रेट एग्जीबिशन की नकल पर केंद्रीय प्रांतों की विभिन्न 'आदिवासी जनजातियों' के नमूने जबलपुर में प्रदर्शित किए गए। बेट्स 1995 : 239 'आदिवासियों' का निरीक्षण करने के लिए ए.सी. लायल के नेतृत्व में जातीय समिति का गठन किया गया। उसके परिणामों को एक लंबे शीर्षक के साथ छापा गया, 'रिपोर्ट ऑफ द एथनोलॉजिकल कमेटी ऑन पेपर्स लेड बिफोर देम ऐंड एपॉन एग्जामिनेशन ऑफ स्पेसिमेंस ऑफ एबोरिजिनल ट्राइब्स ब्राटॅ टू द जबलपोर एग्जीविशन ऑफ 1866-67, नागपुर', 1858। इस रिपोर्ट में उन 'जातियों' और 'जनजातियों' को शामिल नहीं किया गया, जो इस क्षेत्र में आप्रवासी थे। सतनामी और कबीरपंथी जैसे धार्मिक 'पंथ' और सभी 'निर्माता और व्यापारी वर्ग' चाहे वे जनजातीय क्षेत्रों से ही क्यों न हों। इसकी बजाय रिपोर्ट केंद्रित थी 'निम्न और गुलाम' जनजातियों, 'माँग' जैसी 'भ्रमणशील जनजातियों' और पहाड़ी जंगलों में रहनेवाले 'आदिवासी जनजातियों के लावारिस अवशेषों' पर।

जॉर्ज कैंपबेल, केंद्रीय प्रांतों के मुख्य कमिश्नर 1867-68 1867-68 और शौकिया मानवजाति वैज्ञानिक ने 'द एथनोलॉजी ऑफ इंडिया,' 1865 शीर्षक से एक पेपर प्रस्तुत किया था, जिसके आधार पर अब 'आदिवासियों' को कोलरी कोल, भील, कुर्कू, बैगा और द्रविड़ गोंड, हुल्बा, गोड़, खोंड, कोई में वर्गीकृत किया गया। लायल की रिपोर्ट का अधिकांश हिस्सा लंबाई, ऊपरी बाँह, जाँघ, पैर की लंबाई, छाती और शरीर की चौड़ाई, त्वचा, आँखें, पुतली, दाढ़ी और मूँछ का रंग, एड़ी की लंबाई या अन्य कोई विशिष्टता, अन्य कोई शारीरिक विशिष्टता और भोजन पर केंद्रित था। चार्ल्स ग्रांट के 'गजेटियर ऑफ द सेंट्रल प्रॉविंसेज', 1870, में कहा गया कि एथनोलॉजिकल कमेटी ने 23 'अनिश्चित', 12 कोलरी और 10 द्रविड़ और 6 'अनिश्चित' आदिवासी जातियों की पहचान की है (उपरोक्त : 239-240)।

जाति का इस्तेमाल सामाजिक अभियांत्रिकी के यंत्र के रूप में किया गया। कुछ कठोर जनजातियों को 'आपराधिक' घोषित कर उन पर 1871 का कुख्यात आपराधिक जनजाति कानून लागू कर दिया गया। बिहार के माध्यार डोम, बुंदेलखंड के कुंजुर खंगर और नर्मदा घाटी की रामोशी, माँग, कैकरी या बौरी जनजातियों को आदतन आपराधिक घोषित कर दिया गया। इनके वयस्क पुरुष सदस्यों को स्थानीय पुलिस के सामने हर सप्ताह पेश होना पड़ता था (उपरोक्त : 228)।

जनगणना के वर्गीकरण और इबेटसन द्वारा प्रस्तुत कार्यात्मक और व्यावसायिक श्रेणियों से असंतोष के कारण मानवमिति की यूरोपीय तकनीकों में पुनः रुचि जाग्रत् हुई। इन्हें सर हर्बर्ट होप रिसले के कार्यकाल में 1885 के बंगाल के मानवजाति सर्वेक्षण में लागू किया गया। इससे पहले डॉक्टर जेम्स वाइस ने पूर्वी बंगाल के लोगों पर मानवमिति आँकड़े एकत्रित किए थे, जिनमें त्वचा के रंग, कपाल के आकार, नेत्र-नासा सूचकांक

और पूरे कद की नाप ली गई थी। इसे ई.टी. डाल्टन के छोटा नागपुर की जनजातियों पर लिखी गई 'डिस्क्रिप्टिव एथनोलॉजी ऑफ बंगाल', 1872 और 1891 में बंगाल की जनजातियों और जातियों पर प्रकाशित पर चार खंड के शब्दकोश के साथ सम्मिलित कर दिया गया। दो खंडों में मानवमिति आँकड़े थे, जिनमें से अधिकांश को रिसले ने अपनी सुविधा और संतोष से एकत्र किया था। कहा जाता है कि रिसले ने अधिकतम सौ के प्रतिदर्श आकार का इस्तेमाल किया और कई मामलों में विशिष्ट जातियों और जनजाति समूहों के बारे में उनके निष्कर्ष मात्र तीस व्यक्तियों के कपालीय आकार पर आधारित होते थे (उपरोक्त : 242)।

रिसले ने इस विचार को नकार दिया कि सिर की माप व आकार और बुद्धि के बीच कोई संबंध था। लेकिन उनका मानना था कि प्रजाति की भाँति जाति भी लोगों के शरीर पर स्थायी निशान छोड़ जाती है, जिसे नासा-सूचनांक के माप से स्थापित किया जा सकता है। अत: उनका मत था कि विभिन्न जातियों के सदस्यों का सामाजिक स्थान 'उनकी नाक की औसत आपेक्षिक चौड़ाई के विपरीत अनुपात' से भिन्न था (मेटकाफ 1995 : 82)। अत: यदि 'हम एक जाति का क्रम लें और उन्हें औसत नासा-सूचकांक क्रम में लगाएँ, ताकि सबसे बढ़िया नाक वाली जाति सबसे ऊपर हो और सबसे मोटी नाक वाली जाति सूची में सबसे नीचे हो तो हम पाएँगे कि यह क्रम बहुत कुछ सामाजिक वरीयता के स्थापित क्रम के अनुसार है' (उपरोक्त : 120)।

रिसले ने ही यह स्थापित किया कि भारत के लोग सात मूल जातीय प्रकारों से बने हैं, यानी मंगोल, द्रविड़, हिंद-आर्य, तुर्क-ईरानी, मंगोल-द्रविड़, आर्य-द्रविड़ और स्कीथ-द्रविड़, हालाँकि उनके भी तथ्य आर्य, मंगोल और द्रविड़ों के बीच तिगुने विभाजन का समर्थन करते थे। उनका यह भी मानना था कि भारतीय उप महाद्वीप के मूल भाषाई विभाजनों का उद्भव जातिगत है (बेट्स 1995 : 242-3)। डॉक्टर जॉर्ज ग्रियर्सन ने भारत के भाषाई सर्वेक्षण में पहले ही भाषागत श्रेणियों का चुनाव कर लिया और इसलिए इस अनुमान को 'सिद्ध' कर पाए (उपरोक्त : 244)। यह पूर्वग्रह ई. थर्सटन के सात खंडों में छपें 'द ट्राइब्स ऐंड कास्ट्स ऑफ साउथ इंडिया' 1909 और आर.ई. एंथोवन के 'द ट्राइब्स ऐंड कास्ट्स ऑफ बाँबे' 1920 के निष्कर्षों का आधार रहे।

जातियों को 'सामाजिक अग्रगामिता' के क्रम में व्यवस्थित करने का प्रयास शुरू से ही समस्या रहा और 'कास्ट्स ऐंड ट्राइब्स' खंडों के लेखकों ने इस मसले से पीछा छुड़ाने के लिए वर्णक्रम सूचियाँ बनाईं। सन् 1891 की जनगणना ने समूहों को उनके 'सामाजिक आकलन' के अनुसार विशाल व्यावसायिक वर्गों में श्रेणीबद्ध करने का प्रयास किया गया। लेकिन 1901 में जनगणना कमिश्नर के रूप में रिसले अपने शोध के आधार पर सही क्रम व्यवस्था पाने के लिए कृतसंकल्प था, जैसे कि संस्कृत की विधि-विषयक

पाठ्य-पुस्तकों और ब्राह्मण पंडितों द्वारा प्रस्तुत 'देशीय जनमत' में प्रदेशन। इस प्रयास का परिणाम यह हुआ कि इसके कारण उच्च पद के लिए अनेक दावे शुरू हो गए, विशेषकर कायस्थ और खत्रियों जैसी मध्यम जातियों के लोग जो क्षत्रिय का दरजा पाना चाहते थे। रिसले के लिए जो चीज वास्तव में मायने रखती थी, वह थी प्रजाति (मेटकाफ 1995 : 121)।

रिसले के वर्गीकरण के साथ मुख्य समस्या थी जातीय-भाषाई और सांस्कृतिक श्रेणियों को लेकर अस्तव्यस्तता। भारत के जातीय इतिहास को लिपिबद्ध करने के लिए कृतसंकल्प, उन्होंने यह आसानी से मान लिया कि सिर और नाक के समान आकार वाले लोग हैं, जो स्पष्ट अंकित क्षेत्रों में रहते हैं। उन्होंने इन समूहीकरणों को जाति माना और उन्हें मुख्यत: भाषाई नाम दिए जैसे हिंद-आर्यन, तुर्क-ईरानी और आर्य-द्रविड़ (गुहा 1963 : 26)। भारत के उत्तरी और दक्षिणी लोगों को लेकर मानव-विज्ञानियों का मत जनसंख्या में 'ए' और 'बी' खून के प्रकारों की प्रायिकता मानचित्रित करने के लिए सीरम-संबंधी आँकड़ों के सामने लड़खड़ा गया। फ्रांसीस ब्यूकानन ने यह कहकर इस बात को स्वीकारा कि "भारत में खून के प्रकार के आँकड़ों के बारे में अपनी जानकारी के आधार पर हम यह मान सकते हैं कि प्रतिशतता का उतार-चढ़ाव विभिन्न जातीय और सांस्कृतिक समूहों के बीच काफी हद तक सम्मिश्रण का परिचायक है" (1807 : i, xii)।

बर्नार्ड कोन का मानना था कि मानवशास्त्रीय क्षेत्र कार्य का बड़ा भाग औपनिवेशिक वातावरण में किया गया और इसलिए मानवजाति-विज्ञान विषय उपनिवेशित लोगों का अध्ययन रहा है" (1988 : 224)।

उन्होंने कहा कि सन् 1880 से 1950 के बीच जाति पर लिखी गई अधिकांश पुस्तकें औपनिवेशिक अधिकारियों द्वारा लिखी गई थीं, जो या तो किसी प्रांत या पूरे भारत के जनगणना कमिश्नर के पद पर थे। इनमें शामिल थे ए. बेंस, ई.ए.एस. ब्लंट, आर.ई. एंथोवन, बी.एस. गुहा, टी.सी. हॉडसन, जे.एच. हटन, डी. इबेटसन, ई.जे. किट्स, एल.एस.एस. ओ, मेली, एच.एच. रिसले, एच.ए. रोज, आर.बी. रसल और ई. थर्सटन। इस काल में जाति पर लिखने वाले महत्त्वपूर्ण लेखकों में केवल विलियम क्रुक, सी. बूग्ल, जी.एस. धुर्ये, ए.एम. होकार्ट, जे.सी. नेस्फील्ड और ई. सेनार्ट जनगणना कार्यों में महत्त्वपूर्ण पदों पर नहीं थे (उपरोक्त : 242)।

कोन ने एक रोचक उदाहरण दिया है कि किस प्रकार जनगणना कार्यों के दौरान जनजातियों को उच्च जातियों में परिवर्तित कर दिया जाता था, जैसे नगरों और शहरों में गठित जाति सभाएँ अधिकारियों को अपनी पसंद के स्थान के लिए आवेदन देती थीं। पंजाब के जालंधर जिले के डिस्ट्रिक्ट रिकॉर्ड ऑफिस से हाल ही में मिली एक फाइल में

महतो द्वारा 1911 की जनगणना में राजपूत पदवी के लिए इस आधार पर आवेदन किया गया था कि वे राजपूत रीति-रिवाज मानते थे। जिला जनगणना अधिकारी, दीन मोहम्मद ने उनके दावे को इबेटसन के 1881 में पंजाब की जनगणना और भुगतान अधिकारी की रिपोर्ट के आधार पर ठुकरा दिया। यह स्वीकार करते हुए कि महतो खुद को शिकारियों और झाड़ूबरदारों की माहतम नामक जनजाति से अलग होकर खेतिहर बन गए थे। दीन मोहम्मद ने स्वीकार किया कि जनजाति के अलग हुए वर्ग को महतो राजपूत कहा जा सकता है। उन्होंने महतो के इस दावे को स्वीकार किया कि पंजाब और कश्मीर की राजपूत प्रतिनिधि सभा ने उन्हें राजपूत स्वीकार कर लिया था, पर क्योंकि उनके और राजपूतों के बीच विवाह नहीं होता था इसलिए उन्हें महतो राजपूत की पदवी से ही संतोष करना पड़ेगा। महतो के दावे के बारे में रोचक यह है कि इससे उनकी सामाजिक और आर्थिक गतिशीलता पर सीधा प्रभाव पड़ा। कुछ महतो सेना की सिख रेजिमेंट में शामिल होना चाहते थे; अन्य ने पंजाब सरकार द्वारा सिख और हिंदू राजपूतों के लिए शुरू की गई जमींदारी छात्रवृत्ति के लिए योग्यता का दावा किया (उपरोक्त : 248-9)।

जनजाति और गिरजाघर

भारत के जनजातीय समूहों के बारे में लगातार भ्रांतियों का कारण थे औपनिवेशिक राज्य के प्रशासक और मानवजाति वैज्ञानिक। अफ्रीका में अपने दखल से जनमे जाति सिद्धांतों से प्रभावित औपनिवेशिक मानव-विज्ञानियों ने इन्हीं श्रेणियों को भारत में लागू करने का प्रयास किया। अपने प्रयासों में सफल होने के लिए कृतसंकल्प, इन लोगों ने बड़ी संख्या में आदिवासी समूहों को 'जनजाति' का नाम देकर एक बिल्कुल नई सामाजिक श्रेणी का निर्माण किया, हालाँकि 'जनजाति' शब्द का अनेक स्थानीय भारतीय भाषाओं में कोई समकक्ष नहीं था (सिंह 1985 : 6-7)।

धर्म-प्रचारकों के साथ मिलकर ईस्ट इंडिया कंपनी के धार्मिक रूप से 'तटस्थ' आधिकारियों ने जनजातियों, हरिजनों और दलितों जैसे समाज के बड़े वर्गों को हिंदू समाज से अलग करने के लिए कुशल नीतियाँ अपनाईं। पत्र-पत्रिकाओं में विद्वत्तापूर्ण लेखों और विशेषकर जनगणना कार्यों द्वारा अंग्रेजों ने इस मत का प्रचार किया कि वे एक विशेष समूह हिंदू समाज का हिस्सा नहीं हैं। इस समूह के नेता या वे बाहर के लोग जिन्होंने अलगाव के इस विचार का प्रचार किया, उन्हें प्रश्रय दिया गया और प्रोत्साहित किया गया और जिन सदस्यों ने स्वयं को अन्य लोगों से अलग कर लिया, उन्हें विशेष सुविधाएँ प्रदान की गईं। अरुण शौरी के अनुसार उस समय के प्रमुख विद्वानों, प्रशासकों, मिशनरियों और मिशनरी समाज के लेखन का अध्ययन ''इस मिथक को दूर करने के लिए बहुत है कि भारत पर अंग्रेजों का हमला एक दुर्घटना थी, एक ऐसी दुर्घटना जिसमें

भारतीयों ने अंग्रेजों को उनकी इच्छा के विरुद्ध घसीटा'' (शौरी 1994 : 60)।

औपनिवेशिक सोच के काम करने का भी एक तरीका था। जैसा कि पहले देखा गया है, अंग्रेजों ने जनजातीय समूहों के वर्चस्व वाले उन क्षेत्रों को अलग किया जो उनके शासन के विरुद्ध विद्रोह करते थे। उन्होंने निश्चयपूर्वक कहा कि इन क्षेत्रों में जनजातियों को विशिष्ट जातीय समुदायों के रूप में सुरक्षित रखा जाएगा और उन्हें सभ्यता की सभी सुविधाएँ प्राप्त होंगी। लेकिन जनजातीय कल्याण कार्यों की सच्चाई यह थी कि अंग्रेजों वनों के समृद्ध संसाधनों तक पहुँचना चाहते थे, जिसके लिए उन्हें जनजातियों के पारंपरिक अधिकारों पर नियंत्रण करने और भारत में अपने साम्राज्य को स्थापित करने के लिए कोयला और लकड़ी की आवश्यकता थी। इसलिए उन्होंने जनजातियों को उनके पारंपरिक अधिकारों से वंचित रखा और वनों पर इस बहाने से कब्जा जमाने का प्रयास किया कि सरकार, न कि समुदाय का वन और उसके संसाधनों पर अधिकार है।

अंग्रेजों को जनजातियों द्वारा की जानेवाली झुम खेती (स्थान बदल-बदलकर) नापसंद था, यह हल से खेती की तुलना में अकुशल और खर्चीला तरीका था। झुम से वनों को भी भारी हानि पहुँचती थी। फोरसिथ ने आपत्ति जताई कि ''बाइगा इन पहाड़ियों में वनों के सबसे बड़े शत्रु हैं। इनकी खेती ने हजारों वर्ग मील में फैले साल के वनों को नष्ट कर दिया है, साथ ही हर जगह के बड़े पेड़ों को इन्होंने घेर लिया है, ताकि साल से गोंद निकाल सकें।'' उन्होंने लिखा कि लाख जमा करते हुए, ''अकसर अदूरदर्शी जंगली आदमी पेड़ पर चढ़ने से बचने के लिए पूरे पेड़ को ही काट डालता था'' (धुर्ये 1963 : 134)।

अंग्रेजों ने वन संपदा को जनजातियों से बचाने के लिए नए वन कानून बनाकर जनजातियों को भोजन और आय के पारंपरिक स्रोतों से वंचित कर दिया। कोई अन्य विकल्प न होने के कारण उन्होंने विरोध करना शुरू कर दिया और उपनिवेशी स्वामियों की नजरों में 'अपराधी' बन गए। यह एक ऐसा मसला रहा जो वर्तमान कार्य के क्षेत्र के बाहर है। अंग्रेजों ने सेना को आपूर्ति करने के लिए राजमार्गों के साथ संचार संबंध स्थापित कर, छावनियाँ और प्रशासनिक केंद्र स्थापित कर व्यापारियों को बाजार स्थापित करने में सहायता कर वन संपदा तक पहुँचना सरल बना दिया और जनजातीय संसार की शांति नष्ट कर दी (सिंह 1985 : 9)। जनजातीय समुदाय, जो इस सब के लिए बिल्कुल भी तैयार नहीं थे, उन्हें क्रूर बाजारी शक्तियों का सामना करना पड़ा और वे अपनी रक्षा करने में असमर्थ थे, क्योंकि औपनिवेशिक राज्य ने सहयोगी के रूप में जनजातीय समाज के ऊपरी तबके को अपने साथ शामिल कर लिया था।

जनजातीय लोग, जिन्हें अब आदिवासी कहा जाता था अब हिंदू समाज से अलग होने लगे, औपनिवेशिक राज्य ने जनजातीय क्षेत्रों में अपने दखल को सही ठहराया और

वहाँ मिशनरियों के प्रवेश में मदद की, ताकि प्राचीन देशीय परंपराओं से उनके सांस्कृतिक संबंध टूट जाएँ। सर रिचर्ड टेंपल, जो आगे जाकर केंद्रीय प्रांतों के चीफ कमिश्नर बने। अप्रैल 1883 में लंदन में बैपटिस्ट मिशनरी सोसाइटी में अपने भाषण में कहते हैं कि यह एक 'सौभाग्यशाली तथ्य' था कि भारत की लगभग एक बटा आठ ब्रिटिश सभा अछूत और जनजाति थीं, जो "जो प्रमुख पश्चिमी धर्मों से परे थीं और उनकी सोच एक ताबूल रस थी, जिसपर ईसाई धर्म काम कर सकता था" (शौरी 1994 : 107)।

टेंपल ने इस बात पर जोर दिया कि जनजातियों को निशाना बनाने के लिए मिशनरियों को विशेष प्रयास कर उन्हें गिरजाघर का सदस्य बनाना चाहिए। "आदिवासियों की विशाल जनसंख्या है, ऐसे लोग जो जाति से बाहर हैं, जो कोई पुराने स्थापित धर्मों के सदस्य नहीं हैं···इन आदिवासियों का दिमाग और अंतकरण एक साफ कागज की भाँति है, जिसपर मिशनरी अपनी छाप छोड़ सकते हैं। यदि वे जुड़े हुए हैं, जैसा वे जल्दी ही करेंगे ईसाई धर्म से, तो वे एक केंद्र बनाएँगे, जिसके इर्द-गिर्द ब्रिटिश शक्ति और प्रभाव एकत्रित होगा। यह याद रखना कि हिंदू धर्म मर रहा है, पर इसमें अब भी शक्ति है, इन लोगों के बीच धर्म प्रचार की; और ऐसी जनजातियों को यदि ईसाई धर्म में नहीं धर्मांतरित किया गया तो ये हिंदू धर्म के प्रभाव में आ जाएँगी (उपरोक्त : 99)।

भारत में अपने कार्यकाल की शुरुआत में ही अंग्रेजों ने धर्मांतरण की नीति की भलीभाँति योजना बना ली थी और उनके विशेष निशाने थे सुदूर और संवेदनशील क्षेत्र, प्रमुख जनजातीय समुदाय और विशेष रूप से इन समुदायों का उच्च वर्ग (सिंह 1985 : 9) इसकी शुरुआत रिचर्ड टेंपल की लंदन स्वीकारोक्तियों से बहुत पहले हुई। डेविड स्कॉट, उत्तर पश्चिमी सीमा पर गवर्नर जनरल के पहले एजेंट ने उन्नीसवीं शताब्दी के प्रारंभिक दशकों में इस क्षेत्र में मिशनरी गतिविधियों को बढ़ावा देने के लिए अत्यंत मनोयोग से कार्य किया। निचले असम पर कब्जा जमाने में व्यस्त होने के बाद भी स्कॉट ने 1825 में कलकत्ता काउंसिल से गारो जनजातियों के बीच मानवतावादी कार्य करने के लिए मिशनरियों को बुलाने की अनुमति माँगी।

उनकी चेतावनी जिसे आनेवाले दशकों में टेंपल और अन्य औपनिवेशिक अधिकारियों ने दोहराया। स्कॉट ने कहा, "यदि हम बेचारे गारो की ओर से दखल नहीं देंगे तो वे जल्दी ही हिंदू या आधे हिंदू बन जाएँगे, और अपने वर्तमान और सुधरे हुए धर्मों के अनेक बुरे पक्षों को सुरक्षित रखेंगे या नए अपनाएँगे।" वह जानता था कि शिक्षित और उच्च जाति के लोगों पर मिशनरी प्रयास विफल होंगे और इसलिए उसने बल दिया, "मेरे हिसाब से मिशनरियों ने यह गलती की कि उन्होंने अपना ध्यान सुसंस्कृत स्थानीय लोगों पर लगाया न कि जंगली जनजातियों पर जो अब भी बच्चों जैसे हैं, जिन्हें अजनबी पुजारी स्कूली शिक्षक की तरह कुछ भी सिखा सकता है" (उपरोक्त : 177-8)। व्यक्तिगत

स्तर पर मिशनरियों से मदद माँगने की अनुमति मिलने पर स्कॉट ने कलकत्ता के बिशप हेबर की सहायता से गोलपाड़ा में चालीस गारो लड़कों की सहायता के लिए एक स्कूल की स्थापना की।

मिशनरियों और असम में अधिकारियों को जल्दी ही पता चल गया कि असम की पहाड़ियों पर रहनेवाली जनजातियाँ ईसाई सुसमाचारकों के लिए अपने कार्य का विस्तार करने के लिए उपयुक्त क्षेत्र बनी थीं (उपरोक्त : 187)। सन् 1829 तक बैपटिस्ट मिशनरी सोसाइटी ने गुवाहाटी में सीरमपुर मिशन की एक शाखा खोली; इसके साथ ही गुवाहाटी मिशन स्कूल की स्थापना की गई (बरकतकी 1985 : 81)। एक आम स्कूल के पाठ्यक्रम में एसेमीज प्रीमियर, फर्स्ट और सेकेंड कैचिज्स, 'पिलग्रिम्स प्रोग्रस' का अनुवाद, ईसाई गिरजाघर का इतिहास और डॉ. बारथी की 'बाइबिल स्टोरीज' शामिल थे (उपरोक्त : 119)। गिरजाघर और साम्राज्य के बीच संबंध प्रशासकों के दिमाग में अत्यंत चेतन रूप में मौजूद था। जैसा कि लेफ्टिनेंट फिलिप्स, नौगाँव के स्थानापन्न डिप्टी कमिश्नर ने नौगाँव मिशन स्कूल पर कमिश्नर को अपनी रिपोर्ट में लिखा, "मुझे इस बात पर किंचित संदेह है कि आनेवाले समय में यह संस्थान इन जंगली लोगों में सभ्यता का प्रसार करने में प्रभावी होगा साथ ही उनके और ब्रिटिश सरकार के बीच एकता का संबंध स्थापित करने में भी" (उपरोक्त : 122)।

औपनिवेशिक प्रशासकों ने इस बात पर बल दिया कि हिंदुत्व शब्दावली भी एक मिशनरी धर्म था और इसलिए हिंदुओं को, बाइबिल को आदिवासियों तक ले जाने पर आपत्ति का कोई अधिकार नहीं है। अंग्रेजों द्वारा आम जनता की भाषा में 'आदिवासी' शब्द के इस्तेमाल को चतुराई से घुसाने के लिए कुछ स्पष्टीकरण देना आवश्यक है। शाब्दिक अर्थ लें तो यह केवल एक विशेष क्षेत्र की स्थानीय या मूल जनसंख्या के लिए प्रयुक्त होता है और इसका सबसे पहले प्रयोग ऑस्ट्रेलिया के स्थानीय लोगों के लिए किया गया (सेमोर-स्मिथ 1986:1)।

लेकिन अपने औपनिवेशिक परिप्रेक्ष्य में यह शब्द स्पष्टतः अपमानजनक था और इसका आधार उस समय प्रचलित जातिवाद था, जिसका उद्देश्य उपनिवेशकों के संपर्क में आए सभी स्थानीय समुदायों को पिछड़ा, असंस्कृत और असम्मानित दिखाना था। वर्गीकरण की जातीय उत्पत्ति आज भी आदिवासी शब्द की परिभाषा में पाई जा सकती है "ऑस्ट्रेलिया और तस्मानिया की स्थानीय ऑस्ट्रेलॉइड भौगोलिक जाति का कोई सदस्य" (ब्रिटैनिका 1998 : 714-5)।

हिंदू धर्म पर हमले में सर जॉन कैंपबेल ने 1871-72 में बंगाल पर अपनी रिपोर्ट की प्रस्तावना में लिखा—"यह मान लेना बहुत बड़ी गलती है कि हिंदू धर्म धर्मांतरण नहीं करता। जाति प्रथा के कारण इसमें कितने भी बाहरी लोग प्रवेश कर सकते हैं। जब

तक लोग वर्तमान जातियों के साथ छेड़खानी नहीं करते, वे नई जाति बनाकर स्वयं को हिंदू कहलवा सकते हैं। ब्राह्मण तो सदैव ऐसे सभी लोगों को स्वीकारने के लिए तैयार हैं, जो उनकी अधीनता स्वीकार करेंगे और उन्हें पैसा देंगे। महत्त्वाकांक्षी आदिवासियों से राजपूत बनाने की प्रक्रिया हमारी आँखों के सामने हो रही है'' (लायल 1907)।

सर एलफ्रेड लायल ने मैक्स मूलर के इस दावे का खंडन किया कि ब्राह्मणवाद एक अन्य विचित्र शब्द, जिसका अर्थ संभवत: है—ब्राह्मण शिक्षकों द्वारा प्रोत्साहित हिंदू धर्म एक 'मृतप्राय गैर-मिशनरी धर्म' था। लायल ने यह कहकर विरोध किया कि ''हम आसानी से यह कह सकते हैं कि प्रति वर्ष भारत में लोग सभी धर्मों में धर्मांतरित होने वाले लोगों से कहीं ज्यादा हैं। इनमें से पहला तरीका आदिवासी, गैर-आर्य या जातिविहीन जनजातियों को धीरे-धीरे ब्राह्मण बनाने पर बल दिया गया है। पहाड़ी क्षेत्रों, दूरस्थ उच्चभूमि और भारत के वन जिलों में रहनेवाले वंश और जातियाँ संपूर्ण भारत में धीरे-धीरे हिंदू धर्म में एक ऐसी प्रक्रिया द्वारा समाहित हो रहे हैं, जो व्यक्तिगत धर्मांतरण की तुलना में ज्यादा गतिमान और प्रभावी हैं। इन सभी आदिवासी या गैर-आर्य समुदायों में निरंतर सामाजिक परिवर्तन जारी है; वे अपनी जीवन पद्धति को बेहतर जीवन के अनुसार बदलते हैं; उनकी भाषाओं का पतन होता है और वे धीरे-धीरे प्रमुख आर्यन रीति-रिवाजों की ओर जाते हैं।''

लायल का कहना था, ''दूसरा तरीका जिससे मैं यह पुष्टि कर सकता हूँ कि ब्राह्मणवाद भक्तों और नेताओं के कार्यों द्वारा धर्मांतरण करता है, जो नए संप्रदायों की स्थापना करते हैं और दैवी मामलों में नई रोशनी डालते हैं यह आंदोलन अब पूरे भारत में जारी हैं—कुछ बढ़कर अपनी जड़ें जमा लेते हैं, लेकिन एक ऐसे धर्म को गैर-मिशनरी कहना असंभव है, जो इस खूबसूरत विविधता और धार्मिक प्रचार की तीव्रता की अनुमति देता है और उसे काफी कुछ अपनाता है। अधिकांश शिक्षक बिना जाति या धर्म भेद के सभी को संबोधित करते हैं; वे निम्न जाति के लोगों और आदिवासी जातियाँ जो खानाबदोश जिंदगी से निकलकर निम्न जाति के लोगों की तरह रहना शुरू कर रही हैं, के बीच प्रचार करते हैं; वास्तव में उन्हें जनसंख्या के उस हिस्से में सफलता मिलेगी, जो ईसाई और मुसलिम धर्म की ओर प्रवृत्त होगा बशर्ते कोई स्थानीय संत या भक्त उन्हें ब्राह्मणवाद की ओर नहीं खींच लेता।

अंततः लायल इस निष्कर्ष पर पहुँचा कि ब्राह्मणवाद ''बहिर्वर्ती जनजातियों के लिए भारतीय सभ्यता या महान् भारतीय समुदाय की नागरिकता की दिशा में पहला आवश्यक कदम है; इसका अर्थ विरले ही कोई नैतिक परिवर्तन या एक रीति के लिए दूसरी रीति को औपचारिक रूप से छोड़ना है; यह अकसर तेजी से हिंदू कर्मकांड अपनाना और सामाजिक आत्मसात्करण की दिशा में प्रयास है।'' उसने निराश होकर कि इसमें पूजा

पद्धति या जीवन पद्धति में कोई महत्त्वपूर्ण परिवर्तन नहीं था। ''किसी भी परिवार के ब्राह्मणवाद में प्रवेश का एकमात्र सूचक था, जहाँ पहले ब्राह्मण को आमंत्रित नहीं किया जाता था, वहीं बाद में वह घरेलू समारोहों में अनुष्ठान करने लगा। यह खाने, आपसी विवाह और जाति या उपजाति के विकास में ब्राह्मणवादी नियमों का अनुपालन दरशाता है। यदि धर्मांतरित परिवारों का अपने लोगों के बीच महत्त्वपूर्ण स्थान है तो मामले के आपात या जटिलता के अनुपात में धन के बदले में ब्राह्मण उनके लिए अकसर उचित हिंदू वंशावली ढूँढ़ निकालते थे। एक चमत्कारी घटना जो यह सिद्ध करती है कि यह आधा जंगली मुखिया या धनी जाति बहिष्कृत किसी स्वीकृत जाति से वास्तव में सहबद्ध हो। हम जानते हैं कि देवताओं ने कैसे तुरंत हस्तक्षेप करके जन्म की प्रत्येक अनुपयुक्त घटना की व्याख्या दी है और साधारण उत्पत्ति के महान् व्यक्ति को ऐसा वंश प्रदान किया है, जो भावी जीवन में उसकी सफलता के अनुरूप हो (उपरोक्त : 133-1)।

लायल का सुबोध मूल्यांकन अंग्रेजों द्वारा जाति व्यवस्था, उसकी तथाकथित सख्ती और ब्राह्मणों द्वारा किए जानेवाले बहिष्कार की भर्त्सना को स्पष्ट रूप से समाप्त करता है, जनजातीय क्षेत्रों और तथाकथित निम्न जाति समूहों के बीच। ब्राह्मणों की निरंतर गतिविधियों के ऊपर उसका आंदोलन जनजातीय-जातीय हिंदू सांतत्यक के चिरस्थायी स्वरूप की पुष्टि करता है। इसलिए पृथक्करण द्वारा धर्मांतरण का औपनिवेशिक राज्यों का तरीका बुद्धिमत्तापूर्ण और सफल था। सन् 1911 में बंगाल, बिहार, उड़ीसा और सिक्किम पर जनगणना रिपोर्ट के अनुसार केवल चार जातियों उराँव, मुंडा, खड़िया, संथाल के धर्मांतरित लोग इन प्रांतों में 'लगभग नौ बटा दस भारतीय ईसाई' थे, इस तथ्य की पुष्टि भावी जनगणना कार्यों में की गई। सन् 1921 की भारत की जनगणना में देखा गया—''ईसाई धर्म का जातिगत हिंदू या मुसलमान के लिए व्यावहारिक आकर्षण कम था और धर्मांतरण करनेवाले लगभग पूरी तरह से हिंदुओं के निम्न स्तरों या आदिवासी जनजातियों से होते हैं।'' बिहार और उड़ीसा पर 1931 की जनगणना रिपोर्ट भी इस निष्कर्ष पर पहुँची कि ''यह सर्वविदित है कि प्रांत की आदिम जनजातियाँ ईसाई मिशनरियों के लिए अत्यंत कारगर सिद्ध होती रहीं। सन् 1931 में ये चार समूह मिलकर उराँव, मुंडा, खड़िया, संथाल बिहार और उड़ीसा में 88 प्रतिशत भारतीय ईसाई थे…'' (शौरी 1994 : 20)।

वेरियर एल्विन ने मिशनरियों द्वारा अपनाए जानेवाले कुछ तरीकों की भर्त्सना की। सन् 1944 में उन्होंने कहा कि मांडला की स्थिति ''गंभीर हो गई है, क्योंकि यहाँ 'एपॉस्टॉलिक प्रीफेक्चर' जबलपुर के पादरी अभूतपूर्व संख्या में धर्मांतरण कर रहे हैं और ऐसे तरीके से जिसे मध्यकाल में लज्जानक समझा जाता था मिशनरी, सरकारी अधिकारियों के अनेक समारोहों पर कब्जा कर लेते हैं। अदालत और स्थानीय अधिकारियों के काम

में दखल देने की कोशिश करते हैं और गोंड को यह दिखाने की कोशिश करते हैं कि वे ही असली सरकार हैं, और पादरी का पैसे उधार में देने का विस्तृत व्यापार है। वह आदिवासियों को अपने नियंत्रण में लाने और उन्हें गिरजाघर में प्रवेश कराने का सबसे प्रभावी तरीका है।'' (नियोगी 1998 : 1, 48)।

औपनिवेशिक मानव-विज्ञानियों अधिकारियों ने पूरे समूहों को जनजाति बनाकर समाज में एक विभाजन डाला। जातिगत हिंदुओं और जातिविहीन जनजातीय समाज के बीच सदियों पुराने करीबी संबंधों की अवहेलना कर उन्होंने जनजातीय लोगों को 'जीववादी' वर्गीकृत किया और घोषणा की कि उन्हें हिदुओं के साथ सम्मिलित नहीं किया जा सकता है। 'जीववाद' एक अन्य तुच्छ शब्द था, जो आत्मा और प्रकृति की प्रचंडता की उपासना के लिए प्रयुक्त होता था, जो कि एक 'सच्चे' एकेश्वरवादी भगवान् की उपासना से भिन्न था। यह पूर्वग्रह आज भी पश्चिमी सोच में विद्यमान है और इसे एक झूठा विचार मानकर असली रूप देखने की बजाय जीववाद को आज भी ऐसा विश्वास माना जाता है, जिसमें प्राकृत्तिक घटनाओं में 'जीवन' या 'आत्मा' है और पौधों, भौगोलिक स्वरूपों और जलवायु-संबंधी घटनाओं इत्यादि को अलौकिक या आध्यात्मिक विशिष्टताओं का श्रेय देना (सेमोर स्मिथ 1986 : 12) इसमें उन आध्यात्मिक लोगों में विश्वास है, जो मानवीय मामलों से संबंधित हैं और उनमें हस्तक्षेप करने की क्षमता रखते हैं (ब्रिटानिका 1998 : 421)। जनजातीय समुदायों का 'जीववाद,' 'सिद्ध' करने के लिए दिए गए तर्क सांस्कृतिक अखिल भारतीय रीति-रिवाजों पर भी बराबर लागू होते हैं। वास्तव में समानताएँ निश्चित रूप से यह कहती हैं कि जनजातियों के विश्वास और कर्मकांड हिंदू धर्म की ही एक प्रजाति थे (शौरी 1994 : 187)। रोचक रूप से, जीववाद की उनकी अपनी परिभाषा का व्यावहारिक उपयोग दशवार्षिक जनगणना तैयार करने के लिए नियत औपनिवेशिक अधिकारियों के लिए दुःखदायी साबित हुआ।

साम्राज्य द्वारा ढूँढ़कर जनजातियों का निर्माण कर अंग्रेजों ने दावा किया कि जनजातीय लोग भारत के विभिन्न प्रांतों में रहनेवाले प्राचीनतम स्थानीय निवासी थे, जिन्हें आनेवाले समुदायों ने पहाड़ों और जंगलों में खदेड़ दिया था और आपेक्षिक पार्थक्य में भी वे अपनी सामाजिक संरचनाएँ और रीति-रिवाज कायम रखने में सफल रहे थे। जी.एस. घुर्ये ने इस विचार को यह कहकर नकार दिया कि लोगों की आंतरिक आवाजाही के कालानुक्रम से हम अनजान और अनभिज्ञ हैं, इसलिए ''किसी-न-किसी जनजाति को मिट्टी का वास्तविक मालिक मानना अवैज्ञानिक होगा।'' घुर्ये ने जनजातीय लोगों को तीन विस्तृत श्रेणियों में विभाजित किया। पहले समूह में उन्होंने राज गोंड जैसी जनजातियों को शामिल किया, जिन्होंने मध्यकाल में कुछ शताब्दियों के लिए गोंडवाना क्षेत्र में एक राज्य पर शासन किया, इसलामिक आक्रमण के विरुद्ध वीरतापूर्वक हिंदू विश्वास की

रक्षा की, सफलतापूर्वक हिंदू क्रम परंपरा का समझौता किया और उच्च सामाजिक स्थान हासिल किया। दूसरे समूह में अंशत: हिंदू बन गई जनजातियाँ शामिल थीं और अंतिम श्रेणी में पहाड़ी जनजातियाँ शामिल थीं, जिन्होंने अपने दरवाजे पर दस्तक दे रही विदेशी संस्कृतियों का कड़ाई से मुकाबला किया (1963 : 23)।

लेकिन घुर्ये द्वारा 'जनजाति' की औपनिवेशिक श्रेणी स्वीकार करने से भी समस्या होती है। जनजाति शब्द हिंदू विचारों में असंबद्ध है और अधिकांश भारतीय देशी भाषाओं में यह शब्द है ही नहीं। इसके अलावा 'जनजाति' और 'गैर-जनजाति' के बीच की सीमा रेखा पहचानना वास्तव में कठिन है, क्योंकि दोनों ही समूह छिद्रिल थे और शताब्दियों तक साथ रह रहे थे। इसलिए सावधानी से निर्मित औपनिवेशिक आदर्श जिसमें एक जनजाति की विशिष्टताएँ थीं अलगाव, आत्मनिर्भरता और स्वशासन, ध्यान से देखने पर लड़खड़ा जाता था, में देखा गया। भारतीय समाजवादी प्रमुख पश्चिमी बौद्धिक भाषण के दबाव में झुक गए और जातियों को जनजातियों से भिन्न स्वीकार कर लिया; वे यह समझने में असफल रहे कि वे तथाकथित भिन्न जनजातियों का उनके समसामयिक पतन के नजरिए से अध्ययन करने की औपनिवेशिक चाल में फँस गए थे, जिसका कारण मुख्यत: औपनिवेशिक राज्य की लूटमार थी! लेकिन घुर्ये इसको पहचाने में चतुर थे और उन्होंने देखा कि ब्रिटिश भू-राजस्व और कानूनी प्रक्रियाओं ने छोटा नागपुर जनजातियों की बेदखली की गति को और तीव्र किया, क्योंकि भूमि एक ऐसी वस्तु बन गई, जिसे आसानी से हस्तांतरित किया जा सकता था; इस प्रकार जनजातीय लोगों की भूमि साहूकारों और गैर-कृषि वर्गों के हाथों में पड़ गई (उपरोक्त : 135-6)।

औपनिवेशिक अधिकारियों ने स्वयं हिंदूवादी जनजातियों में कुछ महत्त्वपूर्ण परिवर्तन देखे, विशेषकर उनके आर्थिक और नैतिक मानदंडों के मामले में। फोरसिथ ने कहा कि जनजातियों को हिंदू किसान के मूल्यों और व्यवहार को मन में बैठाकर स्वयं में सुधार लाना चाहिए (उपरोक्त : 30-32)। एच.बी. राउनी ने जनजातीय क्षेत्रों के साहूकारों और सुरासार बेचने वालों में भी सद्‌गुण देखे—''इन लोगों के साथ उनके संपर्क में आने के कारण ही उनके चरित्र में गिरावट आई; लेकिन यह निष्कर्ष पूरी तरह से सही नहीं है। यदि परस्पर व्यवहार से उनके चरित्र के कुछ पक्षों में कुछ हद तक गिरावट आई है तो निश्चित रूप से अन्य में काफी हद तक इसके कारण सुधार भी हुआ है और सभ्यता की ओर जाने की उनकी एकमात्र आशा इस बात पर निर्भर करती है कि यह भाईचारा दिन प्रतिदिन और घनिष्ट होगा।'' राउनी ने महसूस किया कि साहूकार, सुरासार बेचने वाले और कारीगरों ने जनजातीय लोगों को मानवीय बना दिया था और ''उनके साथ उतना न्याय किया था, जितने कि उनसे आशा की जा सकती थी'' (उपरोक्त : 33)।

ब्रिटिश राज में समृद्ध होने वाले बिलासपुर के जमींदारों का अध्ययन करते हुए

सी.यू. विल्स ने पाया कि वे मूलतः कावर जनजाति थे। सन् 1795 में पर्वतारोहियों के कावर मुखियाओं के रूप में उल्लिखित उन्होंने 'तंवर क्षत्रियों' की तरह रहना, यज्ञोपवीत पहनना और कम-से-कम बाहरी तौर पर हिंदू धर्म के सभी नियमों का पालन करना शुरू कर दिया।'' सामाजिक व्यवस्था में उनके बाद पैक्र कंवर, रथिय कंवर, गोंड और अन्य थे। विल्स ने पाया कि सामाजिक व्यवस्था में ऊपर उठने की चाह में इन समूहों ने सामाजिक और आर्थिक तौर पर भी प्रगति की। पैक्र कंवर ''सभी सात उत्तरी जमीदारियों में एक बहुसंख्यक, अनुकुल और समृद्ध समुदाय इस बात का उदाहरण है कि हिंदू धर्म आदिम लोगों को सामाजिक शिष्टाचार और आत्मसम्मान का पाठ पढ़ाने के लिए क्या कर सकता है और साथ ही उन्हें मितव्ययिता, अध्यवसाय और आत्मसंयम का पाठ भी पढ़ा सकता है। जो बात पैक्र पर लागू होती है, वह इन जागीरों के उच्च सामाजिक स्तर में अन्य घटक वर्गों के बारे में भी थोड़ा कम लेकिन सही है, अब वे तेजी से अपना जीवन स्तर सुधार रहे हैं और इसका मतलब है ज्यादा उद्योग, ज्यादा स्थिरता।'' पैक्र कंवर के निम्न वर्ग भी हिंदुओं के संपर्क में आने से लाभान्वित हुए और उन्होंने परिश्रम से अपनी भूमि जोतकर अपने जीवन स्तर के अनुसार वे कबीर पंथ में शामिल हो गए और मद्य त्याग कर दिया। हालाँकि उन्होंने बहुत कड़ाई से इसके सभी धार्मिक आदेशों का पालन नहीं किया (उपरोक्त : 35)।

संताल परगना के संथाल जो, हिंदू गाँवों के निकट रहते हैं, उन्होंने कृषि तकनीकें आत्मसात् कीं और ''धीरे-धीरे कृषि जाति में विकसित हो रहे हैं, जिनका वास्तविक पेशा निम्न दरजे की कृषि है और जो अपने खाली समय में केवल आराम करते हैं'' (उपरोक्त : 42)। सन् 1931 की जनगणना में संथालों को बंजर भूमि को कृषि योग्य बनाने में निपुण बताया गया, लेकिन बुरा किसान भी बताया गया। इस जनगणना में लगभग 40 प्रतिशत संथाल हिंदू और एक बटा सौ से भी कम ईसाई थे। संथालों ने ठाकुर को अपना सर्वोच्च देवता मानने का दावा किया।

अपने क्षेत्र स्तर के प्रेक्षक के बावजूद अंग्रेज जनजातीय समुदाय और हिंदू समाज में अंतर कर उन्हें एक-दूसरे से भिन्न मानते रहे। अधिकांश समय पूरी जनजाति को 'जंगली' या 'आदिम' मान लिया जाता था, हालाँकि उसका अधिकांश हिस्सा हर तरह से 'हिंदू' था यानी कि वह उस क्षेत्र में प्रचलित हिंदू रीति-रिवाजों के अनुसार चलता था। जनजातीय पदवी विश्वास या फिर भाषा पर ही आधारित नहीं था। बैगा और भील जनजातीय बोली नहीं बोलते थे, लेकिन उन्हें फिर भी 'जंगली' या 'आदिम' जनजाति माना जाता था। एच.एच. रिसले ने उन्हें आदिवासी कहा लेकिन माना कि यह परिभाषा कठिन थी। एथेलस्टेन बेंस ने जोर दिया कि वे भारत के आर्यन पूर्व निवासियों का प्रतिनिधित्व करते हैं और उन्हें 'पहाड़ी जनजाति' कहा, क्योंकि उन्होंने अपना स्वतंत्र

जनजातीय जीवन बरकरार रखा था। लेकिन यह अस्वीकार्य था कि भीलों का एक वर्ग हिंदुओं से आदान-प्रदान से इतना हिंदू बन गया था कि उसने राजपूत या क्षत्रिय पद पर अपना दावा किया। भील निमाड़ जिले की मांधता पहाड़ियों में प्राचीन हिंदू मंदिरों के रखवाले भी थे, जो उत्तरदायित्व बाद में भीलाल ने सँभाला (उपरोक्त : 17)।

ब्रैडले बर्ट ने पाया कि 'लगभग सभी आदिवासी जनजातियाँ' हिंदू परंपरा के संपर्क में आने पर उसकी ओर आकृष्ट हुई थीं। संथाल, "जो सभी आदिवासी जनजातियों में सबसे विशिष्ट थे," जो अब भी ब्राह्मण और उसके धर्म पर अविश्वास करते हैं हिंदू त्योहार और रीति-रिवाज मानते थे। सन् 1871 में भगरित भगीरथ द्वारा आरंभ संथाल सामाजिक सुधार आंदोलन ने जनजातीय लोगों से शराब और सूअर व मुरगी का मांस छोड़ने और जनजातीय देवता मराँग बुरू के स्थान पर एक सच्चे देवता की पूजा करने का आह्वान किया (उपरोक्त : 13)।

सन् 1871-72 की पहली जनगणना में चार वर्णों की जातियों और जाति-बहिष्कृत और आदिवासियों की श्रेणियों पर जानकारी एकत्रित करने का प्रयास किया गया। प्रांतीय जनगणना रिपोर्टों के लेखकों ने जातियों को खंडों में वर्गीकृत करने का प्रयास किया। जनगणना कार्य इस बात पर निर्भय थे कि जातियों का अखिल भारतीय वर्गीकरण संभव है (कार्न 1988 : 243)। सन् 1881 की जनगणना के कमिश्नर, ड्बल्यू.सी. प्लाउडेन ने निश्चय किया कि जाति तालिकाओं में एक लाख से ऊपर की जनसंख्या वाली जातियों और जनजातियों पर जानकारी होनी चाहिए और इसे पाँच श्रेणियों में विभाजित किया जाना चाहिए-ब्राह्मण, राजपूत, अच्छी सामाजिक स्थिति वाली जातियाँ, निम्न जातियाँ और गैर-हिंदू या आदिवासी जातियाँ। बंगाल के जनगणना कमिश्नर, जे.ए. बोर्दिलों को यह वर्गीकरण अपने प्रांत में जाति व्यवस्था के अनुरूप नहीं लगा और उन्होंने हिंदू बन गई जनजातियों के लिए एक अलग श्रेणी की माँग की। उन्होंने यह भी प्रस्ताव रखा कि कायस्थ, खंडैत और बभन जैसे समूह ब्राह्मण और राजपूतों के ज्यादा समीप थे, न कि कोइरी और कुम्हारों के जिनके साथ उन्हें वर्गीकृत किया गया था। इसके बाद उपराज्यपाल के अनुरोध पर संस्कृत के विद्वान् राजेंद्र लाल मित्र ने अग्रता-क्रम का आदेश तैयार किया (उपरोक्त : 244-5)।

दस वर्षों बाद ही 1891 में, जनगणना कमिश्नर, जे.ए. बेंस ने स्वीकार किया कि हिंदुत्व का पालन करनेवाली जनजातियों को जनजातीय धर्म का पालन करनेवाली जनजातियों से अलग करना व्यर्थ था, क्योंकि "भारतीय समाज का प्रत्येक वर्ग जीववादी धारणाओं से लगभग संतृप्त हो चुका था, लेकिन धार्मिक विकास की प्रारंभिक अवस्था में जो प्रबल होते हैं, उनसे ज्यादा ऊपर नहीं उठ पाया था" (घुर्ये 1963 : 1-2)।

सन् 1901 में ब्रिटिश सरकार ने जनगणना अधिकारियों को निर्देश दिया कि वे

आदिवासियों के धर्म को 'जीववादी' कहें। जनगणना अधिकारियों ने पाया कि रीति-रिवाजों का पालन करने में एक जीववादी और एक हिंदू के बीच अंतर कर पाना लगभग असंभव था, क्योंकि वे सभी देवताओं की विभिन्न रूपों में पूजा करते थे। इसका परिणाम यह हुआ कि एक समुदाय को एक जनगणना में 'जीववादी' तो दूसरी में 'हिंदू' की श्रेणी में डाला गया। अंततः सरकार ने अधिकारियों को समुदाय का नाम ही उसके धर्म के नाम पर डालने को कहा, जिससे यह असंगति पैदा हुई कि संथाल धर्म 'संताल' बन गया और नगा धर्म 'नगा'। रिसले इस निष्कर्ष पर पहुँचा कि हिंदू धर्म और जीववाद में अंतर करना असंभव है, क्योंकि दोनों एक-दूसरे में सूक्ष्म रूप से मिल जाते थे—"हिंदू धर्म जीववादी था, जो बहुत हद तक दर्शन द्वारा परिवर्तित हो गया था" (उपरोक्त)। ई.ए. गेट ने बंगाल के निचले प्रांतों और सामंतों पर अपनी 1901 की रिपोर्ट में कहा, "हिंदू धर्म और जीववाद के बीच की विभाजन रेखा अनिश्चित है। ईसाई धर्म और इसलाम की भाँति हिंदू धर्म अपने अनुयायियों को अन्य सभी धार्मिक विश्वासों को त्यागने का आदेश नहीं देता; और हिंदुओं की अनेक निम्न जातियों में वास्तविक धर्म अपनी प्रेरणा वेदों से न लेकर आदिवासियों के गैर-आर्य विश्वास से लेता है" (1901 : VI.I, 152)।

लेकिन सभी जनगणना रिपोर्टों में जनजातीय लोगों के लिए 'जीववादी' शब्द का ही प्रयोग किया जाता रहा, जब तक कि 1921 की जनगणना ने इसके स्थान पर 'जनजातीय धर्म' का प्रयोग करना शुरू नहीं कर दिया। सन् 1931 की जनगणना में हैदराबाद राज्य और मद्रास प्रेसीडेंसी के गोंडों को जनजाति और यूनाइटेड प्रॉविंसेज और बिहार और उड़ीसा के अधिकांश गोंडों को हिंदू के रूप में वर्गीकृत किया गया। मध्य भारत में लगभग 26 प्रतिशत को जनजाति और अन्य को हिंदू वर्गीकृत किया गया (घुर्ये 1963 : 51)।

सन् 1911 की जनगणना में कहा गया कि जाति और जनजातियों की गणना व्यक्तिगत गणनाकारों की सनक पर निर्भर होती जा रही थी, जिसके कारण एक जनगणना से दूसरी जनगणना तक एक ही स्थान की संख्या में भारी उतार-चढ़ाव था और साथ ही एक जनगणना में संलग्न क्षेत्रों की गणनाओं में भारी अंतर था (शौरी 1994 : 188)। सन् 1911 की जनगणना के कमिश्नर, ई.ए. गेट वह क्षण निर्धारित करने में असफल रहे, जिसमें एक 'जीववादी' को हिंदू कहा जा सकता है।

इस कार्य से परेशान होकर बॉम्बे के लिए 1921 की जनगणना के सुपरिंटेंडेंट सेडगविक ने बल दिया कि "मुझे यह कहने में कोई संकोच नहीं है कि एक धर्म के रूप में जीववाद का पूर्णतः परित्याग कर देना चाहिए और आज तक जिन्हें जीववादी की श्रेणी में डाला गया है, अगली जनगणना में उन्हें हिंदुओं की श्रेणी में डालना चाहिए।" अनेक सतर्क जनगणना अधिकारियों ने हिंदू और जनजातीय धर्म के बीच सहजीवी संबंध देखा। उन्होंने स्थापित जाति हिंदुओं के धार्मिक कर्मकांडों में जनजातीय स्वरूपों

के निरंतर स्वाँगीकरण की प्रक्रिया की रिपोर्ट की। माना जाता था कि स्थापित जाति हिंदू जनजातियों के स्वाभाविक विरोधी हैं, क्योंकि उन्होंने जनजातियों को उनकी जमीन से बेदखल कर दिया था।

इसी मनोदशा में बिहार और उड़ीसा की 1921 की जनगणना के सुपरिंटेंडेंट, पी.सी. टैलेंट्स ने कहा कि जनजातीय विश्वास को 'निम्न स्तर के हिंदू धर्म' से अलग साबित करने के लिए ज्यादा सम्मिलित करनेवाले और विस्तृत विचार के बारे में सोचते हैं। रिपोर्ट में हजारीबाग के भुइया की एक घटना उल्लिखित है, जिसमें "बड़ी संख्या में लोगों को हिंदू कहकर लौटाया गया, जिन्हें यदि ध्यान से देखा जाए तो जीववादी कहा जाएगा। राँची के बहिवर्ती क्षेत्रों में जो लोग वास्तव में जीववादी हैं हिंदू त्योहारों में शामिल होते हैं, लेकिन जो लोग निश्चित रूप से हिंदू या फिर मुसलमान हैं आदिवासी पुजारियों द्वारा स्थानीय आत्माओं को शांत करने में शामिल होते हैं" (टैलेंट्स 1921 : VII, I, 122, 125-6)। रिपोर्ट में इस बात की चेतावनी दी गई कि गणना परिगणक की मरजी और उत्तर देनेवालों की सनक के हिसाब से रिकॉर्ड होती थी।

मध्य भारत पर 1921 की जनगणना पर लिखते हुए कर्नल सी.ई. लुआर्ड ने जोर दिया कि 'जीववादी' वर्गीकरण असंतोषजनक था और "इसे पूरी तरह से समाप्त कर देना ज्यादा बेहतर था। यह बता पाना संभव ही नहीं था कि जीववादी कहाँ आरंभ होता है और कहाँ हिंदू समाप्त।" उन्होंने संख्याओं में अव्यावहारिक उतार-चढ़ाव के अनेक उदाहरण दिए, जो 'गणना की विशेषता' के परिचायक थे। उन्होंने सुझाव दिया—यदि इस उदासीन वर्गीकरण 'जीववादी' को जनगणना रिपोर्टों से हटा दिया जाए तो यह लाभकारी होगा। वापसी लाभकारी होने के लिए अत्यंत्र कृत्रिम है" (1921 : XVIII, 23-24)।

इन टिप्पणियों ने 1921 की जनगणना के कमिश्नर, जे.टी. मार्टेन को 'जीववाद' के स्थान पर 'जनजातीय धर्म' का प्रयोग करने पर बाध्य किया। टैलेंट्स के विचार कि जनजातीय लोग और निम्न जाति के हिंदू 'मुख्यत: जीववादी' थे, उससे सहमत होते हुए मार्टेन इस निष्कर्ष पर पहुँचे कि दोनों में केवल एक ही अंतर था और वह यह था कि निम्न जाति के हिंदू थे जिन्होंने "अपनी पूजा की मुख्य वस्तु की पहचान हिंदू देवी-देवताओं से कर ली थी अत: यह स्पष्ट है कि जीववाद शब्द सांप्रदायिक अंतर का प्रतिनिधित्व नहीं करता जो धर्म की जनगणना पक्ष का सार है।" मार्टेन संवेदनशील था, उसने पहचान लिया कि इस मूल सच्चाई के कारण 'जीववाद' से 'जनजातीय धर्म' में परिवर्तन से वर्गीकरण की समस्या नहीं सुलझ सकती थी—"यदि जीववाद शब्द जिसका वह संकेत देता है, उस संबंध में अस्पष्ट था तो जनजातीय धर्म भी जो द्योतित करता है, उसके बारे में निश्चित नहीं हैं" (धुर्ये 1963 : 3)।

1931 की जनगणना के कमिश्नर, जे.एच. हटन का कहना था कि भारत का जनजातीय धर्म एक ऐसे आस्था तंत्र का प्रतिनिधित्व करता है, जो ऑस्ट्रो-एशियाटिक

और ऑस्ट्रॉलॉइएड संस्कृतियों तक फैला हुआ था। लेकिन उन्हें यह स्वीकार करने के लिए बाध्य होना पड़ा कि हिंदू को जनजातीय मत से अलग करना कोई सरल कार्य नहीं था, क्योंकि "जनजातीय मत को हिंदू मत से शामिल करना सरल था और जहाँ कहीं भी पहाड़ी या जंगल में रहनेवाली जनजातियाँ हिंदू से स्थायी संपर्क में रहती हैं, उनका धर्म तेजी से उनके पड़ोसियों के धर्म में आत्मसात् हो जाता है, हालाँकि सोच का पुराना तरीका वही रहता है" (घुर्ये 1963 : 3-4)।

औपनिवेशिक अधिकारियों ने विभिन्न जनजातीय समुदायों और स्थानीय हिंदू ग्रामीण और शहरी समूहों के बीच एक सुस्पष्ट अखिल भारतीय जाति को स्वीकार करने से इनकार कर दिया। सर अलफ्रेंड लायल उस वक्त खीझ उठे, जब कदर, जिन्हें जंगली जीववादी कहा गया था, उन्होंने खुद को हिंदू कहा—"यदि उनके धर्म के बारे में प्रश्न किया जाए तो वे उत्तर देंगे कि वे हिंदू हैं और अपने हिंदू देवताओं परमेश्वर, विष्णु के बारे में अस्पष्ट बातें करेंगे मानो वे परंपरानिष्ठा से रहते हों, जबकि वे ब्राह्मणवादी तंत्र के घेरे से बिल्कुल बाहर हैं…" (सिंह 1993 : 5)।

बिहार और उड़ीसा की 1931 की जनगणना के सुपरिंटेंडेंट, डब्ल्यू.जी. लेसी ने देखा कि "आदिवासी कुछ हिंदू रीति-रिवाज अपनाएँगे, वे कुछ हिंदू जुलूसों में शामिल होंगे, यहाँ तक कि वे कुछ हिंदू देवी-देवताओं को भेंट भी चढ़ाएँगे और साथ-ही-साथ वे अपने पुराने जनजातीय विश्वास और कर्मकांडों का पालन भी कर सकते हैं। अकसर यह कहना असंभव होता है कि कब वह रेखा पार कर हिंदू धर्म का हिस्सा बन जाता है। वह अकसर अपने आप को हिंदू कहेगा केवल इसलिए क्योंकि वह मानता है कि इससे उसकी सामाजिक स्थिति सुधरेगी।" लेसी ने सत्रह जनजातियों के अल्प आदिम के रूप में पहचान की लेकिन स्वीकार किया कि "हिंदू धर्म में उनके पूर्णतः विलयन के कारण उन्होंने अपनी आदिवासी विशेषताएँ खो दी थी और अपेक्षाकृत केवल कुछ ही अपने पूर्वजों के देवी-देवताओं के प्रति निष्ठावान रहे थे" (घुर्ये 1963 : 4)।

सन् 1931 की जनगणना में 'जीववाद' शब्द का त्याग कर उसके स्थान पर 'जनजातीय धर्म' नामक एक नई श्रेणी प्रयुक्त की गई। लेकिन पुरानी समस्याएँ अब भी बरकरार थीं। डब्ल्यू.एच. शूबर्ट मध्य प्रांत और बेरार की 1931 की जनगणना के सुपरिंटेंडेंट को ऐसी जनजातियों की पहचान करने में समस्या का सामना करना पड़ा, जो अब भी अपने पारंपरिक रीति-रिवाजों के अनुसार चलती थीं, क्योंकि कई जनजातियाँ जिनके मैदानी लोगों से पक्के संबंध थे 'जान-बूझकर' स्वयं को हिंदू कहते थे, ताकि उनकी सामाजिक स्थिति और बेहतर हो। शूबर्ट ने हिंदू धर्म का पालन करनेवाले आदिवासी को हिंदू ग्रामीण के साथ यह कहकर श्रेणीबद्ध नहीं किया कि उनकी सभ्यताएँ भिन्न थीं, लेकिन उसने स्पष्ट तौर पर यह स्वीकार किया कि "सभी के धर्म में ऐसा बहुत कुछ है, जो दूसरे में आसानी से सम्मिलित हो सकता है।" उन्होंने यह भी स्वीकार किया कि

"सभी के धर्म में ऐसा बहुत कुछ है, जो दूसरे में आसानी से सम्मिलित हो सकता है।" उन्होंने यह भी स्वीकार किया कि जनजातीय धर्म एक गाँव से दूसरे गाँव, एक जनजाति से दूसरे प्रदेश में अत्यंत भिन्न और विविध था (उपरोक्त : 5)। विभिन्न जनजातियों के साथ अपनी समस्याओं के बारे में शूबर्ट ने लिखा कि जशपुर राज्य में पहाड़ी कोरवा अपने धर्म का अनुसरण करने का दावा करते हैं, जबकि अधिकांश देहारी कोरवा स्वयं को हिंदू बताते हैं। उदयपुर के उराँवों ने स्वयं को हिंदू मानने से इनकार कर दिया, लेकिन जशपुर के आँकड़े दिखाते हैं कि जनजाति के लोग हिंदू और जनजातीय धर्मों का बराबर पालन करते थे। पांडो वन जनजाति जिसका जीवनयापन मुख्यतः शिकार से होता था ने हिंदू होने का दावा किया केवल इसलिए कि वे गौमांस का सेवन नहीं करते थे। शूबर्ट ने इस बात पर खेद जताया कि केंद्रीय प्रांतों में गोंड देवता, बाड़ा देवों की हिंदू महादेव से सरलता से पहचान से समस्याएँ खड़ी हो रही थीं (1931 : VIII, i, 324)।

इस प्रकार औपनिवेशिक दबाव आदिवासियों के विस्तृत हिंदू परिवार का असली सदस्य होने की निरंतर बौद्धिक बपौती विरासत में दी। वेरियर एल्विन, जो पहले मिशनरी थे और बाद में धर्मांतरण विरोधी मानव-विज्ञानी बन गए और जिन्होंने गांधीवादी अमृतलाल वी. ठक्कर, ठक्कर बापा सहित स्वाधीन भारत की अधिकांश जनजातीय नीति को शक्ल दी। गांधीवादी को महसूस हुआ कि हिंदुओं और जनजातीय लोगों के बीच अविवाध आध्यात्मिक-सांस्कृतिक सांत्यतक है। उन्होंने सुझाव दिया कि सभी आदिवासी जनजातियों को जनगणना में हिंदुओं की श्रेणी में डालना चाहिए, क्योंकि उनका धर्म हिंदू परिवार का हिस्सा था।

स्वतंत्रता के दस वर्ष से भी कम समय बाद मध्य प्रदेश सरकार ने नागपुर उच्च न्यायालय के सेवानिवृत्त मुख्य न्यायाधीश डॉक्टर बी.एस. नियोगी की अध्यक्षता में ईसाई मिशनरी जाँच कमेटी, मध्य प्रदेश की स्थापना की, जिसका काम ईसाई मिशनरियों के खिलाफ लगातार शिकायत करना था कि "या तो जोर जबरदस्ती या धोखे और पैसे और अन्य चीजों के लालच से वे अनपढ़ आदिवासियों व अन्य पिछड़े लोगों का धर्मांतरण कर गैर-ईसाइयों की भावनाओं को ठेस पहुँचाते हैं" (नियोगी 1956 : I, Ap. II)। इन आरोपों और ईसाइयों के गैर-ईसाइयों और स्थानीय अधिकारियों द्वारा उत्पीड़न के दावों की जाँच करते हुए नियोगी कमीशन ने कहा, "इस बात की निरंतर स्वीरोक्ति कि आदिवासी या जनजातीय धर्म और हिंदू धर्म में मुश्किल से कुछ अंतर था को देखते हुए जनजातीय लोगों को हिंदुओं से विलग करने के लिए कोई उचित कारण ढूँढ़ना सरल नहीं था। यह रहस्य तब सुलझता है, जब हम इन जनजातीय क्षेत्रों में मिशनरी गतिविधियों की जाँच-पड़ताल करते हैं।"

□

अध्याय–3

जनजातीय राज्य का निर्माण और धर्म का विकास

जनजातीय समाज भारत के सामाजिक अंग हैं। प्राप्त प्रमाणों का निष्पक्ष परीक्षण ऐतिहासिक राज्यों और राज्य के निर्माण की प्रक्रिया से जनजातीय अलगाव के मिथक का खंडन करता है। हमारे पास अब भी जनजातीय समाजों और राज्यों के विस्तृत इतिहास का अभाव है कि कैसे वे गुप्त काल के आस–पास से अपनी अज्ञात अवस्था से दृष्टिगोचर हुए और उन्होंने अपने अस्तित्व के लिखित प्रमाण छोड़े लेकिन राज्यों और प्रदेशों पर कम–से–कम आरंभिक मध्य काल से प्राप्त जानकारी इस बात की पुष्टि करती है कि जनजातियाँ क्षेत्रीय और अखिल भारतीय व्यवस्था दोनों ही में संघटित हुईं (सिंह 1985 : 295)।

इस क्षेत्र में कार्य करनेवाले मानव–विज्ञानियों को जनजातियों और गैर–जनजातियों में आश्चर्यजनक समानताएँ नजर आईं; जैसे पैतृक देवी–देवताओं की पूजा, परमात्मा में विश्वास, धर्मानुष्ठानों में से खान–पान और नृत्य, पशु बलि, लाल चूर्णित अनाज, लोहा, मोर पंख और जंजीर जैसी धार्मिक वस्तुओं का प्रयोग और पुनर्जन्म और कर्म में विश्वास। इससे यह पता चलता है कि सदियों में समान सांस्कृतिक लोकाचार और चिह्नों और मुहावरों का विकास हुआ, जिन्होंने समाज के मर्म और बाह्य सतह को प्रभावित किया। विभिन्न जनजातियों को जो आदिम एकाकी और जो समाज की मुख्यधारा से अलग थे और जिनकी अनबन थी, उस रूप में चित्रित करने के पीछे प्रारंभिक मानव–विज्ञानियों और मानवजाति–विज्ञानियों अधिकांशत: औपनिवशिक अधिकरी का एक उद्देश्य था। नए तथ्यों से औपनिवेशिक और उपनिवेश प्रभावित विद्वानों द्वारा जनजातियों के सामाजिक, आर्थिक और राजनीतिक इतिहास को समझाने में उनकी अक्षमता का पता

चलता है। इतिहास में मिली कुछ जनजातियों की झलकियों पर हम यहाँ नजर डालेंगे, जिससे जनजातियों और गैर-जनजातियों के बीच द्विभाजन को लेकर मौजूदा मिथकों की सच्चाई या झूठ जाना जा सकें।

देवी, राजा और राज्य का निर्माण

जी.डी. सोनथाइमर का विचार था कि भारत में धर्म की उत्पत्ति वन और जनजाति से हुई और यह एक का प्रतिनिधित्व करते थे। इसका सर्वश्रेष्ठ उदाहरण जगन्नाथ की पूजा में देखने को मिलता है, जो जनजातीय समाज, पौराणिक मिथक और पंचरत्र अनुष्ठानों को सम्मिलित कर 'जनजातीय विश्वास से सर्वोच्च दर्शन तक लगभग अविरत नैरन्तर्य' (1994 : 117-8) प्रतिबिंबित करता है।

भारत में स्थानीय राज्य कभी भी धर्मतंत्रीय नहीं थे, हालाँकि राज्यव्यवस्था धर्म पर आधारित थी। सभी महत्त्वाकांक्षी शासक, बड़े हों या छोटे, धर्म द्वारा वैधता चाहते थे। इसमें अकसर किसी जनजातीय या स्थानीय देवी को अधिष्ठाता देवता बनाकर एक विशेष मंदिर या उपवन सर्ण में उसकी पूजा आरंभ कर दी जाती थी। इस परंपरा को देवी को दुर्गा या चंडी जैसी संपूर्ण भारत में पूजी जानेवाली देवी के रूप में पहचान देकर और एक उपयुक्त देवता के साथ उनकी जोड़ी बनाकर व्यापक बना दिया जाता था। इस प्रक्रिया में ब्राह्मण पुजारियों और संस्कृत भाषा ने महत्त्वपूर्ण भूमिका का निर्वाह कर हिंदू धर्म के विकास को एकीकरण की सक्रिय प्रक्रिया बनाया और सांस्कृतिक व गैर-सांस्कृतिक, ब्राह्मणवादी व गैर-ब्राह्मणवादी, वैदिक व गैर-वैदिक के भेदभाव को अनावश्यक कर दिया।

तीसरी-चौथी शताब्दी के शिलालेखों में प्राप्त तथ्यों से पता चलता है कि देवी के प्रति सम्मान को संस्कृत में लिखे गए उद्धरणों से ऐतिहासिक पहचान मिली और जो डैनियल इंगल्स के अनुसार 'भारत में साहित्य की लगभग सर्वव्यापक भाषा थी' (1974 : xiv-xv) मार्कंडेय पुराण का देवी महात्म्य धार्मिक परंपरा में देवी की सर्वव्यापक ईश्वरमीमांसा स्थापित करने की दिशा में एक महत्त्वपूर्ण कदम था। पुराण समसामयिक काल में हिंदू धर्म का मर्म जैसे समझा और जिस प्रकार उसका व्यवहार किया जाता है, उसका प्रतिनिधित्व करते हैं, जिसका केंद्र अनुष्ठानिक बलि और विशिष्ट भक्ति के स्थान पर देवता का दर्शन हो गया है। देवता को अब 'पहले आमंत्रित कर समारोहपूर्वक विदा नहीं किया जाता बल्कि स्थापित कर दिया जाता है। वे सदैव विद्यमान रहते हैं तथा श्रद्धा पाते हैं (उपचार चट्टोपाध्याय 2003 : 175)।

बाघ धार जिला, मध्य प्रदेश से प्राप्त 369-370 ईसवी के ताम्रपत्र शिलालेखों का एक समूह भुलुंद रमेश और तिवारी (1990 : 4-6) नामक एक राजा पर प्रकाश डालता

है। बी.डी. चट्टोपाध्याय के अनुसार भुलुंद एक जनजातीय व्यक्ति का नाम लगता है, क्योंकि उसी राजा के वंशजों के संस्कृतनिष्ठ नाम हैं जैसे स्वामीदास, रुद्रदास, भट्टरक और नागभट्ट (2003 : 176)। शिलालेख से पता चलता है कि महाराज भुलुंद ने नवतक में मातृ देवी को प्रतिस्थापित किया। भुलुंद ने मातृ देवी के लिए बलि, चारू और सत्र धर्मानुष्ठानों और इत्र, धूप और माला गंध-धूप-माल्योपयोगदिशु के लिए दुबेधिक और धर्मनक नामक गाँव मुलसर्मन नामक ब्राह्मण और अर्जुनपमतिक इलाके में भूमि का एक टुकड़ा भूतभोजक नामक व्यक्ति को सौंपा। इस प्रकार महामात्रह प्रतिमा स्थापित करने से देवकर्मी पवित्र स्थल बन गया। चौंसठ योगिनियों की भाँति महामात्रह सामूहिक रूप से शक्ति का प्रतिनिधित्व करती हैं, जो गुप्त काल से भक्ति आधारित पंथों में गहरे तक व्याप्त हो गया है।

गुप्त काल के बाद से बुदेलखंड क्षेत्र में संस्कृत के अनेक शिलालेख मिले हैं। 517 ईसवी में हस्तिन नामक राजा के प्रलेख में पुलिंदराज राष्ट्र में नवग्राम नामक गाँव अनेक ब्राह्मणों को देने का उल्लेख हैं (दीक्षित 1984 : xxi, 124-6)। चट्टोपाध्याय कहना है कि पुलिंदों की भूमि में राजंतत्रीय राजनीतिक निर्माण का यह महत्त्वपूर्ण प्रमाण है (2003 : 177)।

परिव्राजक-महाराजा परिवार के महाराजा समक्षोभ (528-9 ईसवी) खोह ताम्रपत्र शिलालेख बुंदेलखंड सतना जिला, मध्य प्रदेश के भूतपूर्व नागोद राज्य में पाया गया। समक्षोभ का दाभलराज्य पर शासन था, जो उसके ही द्वारा शासित अठारह वन राज्यों का हिस्सा था शष्टदशतविराज्यम्यतरम् और वह वर्णाश्रमधर्म स्थापित करने के लिए कृतसंकल्प था (वर्ण-श्रम-धर्मस्थापननिर्तेन)। शिलालेख के अनुसार चोदुगोकिन के आग्रह पर राजा ने मनिनागपेट मंडल में ओपानी नामक आधा गाँव देवी पिष्टपुरी को भेंट में दिया, जिनके मंदिर का उसने निर्माण कराया था (भागवत यह पिष्टपुर्यह कार्तिक-देवकुले)। यह भेंट बलि, चारू और सत्र जैसी सेवाएँ प्रदान करने के लिए दी गई थीं।

छठी शताब्दी तक देवी पुष्टपुरी और पिष्टपुरिका बुंदेलखंड क्षेत्र की एक महत्त्वपूर्ण देवी थीं। उच्छकल्प-महाराजाओं के परिवार के महाराजा सर्वनाथ द्वारा जारी एक अन्य ताम्रपत्र शिलालेख के अनुसार दवसंदिक गाँव, एक देवग्रहर देवताओं के लिए अग्रहर में एक देवता भागवत भी उनके साथ थे (फलीट 1970 : iii, 125-5)।

उच्छकल्प-महाराजा सर्वनाथ 534 ईसवी (उपरोक्त : 135-8) के एक अन्य ताम्रपत्र अभिलेख के अनुसार पुलिंदभट्ट नामक एक व्यक्ति को मनिगंपेठ मंडल में दो गाँव, व्याघ्रपल्लिक और कचारपल्लिक दान में मिले। इन गाँवों को अब मानपुरा में राजा द्वारा देवी पिष्टपुरिकादेवी की उपासना के लिए बनाए गए मंदिर देवकुल के लिए कुमार स्वामिन नामक एक व्यक्ति को अनुदान में दिया गया। इस जनजातीय क्षेत्र में अनेक

नव स्थापित राजसी परिवारों ने देवी पिष्टपुरी के प्रति अपनी श्रद्धा घोषित की, जिनके क्षेत्र के नए मंदिरों या उपासना के लिए पवित्र केंद्रों की स्थापना से अत्यंत विस्तार हुआ (चट्टोपाध्याय 2003 : 178)।

राजस्थान के मेवाड़ क्षेत्र में 646 ईसवी के समोली शिलालेख (हाल्दार 1983 : XX, 97-9) के अनुसार गुहिल शासकों के शासनकाल में प्रमुख महत्तक के नेतृत्व में महाजनों के एक समुदाय ने अरण्यकुपगिरि में देवी अरण्यवासिनी वनदेवी के एक देवकुल मंदिर का निर्माण किया। गुहिलों ने मेवाड़ राज्य की स्थापना की और राजपूत होने का दावा किया।

उदयपुर के निकट दाबोक से प्राप्त 644 ईसवी के एक प्रारंभिक गुहिल विवरण में शासक परिवार का इस प्रकार उल्लेख है—'जब गुहिल-पुत्र परिवार के श्री दनिक दवगर्त का, आनंद उठा रहे थे', घोड़, भीलवाड़ा जिले के संदर्भ में (हाल्दार 1983 : XX, 122-5) इसमें दो मौकों के लिए निश्चित अनुदान अक्ष्यानिवि का उल्लेख है—एक दानकर्ता वैध गियक द्वारा स्थापित महाधिदेव महामहेश्वर की देवद्रोणी प्रतिमा शोभायात्रा; और भूतपूर्व वैध यशोदेव द्वारा 'घट्टवासिनी', 'मटकों की देवी' और दुर्गा के एक नाम घटअवासिनीनामश्री दुर्गादिव्य के लिए निर्मित एक देवद्रोणी। उल्लेख से इस बात की पुष्टि होती है कि घट्टवासिनी देवद्रोणी महाधिदेव महामहेश्वर से ज्यादा प्राचीन है, देवी को दुर्गा की विशिष्टताएँ प्रदान करता है और उन्हें शिव के साथ स्थान देता है।

942-946 ईसवी के बीच गुर्जर-प्रतिहार शासक महेंद्रपाल 11 के शासनकाल में जारी दक्षिण राजस्थान में प्रताबगढ़ से प्राप्त ताम्रपत्र अभिलेख श्रीवत्यकशिविदेशी नामक देवी को अनेक भेंट देने का उल्लेख करते हैं (औझा 1982 : VIV, 176-88)। वट वृक्ष फाइकस इंडिका की यक्षिणी को इंद्रदित्यदेव नामक देवता के साथ स्थान दिया गया है, जिन्हें अभिलेखों में अनुदान देने का उल्लेख है।

अब तक अदृश्य देवियों के इतिहास की रोशनी में अचानक उदय पर विचार करते हुए चट्टोपाध्याय का कहना है कि प्रारंभिक विवरण 'कुछ अनिश्चेय पृष्ठभूमि' वाले नए राजसी परिवारों से हैं, जो गुप्त वंश के शांतिपूर्ण कहलाए जानेवाले काल में संभवत: उपांतीय क्षेत्रों में उदित हुए। असाधारण बात है कि उनके द्वारा संस्कृत भाषा का प्रयोग जो गुप्त वंश के शांतिपूर्ण कहलाए जानेवाले काल में संभवत: उपांतीय क्षेत्रों में उदित हुए। असाधारण बात है उनके द्वारा संस्कृत भाषा का प्रयोग जो गुप्त काल से प्राकृत के स्थान पर संपर्क का आधिकारिक माध्यम बनी। संस्कृत में लिखे गए विवरण जनजातीय और स्थानीय देवियों के उदय के साथ ब्राह्मण और उनके कर्मकांड अत्यंत प्रत्यक्ष हुए (चट्टोपाध्याय 2003 : 181-2)।

गुप्त साम्राज्य के पतन के समकालिक काल में हिमालय की पादगिरि और विंध्य

के बीच के क्षेत्र में अनेक स्थानीय शासकों का उदय हुआ। इस समय जिन समूहों का ऐतिहासिक प्रारंभ हुआ, उनमें डोम शामिल थे, जिन्होंने स्वयं को हिमालय के पादगिरि में संस्थापित किया। के.एस. सिंह के अनुसार तेरहवीं शताब्दी में अयोध्या पर एक राजकुमार का शासन था। बुंदेलखंड और सागर से पूर्वी उत्तर प्रदेश और बिहार तक जिसमें भागलपुर और तिरहुत भी शामिल थे, में फैले हुए थे। चेरों का राज्य दक्षिण बिहार शाहाबाद और पलमऊ में था; खाखार का सोन दामोदर घाटी में; गोंड और रक्शेल का छत्तीसगढ़ क्षेत्र में और रक्शेल का छत्तीसगढ़ क्षेत्र में और भूमिजों का बंगाल के जंगल महल में था। जैसे-जैसे जनजातियों ने हिंदू रीति-रिवाज और कर्म कांड अपनाए उनके शासक वर्ग क्षत्रिय श्रेणी में आ गए और राज गोंड, राज भर और च्यवनवंशी (उन्होंने स्वयं को ऋषि च्यवन का वंशज बताया) कहलाए जाने लगे। ऊपरी असम में अहोम 1228-1819 का शासन था और छोटानागपुर में नागबंशी का (सिंह 1985 : 28)।

चेरों को अपना नाम चेर साँप से मिला और उनके पूर्वज द्रविड़ नगा थे, जिनका कभी मध्य और पूर्वी भारत पर शासन था। चेरपद का ऐतरेय अरण्यक में उल्लेख है; वे गंडक से स्थान बदलकर दक्षिण की ओर गए और करूश क्षेत्र आधुनिक शाहाबाद, पटना तक सोन नदी के किनारे बस गए। उपजाऊ भूमि, कैमूर पहाड़ियों पर लोहे की सुलभता और वहाँ बसे किसानों से संपर्क, जिन्होंने उन्हें खेती के मौसमों, नक्षत्रों और खेती के औजारों के बारे में बताया, वे जल्दी ही खेतिहर बन गए। गुप्त काल और उसके दौरान ब्राह्मणों को दिए गए भूमि अनुदानों ने इस प्रक्रिया को और सरल बनाया और जनजातीय क्षेत्रों में और अधिक भूमि पर खेती की जाने लगी (उपरोक्त : 29)।

जैसे-जैसे जनजातीय क्षेत्रों में हिंदू प्रभाव बढ़ा, शासक ब्राह्मणों द्वारा खोजी उपयुक्त वंशावली के माध्यम से क्षत्रिय पदवी की कामना करने लगे। विद्वानों ने इस प्रक्रिया को जनजातियों का 'संस्कृतिकरण' कहा है। अपनी राजनीतिक स्थिति की अपेक्षाओं के कारण चेरों के 'उद्भव' के पीछे दो कहानियाँ हैं। पहली के अनुसार चेर एक राजपूत राजकुमारी और मोंरूग देश के मुनि के वंशज थे और च्यवनवंशी राजपूतों से उनका सामना हुआ तो उन्होंने विशुद्ध क्षत्रिय उत्पत्ति का दावा किया। चेर अपनी पारंपरिक देवी, जिसे विंध्य की मातृ देवी के रूप में पहचाना गया है, सहित हिंदू और बौद्ध मूर्तियों की पूजा करते थे। चेरों किंवदंतियों में जनजातीय नायक, घुघुलिया का गुणगान किया गया है, जिसे राजपूत के रूप में दिखाया गया है। हालाँकि उसका नाम उसकी जनजातीय पहचान की ओर इशारा करता है। जब 1812 में फ्रांसीस युकानन चेरों से मिले उस समय वे यज्ञोपवीत धारण करने लगे थे (सिंह 1985 : 29)।

बारहवीं शताब्दी तक चेरों ने गंगा के मैदानी भागों पर नियंत्रण कर शाहाबाद क्षेत्र में चार राज्यों की स्थापना की। भू-राजस्व के रूप में वे फसल का एक चौथाई और

महुआ के फूल सहित वन उत्पाद का एक बटा आठवाँ हिस्सा एकत्रित करते थे। राजा मेदिनी राय (1620-34) के शासनकाल में वे अपने उत्कर्ष पर पहुँचे। राजा मेदिनी राय ने सभी दिशाओं में राज्य का विस्तार किया, कृषि को बढ़ावा दिया, सिंचाई में सुधार किया, परहिया जैसी जनजातियों को बसाया और नई बस्तियाँ बसाईं। सत्रहवीं शताब्दी के मध्य में चेरों, मुगलों के अधीन हो गए और उनके राजा जागीरदार बनकर रह गए। आगे जाकर राजपूत ठाकुरों के साथ संघर्ष और चेरों शासकों की आपसी लड़ाई ने उन्हें और कमजोर बना दिया। अनिश्चितता की स्थिति अंग्रेजों के आने तक बनी रही, जिन्होंने मराठों के विरुद्ध इस क्षेत्र के सामरिक महत्त्व को समझा। उन्नीसवीं शताब्दी के प्रारंभ में चेर शक्ति का भू-राजस्व अदा न कर पाने के कारण राज्य की बिक्री के साथ ही अंततः समापन हो गया (उपरोक्त : 30-1)।

बाद में चेरों ने लगभग दो सौ वर्षों तक पलमऊ में एक भव्य राज्य पर शासन किया, अपनी भूमि पर लगातार हमलों का सामना करने के लिए एक प्रभावशाली सेना खड़ी की और उत्कृष्ट किले बनाए। उनकी सेना में मुख्यतः चेर और खाखार सैनिक थे। उन्होंने चार स्तरों वाली प्रशासनिक व्यवस्था की स्थापना की। उन्होंने कृषि को बढ़ावा दिया और ऑरेंज-अमानत घाटी को बसाया। कृषि और रिहायशी इलाकों, विशाल स्तर पर निर्मित अहा, कुओं और बावोलियों के लिए उन्होंने भू अनुदान दिए। कृषि का विस्तार करने के उद्देश्य से किसानों को बिना भू-राजस्व दिए, जितना भी वे चाहें निम्न उच्चभूमि पर खेती करने की अनुमति थी और जंगल से मिलने वाले सामान जैसे महुआ में भी उन्हें हिस्सा दिया जाता था। जिस भूमि पर धान उगाया जाता था, उससे कर लिया जाता था। काश्तारी की अवधि को परिआदारी कहा जाता था (उपरोक्त : 33)। कर फसल के एक-चौथाई और वन उत्पादों के एक बटा आठ की दर से एकत्रित किया जाता था। कुछ कौड़ी विनिमय का माध्यम था। चेर प्रत्येक गाँव से और जागीरदारों से कुछ कर एकत्रित किया करते थे। उन्होंने हाट और मेलों की शुरुआत की, जिसमें सुदूर सरगुजा और मिर्जापुर से कपास जैसी वस्तुएँ बेचने के लिए लाई जाती थीं। अपने राज्य में उन्होंने वाणिज्यिक गतिविधियां को प्रोत्साहित किया, जो नगर-क्षेत्र और व्यापारियों की विशाल बस्तियों से स्पष्ट है। मध्य प्रदेश के व्यापारिक मार्ग पर उनका नियंत्रण था।

प्रमुख जनजातियों के देवताओं को आध्यात्मिक परंपरा में सम्मानपूर्वक स्थान दिया जाता था। परहिया जनजाति की तीन देवियों—रक्षेल, खरवाल और चेर जनजातियों के तीन देवताओं से विवाह हुआ। और वे एक विशेष क्षेत्र की होकर रह गईं। परहिया जनजाति से अच्छा व्यवहार किया जाता था और उनके प्रचलित अधिकारों को मान्यता दी जाती थी; पश्चिमी और पूर्वी क्षेत्रों में बसने के बदले में वे नाममात्र का शुल्क देते थे। खाखारों को जागीरें मिली थीं और वे चेर सेना में शामिल हो गए (उपरोक्त : 36)।

भूमिजों ने दक्षिण मनभूम पश्चिम बंगाल में बड़ाभूम में राज्य की स्थापना की। प्रमुख सामाजिक समूहों में कुर्मी, संथाल और भूमिज शामिल थे। स्थानीय लोग भूमिजों को इस क्षेत्र में सर्वप्रथम बसने वालों में मानते थे, जिन्होंने जंगलों को साफ किया और खुनकट्टी काश्तकारी की अवधि धारकों के रूप में गाँव स्थापित किए। ग्राम प्रमुख घटवाल और पुजारी लय के पद पर वस्तुतः उन्हीं का वर्चस्व था। सन् 1770 के आस-पास जब अंग्रेज इस क्षेत्र में पहुँचे तो बड़ाभूम का राजा पूर्णतः स्वतंत्र शासक था हिगिनसन (1771), जो राजपूत क्षत्रिय होने का दावा करता था और बांग्ला भाषी था (सिन्हा 1995 : 307)।

बड़ाभूम राज की उत्पत्ति की कहानी के अनुसार राजपूताना का एक राजकुमार और उसकी पत्नी तीर्थयात्रा पर पुरी जा रहे थे। रास्ते में ही रानी ने रूपसांग गाँव बाद में बड़ाभूम के निकट राजा की बिना जानकारी के जुड़वाँ बच्चों को जन्म दिया और एक जंगल के किनारे उन्हें छोड़ दिया। एक सूअर ने बच्चों पर तरस खाकर उन्हें दूध पिलाकर अपने बच्चों के साथ पाला। गुल्गु वंश के भूमिज सूअरों को मारकर बच्चों को अपने साथ ले गए, जो श्वेत वराह सफेद सूअर और नाथ वराह, नाथ सूअर के नाम से जाने गए। बच्चे जैसे-जैसे बड़े हुए उनकी मानसिक और शारीरिक क्षमताओं ने भूमिजों को प्रभावित किया, जिन्हें यह विश्वास था कि वे क्षत्रिय थे। वे दोनों लड़कों को अपने शासक, पटकूम के राजा विक्रमजीत के दरबार में ले गए, जिसने लड़कों के राजकुमारों के साहस से प्रभावित होकर नाथ वराह को अपने राज्य का एक हिस्सा दिया। नया राज्य जिसकी परिधि 16 योजन थी, बड़ाभूम के नाम से जाना गया।

सुरजीत सिन्हा का कहना है कि अपनी गर्भवती पत्नी सहित भारत से पुरी जानेवाले राजपूत राजकुमार की कहानी मध्य भारत के अनेक राज्यों और उड़ीसा में आम है, जो एक शक्तिशाली जनजातीय प्रमुख को राजपूत वंश प्रदान करती है। बड़ाभूम की कहानी इस बात की ओर इशारा करती है कि राज्य संभवतः पटकूम के नेतृत्व में सीमांध के प्रमुख क्षेत्र के रूप में उदित हुआ। सबसे रोचक बात यह है कि बड़ाभूम राज के वंशजों को गुल्गु वंश के भूमिजों ने पाला। एक अन्य परंपरा के अनुसार बड़ाबाजार की वर्तमान राजधानी में बसने से पहले बड़ाबाजार राजाओं के पाबनपुर और मुनि में किले थे। पाबनपुर, गुल्गू वंश के अस्थिपात्र, भुला, से मात्र एक मील की दूरी पर है। मुनि के भूमिज पुजारी जहाँ राजकीय देवी कोटेश्वरी एक पवित्र उपवन में बसती है, गुल्गू वंश के हैं। रूपसांग गाँव, जहाँ से राजकुमार मिले थे वहाँ भी गुल्गू वंश का वर्चस्व है। कहानी के महत्त्वपूर्ण पड़ावों पर गुल्लू वंश की निरंतर उपस्थिति इस बात की ओर इशारा करती है कि राज परिवार गुल्लू वंश से था, जो परगना के प्रारंभिक भूमिज वंशों में से एक है (उपरोक्त : 308)। बड़भूम, पटकूम और पंचकोट पंचेट के जनजातीय राज्यों का उदय

संभवत: तेरहवीं और सोलहवीं शताब्दी ईसवी में हुआ।

अठारहवीं शताब्दी में बड़ाभूम के क्षेत्रीय संगठन से भूमिजों का सत्ता और भूमि पर लगभग एकाधिकार हो गया। वे प्राधिकृत खुनकट्टी-कृष्य काश्तकारी, कृषि के लिए सर्वोत्तम जमीन के मालिक तनबेदार सैनिक, घटवाल मुखिया और एकल गाँवों के प्रमुख, तरफ सरदार तक पदधारियों के पास अपने अधिकार-क्षेत्र के भीतर कानून और व्यवस्था को लेकर काफी स्वतंत्रता थी। उनको मिला स्थान पारंपरिक अधिकारों के कारण था न कि राजा की इच्छा से। इससे यह पता चलता है कि बड़ाभूम में राजनीतिक विकास किसी लड़ाकू क्रांतिकारी आप्रवासी दल के अचानक आक्रमण और जीत का परिणाम नहीं था बल्कि भूमिजों के पारंपरिक सामाजिक-राजनीतिक घटकों के रचनात्मक संयोजन का परिणाम था। अत: मुखिया के सीधे नियंत्रित क्षेत्र को चारों ओर से सीमांत जागीरदारों ने घेर रखा था और उसकी रक्षा करते थे (डेंट 1833)।

बड़ाभूम के राजा शाक्त और वैष्णव संप्रदायों के संरक्षक थे। पारंपरिक भूमिज देवी-देवता जैसे पवित्र उपवन में रहनेवाली जाहेर बुदी देसोली, पहाड़ियों और वनों की आत्माओं और पैतृक आत्माओं को सम्मान दिया जाता रहा। सरहुल, जंताल माघ पूजा, बुरू पूजा जैसे जनजातीय त्योहारों को दुर्गा पूजा और रथ यात्रा जैसे हिंदू त्योहारों के साथ मनाया जाता था (सिन्हा 1953 और 1958)।

भूमिज प्रमुखों ने अपने राज्य के आस-पास के बड़े राज्यों के रहन-सहन से प्रभावित होकर धर्मनिरपेक्ष और धार्मिक पदों पर उच्च जाति के हिंदुओं को नियुक्त किया, ताकि उन्हें पड़ोसी राजपूत शासकों के बीच सम्मान मिल सके। ब्राह्मणों को अनुदान में सैंतालीस गाँव दिए गए। राजा कुल पुरोहित, कुल गुरु, चक्रवर्ती, देओगढ़ी, सभा पंडित और ग्रहाचार्य के पदों का समर्थन करता था, जिनपर उत्कल या बंगाल रढ़ी वर्ग के 'विशुद्ध' ब्राह्मणों को ही नियुक्त किया जाता था। राजकीय रक्षक देवताओं में राजमहल के मंदिर में बृंदाबनचंद कृष्ण और भुनी के पारंपरिक पवित्र उपवन में तांत्रिक देवी चामुंडी कोटेश्वरी शामिल थे।

राज परिवार के सदस्यों का राजपूत क्षत्रियों के रूप में यज्ञोपवीत होता था; उनकी धर्मविधियाँ ब्राह्मण पुजारी मंत्रोच्चार द्वारा करते थे। राजा अनेक त्योहार प्रायोजित करता था, जिसमें इंद परब और दुर्गा पूजा शामिल थे। जागीर नंगी तलवारें हाथ में लिये और घोड़े पर सवार होकर इंद परब जुलूस में शामिल होते थे, जबकि महिलाएँ पवित्र जौडली टोकरियों से पौध ले जाती थीं, जो उनके अपने गाँवों में जनजातीय कड़म त्योहारों से संबंधित था। पौधे को खड़े किए जानेवाले इंद खंबों पर फेंककर फसल पर इंद्र देवता का आशीर्वाद माँगा जाता था (सिन्हा 1958 : 35)। समूचे परगना में गाँववाले अपने खेतों में साल वृक्ष की टहनियाँ बोकर दैवी आशीर्वाद की कामना करते थे।

उत्पत्ति की उपयुक्त काल्पनिक कथा ऊपर उल्लिखित और भुला में वंश अस्थिपात्र का परित्याग कर शाही परिवार ने अपने जनजातीय संबंधों से पीछा छुड़ा लिया। उनके वंश के भाई-बंधु भी अस्थिपात्र से उनके संबंध को लगभग भूल चुके हैं। राजपूतिकरण की यह प्रक्रिया बाधमुंडी जैसे छोटे क्षेत्र के मामले में अब भी अधूरी है और जनजातीय भूमिज अब भी वंश के अस्थिपात्र में उस रेखा का स्मरण करते हैं, जहाँ दो पीढ़ी पहले तक मुखिया की अस्थियाँ रखी जाती थी (सिन्हा 1995 : 309-10)।

मनभूम भूमिज अपनी स्थानीय बोली भूल गए और बांग्ला भाषा में बात करते हैं। रिसले ने इस जनजाति को जाति के मार्ग पर अत्यंत अग्रसर पाया; वे निचले स्तर के ब्राह्मणों को अपने कर्मकांडों के लिए बुलाते थे (रिसले 1915 : 75)। लेकिन पुराने सामाजिक और सांस्कृतिक प्रतिरूप अब भी देखे जा सकते हैं। राँची की समवर्गी मुंडा जाति जैसे भूमिजों को पैतृक विजातीय गोत्रों में समूहित किया गया है, जो पैतृक गाँवों से संबद्ध हैं, जहाँ पर गोत्र के अस्थिपात्र स्थित हैं (सिन्हा 1995 : 310-11)। अतः गोत्र स्पष्ट रूप से जनजातीय समाजों के संगठन का आधार हैं।

राँची झारखंड के मुंडा हल से व्यवस्थित कृषि करते हैं। भूमिजों की भाँति मुंडा समाज भी वंश के अस्थिपात्र सहित पैतृक गाँव के आस-पास निर्धारित क्षेत्रीय समूहों में रहते हुए असोगत्रीय, पैतृक, टोटेमवादी वंशों के समूह में संगठित हैं (सिन्हा 1995 : 324)।

डाल्टन और रॉय (1912 : 136 : 40) द्वारा सुनाई गई राज परिवार की उत्पत्ति की कहानी के अनुसार एक नाग देवता, पुंडरीक नाग ने ब्राह्मण के वेश में एक ब्राह्मण लड़की से विवाह किया, जिसने अपने पति के साथ बनारस से पूरी की तीर्थ यात्रा के बीच में राँची जिले में सुइताँबे गाँव के निकट एक बच्चे को जन्म दिया। इस बच्चे फणी मुकुट राय का पालन-पोषण मद्र नामक एक मुंडा ने किया, जो एक पट्टी का मनकी था। फणी मुकुट राय पट्टी के मनकी के रूप में मद्र का उत्तराधिकारी बना और बाद में परहा प्रमुखों ने राजा के रूप में उसका चुनाव किया। सुरजीत सिन्हा का कहना है कि उत्पत्ति की यह काल्पनिक कथा, जो छोटानागपुर में अत्यंत लोकप्रिय है एक आक्रमणशील सैन्य समूह के सामूहिक आप्रवास की ओर इशारा नहीं करती, जिससे क्षेत्र की स्थानिक शक्तियाँ निष्कासित हो जाएँ। उनका मानना है कि यह कहानी राजतंत्र की दिशा में मुंडा समाज के विकास को बुद्धिसंगत बनाती है (उपरोक्त : 325)। छोटानागपुर का राज परिवार नागवंशी छत्री पद का दावा करता है। इसके सदस्य ब्राह्मण पुजारियों में अत्यंत लोकप्रिय हैं। एक आक्रमणशील सैन्य समूह के सामूहिक आप्रवास की ओर इशारा नहीं करती, जिससे क्षेत्र की स्थानिक शक्तियाँ निष्कासित हो जाएँ। उनका मानना है कि यह कहानी राजतंत्र की दिशा में मुंडा समाज के विकास को बुद्धिसंगत बनाती है। इसके

सदस्य ब्राह्मण पुजारियों के तत्त्वावधान में 'द्विज' राजपूतों के सभी विधि-विधान करते हैं।

चौहदवीं और पंद्रहवीं शताब्दी के गोंडों ने मुंडा या भूमिज से कहीं ज्यादा बड़े राज्य बनाए। वे मुख्यत: बसे हुए खेतिहर थे और हल का प्रयोग करते थे, हालाँकि बस्तर के पहाड़ी मरिया झुम ही करते थे। गोंड समाज टोटेमवादी वंशों पर आधारित है, जिन्हें सामान्य रूप से दो असगोत्रीय अर्धांशों में विभाजित किया जा सकता है—रसेल और हीरा लाल (1916 : iii, 62-75)। स्टीफन फयूख्स का विचार था कि उनका सामाजिक संगठन क्षेत्रीय और वंशविषयक व्यवस्थाओं पर आधारित था। गढ़ की क्षेत्रीय इकाई और गोत्र की क्षेत्रीय इकाई समान थी और हालाँकि अब गोत्र काफी फैल गए हैं, उन्हें अब भी अपने मूल गढ़ संबंध याद हैं, जो उनके अंतिम संस्कारों का नियंत्रण करते हैं (फयूख्स 1960 : 162-3)।

रसेल और हीरा लाल (1916 : iii, 44-7) और बिशप चैटरटन (1916 : 9) का कहना है कि चार सौ वर्ष पूर्व गोंडों का गोंडवाना में चार स्वतंत्र राज्यों पर शासन था, जिनकी राजधानी गरहा, देओगढ़, खेरला और चंदा में थी। इन राज्यों का अस्तित्व लगभग चार शताब्दियों तक रहा, जिस दौरान उन्होंने नाममात्र के लिए अकबर का आधिराज्य स्वीकार किया और अंतत: सत्रहवीं शताब्दी में मराठाओं के हाथों पराजित हुए। गरहा के राज्य को उस समय बढ़ावा मिला, जब राजा संग्राम शाह ने अपने बेटे दलपत का महोबा के राजा, जो उच्च वर्गीय चंदेल राजपूत थे, की बेटी दुर्गावती से विवाह कर दिया। दुर्गावती ने मालवा के वायसराय आसफ खान के विरुद्ध एक सेना का नेतृत्व किया, जिसका अबुल फजल ने भी उल्लेख किया है (सिन्हा 1995 : 327)।

बस्तर का राज परिवार इंद्रप्रस्थ के पांडु राजा, वीरभद्र का वंशज होने का दावा करता है। राजकीय देवी दंतेश्वरी मानिकेश्वरी या माओली की विस्तृत मान्यता है और जनजातीय पुजारी गैर-संस्कृतनिष्ठ कर्मकांड करते हैं। दशहरे के दिन गाँव के पुजारी अपने देवी-देवताओं के प्रतीक लाकर जगदलपुर में राजकीय देवी दंतेश्वरी के इर्द-गिर्द एकत्रित कर देते हैं। वहीं, पातदेओं, जनजातीय लट्ठा-देव का स्थान भी लगभग दंतेश्वरी के करीब हैं (उपरोक्त : 332-33)। दशहरा के दौरान राजा दंतेश्वरी की प्रमुख भक्त के रूप में पूजा करता है और हर तीसरे दिन देवी और राजा की एक विशाल रथ पर रखे झुले में सवारी निकाली जाती है, जिसे मरिया और मुरिया जनजातियाँ खींचती हैं। राजा को दंतेश्वरी के अवतार के रूप में पूजा जाता है और वह उसकी ओर से बस्तर पर शासन करता है। एल्विन का कहना है कि इसी कारण मुरिया कों 'राजा का थोड़े समय के लिए भी राज्य से बाहर जाना पसंद नहीं हैं। उनकी अनुपस्थिति का अर्थ है पशु, फसल और लोगों पर से देवी सुरक्षा का अपनयन' (एल्विन 1947 : 183)।

असम में कछारी जनजाति के सिंचित धान खेती में कौशल के कारण प्रारंभिक

राज्य निर्माण संभव हो सका। अहोम ने तेरहवीं शताब्दी में अपने शासन की स्थापना की और साली बरसाती भूमि में कृषि और प्रतिरोपण की नई तकनीकों को अत्यंत प्रोत्साहित किया (सिंह 1985 : 37)। उन्होंने बाँध और तटबंधों की प्रणाली बनाने के लिए सामूहिक श्रम का प्रयोग किया और भूमि को बेहतर बनाने के लिए बड़े स्तर पर काम शुरू किए। उन्होंने ब्राह्मणों और मंदिरों को उदारता से भूमि अनुदान में दी। चेरो और गोंड की भाँति अहोम ने भी एक विशाल सेना और नौसेना खड़ी की और अनेक किलों का निर्माण किया। वे छापामार युद्ध में अत्यंत दक्ष थे। अहोम हिंदू सभ्यता के भी महान् संरक्षक थे। उन्होंने संस्कृत के महान् कार्यों, महाकाव्यों और पुराणों का अनुवाद करवाया और ब्रह्मपुत्र घाटी में शैव, शाक्त और वैष्णव संप्रदायों को उदार अनुदान दिए।

उत्संस्करण

गैर-जनजातीय शासक जिन्होंने जनजातीय क्षेत्रों में राज्य स्थापित किए, जनजातीय देवताओं के प्रति विशेष रूप से श्रद्धापूर्ण थे। के.एस. सिंह के अनुसार शासक के राज्याभिषेक समारोह में प्रमुख जनजातियों को सम्मानित स्थान देकर राज्य के साथ प्रमुख जनजातियों के सहयोग को संस्थागत कर दिया गया। सिंह उड़ीसा और आंध्र प्रदेश की सीमा पर कालाहांडी और जयपोर के कामिदी क्षेत्र में एक गैर-जनजातीय राज्य की स्थापना की रोचक कहानी सुनाते हैं। पुरी के राजा, प्रताप रुद्र देवों का एक जारज और अठारह औरस पुत्र थे। दैवी आदेश का पालन करते हुए उसने अपने जारज पुत्र का उत्तराधिकारी के रूप में अभिषेक किया, जिसके कारण उसके औरस पुत्र राज्य छोड़कर अपना भाग्य कहीं और आजमाने चले गए (1985 : 46-7)।

एक बेटा मीमो देवो एक जंगल में घूम रहा था, जब एक कौवे ने शुभ शब्द बोलते हुए उसका पीछा किया। यह देखकर ताड़ी बेचनेवाला आकर्षित हुआ। जिसने राजकुमार के राजसी व्यवहार को पहचानकर उसके अकेले होने का कारण पूछा। यह पता चलने पर कि राजकुमार शासन करने के लिए एक राज्य की खोज में था, वह आदमी राजकुमार को अपने कंधों पर बैठाकर आठ मुखियाओं की परिषद् के समक्ष ले गया, जो एक शासक को खोज रहे थे। इस प्रकार भीमो देवो कामिदी में एक छोटे से राज्य का शासक बना, जिसे 'आठ मल्लिकाओं' की भूमि भी कहा जाता था, हालाँकि इस स्थान की अब तक पहचान नहीं हो सकी है।

नए स्थान जाने के मार्ग में राजकुमार ने मन-ही-मन प्रण किया कि यदि उसकी इच्छाएँ पूरी हुईं तो वह उसकी सहायता करनेवाले व्यक्ति की चुनी हुई देवी की बलि देगा। राज्य प्राप्त करने के बाद उसने उस आदमी को अपने प्रण के बारे में बताया। वह व्यक्ति बलि चढ़वाने के लिए तैयार हो गया, लेकिन इस मामले को तब तक टाल दिया

गया, जब तक कि उपयुक्त देवी नहीं मिल जाती। वहीं नए राजा ने कालाहांडी क्षेत्र पर हमला किया, जहाँ एक उजाड़ गाँव में उसे एक ब्राह्मण लड़की की प्रतिमा मिली, जिसकी छोटी उम्र में ही मृत्यु हो गई थी। लड़की की विधवा माँ अपनी बेटी से बहुत प्यार करती थी और उसने रत्नों और स्वर्णाभूषणों से सुसज्जित उसकी एक प्रतिमा बनाई। प्रतिमा ने राजा से कहा कि मृत लड़की को देवी का दरजा जाए और उसकी 'मणिकेश्वरी' रत्नों की देवी के रूप में पूजा की जानी चाहिए। राजकुमार ने उसे अपनी 'इष्ट देवी' के रूप में स्वीकार किया और इस आदमी की देवी के सामने बलि दे दी। कुछ वर्ष बाद उसने कालाहांडी जहाँ दामाद का वंशज था, उसे जयपोर में बसाया। उसने दक्षिण में कामिदी में एक नए राज्य की स्थापना की और अपनी नई राजधानी में देवी को प्रतिष्ठित किया।

शासकों के राज्याभिषेक समारोहों में जनजातियों की सहभागिता राज्य की स्थापना और उसके जारी रहने में उनके सहयोग का प्रतीक है। शासक जनजातियों का उच्च विध्यात्मक पद देते थे। नागबंसी जो एक सर्प आदमी निश्चित रूप से जनजातीय और पार्वती नामक ब्राह्मण लड़की की संतान थे, मुंडा का अपने बड़े भाइयों के रूप में सम्मान करते थे। सिसोदिया राजपूतों और भीलों के बीच बापा रावल से लेकर राणा प्रताप के समय तक बेहतरीन संबंध थे और एक समय में मेवाड़ के राज्य चिह्न पर भीलों का उल्लेख था—राणा प्रताप-भील राजा (उपरोक्त : 91 मीणा), जिनका सोलहवीं शताब्दी तक शासन था, ने जयपुर के कछवाहा नेता के राज्यभिषेक में भाग लिया। उन्हें आंबेर में अभिलेख और खजाने के अभिरक्षक के रूप में महत्त्वपूर्ण स्थान प्राप्त थे और वे राजकीय चिह्न और राजकुमार के निजी रक्षक थे।

बस्तर के हलबों को निकटवर्ती कंकर राज्य के नए मुखिया पर राजकीय वस्त डालने और उनके माथे पर तिलक लगाने का अधिकार प्राप्त था। गंगपुर मांझी के भुइया को बोनाई के राजा के राज्यभिषेक के दौरान उसे तिलक करने का अधिकार प्राप्त था। लेकिन बाद में राजा ने इस अधिकार को स्वीकार करने से इनकार कर दिया। कालाहांडी उड़ीसा के खोंड राज्यभिषेक समारोह में शामिल हुए और प्रथा के अनुसार एक खोंड लड़की का राजा के साथ 'विवाह' किया गया। लड़की को तुरंत ही खोंड तलाक व्यवस्था के अंतर्गत उसके माता-पिता और जनजाति को लौटा दिया गया और उसके पति ने जनजाति पर जुरमाना दिया। केओंझर के भुइयाओं की राजा के चुनाव में प्रत्यक्ष भूमिका थी, जिसने राजवंश की स्थापना की। भुइया अपने वंश की लड़कियाँ उन्हें उपपत्नी के रूप में देते थे, उनके बच्चों को राजकुली भुइया कहा जाता था। इन समारोहों में जनजातियों की सहभागिता यह सुनिश्चित करती थी कि जब भी राज्य में खतरा मँडराता था, जनजातियाँ सदा अपना समर्थन देने के लिए तैयार रहती थीं (उपरोक्त : 94)।

जनजातीय-हिंदू सांत्यतक के सबसे महत्त्वपूर्ण पहलू थे जनजातियों के प्राचीनतम

और सबसे पवित्र हिंदू तीर्थ-मंदिरों से संबंध। यह इस बात कि ओर इशारा करता है कि किस प्रकार सांस्कृतिक हिंदू पंथ में जिन देवताओं को उच्च स्थान प्राप्त था, वे मूल रूप से जंगल में रहनेवाले सूमहों के देवता थे और कुछ जनजातियों का विध्यात्मक स्थान देवताओं के साथ इस आदिम संबंध के कारण है।

टोडा ऊटी में भूवनीश्वर मंदिर में शिव के पालकी कहार हैं। श्री सैलम के तीर्थमंदिर में आदिम, खाना एकत्रित करनेवाले चेंचू पालकी कहार, झाड़ूबरदार और चौकीदार हैं और तीर्थयात्रियों द्वारा मंदिर के चढ़ावे में उनका पुश्तैनी रूप से हिस्सा है। पंचमढ़ी का शिव मंदिर कोर्कू प्रमुखों के पुश्तैनी संरक्षण में है। पुरी का जगन्नाथ मंदिर सवारा जनजातियों से संबंधित हैं और देवता की प्रतिमा लकड़ी से बनाई जाती है (एक जनजातीय प्रथा, पारंपरिक रूप से हिंदू देवताओं की मूर्तियाँ मिट्टी या पत्थर से बनाई जाती हैं। तिरूपति का श्री वेंकटेश्वर मंदिर कुंरूब, लंबाडी, येनाडी, येरूकुला और चेंचू से संबंधित है। येरूकुला का संबंध पालानी और तिरूतन्नी के श्री सुब्रह्मण्यम स्वामी मंदिर से भी है।

मध्य और उत्तर भारत के ये अधिकांश मंदिर शिव और मातृ देवी के हैं, जो जनजातीय क्षेत्रों में लोकप्रिय हैं—तंत्र और जादू से संबंधित हैं। छोटानागपुर में अनेक ऐसे मंदिर हैं, जिनमें जनजातीय पुजारी बैगा, पठान हैं; जैसे राँची की सीमा पर एक मंदिर, टांगीनाथ और दिऊरी में मातृ देवी का मंदिर। दिऊरी, राँची-जमशेदपुर राष्ट्रीय राजमार्ग पर बसा एक जनजातीय गाँव है, जिसमें मुंडा जमीदारों का वर्चस्व है, जिनकी कृषक समुदायों से सांस्कृतिक और आर्थिक आदान-प्रदान की लंबी परंपरा रही हैं। स्थानीय राजा ने मंदिर में अनुष्ठान के लिए एक ब्राह्मण को भूमि अनुदान में दी, लेकिन पहान ने मंदिर पर कब्जा कर रखा था। आपसी समझौते से ब्राह्मण पुजारी केवल बृहस्पतिवार के दिन मंदिर में मातृ देवी की विशेष पूजा करता था और महा अष्टमी के दिन शास्त्रिक पूजा करता था। बाकी सभी दिन और प्रमुख त्योहारों के अवसर पर पहान प्रार्थना और अनुष्ठान करता था (उपरोक्त : 98-9)।

मुंडा का कहना है कि गाँव को नाम दिऊरी पुजारी और दिरी पत्थर से मिला। पत्थर की पूजा मंदिर बनने से पहले से चली आ रही थी। जब मंदिर बना तो जनजातियों ने उसका प्रबंधन अपने हाथ में ले लिया और मंदिर की मातृ देवी की पहचान बोंगा उदार आत्मा, विशेषकर झा-इरा से की, जो समीपवर्ती पवित्र उपवन सरना की अधिष्ठता देवी थी। पहान लघु अनुष्ठान करते हैं, जिसमें वे देवी को प्रिय लड्डू और लाल फूल अर्पित करते हैं। मंदिर में शराब और मुरगी नहीं चढ़ाए जाते। प्रार्थना बंगाली और संस्कृत में दुर्गा सप्तशती का मुडारी अनुवाद हैं। मंदिर का जनजातीय धर्म के अनेक पक्षों से पुराना संबंध हैं। चबूतरे पर रखे गए पत्थर की प्रति वर्ष पूर्वज पूजा के समय पूजा की जाती है।

ग्राम देवता की पूजा मंदिर परिसर में ही की जाती है। अन्य जनजातीय धार्मिक अनुष्ठान घरों और सरना में किए जाते हैं।

जनजातियों के साथ आदान-प्रदान के फलस्वरूप कुछ क्षेत्रों में संपर्क भाषाओं का उदय हुआ। जनजातीय बोलियों और किसानों द्वारा बोली जानेवाली हिंदी से छोटानागपुर में सदनी, मध्य प्रदेश में देसी और उत्तर-पूर्व में मिश्रित असमिया का जन्म हुआ। महाकाव्य परंपराओं के जनजातियों में विस्तार से विभिन्न जनजातीय भाषाओं में आधुनिक साहित्य के विकास को बढ़ावा मिला (उपरोक्त : 66)।

सिंह का कहना है कि कृषक समाज और जाति व्यवस्था की ओर रुख ने संस्कृतीकरण और ऊपर उठने को बढ़ावा दिया, जो औपनिवेशिक काल में सबसे स्पष्ट था। संथालों ने यज्ञोपवीत धारण कर क्षत्रिय पद का दावा किया। सन् 1921 से पहले की सभी जनगणनाओं में छोटानागपुर के महतों को जनजाति बताया गया। लेकिन 1921 में उन्होंने बिहार में कुर्मी और महाराष्ट्र के कुंबी में सजातीयता ढूँढ़कर अपना अखिल भारतीय अस्तित्व बनाने का प्रयास किया। उन्होंने शिवाजी महाराज और सरदार वल्लभभाई पटेल को अपना नायक स्वीकार किया। क्षत्रिय होने का दावा किया और 1931 में स्वयं को जनजाति की सूची में से हटा लिया। इसी प्रकार बीसवीं शताब्दी के तीसरे दशक में एक गोंड नेता ने राजपूत महासभा के सामने क्षत्रिय होने का दावा किया। अस्वीकार होने पर उसने एक राजपूत परिवार में विवाह कर अपने परिवार के इतिहास को फिर से बनाया और एक नागबंसी क्षत्रिय के रूप में अपने पहचान बनाई (उपरोक्त : 80)।

राजपूत मॉडल अत्यंत सम्मोहक साबित हुआ। पटियाला के एक सिख राजकुमार ने सरायकेला के राजपूत परिवार में विवाह किया और सरायकेला के राजपूत परिवार ने सिख राज परिवार में। मैसूर के एक बूडयार ने मोरवी के राजपूत परिवार में विवाह किया। बड़ौदा और कूच बिहार के राजपूत और मराठा राज परिवारों ने आपस में विवाह करना शुरू किया और उनके समुदायों ने भी उनका अनुसरण किया। डोगराओं को राजपूत पदवी मिली और वे राजपूतों से विवाह करने लगे। खैरागढ़ के राज गोंड परिवार ने राजपूत महासभा द्वारा राजपूत पदवी नहीं दिए जाने पर अपनी वंशावली को आधुनिक बनाकर नागबंसी होने का दावा करने लगे, क्योंकि नागबंसियों को क्षत्रिय पद प्राप्त था।

भारतीय परिदृश्य की यह लघु झलकियाँ विभिन्न समूहों और वर्गों में निहित एकता और एक-दूसरे पर अवलंबन के महात्मा गांधी के दावे की पुष्टि करते हैं। जैसा गांधीजी बल देते थे भारत वास्तव में—''...एक राष्ट्र है, जिसकी प्रत्येक इकाई में दूसरे से एक होने की सक्रिय चेतना है।'' वेरियर एल्विन ने चेतावनी दी कि जनजातीय और जातिगत हिंदू के बीच गहरे सांस्कृतिक सामंजस्य के जनजातीय क्षेत्रों में मिशनरी गतिविधियों से

टूटने और नष्ट होने का खतरा था। उन्होंने इस बात पर बल दिया कि जनजातियों के धर्मांतरण की तीव्र गति से ''कुछ ही वर्षों में समस्त आदिवासी जनसंख्या शिकायती, राष्ट्र विरोधी, आक्रमणशील'' अल्पसंख्यक समुदाय बन जाती, जिसमें न उसके पुराने सद्‌गुण होते और न ही प्रशंसनीय गुण। एल्विन का कहना था कि धर्मांतरण भावी भारत सरकार की राह का काँटा बन जाते। उन्होंने बताया—''ये धर्म बदलना वास्तव में आदिवासियों के लिए हानिकारक हैं। इससे जनजातीय एकता नष्ट हो जाती हैं, लोगों के सदियों पुरानी नैतिक स्वीकृति छिन जाती हैं, जनजातियों को उनके अधिकांश देशवासियों से अलग कर देती है और अनेक मामलों में पतन का कारण बनती है, जो जितना दयनीय है उतना ही शोचनीय भी। उनके द्वारा अपनाए जा रहे तरीकों पर सवाल उठाए जा सकते हैं, आर्थिक शोषण भी है। इसलिए मिशनरियों को जनजातीय क्षेत्रों से वापस बुला लेना चाहिए।

□

अध्याय-4

महाभारत की जनजातियाँ

महाभारत भारतीय शैली के ऐतिहासिक साहित्य का प्रतीक है, जिसे हम इतिहास कहते हैं। यह देश का सबसे प्रसिद्ध इतिहास और महाकाव्य है। लेकिन यह उन घटनाओं के मात्र वर्णन से कहीं ज्यादा है, जिनके कारण युद्ध हुआ। इसमें जीवन दर्शन और आचरण-संहिता दोनों ही सम्मिलित हैं। जर्मन भारत-विज्ञानी हरमन ओल्डन बर्ग का कहना है—"महाभारत में भारत की संयुक्त आत्मा और उसके लोगों की व्यक्तिगत आत्मा साँस लेती हैं।" महाभारत में कहा गया है कि जो यहाँ नहीं मिलता वह कहीं नहीं मिल सकता, क्योंकि धर्म और जीवन दर्शन का इसका विवेचन बहुत विस्तृत है।

हिंदुओं की दो सबसे लोकप्रिय प्रार्थनाएँ, 'विष्णु सहस्रनाम' मरते हुए भीष्म द्वारा युधिष्ठिर को बताई गई और युद्ध से पूर्व कृष्ण द्वारा उद्विग्न अर्जुन को भगवत् गीता प्रतिपादित की गई जिसका स्रोत महाभारत है। पारंपरिक रूप से कहा जाता है कि इस महाकाव्य की रचना व्यास ने की, जो ऋषि पराशर के बेटे और याजकीय वशिष्ठ परिवार के वंशज थे, जिसका संबंध राजकीय भरत वंश से था। व्यास ने लोकप्रिय किंवदंतियों, राजकीय प्रशस्तियों और विभिन्न क्षेत्रों की धार्मिक क्षेत्रों की धार्मिक कविताओं को लेकर उपमहाद्वीप में रहनेवाले विभिन्न घटकों के सांस्कृतिक विलयन का प्रयास कर उन्हें भौगोलिक और सांस्कृतिक एक सूत्र में बाँधने का प्रयास किया। गुस्तावों वह जिसमें सुनने की अद्‌भुत क्षमता है नामक भाट ने अधिपति शौनक की बलि के समय महाकाव्य को सबसे पहले लोगों के सम्मुख सुनाया (I.1.1)।

महाकाव्य में निहित सांस्कृतिक सामग्री उसे समग्र रूप से अविभाज्य और मूलभूत बना देती है, जो भारतीय प्रकृति को समझने के लिए तात्विक है। महाभारत में उप-महाद्वीप के समाज, राजनीति और संस्कृति का विशालदर्शी चित्र मिलता है। वर्तमान अध्याय का संबंध उसमें जनजातियों की जनगणना सरीखी परिगणना से है और उनकी

भौगोलिक स्थिति, शारीरिक और युद्ध-संबंधी गुण और नैतिक आध्यात्मिक प्रकृति संबंधी ज्ञान से है।

आमतौर से विद्वानों का मानना है कि महाभारत की तारीख सही तरह से नहीं जानी जा सकती। लेकिन 1000 ईसा पूर्व से लेकर 500 ईसवी तक का काल, जिसके दौरान देश की सामाजिक और राजनीतिक संस्थाओं में भारी बदलाव और उथल-पुथल हुई। वह आमतौर पर महाकाव्य का काल माना जाता है, एक मत यह भी है कि महाकाव्य की मूल कथा इससे भी पहले के समय की है। xii और xiii पुस्तकों की सांस्कृतिक सामग्री संभवतः बुद्ध पूर्व काल की है, जबकि मानवजाति संबंधी सामग्री जिसमें अनेक ऐसे नाम शामिल हैं, जिनका आज तक पता नहीं चल सका है, अत्यंत प्राचीन हैं। के.सी. मिश्रा का मानना है कि महायुद्ध से संबंधित जनजातियों की सूची संभवतः बुद्ध पूर्व परंपरा का हिस्सा हो सकता है। 1000 ईसा पूर्व से 500 ईसा पूर्व तक का काल मुख्यतः जनपद के समय से मेल खाता है, जिसमें छोटी-छोटी जनजातीय कुल-तंत्र प्रभुता के लिए एक-दूसरे के प्रतियोगी थे। महाभारत में इस काल का समाज और मानवजाति-वर्णन प्रतिबिंबित है और इसमें शक्तिशाली केंद्रीकृत राजनीतिक सत्ता की ओर बल भी दरशाया गया है, हालाँकि मौर्यों के उदय तक देश के एक विशाल भाग का महत्त्वपूर्ण राजनीतिक एकीकरण नहीं हो सका था।

वेद, ब्राह्मण और पुराणों में विभिन्न कालों की जनजातियों का उल्लेख है। ऋग्वेद में भी लोगों के तीन वर्गों का वर्णन हैं—आर्य, दास और असुर। ऋग्वेद में उल्लिखित कुछ जनजातियों के नाम आज भी वही हैं जैसे युद्ध, पुरू, शिव इत्यादि जबकि अन्य ने विभाजन और नए स्थानों में प्रवसन के कारण अपने नाम बदल लिए। प्रसिद्ध दसराजन युद्ध (ऋग्वेद vii. 18) संभवतः जनजातियों के बीच संघर्ष का उल्लेख करता है। ब्राह्मण साहित्य में भी प्रारंभिक भारतीय मानवजाति का वर्णन है। पुराणों के भुवनकोश अध्यायों में प्राचीन भारत की मानवजाति का वर्णन है, जो कि महाकाव्य में भी शामिल हैं (vi. i-13)।

जहाँ ऋग्वेद में सप्त सिंधु के बाहर के क्षेत्र के बारे में कम जानकारी है, वहीं महाकाव्य और पुराणों में सिंधु, पांचाल, मत्स्य, चेदी, काशी, कौशल इत्यादि जैसे भौगोलिक नामों का उल्लेख है (ऋग्वेद 7, 18, 9)। लेकिन जनपद काल में ही जाकर भूमि और लोगों में गहरे तार जुड़े। महाभारत में न केवल आर्य बल्कि सभी लोगों का उल्लेख है। इसमें देव, दानव, गंधर्व, यज्ञ, राक्षस, नाग व अन्य समूहों का उल्लेख है। हालाँकि विद्वान् इस बारे में निश्चित रूप से नहीं कर सकते कि लोगों का ऐसा वर्ग था जिसने उल्लेख किया या ये किसी पुरातन परंपरा के अवशेष हैं, जिसे कहानी में सम्मिलित किया गया।

महाभारत के मानवजाति-विज्ञानियों ने भूमि के निवासियों को तीन श्रेणियों में बाँटा—आर्य, म्लेच्छ और मिश्र। भारत में एकमात्र शुद्ध जातीय वर्ग के सिद्धांत को अब शैक्षिक विश्वसनीयता प्राप्त नहीं है। अब यह स्वीकार कर लिया गया है कि आर्य जाति नामक कुछ नहीं था बल्कि आर्य भाषा और संस्कृति थी। यही बात द्रविड़ों पर भी लागू होती है। महाभारत में प्रयुक्त आर्य एक जीवन पद्धति है और इसका प्रयोग प्राचीन भारतीय जनजातियों में जातीय तनाव का वर्णन करने के लिए नहीं किया जा सकता।

आर्य सभ्यता में स्थानीय जनजातियों के समावेशन का आरंभ अत्यंत प्रारंभिक चरण में ही शुरू हो गया था। गुप्त और उत्तर गुप्त काल में जनजातीय राज्य और उनके द्वारा संस्कृत भाषा और ब्राह्मण पुजारियों और अधिकारियों को स्वीकार कर उनके अपने क्षेत्र में सांस्कृतिक एकरूपता की ओर उनके आवेग को लेकर जो नए तथ्य हमारे सामने आए हैं, उनसे हम यह निष्कर्ष निकाल सकते हैं कि यह झुकाव संभवत: प्राकृतिक-सामाजिक-सांस्कृतिक-राजनीतिक विकास का परिणाम था न कि बाहरी उद्‌दीपन का। लोगों की महाभारत में विशेष रुचि इसलिए है क्योंकि वह यह है कि यह एक ऐसे चरण पर प्रकाश डालती है, जब प्रारंभिक जनजातीय बांधव्य समूहीकरण ने कुछ शक्तिशाली क्षत्रिय राज्यों के उदय के दबाव में एक विशाल क्षेत्रीय या राष्ट्रीय एकात्मता के सामने घुटने टेक दिए। इस प्रकार महाकाव्य में जनजातीय संस्कृति और राज्य की ओर पारगमन पर प्रकाश पड़ता है।

जनजाति की सबसे सरल परिभाषा है समान उत्पत्ति का दावा करनेवाले और समान उद्‌देश्य, जैसे युद्ध या बलि के लिए एक हुए कुलों का समूह; यह सामाजिक संगठन का प्राचीनतम प्रकार है और आमतौर पर एक विशेष क्षेत्र में इसकी उत्पत्ति होती है। ऋग्वेद में इस प्रकार के संगठित मानव समूह के लिए जन और विस शब्द का प्रयोग किया गया है। विस को जनजाति के समान और ग्राम से भिन्न मानता था, जो उसके अनुसार वंश का प्रतिनिधित्व करता था और परिवार कुल और जनजाति विस के बीचोबीच था। ए.सी. दास का मानना था कि वैदिक परिवारों का समूह गोत्र था, गोत्रों का समूह मिलकर गोष्ठी थे और अनेक गोष्ठी मिलकर ग्राम बनाते थे। अनेक ग्राम मिलकर विस जिला बनाते थे और विस का समूह मिलकर जन जनजाति बनाते थे। विस शब्द का अर्थ आबादकार है और यह खानाबदोश जीवन से बदलाव की ओर इशारा करता है; यह संभवत: जनपद का प्रारंभिक स्वरूप था, जनपद शब्द का प्रयोग उत्तर वैदिक काल की पुस्तकों में किया जाता है।

अर्थशास्त्र के समय तक जनपद जनजाति का आधार शब्द का अभिप्राय जिला, देश या राज्य से था, जिसका अर्थ है कि पुराने जनजातीय आबादकार एक ज्यादा विस्तृत कृषि-वर्ग का हिस्सा बन गए थे। राष्ट्र शब्द, हालाँकि कौटिल्य इसके प्रयोग के बारे में

स्पष्ट नहीं थे, संभवत: राज्य सीता द्वारा कृषि के लिए इस्तेमाल की जा रही भूमि और निजी भूमि राष्ट्र के बीच अंतर को स्पष्ट करता है। सीता भूमि का प्रबंधन राज्य कृषि विभाग का सीताध्यक्ष नामक अधिकारी करता था। कोशांबी का कहना है कि एक समय में राष्ट्र शब्द का अर्थ छोटे जनजातीय कुलीन-तंत्र थे, जो जनपद के शासक को शुल्क बलि देते थे। यूनानी आगंतुकों ने जनपदों का वर्णन 'भारत में मुक्त शहरों' के रूप में किया। बाद के काल में राष्ट्र और सीता भूमि के बीच अंतर समाप्त हो गया और राष्ट्र शब्द का अर्थ देश हो गया। अत: जनपद एक प्राचीन जनजातीय संगठन के विकास में अंतिम चरण थे। लेकिन जनपद केवल सभी निवासियों के लिए एकमात्र प्रभुसत्ता वाला क्षेत्र नहीं था बल्कि इसका अभिप्राय सांस्कृतिक इकाई से भी था।

प्रसिद्ध योद्धा जनजातियाँ

महाभारत युद्ध का सबसे विशिष्ट पक्ष था—पांडवों और कौरवों द्वारा जंगलों और दुर्गम घाटियों से अनेक जनजातियों की बिना किसी भेदभाव के अपनी-अपनी सेनाओं में भरती। आंतविक नामक खूँखार जंगली जनजातियाँ दोनों ओर की युद्धरत सेनाओं का बड़ा हिस्सा थी (II. 5.53: XV. 7:7) महाकाव्य में एकलव्य एक भील और घटोत्कच एक राक्षस जैसे जनजातीय योद्धाओं का उनके साहस और युद्ध कौशल के लिए उल्लेख है।

महाकाव्य में विभिन्न क्षेत्रों में विभिन्न जनजातियों तथा जिन विशेष युद्ध कौशल के लिए वे प्रसिद्ध थे कि भी गहरी समझ दिखाई पड़ती है। भीष्म ने युधिष्ठिर को निर्देश दिया था (XII. 120) कि वह लोगों के लड़ने के विशिष्ट तरीकों का अध्ययन कर उन्हें सेना के विभिन्न अंगों में भरती करें। उन्होंने विभिन्न अस्त्र चलाने के लिए सीमांत लोगों को पसंद किया, जबकि गांधार, सिंधु और सौबीर जनजातियाँ कील और बल्लम चलाने में निपुण थीं। उशिनर सभी हथियारों में निपुण थे। जबकि पूर्व में रहनेवाले हाथी पर सवार होकर युद्ध करने में और लड़ने में गलत तरीके इस्तेमाल करने के लिए कुख्यात थे कूटयोधिनह, (XII. 102.19F)।

यवन, कंबोज और शूरसेन जनजातियाँ मथुरा क्षेत्र द्वंद्व युद्ध में कुशल थीं और वे कुशल पदाति भी थे नियुद्धकुशल। दक्षिणी जनजातियाँ तलवार चलाने में कुशल थीं (XII. 102.3.5) जबकि उत्तर पश्चिम सीमांत और मध्य एशियाई जनजातियाँ कुशल अश्वारोही थीं। महाकाव्य में कंबोज अश्व VI.88 और विकट कंबोज योद्धाओं का विशेष उल्लेख है, जो कड़े मुकाबले, एकता, अनुशासन और सैन्य कौशल के लिए प्रसिद्ध थे (VII. 87.42f, 95.20)।

कहा जाता था कि शक इंद्र के समान शक्तिशाली थे (VII. 111.50), गांधार अश्वारोही बल्लम में निपुण थे, प्राश (VII. 6.3) अंबश्ठ गदा चलाने में निपूर्ण थे

गदा, (VII. 68.59) खूँखार त्रिगत योद्धाओं जिसमें ललित्थ, मालवा, मावेल्लक और यौधेय जनजातियाँ शामिल थीं ने 'करो' या 'मरो' का प्रण लिया (VII. 16), मद्र की सेना अपने अनोखे साज सामान के लिए प्रसिद्ध थीं (V.8.3f)।

पूर्वी जनजातियाँ हाथी की सवारी करते हुए लड़ने में कुशल थीं। मगध की सेना हाथी युद्ध के लिए प्रसिद्ध थी (V.16.24) और उनका राजा जरासंध हाथी की पीठ पर सवार होकर युद्ध करता था (VIII. 91-26), लेकिन हाथी की पीठ पर सवार होकर युद्ध करने में सबसे कुशल प्राग्ज्योतिष असम की जनजातियाँ थीं, जिन्होंने अपने हाथियों को आक्रामक न केवल रक्षात्मक युद्ध करने का प्रशिक्षण दिया जैसा कि राजा भागदत्त (VII.25.26f), जिसने कीरतों और चीनों की सेना का नेतृत्व किया, के हाथी के वर्णन से पता चलता है। कीरत हाथियों पर लड़ते थे (VII.87.28f) और अपने तीरों पर विष लगाते थे (VII.87.30f)।

शाल्व असुर शैली में लड़ने में कुशल थे (III.22, 23), जबकि शक, यवन, परद और बालहिक छल-कपट वाली लड़ाई में कुशल थे (VII.68.41.42), द्रविड़ कुशल योद्धा थे। उत्तर में पर्वतारोही जनजातियाँ पत्थर के हथियारों से लड़ती थीं, लड़ाई की ऐसी पद्धति अस्मयुद्ध, जिससे कुरू व अन्य मैदानी जनजातियाँ जनभिज्ञ थीं (VII.97.29f)।

महान् युद्ध में जनजातियाँ

महाभारत में महान् युद्ध के समय जो जनजातियाँ थीं उनका नाम दर्ज है, जिससे जनजातीय बस्तियों की शक्ति और प्रतिष्ठा का पता चलता है, जो तब एक बड़ी राजनीतिक और सैन्य शक्ति थीं। जनजातीय सूची का आधुनिक विद्वानों के लिए महान् ऐतिहासिक महत्त्व हैं। मोटे तौर पर तीन मुख्य सूचियाँ हैं, जिनमें शामिल हैं युधिष्ठिर के चार भाइयों द्वारा पराजित जनजातियाँ (सभा पर्व अध्याय 45-48); और 'भूगोल' में उल्लिखित जनजातियाँ भीष्म पर्व में (भुवनकोश, अध्याय-X)।

जिन जनजातियों ने युद्ध में भाग लिया, उनका दोनों ओर की दैनिक युद्ध संरचनाओं में बार-बार उल्लेख है दोनों ओर के योद्धाओं द्वारा की गई दिग्विजय में लोगों की कुछ लघु सूचियाँ दर्ज हैं। रॉबर्ट शेफर ने विवेचनात्मक संस्करण पर आधारित तेरह सूचियाँ तैयार कीं। लेकिन क्योंकि महाकाव्य का मानवजाति-वर्णन महान् युद्ध से प्रभावित है, इसलिए इसमें उल्लिखित जनजातियाँ युद्ध क्षेत्र में या हमलों से संबंधित मुख्यत: योद्धा जनजातियों के शासक वंश हैं। महाभारत, ऋग्वैदिक दस राजाओं के युद्ध के बाद भारत का विशालतम युद्ध है और इसलिए इसमें सबसे बड़ी संख्या में जनजातियों का लिखित प्रमाण है। युद्ध में दोनों ओर से जनजातियों ने बराबर भाग लिया। विद्वानों के अनुसार युद्ध के आरंभ में 'भौगोलिक सूची' पुराण में समान वृत्तांतों का आदिरूप है।

भौगोलिक सूची भारतवर्ष की विभिन्न जनजातीय आबादी के स्थान को निर्धारित करने का प्रयास करती है। इस सूची को संभवत: मध्य प्रदेश के एक भूगोलवेत्ता ने संकलित किया, जिसने कुरू-पांचाल देश को अपने प्रयासों का केंद्र बनाया और विभिन्न भूमि और लोगों की परिगणना कर भारत के एक काफी विस्तृत मानवजाति शब्दकोश का निर्माण किया। जनजातियों द्वारा युधिष्ठिर को दिए जानेवाले शुल्क से हम जनपदों उपयानपर्व सूची की संपत्ति का अनुमान लगा सकते हैं और भारत की आर्थिक वस्तुओं की दस्तावेज तैयार कर सकते हैं। लेकिन आज हम महाभारत की सभी जनजातियों को स्पष्ट रूप से नहीं पहचान सकते हैं, क्योंकि जनजातीय स्थानांतरण और नाम में परिवर्तन काफी आम बात थी। एक अन्य समस्या जिसका सामना करना पड़ा वह है कि लोगों की सूची में प्रागैतिहासिक काल व उसके बाद के काल के लोग भी शामिल हैं। कुल मिलाकर 361 जनजातियों की सूची बनाई गई है, जिनमें से सभी का स्थान या पहचान स्पष्ट नहीं किया जा सकता है; वास्तव में के.सी. मिश्र द्वारा तैयार जनजातियों की सूची कुल, राज्य, क्षेत्र और प्रदेशों के नाम भी हैं।

पांडवों से संबंधित जनजातियाँ

1.	अश्मक	पुराण उनका संबंध क्षत्रियों के इक्ष्वाकु वंश से बताते हैं और बौद्ध धर्मग्रंथों में उनकी भूमि को महाजनपद कहा गया है। औरंगाबाद के पैठण जिले से पहचाने जानेवाले इस जनपद का हिस्सा आधुनिक नासिक और औरंगाबाद रहा होगा। पांडवों के साथ युद्ध किया (VII.61.39)।
2.	कानन	संभवत: करूष; पांडवों के साथ युद्ध किया।
3.	करूष	एक अत्यंत प्राचीन जनज़ाति और पांडवों की प्रमुख सहयोगी; संभवत: काशी के दक्षिण से थी।
4.	काशी	'भूगोल' में उल्लिखित (VI.10.38) और 40; पांडवों के प्रमुख सहयोगी थे।
5.	कुणिंद	हरिद्वार की तराई में विस्तृत रूप से फैली जनजाति, जो संभवत: कीरत वंश से थी। कुलिंद कालिंदी नाम से भी लोकप्रिय उनके सिक्के यमुना-गंगा के स्रोत के निकट पाए गए हैं। वे यमुना के उत्तर में देहरादून से लेकर जगाधरी तक रहते थे। जब अर्जुन खांडवप्रस्थ से उत्तर की ओर बढ़ा तो यह पहली जनजाति थी, जिस पर अर्जुन ने विजय प्राप्त की (II.23.13)। पांडवों का युद्ध में साथ दिया और कौरवों पर हाथियों की एक विशाल

सेना के साथ हमला किया (VIII.62.33ff)।

6. कुंडीविष — प्रशिक्षित सैनिकों की एक जनजाति जिसने दोनों ओर से युद्ध किया, वे युधिष्ठिर की सेना का एक पक्ष थे (VI.46.16)।

7. कुती — भोजों की एक महत्त्वपूर्ण जनजाति (VI.10.41) जो ग्वालियर के निकट रहती थी। उनके राजा कुती-भोज के पांडु के साथ वैवाहिक संबंध थे; पांडवों के पक्ष में।

8. केकय — महायुद्ध में प्रसिद्ध धनुर्धर VIII.9 जिनका मद्र के साथ संबंध था। वे दोनों ओर से बराबर लड़े।

9. केरल — दक्षिणी द्रविड़ लोग (VI.10.57) जो युद्ध में युधिष्ठिर की ओर से लड़े (VIII.8.15)।

10. चेदि — एक प्राचीन जनजाति और मध्य प्रदेश की शक्ति, संभवतः बुंदेलखंड क्षेत्र। उनका राजा शिशुपाल जरासंध के साथ था, लेकिन जरासंध की मृत्यु के बाद उसके बेटे ने महान् युद्ध में पांडवों का साथ दिया।

11. चोल — वर्तमान तंजौर से और पांड्य राजा के प्रभाव में पांडवों का साथ दिया (VIII.12)।

12. तंगन परंतगन — उत्तरी पहाड़ी जनजाति की प्रसिद्ध जोड़ी (III.141.24), उन्होंने दोनों ओर से युद्ध किया (VI.46.49.); (VII.197.36); इत्यादि।

13. ताम्रलिप्त — शुल्क सूची में (11.48.17), संभवतः आधुनिक तामलुक, बंगाल। उन्होंने पांडवों के साथ युद्ध किया (VIII.17.2)।

14. तित्तिर — एक उत्तर-पश्चिमी जनजाति जिसने युधिष्ठिर का साथ दिया (VI.46.50) उनकी भूमि अपने उत्कृष्ट अश्वों के लिए प्रसिद्ध थी (VI.86.4)।

15. तुंबुप — युधिष्ठिर के पक्ष में (VI.46.51) विंध्य पर्वत की पादगिरि से लेकर नाखाड़ के उत्तर में क्षेत्र के संभवतः निवासी।

16. दंडक — सहदेव द्वारा पराजित (II.28.63); ये बुदेलखंड के वन क्षेत्रों से थे। युद्ध में दोनों ओर से लड़े पांडव (VI.46.49) कौरव, (VI.47.16)।

17. दसहर — 'भूगोल' में सूचीबद्ध (VI.10.39)। संभवतः पश्चिमी विंध्य क्षेत्र से। कुती और प्रयाग के नेतृत्व में युधिष्ठिर (VI.46.46) और कुंतल और मगध के नेतृत्व में कौरवों (VI.47.12) का

साथ दिया।

18. दशेरक — एक उत्तरी जनजाति, पांडवों का साथ दिया (VI.46.45)।

19. द्रविड़ — एक दक्षिणी जनजाति (VI.10.57), पांडवों का साथ दिया (VIII.8.14)।

20. निषाद — 'भूगोल' में (VI.10.50); भीम (II.27.10) और सहदेव (II.28.5) द्वारा पराजित। महायुद्ध में दोनों ओर से संघर्ष किया पांडव, (VI.46.47); कौरव (VI.112.108) समूची विंध्य श्रृंखला में उनके गढ़ थे।

21. पटच्चर — दक्षिण-पश्चिम की लुटेरी जनजाति, सहदेव द्वारा पराजित (11.28.4); वे युधिष्ठिर की सेना में शामिल हो गए, (VI.46.47) महाकाव्य (II.13.25) में उनका उल्लेख यादव और भोज जनजातियों के साथ है, जो जरासंध के डर से पश्चिम की ओर भाग गए।

22. पांशु राष्ट्र — युधिष्ठिर को भारी शुल्क देते थे (II.48.26)। पांडवों का साथ दिया (V.II.20)।

23. पांचाल — पांडवों के प्रमुख मित्र; उन्होंने महाकाव्य में महत्त्वपूर्ण भूमिका का निर्वाह किया।

24. पांड्य — स्हदेव (II.28.48) और कर्ण (III.241.50) तमिल लोग। पांडवों का साथ दिया।

25. पिशाच — युधिष्ठिर (VI.46.15) तथा कुरू (VI.83.8) दोनों सेनाओं से लड़े; संभवत: कश्मीर के उत्तर-पश्चिमी क्षेत्र से।

26. पुंड पौण्डुक — पूर्वी जनजाति जिसने दोनों सेनाओं का साथ दिया—पांडव (VI.46.49); कौरव (VIII.2)।

27. पौरव — Cr. Ed. में परद जो युधिष्ठिर को शुल्क देते थे (II.47) और (VI.52.13) अर्जुन ने कश्मीर के निकट एक पौरव बस्ती को पराजित किया।

28. प्रयाग — युधिष्ठिर की सेना में थे (VI.46.46); प्रयाग क्षेत्र से हो सकते हैं।

29. भद्र — कर्ण की विजय में रोहितक और अग्रेय से संबंधित (III.241.67)। दोनों ओर से युद्ध किया पांडव (VI.52.9) और कौरव (VI.47.9)।

30. मगध — इंद्रप्रस्थ में पांडवों के उदय से पहले मगध सबसे शक्ति।

31. मद्रक — युधिष्ठिर की सेना में एक उत्तरी जनजाति (VI.46.49)।

32. मत्सय — ऋग्वेद के समय से प्राचीन लोग। महाभारत (II.13.27) के अनुसार वे जरासंध के हाथों पराजित हुए। वे पांडवों के प्रमुख सहयोगी थे। पांडव एक वर्ष तक राजा विराट् के दरबार में छद्रवेश में रहे थे।

33. मरूध क— भौम: — दक्षिण में सहदेव द्वारा पराजित II.28.7 वे युधिष्ठिर की सेना में मधक हो सकते हैं। 'मारू' और 'मद' दोनों शिलालेखों में मिलते हैं; इनका अभिप्राय जोधपुर और जैसलमेर राज्यों, आधुनिक मारवाड़ से हो सकता है। मरूधनव रेगिस्तान के लिए एक शब्द है और मरूध उसी से लिया गया है।

34. लड़क — आक्रामक उत्तरी जनजातियाँ जो युधिष्ठिर की सेना में शामिल हुईं (VI.46.18)।

35. वत्स — आधुनिक इलाहाबाद से प्रमुख प्राचीन लोग जिनका 'भूगोल' में उल्लेख है (VI.10.39)। युद्ध में उन्होंने युधिष्ठिर का साथ दिया (VI.50.51)।

36. वृष्णी — यादव राज्यसंघ की प्रमुख शाखा, जिसका अनर्त में शासन था। कृष्ण इस जनजाति के थे वृष्णीनम् वसुदेवोस्मी, गीता, (X.37) सात्यकि, जो एक प्रमुख नेता थे, ने पांडवों के लिए साहसपूर्वक युद्ध किया। शुल्क सूची में उनका उल्लेख उत्तर-पश्चिमी लोगों के रूप में हैं और मुद्रा-विषयक तथ्य उत्तरी पंजाब में वृष्णी आबादी की ओर इशारा करते हैं। संभव है कि द्वारका के पतन के बाद वृष्णी और कुकर की एक शाखा द्वारका छोड़कर पंजाब में बस गई।

37. शवर — एक दक्षिणी जनजाति, उन्होंने युद्ध में पांडवों का साथ दिया (VI.46.51)।

38. हूण — एक जंगली उत्तर-पश्चिमी जनजाति (I.165.35) जिसने युधिष्ठिर की सेना का साथ दिया। भारतीय हूण मानसरोवर झील के पूर्व से नरिखोरसम से आए थे।

कौरवों का साथ देने वाली जनजातियाँ

1. अंग — एक प्राचीन पूर्वी जनजाति और बौद्ध काल में एक महाजनपद,

	यह अंग, वंग, कलिंग, सुहम और पुंड्र के पाँच राज्यों के राज्यसंघ का सारभाग था। महाभारत व अन्य स्रोतों के अनुसार, अंग में वर्तमान भागलपुर और मुंगेर जिला शामिल थे। इसपर कुरू राजा का प्रभुत्व था और इसलिए दुर्योधन कर्ण को इसका शासक बना पाया। अंग ने युद्ध में कौरवों का साथ दिया।
2. अंधक	कृतवर्मा के नेतृत्व में यादव राज्यसंघ की एक शाखा। यादवों में कौरवों का साथ देने वाले केवल वे ही थे (V.119.17)।
3. आंध्र	एक अत्यंत प्राचीन जनजाति, जिसका ऐतरेय ब्राह्मण (VII.18) में दस्यु के रूप में उल्लेख है, विश्वामित्र द्वारा दिए गए श्राप का परिणाम था। पुलिंद, खस, निषाद व अन्य निम्न लोगों से संबंधित उन्होंने दुर्योधन के लिए युद्ध किया (VIII.51.17)। महाभारत (XII.200.40) में उन्हें दक्षिण का निवासी बताया गया है।
4. अभिसार	राजतरंगिणी में उनका क्षेत्र राजापुरी रजौरी के पहाड़ी राज्यों का बताया गया है। महाभारत (VII.68.42) में एक कुख्यात और बर्बर जनजाति; इनके वंशों ने दोनों ओर से युद्ध किया, लेकिन आमतौर पर कौरवों के साथ थे।
5. अम्बष्ठ	ऐतरेय ब्राह्मण (VIII.11) में उल्लिखित एक अत्यंत प्राचीन लोग। टालमी उनका उल्लेख अम्बस्तई में रूप में करता है; ये पंजाब में निचले चेनाब में बस गए और कौरव सेना के लिए महत्त्वपूर्ण थे।
6. अवंति	कौरव सेना में शामिल हो गए और पश्चिमी मालवा राजधानी उज्जैन से थे। पौराणिक वंशावली में इनका संबंध हैहय वंश से बताया गया है।
7. अश्वतक	दुर्योधन महाभारत (VI.47.15) का साथ दिया।
8. अजनेय	गांधार के राजा (VIII.4.96) की सेना का हिस्सा; कुरूओं के लिए युद्ध किया।
9. आभीर	आधुनिक अहीरों के पूर्वज; महाकाव्य के काल में संभवत: पंजाब और मथुरा क्षेत्रों में सीमित थे। कृष्ण का पालन-पोषण एक आभीर परिवार में हुआ। महाभारत (II.29.9) के अनुसार वे पश्चिमी मरुभूमि में रहते थे, जहाँ पर विनाशन में सरस्वती उनके प्रति देश (XI.37.21F) में सुख गई। कौरवों का साथ

दिया (VII.10.7)।

10. अरट्ट — एक उत्तर-पश्चिमी जनजाति; कृतवर्मा की सेना का हिस्सा (VII.165.69)।

11. अरेवक — कुरू सेना में युद्ध किया (VI.47.7), संभवत: दक्षिणी बलूचिस्तान से।

12. कर्णप्रवर्ण — सहदेव (II.28.44) द्वारा पराजित एक विंध्य जनजाति, वे युधिष्ठिर के लिए शुल्क लाए। कौरव सेना में शामिल हुए (VI.47.13)।

13. कांबोज — गांधार के पड़ोस में एक प्राचीन जनजाति; दुर्योधन की सेना में सामने की ओर। उनका राजा सुदक्षिण महायुद्ध के महारथियों में था और अर्जुन (VII.67.67f) के हाथों मारा गया।

14. कीतव — युधिष्ठिर (II.47.10) के लिए शुल्क लाए; युद्ध में कौरवों का साथ दिया (VI.18.12)। संभवत: एक प्राचीन मकरन जनजाति, क्योंकि उनके द्वारा लाई गई भेंटें मकरन में मिलने वाले सामान के समान थीं। उनका राजा उलूक (IX.1.1.25) शकुनि (VI.68.5) का बेटा था।

15. किरात — पूर्वी हिमालय से और महाकाव्य में महत्त्वपूर्ण भूमिका का निर्वाह किया। उनका शासक भागदत्त दुर्योधन का शक्तिशाली सहायक था और कौरवों के लिए हाथियों की एक टुकड़ी लाया।

16. कुकुर — एक अत्यंत प्राचीन उत्तर-पश्चिमी जनजाति और यादव राज्यसंघ की शाखा। 'भूगोल' (VI.10.41) और शुल्क सूची (II.47.14) में उल्लिखित। युद्ध में दुर्योधन का साथ दिया (VI.47.12)।

17. कुंतल — दो कुंतल देश थे, एक उत्तर में और दूसरा दक्षिण में। दक्षिणी कुतंलों ने कौरव के साथ युद्ध किया (VI.47.12)।

18. कुलूत — आधुनिक कुलू-कांगड़ा क्षेत्र से और कौरवों की ओर से युद्ध किया (VII.8.45)।

19. कोसल — रामायण काल का प्रसिद्ध सूर्यवंश; महाभारत में एक लघु भूमिका का निर्वाह किया। राजा ब्रहदवल ने दुर्योधन का साथ दिया (VI.83.9) जबकि कुछ कोसलों ने पांडवों का साथ दिया (VIII.8.19; 33.32)।

20. क्षुद्रक मालव	दोनों जनजातियों (II.48.14) ने कौरवों का साथ दिया (VI.83.7)।
21. खस	नेपाल और दक्षिण-पश्चिम कश्मीर में एक प्रसिद्ध हिमालयी जनजाति; कौरवों का साथ दिया।
22. गांधार	एक उत्तरी जनजाति (VII.200.40) और कौरवों के प्रमुख सहयोगी। उनका राजा शकुनि कौरव राजदरबार में रहकर उनके भाग्य का निर्धारण करता था। गांधार आमतौर पर पेशावर और रावलपिंडी को कहा जाता है, हालाँकि फारसी शिलालेखों के अनुसार इसमें काबुल अफगानिस्तान शामिल है।
23. गोवसन	कौरवों की ओर से युद्ध किया (VI.11.73), वे युधिष्ठिर के लिए भी शुल्क लाए (II.47.5)।
24. चिचिलारा	मध्य क्षेत्र के मेकला और त्रैपुरा (VI.83.90) सहित कुरू सेना में।
25. चीन	एक उत्तर-पश्चिमी जनजाति दारूणमलेच्छजातय: (VI.10.64); भागदत्त की सेना में किरातों से संबंधित। युद्ध में कौरवों का साथ दिया।
26. कुकुप का	दुर्योधन की सेना में (VI.14.47); दक्षिणी लोग।
27. टुंडीकेर	कौरवों का साथ दिया (VIII.4.47); जिला नरसिंहपुर मध्य प्रदेश में आधुनिक टुंडी खेड़ा से।
28. त्रिगर्त	रावी और सतलुज के बीच रहनेवाले; कौरवों के प्रमुख सहयोगी थे।
29. दारविक; दर्व	'भूगोल' (VI.10.53 में); कश्मीर से संबंधित; कौरवों के साथ युद्ध किया (VII.66.42)।
30. दासम ए या	पंजाब से कौरवों के समर्थक (VIII.52.22)।
31. नारायण	अनर्त काठियावाड़ से ग्वालों और पेशावर योद्धाओं की जनजाति। नारायण सेना श्रीकृष्ण की व्यक्तिगत सेना थी, जिसे अर्जुन द्वारा चुने जाने पर (V.7.) उन्होंने दुर्योधन को दिया। उन्हें गोपाल भी कहा जाता है (VII.66.38)। ऐसा लगता है कि नारायण सेना की अन्य टुकड़ियों ने पांडवों का साथ दिया (VIII.4.59)।
32. पंचनद	संभवत: पंजाब की ओर इशारा करता है, क्योंकि इस क्षेत्र में पाँच नदियाँ थीं; नकुल द्वारा पराजित (II.29.10) कुरू सेना

का साथ दिया (VI.52.5; VI.20.10)।

33. पहल्व — एक उत्तर-पश्चिमी जनजाति जिसे नकुल ने पराजित किया (II.29.15); कौरव सेना का साथ दिया (VI.20.13)।

34. पणिमद्रक — दुर्योधन की सेना में एक जनजाति (VI.47.9); संभवतः उत्तरी हिमालय से

35. परद परतक — शुल्क सूची में (II.47.61); सिंधु के पश्चिम में महासागर के निकट से आए, और कौरवों की ओर से युद्ध किया (VI.87.7)।

36. पुलिंद — विंध्य जनजाति जो कुरू सेना में शामिल हो गई (VI.83.7)।

37. प्रस्थल — त्रिगर्त शाखा जिसने कुरू सेना में युद्ध किया (VI.83.9); पंजाब या सिंध क्षेत्र से हो सकती है।

38. भोज — ययाति के बेटे द्रुह्यू के वंशज महाभारत (1.80.26), महाकाव्य में उनका यादवों से घनिष्ठ संबंध था। कृतवर्मा के नेतृत्व में एक शाखा ने कौरवों का साथ दिया।

39. मालव — मालव नाम अलग से भी और क्षूद्रक-मालव के रूप में भी मिलता है; कर्ण की दिग्विजय के अनुसार वे पंजाब की एक जनजाति थे (III.241.67), नकुल ने भी उन्हें पराजित किया (II.29.6)। वे कुरू सेना में शामिल हो गए और भीष्म और द्रोण की रक्षा की (VI.83.6-7)। मालव जनजाति रावी और चेनाब के बीच के क्षेत्र में सिकंदर से किए गए मुकाबले के लिए प्रसिद्ध है।

40. महिष्मती — हैहय वंश के राजा नील द्वारा शासित और कर्ण (III.241.565) और बाद में सहदेव (II.28.11) द्वारा विजित। युद्ध में नील कौरवों की ओर था (V.19)। माना जाता है कि यह शहर नर्मदा पर एक द्वीप आधुनिक मांधाता था।

41. मुंड — कुरू सेना की ओर से लड़ने वाली (VI.52.9) एक उत्तर-पश्चिमी जनजाति (III.48.21)।

42. मेकल — उन्होंने कौरवों की ओर से युद्ध किया (VIII.17.2), (VI.83.9; 47.13) मेकल गोंडवाना में वह पर्वत श्रृंखला है, जहाँ से नर्मदा बहती है, और इसकी पहचान अमरकंटक के रूप में की गई है।

43. ललित्थ — कुरू सेना का हिस्सा (VIII.4.46); संभवतः आजमगढ़ से

	एक राजपूत जनजाति।
44. वंग	संभवतः बंगाल से, वे युधिष्ठिर के लिए शुल्क लाए (II.47.10), पूर्वी वंग कुरू सेना में हाथी लड़ाते थे (VIII.14.2)।
45. वनयु	'भूगोल' में दर्ज (VI.10.54); वे कुरू सेना में गांधार नरेश की विशेष सेना के तौर पर थे (VIII.4.96) और पाकिस्तान में वन घाटी के रहनेवाले थे।
46. वसती	शुल्क सूची में दर्ज (II.48.14); उन्होंने कौरवों का साथ दिया (VI.47.14.VI, VI.18.12) और बलूचिस्तान में भूला दर्रे या मकबरा में कहीं से आए थे।
47. वटधन	एक महत्त्वपूर्ण ब्राह्मण जनजाति, उन्होंने महायुद्ध में कौरवों का साथ दिया (VI.52.4); कुरूक्षेत्र के निकट वरण के रहनेवाले (V.19.31)।
48. विकर्ण	कौरवों की सेना में युद्ध किया (VI.47.15); एक कौरव राजकुमार का भी नाम।
49. विकुंज	कुरू सेना में थे (VI.52.9)।
50. वेनिक	कुरू सेना में युद्ध किया (VI.47.7)।
51. शल्व	भद्र और मत्स्य से संबंधित एक महत्त्वपूर्ण जनजाति, पश्चिमी भारत में यमुना से लेकर सिंध तक फैली हुई। सावित्री की कहानी में शल्व राज्य कुरू-पांचाल से संलग्न था और यमुना और सरस्वती के बीच था। उन्होंने कौरवों की ओर से युद्ध किया (VI.18.13, 20.12)।
52. सुरा	उत्तर-पश्चिम की जनजातियों के बीच कुरू सेना में युद्ध किया (VI.20.30); अफगानिस्तान की सुर जनजाति के समान।
53. शूरसेन	महाभारत में अत्यंत सम्माननीय एक प्राचीन लोग (VIII.30.73); उनकी राजधानी मथुरा में थी। उन्होंने युद्ध में कौरवों का साथ दिया (VI.47.7, 7)।
54. सम्सथान	कौरव सेना में भीष्म की रक्षा की (VI.47.7)।
55. सिम्हल	एक जनजाति जिसके प्रतिनिधि युधिष्ठिर के दरबार में दास थे (III.48.20); श्रीलंका का पुराना नाम भी यही था। उन्होंने कौरवों का साथ दिया (VIII.112)।
56. सिंधु-सौवीर	सिंध के प्राचीन लोग (VIII.112.108), जिन्होंने कौरवों की

	ओर से युद्ध किया। उनका राजा जयद्रथ धृतराष्ट्र का दामाद था (VIII.4.11)।
57. सुराष्ट्र	एक दक्षिण-पश्चिम जनजाति जिसका अनेक बार उल्लेख है (VI.1.47, II.28.39)।
58. हंसमार्ग	कौरव सेना में शामिल हुए (VI.20.14) 'भूगोल' में दर्ज (VI.10.47, II.28.39)।

'भूगोल' और 'शुल्क' में जनजातियाँ/जिनकी स्थिति के बारे में जानकारी नहीं है। युद्ध में हिस्सा नहीं लिया/अज्ञात जनजातियाँ

1. अटविशवर	मध्य-विंध्य क्षेत्र के भील और पुराणों और समुद्रगुप्त के इलाहाबाद स्तंभ शिलालेख में उल्लिखित अटविकः के समान हो सकते हैं।
2. अनूपक	पश्चिमी तट पर महिष्मति क्षेत्र में संभवतः अनूपों का देश, हालाँकि कुछ विद्वान् इसे नर्मदा के तट पर जिला निमाड़ मानते हैं। महाभारत में हैहय यादव वंश के अर्जुन कर्तवीर्य का अनूपपति के रूप में उल्लेख है (II.116.19)।
3. अधिराज	मत्स्यों की एक शाखा; सहदेव द्वारा दक्षिणी क्षेत्रों की विजय के दौरान उल्लिखित (II.28.2-4); संभवतः मत्स्य राज्य का अधिकार-क्षेत्र या मांडलिक राज्य।
4. अनूपव्रत	
5. अंतरगीर्य	पहचान स्पष्ट नहीं है।
6. अपरापर्यत	नकुल द्वारा विजित। पहचान स्पष्ट नहीं है।
7. अपरावर्तक	
8. अपंरात	सीमा से अभिप्राय, पहचान स्पष्ट नहीं है।
9. अर्बुक द	सहदेव द्वारा पराजित (II.28.8) पुराणों में एक प्रसिद्ध पर्वत भी जिसे अब माउंट आबू के नाम से जाना जाता है।
10. अग्रेय	कर्ण द्वारा पराजित एक जनपद (III.241.67); संभवतः हिसार क्षेत्र में या आधुनिक आगरा के निकट।
11. आत्रेय	एक उत्तर-पश्चिमी आदिम जनजाति (VI.9.67), संभवतः अटारी में स्थित, लाहौर और अमृतसर के बीच। बाद में अत्री और भारद्वाज के ब्राह्मण गोत्रों में दीक्षित।
12. आदिदय	

13. अदिराष्ट्र	संभवतः मध्य या पूर्वी क्षेत्रों से।
14. अनर्त	आधुनिक गुजरात और कठियावाड़ में कच्छ की खाड़ी के निकट महान् यादव शाही परिवारों की प्रसिद्ध भूमि; अनेक जनजातीय कुलीन-तंत्रों द्वारा शासित।
15. आम्र	जयपुर क्षेत्र में संभवत; एक जनपद।
16. औदुबंर	एक महत्त्वपूर्ण प्राचीन जनजाति जिसका शुल्क सूची में उल्लेख है (II.47.12); बौद्ध पुस्तकों के अनुसार वे पूर्व कांगड़ा जिले में मगध से लेकर कश्मीर तक के राजमार्ग पर रहते थे।
17. अवसीर	संभवतः अयोध्या क्षेत्र, कर्ण द्वारा पराजित (III.241.44)।
18. एकासन ज्योह	युधिष्ठिर के लिए शुल्क लाए (II.48.3)।
19. उड्र ओड्र	आधुनिक उड़ीसा, उत्कल और कलिंग नाम से भी जाना जाता था।
20. उत्कल	उत्कल, ओड्र और कलिंग से भिन्न था (VI.10.37)।
21. उत्तम	महादेवों पहाड़ियों में गोंड जनजाति हो सकती है।
22. उत्तरकुरूव	अर्जुन (II.24.4) और नकुल (II.29.8) द्वारा पराजित। कांगड़ा और रामपुर बुशार के बीच संभवतः किन्नर जनजातियाँ।
23. उत्सवसंकेत	अर्जुन (II.24.4) और नकुल (II.29.8) द्वारा पराजित। कांगड़ा और रामपुर बुशार के बीच संभवतः किन्नर जनजातियाँ।
24. उन्नतयक	सुदूर दक्षिण की जनजातिययों में से एक (VI.10.57), संभवतः कर्नाटक क्षेत्र।
25. उपव्रत	संभवतः सौराष्ट्र क्षेत्र की एक जनजाति।
26. उलूक	अर्जुन द्वारा पराजित (II.24.4)।
27. उरग स	एक उत्तरी जनजाति, संभवतः कश्मीर से, अर्जुन द्वारा पराजित (II.24.18)।
28. उशीनर	ऋग्वैदिक काल से जानी जानेवाली एक प्राचीन जनजाति (X.59.10), यह जनजाति भद्र के दक्षिण-पूर्व में कनकहाल से थी। ब्राह्मणों में उनका उल्लेख मध्यदेश की एक जनजाति के रूप में है।
29. उस्त्रकर्णिख	दक्षिण में सहदेव द्वारा पराजित (II.28.48) और संभवतः एक दक्षिणी जनजाति।
30. एकपाद	सहदेव की दक्षिण में विजय में उल्लिखित (II.28.47)।
31. एकप्रस्थ	'भूगोल' में उल्लिखित (VI.10.40); इनमें से एकचरण की

	पहचान कीरतों की एक शाखा के रूप में की गई हैं।
32. अनूपक ओप	भूगोल में उल्लिखित (VI.10.67) और संभवत: एक उत्तरी पहाड़ी जनजाति थे। स्थान अनिश्चित।
33. कक्ष कच्छ	कक्ष और कच्छ दोनों का 'भूगोल' में दो बार उल्लेख है (VI. 10.475) और इनका अभिप्राय कच्छ की खाड़ी के सूखे चरागाहों से हैं, जो द्वैप्य और समुद्र-तट पर रहनेवाले लोग। यहाँ पर ग्वाले, गोपालकक्ष रहते थे।
34. करंथ	भूगोल में उल्लिखित (VI.10.61); संभवत: उत्तरी लोग। यह नाम खरोट के समान है, जो मध्य एशिया और भारत के बीच कारवाँ व्यापारियों की एक जनजाति थी।
35. कर-भंजक	'भूगोल' में उल्लिखित (VI.10.68); एक उत्तरी पहाड़ी जनजाति।
36. करिषक	'भूगोल' में उल्लिखित (VI.10.54) उन जनजातियों के साथ जो उत्तर-पश्चिमी क्षेत्र में रहती थी; एक गोत्र का भी यहीं नाम है।
37. कर्कखंड	कर्ण की विजय में उल्लिखित (III.241.43) मगध के बाद और श्रावस्ती और अयोध्या से पहले; संभवत: कौशल का एक नाम।
38. कंर्कोटक	कर्ण द्वारा इनका उल्लेख अपवित्र लोगों के रूप में है (VII.30.45); एक दक्षिणी जनजाति, जो संभवत: विंध्य शृंखला में रहती थी।
39. कर्णाट कर्हटक	—
40. कलिंग	वैतरणी नदी (III.114.4) के दक्षिण में रहते थे, आधुनिक उड़ीसा में वैतरणी और विजगपट्टम के क्षेत्र के बीच।
41. कलकल	'भूगोल' में उल्लिखित एक विंध्य जनजाति (VI.10.60)।
42. काक	'भूगोल' में उल्लिखित (VI.10.63)।
43. कंक	शुल्क सूची में उल्लिखित (II.47.26) सींग पहने हुए, जो कि मध्य एशिया की कुछ इरानी जनजातियों के बीच प्रथा थी। पंजाब में व्यास और सतलुज के बीच रहनेवाली एक जाट जनजाति भी कंग नाम से जानी जाती है; अयोध्या के सूर्यवंशी राजपूतों का वंशज होने का दावा।
44. कर्णिक	'भूगोल' में उल्लिखित (VI.10.58)।

45. कर्वट	संभवतः बंगाल की एक जनजाति जिसे राजा को भीम (II.27.22) ने पराजित किया।
46. करशकर	युधिष्ठिर के महल में करदाता (II.46.21)।
47. कयव्य	शुल्क सूची में एक उत्तर-पश्चिमी जनजाति (II.48.12)।
48. कर्पशिक	युधिष्ठिर के लिए शुल्क लाए (II.47.7); संभवतः मध्य भारत में विदिशा क्षेत्र से।
49. कालकूट	अर्जुन द्वारा विजित एक पर्वत (II.23.14) महाभारत में कालकूट के निवासियों का उल्लेख कुरू भूमि की पड़ोसी जनजाति के तौर पर है (II.2026, V.19.30)।
50. कालतोयख	'भूगोल' में उल्लिखित (VI.X.45)।
51. कलद	हिमालय में संभवतः एक निम्न पहाड़ी जनजाति; 'भूगोल' में उल्लिखित (VI.10.61)।
52. कालमुख	एक दक्षिणी जनजाति (II.28.45); संभवतः एक भील जनजाति।
53. कश्मीर	'भूगोल' में उल्लिखित (VI.10.52 और 66); अर्जुन द्वारा पराजित (II.23.24); युद्ध में शामिल नहीं हुए।
54. कीचक	इनके क्षेत्र एक चक्र से लेकर वारणावत के मार्ग पर थे। पांडवों ने मत्स्य, त्रिगर्त और पांचाल भूमि से यात्रा करते हुए कीचक भूमि में प्रवेश किया (I.144.2)। वे मत्स्य नरेश के सैनिक थे और उनका शासक भीम के हाथों मारा गया। ऐसा लगता है कि वे युद्ध में शामिल हुए।
55. कुट्टपंरत	संभवतः सौराष्ट्र की एक जनजाति; 'भूगोल' में उल्लिखित (VI.10.41)।
56. कुनत	'भूगोल' में उल्लिखित (VI.10.50)।
57. कुंदमन	शुल्क सूची में उल्लेख (II.48.13)।
58. कुमार	संभवतः वत्स का एक रूपांतर, उनके राजा श्रेणीमत को भीम ने चेदि से कौशल तक के अपने अभियान में पराजित किया (II.27.1)।
59. कुरक ता	'भूगोल' में उल्लिखित (VI.10.61); जैन परंपरा में दक्षिण कनारा क्षेत्र से जिसे विधाधर नाम से जाना जाता था।
60. कुलक	(VI.10.61)।
61. कुरोंठ	'भूगोल' में उल्लिखित (VI.10.61); गढ़वाल के उत्तर-

	पश्चिम और कुल्लू घाटी के पूर्व में संभवत: सीमा क्षेत्र में रहते थे।
62. कुरू	महाकाव्य में प्रमुख लोग, दिल्ली और निकटवर्ती गंगा नदी की घाटी के हिस्से में रहनेवाले।
63. कुक्कुट कुलट	उत्तर-पश्चिम की विदेशी म्लेच्छ जनजाति के रूप में उल्लिखित।
64. कुशल ल्याह	'भूगोल' में उल्लिखित (VI.10.50)।
65. कुशविंदू	संभवत: दक्षिण-पश्चिम के (VI.10.54)।
66. कर्मी	पूर्व पंजाब में कभी महत्त्वपूर्ण रही एक जनजाति।
67. केवल	संभवत: केरल का अशुद्ध स्वरूप।
68. कैशिक	यादवों की एक शाखा।
69. कोकनाद	एक उत्तरी जनजाति (II.24.17)।
70. कौकुट्टक	संभवत: एक नीलगिरि जनजाति (VI.10.58)।
71. कोंकण	'भूगोल' में उल्लिखित (VI.10.58), एक दक्षिणी जनजाति जिसने युद्ध नहीं किया।
72. कोपन	एक लड़ाकू दक्षिणी जनजाति (VI.10.59)।
73. को ए कुरक	(VI.10.60)।
74. कोल्ल-गिरी	सहदेव द्वारा पराजित एक मध्य एशियाई जनजाति (II.28.45)।
75. कौशिज का	—
76. क्रथ	—
77. कर्वी	—
78. गया	आधुनिक गया के निवासी, युधिष्ठिर के लिए शुल्क लाए (II.48.15)।
79. गर्ग्य	कृष्ण द्वारा पराजित (VII.11)।
80. गिरि-गह्वर	'भूगोल' में उल्लिखित (VI.10.42); हिंदूकुश की गुफाओं में रहते थे।
81. गुहा	एक दक्षिणी जनजाति (XII.200.39)।
82. गोपराष्ट्र	'भूगोल' में उल्लिखित (VI.10.42); संभवत: प्राचीन नासिक से थे।
83. गोपालकच्छ	'भूगोल' में उल्लिखित (VI.10.55); भीम द्वारा पराजित (II.27.3)। कौशल और उत्तर कौशल के बीच, गोरखपुर जिले में आधुनिक गोपालपुर, अयोध्या और कुशीनगर के बीच।

84. गोविंद	'भूगोल' में (VI.10.42)। कैमूर पर्वतमाला से संभवतः एक मध्य एशियाई जनजाति।
85. गोशृंग	दक्षिण में सहदेव द्वारा विजित एक पहाड़ी (II.28.5); उज्जैन के समीप हो सकता है; चीनी यात्री युआन च्वांग यहाँ आया।
86. चर्मखंडिका	'भूगोल' में उल्लिखित (VI.10.46); एक उत्तर-पश्चिमी जनजाति।
87. चित्रक	युधिष्ठिर को शुल्क देते थे (VI.10.41)।
88. जठर	'भूगोल' में उल्लिखित (VI.10.41)।
89. जर्तिक	—
90. जागुडा	संभवतः गजनी के दक्षिण और कंदहार के उत्तर वाले क्षेत्र से थे (III.48.21)।
91. जंगल	'भूगोल' में उल्लिखित (VI.10.37); कुरूक्षेत्र के दक्षिण-पश्चिम में जंगल में रहनेवाले लोग।
92. उत्तर ज्योति स क ह	पश्चिम में नकुल द्वारा (II.29.10); पराजित स्थान अनिश्चित।
93. ज्योह	शुल्क सूची में (II.48.3); तिब्बत क्षेत्र से हो सकते हैं।
94. तमारा	'भूगोल' में (VI.10.68); भारत और तिब्बत के बीच के क्षेत्र से।
95. ताम्रद्वीप	दक्षिणी लोग जिन्हें सहदेव ने पराजित किया (II.28.45)।
96. तारतोय	'भूगोल' में उल्लिखित (VI.10.51); समुद्र यात्रा से संबंधित एक लघु जनजाति।
97. तारक्षय	शुल्क सूची में (II.48.14)।
98. तालकट	(Cr. Ed. II.28.43), मैसूर में बीजापुर से हो सकते हैं।
99. तलजंघा	किसी समय हैहय वंश की एक प्रमुख शाखा, महाकाव्य के समय तक उनका महत्त्व कम हो गया था (V.72.13)।
100. तालवन	सहदेव द्वारा विजित एक दक्षिणी जनजाति (II.28.48)।
101. तिमिंगल	सहदेव द्वारा विजित एक दक्षिणी जनजाति (II.28.45)।
102. तिलक	'भूगोल' में दर्ज (VI.10.51); संभवतः होशियारपुर, पंजाब से।
103. तिराग्रह	(Vu.10.51)।
104. त्रिपुरा	वत्स के निकट एक शहर (II.241.447)।
105. त्रयंग	'भूगोल' में दर्ज (VI.10.26); संभवतः आधुनिक तेलंगाना क्षेत्र।

106. त्रयश — शुल्क सूची में दर्ज (II.47.15);

107. दशपार्श्व — 'भूगोल' में दर्ज उत्तर-पश्चिमी लोग (VI.10.54);

108. दशमलिका — एक उत्तरी जनजाति संभवतः अफगानिस्तान के रोहिता (VI.10.64); और (II.24.16)।

109. दशर — कृष्ण का यादव वंश (III.19.20)।

110. दितक्ष — (V.72.15)।

111. दीर्घवेनव — शुल्क सूची में उल्लिखित एक मध्य एशियाई जनजाति (II.48.3)।

112. दुगुल — 'भूगोल' में उल्लिखित (VI.10.50)।

113. द्वयक्ष — युधिष्ठिर के लिए भेंट लाए।

114. द्वारपाल — एक उत्तर-पश्चिमी क्षेत्र जिसका उल्लेख नकुल की विजय में है (II.29.10)।

115. द्वलपेय अ — 'भूगोल' में उल्लेख (VI.10.47); दीव नामक छोटा सा द्वीप

116. नंदीवेग — (V.72.17)।

117. नवराष्ट्र — सहदेव द्वारा पराजित (II.28.6)।

118. नवकलक — 'भूगोल' में उल्लिखित (VI.10.58)।

119. निषाद — 'भूगोल' में (VI.10.50)। यह यादव वंश के प्रसिद्ध राजा नल का राज्य था। यह छोटा सा राज्य सतपुड़ा पहाड़ियों के पश्चिमी छोर पर था।

120. नीप — एक ऐतिहासिक लोग जिनका राजा जन्मेजय स्वयं अपनी जनजाति के विनाश का कारण बना (V.12.13); युधिष्ठिर के महल में दास थे (II.46.21)।

121. नैमिश — सीतापुर उ.प्र. में नैमिशारण्य आधुनिक नीमसार के लोग जिन्हें 'वास्तविक धर्म का जानकार' माना जाता था (VIII.30.60)।

122. नैररत — 'भूगोल' में उल्लिखित (VI.10.50)। संभवतः दक्षिण-पश्चिम से आए।

123. पंचकर्पत — पश्चिम में नकुल द्वारा पराजित (II.29.6) और संभवतः पंजाब में पाँच अज्ञात जनजातियों की छोटी सी बस्ती से।

124. पानीतक — 'भूगोल' में उल्लिखित (VI.10.42)।

125. पट्टण — संभवतः एक विंध्य जनजाति कर्ण ने अपनी दिग्विजय में शहर को पराजित किया (III.241.47)।

126. पट्टीभंजक — 'भूगोल' में दर्ज (VI.10.62); पहचान अनिश्चित।

127. परांतगन —
128. पशु शुल्क सूची में (II.48.3); संभवतः एक उत्तर-पश्चिमी जनजाति।
129. परशिका 'भूगोल' में (VI.10.51); संभवतः फारस या दक्षिणी ईरान के लोग।
130. परशिका —
131. पिच्छंद सहदेव द्वारा पराजित एक दक्षिणी जनपद (II.28.47)।
132. पौरक शुल्क सूची में एक उत्तर-पश्चिमी जनजाति (II.48.13), अफगानिस्तान की एक काबुली जनजाति के समान।
133. प्रकुत्सक 'भूगोल' में (VI.10.51); संभवतः पेशावर के निकट अफगान-पाकिस्तान सीमा से आए।
134. प्रतिमत्स्य 'भूगोल' में (VI.6.50); मत्स्य के पड़ोसी।
135. प्रदर शुल्क सूची में (II.48.37)।
136. प्रभद्रक एक पांचाल जनजाति (VI.52.14)।
137. प्रमुद 'भूगोल' में किरातों के साथ; संभवतः यमुना क्षेत्र में रहते थे।
138. प्राच्य 'भूगोल' में केरल के निकट एक जनजाति (VI.10.57); हाथी की पीठ पर सवार होकर युद्ध करने में कुशल।
139. प्रवरसेय 'भूगोल' में (VI.10.49); पश्चिमी घाट में संभवतः सर्हा पहाड़ों का क्षेत्र।
140. प्रहुत 'भूगोल' में (VI.10.45)।
141. प्रोश्ठ एक मध्य भारतीय जनजाति (VI.10.60)।
142. बर्बर एक उत्तर हिमालयन जनजाति उत्तरजथ जन्मरह, (XII.200.39-40)।
143. बालिराष्ट्र 'भूगोल' में (VI.1043), मल्ल का एक परिवर्त; विदर्भ क्षेत्र में एक जनपद (V.72.14)।
144. बलिहा (V.72.14)।
145. पहुर्वाघ 'भूगोल' में (VI.10.53)।
146. बाहलिक अथर्ववेद और शतपथ ब्राह्मण के समय से एक प्राचीन लोग; महाभारत के कुरूओं से घनिष्ठ संबंध। विज्ञान उनकी पहचान बल्ख के बैक्ट्रियन से करते हैं।
147. बोध 'भूगोल' में यादवों की एक शाखा, जिसने जरासंध के डर से पश्चिम की ओर से पलायन किया (II.13.25)।

148. भार्ग — 'भूगोल' में (VI.10.49); भीम की विजय में मत्स्य और निषादों के निकट रहे (II.27.10)।

149. भ्रदकर-भद्र — भोजों की अठारह जनजातियों में से एक जो जरासंध के भय से पलायन कर गए (II.13.25), शाल्व राज्यसंघ का हिस्सा।

150. भारद्वाज — संभवतः गढ़वाल की एक जनजाति, 'भूगोल' में (VI.10.67)।

151. भार्गव — 'भूगोल' में (VI.10.49), पश्चिमी घाट से हो सकते हैं।

152. भूलिंग — —

153. भदविरक — भीम द्वारा विजित देशों के विवरण में उल्लिखित (II.27.8)।

154. भद्र — उच्च स्तर के वैदिक लोग। महाकाव्य के समय उनका राजा बाहलिक था और वे संभवतः ऐसी जनजाति से थे, जो ईरान या बैक्ट्रिया से आकर पंजाब में बस गई थी।

155. मधुमंथ — 'भूगोल' में उल्लिखित (VI.10.51); वे अफगानिस्तान से आए।

156. मध्यमिकेय — इसका अभिप्राय चितौड़ के निकट नगरी नामक स्थान से है।

157. मंदक — 'भूगोल' में उल्लिखित (VI.10.42); मध्य भारत से ग्वालों की एक जनजाति।

158. मा ड रुचिपत्तर — दक्षिण में सहदेव द्वारा विजित (II.28.45); कालिकट के निकट मुचुरी नामक एक प्रसिद्ध बंदरगाह।

159. मालदा — 'भूगोल' में (VI.10.48); भीमसेन द्वारा पूर्व में पराजित (II.27.8); संभवतः मध्य भारत से।

160. मल्ल — 'भूगोल' में उल्लिखित (VI.10.45); और भीम की उत्तरी कौशल पर विजय के बाद (II.27.3)। मल्ल जिला देवरिया उ.प्र. में रहते थे और उनकी राजधानी कुशीनगर और पावा में थी, बौद्ध और जैनों के पवित्र स्थल।

161. महिशकरसिक — 'भूगोल' में उल्लिखित (VI.10.45)। संभवतः प्राचीन नगर महिष्मति के समीप एक क्षेत्र से।

162. महेच्छ य — मरुभूमि के निकट, पश्चिम में नकुल द्वारा पराजित एक जनपद (II.29.6); अहमदाबाद के निकट महेय क्षेत्र हो सकता है, जहाँ माही नदी बहती है।

163. मराध — 'भूगोल' में उल्लिखित (VI.10.64)।

164. मानववर्जक — 'भूगोल' में (VI.10.48); पुरूलिया और धनबाद क्षेत्र की ओर इशारा।

165. मालक	'भूगोल' में (VI.10.61) एक मध्य भारतीय जनजाति।
166. मालवनक	'भूगोल' में (VI.10.58); विद्वानों ने उनका स्थान मरूच और कच्छ के बीच निर्धारित किया है। लगभग आधुनिक अहमदाबाद।
167. मावलोक	अर्जुन द्वारा संहार किए गए दलों में से एक (VIII.4.47)।
168. महीशक	'भूगोल' में; इनकी पहचान मैसूर के लोगों से की गई है।
169. मुद्‌गल	कृष्ण द्वारा पराजित (VII.11.39), ये पौरव वंश से उत्पन्न एक ब्राह्मण कुल था।
170. मुसक	
मुसिका-म्र	'भूगोल' में दक्षिणी लोगों के रूप में उल्लिखित (VI.10.57)। मुसक जनपद की पहचान आधुनिक हैदराबाद के निकट के क्षेत्र से की गई है, जो मूसी नदी, कृष्णा नदी की एक उपनदी के तट पर है। यह जनजाति एक उत्तरी जनजाति की शाखा है, जिसका उल्लेख सिकंदर के इतिहासकारों ने मूसीकानूर के रूप में किया है, जो सिंध में बसे थे।
171. मोका मौ-काह	'भूगोल' में उल्लिखित (VI.10.38); कच्छ या मेवाड़ क्षेत्रों से एक राजपूत जनजाति हो सकती है।
172. मोहना मोडना	कर्ण दिग्विजय में उल्लिखित (III.241.47)।
173. मोदपुरा	अर्जुन द्वारा हिमालय में विजित एक जनजातीय शहर (II.24.10)।
174. मोद-गिरि	भीम द्वारा पराजित (II.27.19); संभवत: आधुनिक मुंगेर।
175. मौलेय	युधिष्ठिर को शुल्क देते थे (II.48.14); बलूचिस्तान में भूला नदी के तट पर रहते थे।
176. यक्रल्लोमन	'भूगोल' में (VI.10.44); दक्षिण में दशरना और उत्तर में पांचाल क्षेत्र के बीच, सुरासेन के निकट जिससे होते हुए पांडव मत्स्य देश पहुँचे, यह जनजाति रहती थी।
177. यवन	अधिकांशत: उत्तर-पश्चिम के लोगों के रूप में उल्लेख और ययाति के बेटे तुर्वसु के वंशज माने जानेवाले (I.80.26)।
178. युगांधर	'भूगोल' में उल्लेख।
179. यौधेय	प्रमुख और प्राचीन लोग; शुल्क सूची में उल्लिखित (II.48.13)। रोहतक के निकट यौधेय सिक्के और एक टकसाल स्थल मिले हैं। कनिंघम ने इनकी पहचान मुल्तान के

निकट जोहियाबार के जोहिया राजपूतों से की है।

180. रामथ — 'भूगोल' में (VI.10.65); और नकुल दिग्विजय में उल्लिखित (II.29.11)।

181. रठोराग — उत्तर पश्चिम में एक घुमक्कड़ जनजाति।

182. रस्यकगण — दक्षिण-पश्चिम में एक घुमक्कड़ जनजाति।

183. राजन्य — शुल्क सूची में (II.48.13); संभवत: होशियारपुर क्षेत्र से।

184. राजिक — —

185. रामक — रमक पहाड़ के लोग जिन्हें सहदेव (II.28.45) ने दक्षिण में पराजित किया।

186. रोम — सहदेव की विजय में उल्लिखित रोम का एक शहर।

187. रोमक-सह रोमन — 'भूगोल' में (VI.10.54); सभवत: 'बाहुक' (Cr. Ed. II.45.15) का एक रूपांतर।

188. रोहितक — कर्ण की दिग्विजय में उल्लिखित (III.241.67); हरियाणा में आधुनिक रोहतक के निवासी, यौधेयों की राजधानी, इसको नकुल ने पराजित किया (II.29.4)।

189. रसिक — चीनी मूल के एक महत्त्वपूर्ण मध्य एशियाई लोग, जिन्हें अर्जुन ने पराजित किया (II.34.24)।

190. लंपक — लेह का एक रूपांतर (II.24.23); एक उत्तरी लोग।

191. ललताक्ष — एक उत्तर-पश्चिमी जनजाति (II.47.15)।

192. लंगल — 'भूगोल' में उल्लिखित (VI.10.55)।

193. लता — अनुशासन पर्व 34.17 में उल्लिखित; दक्षिणी गुजरात से।

194. लोह — अर्जुन द्वारा पराजित (II.24.23); संभवत: कश्मीर या कोई अफगान क्षेत्र।

195. लोहित — कश्मीर (II.24.16) के बाद अर्जुन द्वारा पराजित; आधुनिक लेह हो सकता है।

196. लोहाजंघा — युधिष्ठिर के दरबार में दास (II.46.21); काबुल के दक्षिण में लोगर घाटी से।

197. वक्र वक्रमय — 'भूगोल' में उल्लिखित एक खूँखार जनजाति (VI.10.43)।

198. वध्र — 'भूगोल' में उल्लिखित (VI.10.541)।

199. वनवासिन — 'भूगोल' में (VI.10.57); उत्तर कनारा से।

200. अपरा वर्तक — 'भूगोल' में उल्लिखित (VI.10.61)।

201. वर्मक — एक योद्धा वंश, भीम द्वारा पूर्वी देशों की विजय में उल्लिखित (II.27.12)।

202. वस्त्रप — शुक्ल सूची में (II.48.14) और संभवत: जूनागढ़ में गिरना क्षेत्र से।

203. वनरस्य — 'भूगोल' में उल्लिखित (VI.10.43)।

204. वटजाम — 'भूगोल' में उल्लिखित (VI.10.53); उत्तर-पश्चिम सीमा से आए थे।

205. वाहिका — एक उत्तर-पश्चिमी जनपद (VIII.30.27); संपूर्ण पंजाब।

206. विकल्प — 'भूगोल' में उल्लिखित (VI.10.57)।

207. विजय — 'भूगोल' में दर्ज (VI.10.44)।

208. विदर्भ — आधुनिक बेरार के एक प्रसिद्ध प्राचीन लोग और यादवों की एक शाखा। उनका राजा रूक्मी एकमात्र शासक था, जो महाभारत के युद्ध में भाग नहीं ले सका; क्योंकि न कौरव और न ही पांडव उसकी मदद चाहते थे। उसका राज्य संभवत: विदर्भ देश का मात्र एक हिस्सा था, क्योंकि विदर्भ जनजाति देश का मात्र एक हिस्सा था, क्योंकि विदर्भ जनजाति का उल्लेख कौरवों की ओर से हैं। (VI.47.13)।

209. विदेह — नेपाल में मिथिला या जनकपुर के प्राचीन लोग। विदर्भ वंश इक्ष्वाकुओं की एक शाखा कौशल में फली-फूली। महाभारत के युद्ध में उन्होंने वास्तव में भाग नहीं लिया, हालाँकि उनका नाम कुरू सेना (VI.112.108) और पांडव सेना (VIII.3.18) के वर्णन में आता है। भीम ने उनके देश को पराजित किया (II.26.4)।

210. विंध्यपुम लक — 'भूगोल' में (VI.10.60); दक्षिणी विंध्य-सतपुड़ा पहाड़ियों में सभी जनजातियाँ।

211. विरक — पापी लोगों के रूप में उल्लेख (VIII.30.45)।

212. व्रक — एक प्रमुख उत्तर-पश्चिमी योद्धा जनजाति। व्रकस्थल पांडवों (V.31.19) द्वारा माँगे गए पाँच गाँवों में से एक था और कृष्ण के उपप्लव्य से लेकर हस्तिनापुर के मार्ग पर था। (V.82.20)।

213. वंद्रतक — नकुल द्वारा पराजित एक पश्चिमी जनजाति (II.29.10)।

214. वैयमक — शुल्क सूची (II.48.12) में उल्लिखित और केंद्रीय अफगानिस्तान के ऐमक के समान।

215. वैरमक — शुल्क सूची में सिंधु के उद्‌गम पर बंजर भूमि पर रहनेवाले लोगों के रूप में दर्ज (II.47.10)।

216. शक — एक उत्तर-पश्चिमी जनजाति।

217. सकल — मद्र जनजाति की राजधानी, आधुनिक सियालकोट। लेकिन सकलद्वीप का उल्लेख अर्जुन की उत्तर में, हिमालय के निकट, विजय में है (II.23.15) और यह शिमला के आस-पास छोटे पहाड़ी राज्यों का समूह हो सकता है।

218. शर्मक — भीम द्वारा पराजित एक पूर्वी जनजाति (II.24.12)।

219. शनवत्य — शुल्क सूची में (II.48.15); आधुनिक संथालों के समान।

220. शिवज — पंजाब के प्राचीन लोग जिनपर नकुल ने पश्चिम में विजय प्राप्त की (II.29.106)।

221. सिरिशक — नकुल की पश्चिम में विजय में दर्ज (II.29.5); हरियाणा में हिसार में आधुनिक सिरसा के समान।

222. शुंडक — कर्ण की दिग्विजय में उल्लिखित (II.241.42)।

223. शुकट — शुक्ल सूची (II.48.23) में एक विरल जातीय नाम; युधिष्ठिर को सहस्रों हाथी भेंट में दिए।

224. शूद्र — 'भूगोल' (VI.10.46) में अपरांत क्षेत्र से एक प्राचीन जनजाति (VI.10.46)। नकुल ने सरस्वती के निकट उन्हें पराजित किया (II.29.9)।

225. शूरपरक — आधुनिक सोपोरा के लोग, सहदेव की दक्षिणी क्षेत्र की विजय में उल्लिखित (II.28.43)।

226. सौंदिक — शुल्क सूची में (II.48.15)। सौंदिक का अर्थ है मदिरा का व्यापारी और बिहार और उत्तर प्रदेश की आधुनिक सुनरी जाति प्राचीन सौंदिक का वंशज होने का दावा करती है। सोंधी पंजाब की एक खत्री उपजाति, भी उन्हीं के समान हैं।

227. संद — 'भूगोल' में उल्लिखित (VI.10.42)।

228. साक्षद्रुह — 'भूगोल' में एक उत्तर-पश्चिमी जनजाति के रूप में उल्लिखित (VI.10.64)।

229. पर समचरक — 'भूगोल' में उल्लिखित (VI.10.60); संभवतः मध्य भारत से एक खानाबदोश जनजाति।

230. संजयंति — जंगली जनजातियों का एक नगर-राज्य जिसे सहदेव ने दक्षिण में पराजित किया (II.28.11); थाणे, बंबई, में पुराने गाँव

	संजना या संजय से संबधित।
231. संमग	'भूगोल' में उल्लिखित।
232. सातीय	एक दक्षिणी जनजाति (VI.10.63)।
233. सर्वसेनाय	एक शाल्व शाखा, 'भूगोल' में दर्ज (VI.10.59)।
234. स सैरिंध	'भूगोल' में उल्लिखित (VI.10.56)।
235. सहयोत्तर	संभवतः खानदेश के लोग।
236. सत्वत	अनर्त में महान् यादव राज्यसंघ का जातीय नाम। सत्वत एक महान् राजा था, जिसके बेटों ने क्षत्रियों के कम-से-कम चार वंश स्थापित किए यानी भोज, अधक, कुंकुर और वृष्नि।
237. सवित्रीपुत्रक	उत्तर-पश्चिम में अर्जुन (VIII.4.47) द्वारा युद्ध में पराजित एक शाल्व शाखा; सावित्री और सत्यवान के सौ पुत्र (III.279.15)।
238. सिम्हपुरा	अर्जुन (II.24.19) द्वारा पराजित एक उत्तर-पश्चिमी आबादी।
239. सिद्ध	'भूगोल' में हिमालय में रहनेवाले लोग (VI.10.55); दिव्य योगियों के नाम से भी जाने जाते थे।
240. सिरल	'भूगोल' में उल्लिखित (VI.10.62)।
241. सुकाट्य त्तकुटअ	'भूगोल' में (VI.10.38); जरासंध के भय से पश्चिम की ओर पलायन करनेवाली एक जनजाति।
242. सुदामन	'भूगोल' में एक उत्तर-पश्चिमी जनपद (VI.10.53)।
243. सुदेषण	'भूगोल' में उल्लिखित (VI.10.45)।
244. सुंदरवेग	एक परिवार या वंश का नाम (V.72.15)।
245. सुपार्श्व	भीम ने सुपार्श्व में राजा कृथ को पराजित किया, काशी और मत्स्य के बीच (II.27.7); संभवतः बेरार में एक यादव बस्ती।
246. सुमल्लिक	'भूगोल' में अन्य उत्तर-पश्चिमी लोगों सहित उल्लिखित (VI.10.53); मुल्ला दर्रे के निवासी हो सकते हैं।
247. सुस्थर-लाह	यह उन जनजातियों में से है, जो जरासंध द्वारा पराजित होने के बाद पश्चिम की ओर भागी (II.13.25)।
248. सुह्म	पूर्व की पाँच अनव जनजातियों में से एक जिनका दिग्विजयों पांडु की (I.105); अर्जुन (II.324.20) के संबंध में उल्लेख है। यह देश बंगाल में राधा माना जाता है।
249. सेंजय:सोमक	ये पांचालों की दो प्रमुख शाखाएँ थीं, जो पांडवों के साथ थी; उनका नेतृत्व धृष्टधुम्न (I.185.1) ने किया।

250. सेक:अपरसेक दक्षिण में सहदेव (II.28.8) द्वारा पराजित; संभवत: चंबल और नर्मदा नदियों के बीच के क्षेत्र से।

251. सैंधव सुदूर उत्तर-पश्चिम की जनजातियों में से (III.48.21), (VIII.4.96)।

252. शैवाल 'भूगोल' में उत्तर-पश्चिम की जनजातियों में से (VI.10.52)।

253. सोपदेश भीम द्वारा विजित (II.27.9)।

254. सौदभीड़ 'भूगोल' में दर्ज (VI.10.58)।

255. सौध 'भूगोल' में दर्ज (VI.10.40); शाल्वों की राजधानी सौभ हो सकती है।

256. सौमल्य 'भूगोल' में उल्लिखित (VI.10.38)।

257. स्तन-प एक जंगली उत्तरी जनजाति (VI.10.63FF)।

258. स्त्रीराज्य राजसूय में (III.48.21) जिन जनजातियों का संजय ने युधिष्ठिर के दरबार में देखा, उस सूची में दर्ज; संभवत: हिमालय के परे कोई राज्य।

259. हम्सकायन शुल्क सूची में उत्तर पश्चिम के लोग (II.48.13); कश्मीर के सुदूर उत्तर-पूर्व में आधुनिक हुंजा और नगर।

260. हरिवर्ष उत्तर दिशा में वह अंतिम स्थल, जहाँ अर्जुन अपनी दिग्विजयों (II.25.7) में पहुँच सका, इसके बाद उत्तरकुरूओं की स्वप्न भूमि थी।

261. हटक कैलाश पर्वत और मानस झील के निकट गंधर्वों की भूमि अर्जुन ने उत्तरी देशों पर पर विजय प्राप्त कर लौटते हुए कब्जा किया (II.25.3)।

262. हरहूण नकुल की पश्चिम (II.29.11) पर विजय और शुल्क सूची (II.47.9; III.48.21) में उल्लिखित; दक्षिण-पश्चिम अफगानिस्तान में अरंगदव नदी के तट से जनजातियाँ हो सकती हैं, जो प्राचीन ईरानी भाषाओं में हरहवैती के नाम से जानी जाती थीं। हालाँकि यह नाम हूणों से संबंध की ओर इशारा करता है।

263. हैमावत शुल्क सूची में हिमालय के लोग (II.47.19)।

264. हैहय अर्जुन कर्तवीर्य के समय में प्रसिद्ध प्राचीन लोग, जो किसी समय संपूर्ण मध्य और उत्तरी में बसे थे सिवाय पूर्व के कुछ हिस्सों के। वे चंबा घाटी में रहते थे।

गैर-लड़ाकू जनजातियाँ

महायुद्ध में भाग लेने वाली सभी जनजातियाँ जंगली और खूँखार नहीं थीं। कुछ समुदाय जैसे अभीर, नारायण और गोपाल पशुचारी थे। 'भूगोल' (VI.10.42) में एक गोपराष्ट्र ग्वालों के राज्य का उल्लेख है और यह संभवत: प्राचीन नासिक के क्षेत्र की ओर इशारा करता है, हालाँकि ये सभी जनजातियाँ पूरी तरह से पशुपालन करती थीं, लेकिन युद्ध के समय में ये शस्त्र धारण कर विभिन्न शासकों के लिए भाड़े के सिपाहियों का काम करते थे।

अभीर संभवत: पंजाब और मथुरा क्षेत्र से थे; कृष्ण का पालन-पोषण एक अभीर परिवार में हुआ। नारायण, जो गोपाल नाम से भी जाने जाते थे काठियावाड़ से आए और ग्वाले तथा पेशेवर योद्धा थे। नारायण सेना श्रीकृष्ण की निजी सेना थी, जिसे उन्होंने अर्जुन (V.7.16) द्वारा महायुद्ध में पांडवों के साथ स्वयं के चुनाव के बाद दुर्योधन को दिया। जहाँ कृष्ण युद्ध में अर्जुन के निजी सारथी बने, वहीं महाकाव्य के अनुसार, नारायण सेना के कुछ हिस्सों ने पांडवों (VIII.4.59) की ओर से युद्ध किया।

□

अध्याय-5

जगन्नाथ : श्रेष्ठ जनजातीय देवता

अपनी विशाल जनजातीय जनसंख्या के कारण उड़ीसा जनजातीय हिंदू सांत्यतक की जीवंत परंपरा की वर्तमान सच्चाई को देखने का आदर्श मंच है। जनजातीय-हिंदू गतिशीलता पुरी के जगन्नाथ मंदिर में अपने चरमोत्कर्ष पर पहुँची, जहाँ देवताओं की काष्ठ प्रतिमाएँ और पारंपरिक दुजारी दैत, दैत्य देवता की प्राचीन उत्पत्ति के साक्षी हैं। जनजातीय प्रतिमाएँ, कर्मकांड और पुजारी सांस्कृतिक हिंदू मूर्तिपूजा की परंपरा, कर्मकांड और वैदिक ब्राह्मण पुजारियों के साथ शांतिपूर्वक वास करते हैं, जिससे वास्तविक संयुक्त आध्यात्मिक परंपरा का विकास हुआ, जिसने अज्ञात उत्पत्ति वाले एक जनजातीय देवता को क्षेत्रीय और अखिल भारतीय महत्त्व प्रदान किया।

यशस्वी जैन शासक, खाखेल के शासन की कई शताब्दियों बाद तक इस क्षेत्र में कोई प्रमुख शासक या वंश नहीं था। कहा जाता है कि कलिंग होते हुए कृष्णा-गोदावरी नदीमुख-भूमि जाने के मार्ग में समुद्रगुप्त का सामना उड़ीसा में चार छोटे राज्यों के शासकों से हुआ, जिसे उसने अपने प्रसिद्ध इलाहाबाद शिलालेख में दर्ज किया। विद्वानों का मानना है कि इस क्षेत्र में राज्य का निर्माण समुद्रगुप्त की वापसी के बाद ही आरंभ हुआ; मथुरा वंश का विस्तार उत्तर में उत्तर गोदावरी नदीमुख भूमि से महानदी तक हुआ (कुल्के और रॉथरमुंड 1990 : 131-2)।

प्रारंभिक ईसवी शताब्दियों में छोटे राज्यों, उप-क्षेत्रीय राज्यों का उदय हुआ, जिनमें से अधिकांश का विकास क्षेत्रीय जनजातियों से हुआ (कुल्के 1997 : 109-11)। यह राज्य आस-पास की जनजातियों से विशेष संबंध स्थापित करने के लिए बाध्य थे, क्योंकि आंतरिक संचार और राज्य की सीमाओं की सुरक्षा सुनिश्चित करने के लिए राजाओं को जनजातियों का सहयोग और निष्ठा चाहिए थी। किसानों द्वारा खेतीबाड़ी के विस्तार के लिए उन्हें जनजातीय भूमि में प्रवेश भी चाहिए था, क्योंकि अधिकारियों और सैनिकों

के रख-रखाव के लिए पर्याप्त अधिशेष प्राप्त हो सकता था। बसे हुए और वन क्षेत्रों में ब्राह्मणों को भूमि अनुदान में दी गई, ताकि अब तक खाली पड़ी भूमि पर खेती-बाड़ी की जा सके और जनजातीय लोगों का उत्संस्करण किया जा सके (शर्मा 1980: 33-4)।

विद्वानों ने इस प्रक्रिया को जनजातियों का किसान बनना कहा है, इसके कारण हिंदू समाज और जाति व्यवस्था में उनका विलयन और एकीकरण हुआ। इस प्रकार भुइयाँ, गोंड, खोंड और सवर जैसी उत्तरी, पश्चिमी और दक्षिणी उड़ीसा की जनजातियों का कृषक वर्ग में समावेश हुआ और उनका स्तर स्वच्छ जातियों के समकक्ष हो गया। अनेक ने हिंदू रीति-रिवाज जैसे दफनाने के स्थान पर दाह-संस्कार और गौमांस सेवन का त्याग कर दिया और कुछ कर्मकांडों के लिए ब्राह्मणों की सेवा लेना शुरू कर लिया (साहू 1992 : 10, 21)। ब्राह्मणों ने जनजातियों के कर्तव्यों को परिभाषित और संहिताबद्ध किया। महाभारत में कहा गया है कि जनजातियों को जंगलों में एकांत में रहना चाहिए, अपने राजा की सेवा करनी चाहिए, कुएँ खोदने चाहिए, प्यासे यात्रियों को पानी पिलाना चाहिए, बिस्तर दान करने चाहिए और ब्राह्मणों को अन्य यथोचित भेंट देनी चाहिए। (शांतिपर्व, lXV)।

जाति व्यवस्था में जनजातियों के प्रवेश से ग्राम स्तर पर उनके देवताओं का 'हिंदूकरण' हो गया। जनजातीय या अल्प जनजातीय समूहों को सैन्य कार्य दिए जाने से विभिन्न क्षेत्रों में मुख्य स्थानिक देवी-देवताओं को राजसी प्रश्रय प्राप्त हुआ। चाहे शासक स्थानीय जनजाति का हो या क्षेत्र में उसने अपने साहस के बल पर प्रवेश किया हो, वह मुख्य देवता को अपने राज्य का इष्ट-देवता स्वीकार कर लेता था। लेकिन यह याद रखना आवश्यक है, जैसा कि कुल्के ने कहा कि प्रारंभिक मध्य काल में उड़ीसा में जनजातियों को अपने स्वदेश से 'दीर्घकालीन विस्थापन' नहीं झेलना पड़ा; अधिकांश जनजातियों ने हिंदूकरण और मुखिया बनने से हिंदू राजा बनने तक की दोहरी प्रक्रिया का अनुभव किया (1978 : 130)।

एक स्थायी कूटनीतिक तरीका, जिसके द्वारा एक नया शासक अपनी नई सत्ता को स्थायित्व और वैधता प्रदान कर सकता था, वह था देवता के सम्मान में एक प्रभावशाली नए पत्थर के मंदिर का निर्माण करना। इस राजसी प्रश्रय का मुख्य कारण यह था कि जनजातीय या कुछ अंश तक हिंदू वातावरण में भी एक मुख्यत: हिंदू दरबार बहुत हद तक जनजातियों के समर्थन और निष्ठा पर आश्रित था। स्थानिक देवताओं को राजसी प्रश्रय राजनीतिक शक्ति के दृढीकरण और उड़ीसा के हिंदू जनजातीय क्षेत्र में वैधता के लिए अनिवार्य रूप से आवश्यक था (कुल्के 1986 : 129)।

इस परिदृश्य में देवताओं के मूल जनजातीय पुजारियों का मंदिर में वर्चस्व और स्थान कायम रहा, हालाँकि अपने राजनीतिक महत्त्व के कारण अब ब्राह्मण पुजारियों का

देवता की सेवा में आगमन आरंभ किया गया, ताकि जनजातीय देवता को सांस्कृतिक पंथ में ऊँचा उठाने के लिए वे उपासना के जटिल और शास्त्रिक प्रकार प्रवर्तित कर सकें और शासक को विरोधी शक्तियों के विरुद्ध अधिक वैधता प्रदान कर सकें। 'ब्राह्मणों' द्वारा अधिकार में लेना अकसर विशेष अवसरों या वर्ष के विशेष समय अथवा दिन के विशेष समय तक ही सीमित था; यह केवल कुछ विधि-विधान करने तक ही था और इसका कुछ विशेष महत्त्व नहीं था (डैश 1998 : 18-9), लेकिन इसका अर्थ यह नहीं है कि कभी-कभी बाह्मण पुजारी मंदिर के कर्मकांडों में गैर-बाह्मण पुजारियों को गौण स्थिति में भेजने का प्रयास नहीं करते थे। जहाँ कहीं भी ऐसा होता था जनजातीय पुजारी जाति पदानुक्रम में ऊर्ध्वगामी गतिशीलता द्वारा सामाजिक, आर्थिक और राजनीतिक स्थान पाने और अपने अस्तित्व के लिए कड़ा संघर्ष करते थे।

साओरा, सुल्की और पुलिंद देवता

सन् 500 ईसवी के लगभग, गंगाा वंश ने महेंद्रगिरि पर्वत के दक्षिण में भूमि पर विजय प्राप्त कर साओरा जनजाति के देवता शिव-गोकर्ण स्वामिन को अपना इष्ट-देवता स्वीकार किया। इस परंपरा की स्मृति शताब्दियों तक जीवित रखी गई; बारहवीं शताब्दी के एक शिलालेख में लिखा है कि वंश के संस्थापक, कमर्णव ने कलिंग पहुँचकर महेंद्रगिरि पर चढ़ाई की और गोकर्णस्वामिन की पूजा की (कुल्के 1986 : 130)।

स्तंभेश्वरी, स्तंभ की देवी, अत्यंत लोकप्रिय जनजातीय देवी हैं, जिनकी आज भी राज्य के विशाल हिस्सों में पूजा की जाती है। राजा तुष्टीकर, जिसका सोनपुर के दक्षिण में 200 ईसवी में लगभग मुख्यत: जनजातीय हिस्से में शासन था, उनका पहला ज्ञात राजसी भक्त स्तंभेरूवरी-पाद-भक्त था। छठी और आठवीं शताब्दियों के बीच स्तंभेश्वरी शुल्की वंश, जिसका घेनकनाल तालचार क्षेत्र में शासन था, की इष्ट-देवी बन गईं। देवी के सम्मान में सभी सुल्की राजाओं ने देवी का नाम अपने नाम में जोड़ लिया। उदाहरण के लिए राणा-स्तंभ, कुल-स्तंभ और उनके ही प्रताप से राजपद पाना स्वीकार किया। सुल्की संभवत: सौलिक जनजाति से थे, जो प्रारंभिक मार्कंडेय पुराण के अनुसार कलिंग और दक्षिण कौसल के चोटियों के बीच रहते थे। इस प्रकार सुल्की शासकों ने अपने मूल क्षेत्र के स्थानिक देवताओं को अपने अधिष्ठाता देवता के रूप में स्वीकार किया। आगे चलकर खिंजली मंडल के भंज वंश ने भी स्तंभेश्वरी की उपासना की (उपरोक्त : 130)। उड़ीसा में अनेक महत्त्वपूर्ण जनजातीय देवियाँ हैं, जिन्हें राजनीतिक महत्त्वाकांक्षा वाले लोगों ने स्वीकार किया।

सातवीं शताब्दी ईसवी में गुप्त वंश के पतन के बाद दक्षिणी मध्य उड़ीसा में शैलोद्भव वंश का उदय हुआ। सातवीं शताब्दी के एक शिलालेख के अनुसार, जिसमें

वंश की नैतिक और राजनीतिक विश्वसनीयता सिद्ध करने के लिए एक विशिष्ट 'उत्पत्ति की कहानी' है, शैलोद्भव वंश का उद्भव पाँचवीं शताब्दी ईसवी के लगभग हुआ। कहानी के अनुसार पुलिंदसेन, कलिंग का एक शासक, राज्य पर शासन करते हुए थक गया था। उसने ईश्वर से नए और युवा उत्तराधिकारी के लिए प्रार्थना की। शिलालेख के अनुसार उसकी प्रार्थना का उत्तर मिला। एक पत्थर के टुकड़े हुए और उसमें से एक युवक ने कदम रखा। पुलिंदसेन ने उसका नाम रखा शैलोद्भव 'पत्थर से जन्मा' और उसने अपने नाम से एक वंश की स्थापना की (कुल्के और रॉथरमंड 1990 : 132)।

विद्वानों का मानना है कि यह कहानी, दोनों राजाओं के नामों सहित, क्षेत्र में राज्य निर्माण की जनजातीय उत्पत्ति की ओर स्पष्ट इशारा करती है। पुलिंद, अशाके के समय की एक पुरानी जनजाति थी। पुलिंदसेन नाम, एक सेना प्रमुख की ओर इशारा करता है। अतः उसका उत्तराधिकारी, पर्वत में जन्मा शैलोद्भव लगभग निश्चित रूप से ऐसी जनजाति से था, जो पहाड़ों से नीचे आकर ऋषिकुल्य नदी के तट पर बस गई (उपरोक्त)। शैलोद्भव वंश को काफी प्रसिद्धि मिली और उसने दक्षिणी महानदी घाटी तक अपने राज्य का विस्तार किया। इस वंश के एक शासक ने अश्वमेध यज्ञ तक किया। इस वंश का लोकप्रिय सोच पर इतना गहरा प्रभाव पड़ा कि भावी युगों में भी हिंदू शासकों ने अपनी जनजातीय उत्पत्ति पर जान-बूझकर बल दिया और महेंद्रगिरि पर्वत की कुल-गिरि के रूप में पूजा की (उपरोक्त)।

मध्य काल

प्रारंभिक मध्य काल में हिंदू धर्म में महत्त्वपूर्ण परिवर्तन हुए और यह अधिकाधिक पवित्र स्थलों और तीर्थयात्रियों पर केंद्रित रहने लगा। हालाँकि तीर्थ यात्रा के प्रति झुकाव प्राचीन है और महाभारत में इसका उल्लेख भी है। एक पवित्र स्थल में निवेश और तीर्थयात्रियों को उसकी ओर आकर्षित करने की धारणा के विचार को इस काल में नया गतिवाद प्राप्त हुआ। ग्यारहवीं और तेरहवीं शताब्दियों के बीच विभिन्न क्षेत्रों में अनेक राज्यों का उदय हुआ, जिनके शासकों ने भव्य राजकीय मंदिरों के निर्माण का आदेश दिया। ये मंदिर अपने-अपने राज्य की आध्यात्मिक-सांस्कृतिक पहचान तथा संरक्षक वंश के शक्ति के प्रतीक थे। इस काल में उड़ीसा में भुवनेश्वर में लिंगराज मंदिर 1060 ईसवी, पुरी में जगन्नाथ मंदिर 1135 ईसवी और कोणार्क में सूर्य मंदिर 1250 ईसवी का निर्माण हुआ (कुल्के और रॉथरमंड 1990 : 146)।

नए मंदिरों का महत्त्व उनके अनोखे संदर्भ में था, जिसने उन्हें असंख्य जनजातीय और स्थानीय देवी-देवताओं के देवत्व और क्षेत्रीय शक्ति की कुठाली बनाया और उन्हें एक विस्तृत और सशक्तीकरण क्षेत्रीय राज्यतंत्र से एकीकृत कर दिया, जिसे क्षेत्र की

अनोखी आध्यात्मिक-सांस्कृतिक पहचान ने वैधता प्रदान की। इस प्रकार पूरा दायरा स्थापित हुआ।

भक्ति के प्रारंभिक स्वरूपों का केंद्र पत्थरों, कुछ वृक्षों या झाड़ियों, नदियों, नालों या संतों के आश्रमों की पूजा तक सीमित था। अनेक मंदिरों ने स्थल महात्म्य नामक पुस्तकों में अपनी उत्पत्ति को अवतरित देवताओं के स्थान की कथा के रूप में जीवित रखा है। इस प्रकार जनजातीय और ग्राम देवताओं को महान् अखिल भारतीय देवताओं के स्थानीय अवतारों के रूप में क्षेत्रीय और यहाँ तक कि अखिल भारतीय स्थान भी प्राप्त हुआ। इस प्रक्रिया में हिंदू देवकुल का तेजी से विकास हुआ। जिन देवताओं का स्थान ऊँचा हुआ, उन्हें ब्राह्मण पुजारी भी मिले, जो पुराने जनजातीय या गैर-ब्राह्मण पुजारियों के साथ अपने धार्मिक कर्तव्य बाँटते थे।

प्रारंभ में महात्म्य संस्कृत में लिखे गए, लेकिन जल्दी ही उनका क्षेत्रीय भाषाओं में अनुवाद हुआ और वे तीर्थयात्रियों के बीच लोकप्रिय हुए, जो धार्मिक कार्य के रूप में उनका पाठ करने लगे (उपरोक्त : 151), महात्म्य की महिमा का प्रचार करने और मंदिरों में तीर्थ यात्रियों को आकर्षित करने में पुजारियों के उत्कृष्ट भूमिका निभाई। नए मंदिरों को तीर्थस्थलों का महत्त्व प्रदान करने के लिए अब यह 'सिद्ध' करने की होड़ लग गई कि प्रत्येक महात्म्य अठारह 'महान्' पुराणों में से एक का हिस्सा था। इस प्रकार स्कंद पुराण में मध्यकाल में काफी बाद तक स्थानीय पवित्र स्थलों के अनेक महात्म्य सम्मिलित थे।

नवोदित देवताओं की आघ उत्पत्ति मूल गैर-प्रतिमा स्वरूपों में आसानी से पहचानी जा सकती है, जिसमें उनकी पूजा की जाती है, उदाहरण के लिए पत्थर। वास्तव में देवता के इन प्रारंभिक स्वरूपों का कभी त्याग नहीं किया जाता। जैसे-जैसे देवता की प्रसिद्धि का विस्तार होता है और उसका पंथ आकार और प्रभाव में बढ़ता है, देवता या देवी अकसर मानवीकरण की प्रक्रिया से गुजरते हैं (उपरोक्त : 42) इसमें पवित्र स्थल पर निर्मित एक मंदिर में देवता की संपूर्ण रूप से हिंदू प्रतिमा की स्थापना शामिल है। अकसर एक भविष्यवाणी दिव्य दृष्टि या धरती पर ईश्वर या किसी प्रसिद्ध संत के आगमन के रूप में नई प्रतिमा के बारे में समझाती है और उसकी अनुसमर्थन करती है। लेकिन जहाँ पंथों का 'संस्कृतीकरण' होता है और वे राष्ट्रीय या क्षेत्रीय तीर्थ परिपथ में शामिल होते हैं, देवता का गैर-प्रतिमा स्वरूप बरकरार रखा जाता है और मंदिर के अंदर उसका सम्मान होता है, जबकि मूल जनजातीय पुजारी पहले की तरह अपने पदों पर कायम रहते हैं।

देवता का स्पष्ट रूप से यह दिखनेवाले पक्ष हिंदू राजाओं और देवता के मूल भक्तों के बीच विधि के अनुसार सेतु प्रदान करते हैं। कभी-कभी शासक दरबार के ब्राह्मणों द्वारा पूजा करने के लिए राजमहल में देवता की वैकल्पिक या चलंति प्रतिमा स्थापित करवा

देता था (कुल्के 1986 : 141), बाकी समय अधिष्ठाता देवता के मूल प्रतीक के आगे या पीछे एक हिंदू प्रतिमा, अकसर दुर्गा या चामुंडा, स्थापित कर दी जीती थी। विद्वानों का कहना है कि जनजातीय देवताओं के प्रति उचित सम्मान प्रकट करते हुए उड़ीसा के प्रारंभिक हिंदू वंशों ने अपने-अपने राज्यों में 'उच्च' हिंदू संस्कृति के उदय को बढ़ावा दिया और अपनी राजधानियों में भव्य हिंदू मंदिरों का निर्माण किया।

उत्थापित जनजातीय देवताओं को राज परिवार के कुल देवताओं के रूप में स्वीकार किया गया और इस प्रकार वे राष्ट्र देवता भी बने। कभी-कभी देवताओं का क्षेत्र के शासक के रूप में भी अभिषेक किया जाता था और वास्तविक शासक ईश्वर का प्रतिनिधि या पुत्र होने का दावा करता था (कुल्के और रॉथरमंड 1990 : 137)। यह युक्ति मध्यकालीन शासकों को अधिक वैधता प्रदान करती थी।

उत्थापित 'राजसी' देवताओं को जल्दी ही हिंदू देवकुल में स्थान प्राप्त हुआ और उनकी पूजा का उचित संस्कृतीकरण हुआ। इस प्रक्रिया ने एक अनोखी क्षेत्रीय संस्कृति के विकास को बढ़ावा दिया, क्योंकि उनके इर्द-गिर्द बनने वाली किंवदंतियाँ क्षेत्रीय साहित्य की एक नई विधा का मर्म थीं और इससे क्षेत्रीय भाषाओं के विकास को बढ़ावा मिला। भक्ति संतों ने भक्ति काव्य की रचना की और सभी क्षेत्रीय भाषाओं और संस्कृतियों को समृद्ध करने के अलावा देवताओं और राजाओं के प्रति लोकप्रिय भक्ति का समर्थन किया।

जगन्नाथ की उत्पत्ति और विकास

जगन्नाथ या विष्णु का संसार के भगवान् के रूप में एक जनजातीय देवता द्वारा शास्त्रीय हिंदू देवकुल में प्रमुख देवता का स्थान प्राप्त करने का सबसे उत्कृष्ट उदाहरण है। आज भी देवता की प्रतिमा विशाल लकड़ी के एक टुकड़े से बनाई जाती है। उसके कुछ पुजारी आज भी उस स्थानीय जनजाति से हैं, जो मूलतः उसकी पूजा से संबंधित थे। उड़ीसा के प्रसिद्ध मंदिरों में से एक जगन्नाथ मंदिर का उस समय से जब अनंतवर्मन चोड़गंगदेव (1078-1147 ईसवी) ने पुरी में भगवान् का यह भव्य मंदिर बनवाया, उसका आज भी राज्य के आध्यात्मिक-सांस्कृतिक परिदृश्य में वर्चस्व है (स्टाइटनक्रॉन 1986 : 74)। इसकी जनजातीय उत्पत्ति के साज-समान आज भी मौजूद हैं। इसके अलावा जिन जनजातियों के रीति-रिवाज और परंपराएँ जगन्नाथ की पूजा-अर्चना में सम्मिलित किए गए थे, वे आज भी इस क्षेत्र में जनजातीय और अर्द्ध जनजातीय समुदायों के रूप में रह रहे हैं।

पुरी शहर का एक पवित्र स्थान के रूप में हिदू परंपरा में अत्यंत महत्त्व है। महाभारत के तीर्थ यात्रा खंड में स्वयंभू लोकेश्वर और वेदी पुरी में प्रसिद्ध स्थल का उल्लेख है, हालाँकि दसवीं शताब्दी के आरंभ तक वहाँ कोई पूजनीय वैष्णव भगवान् नहीं था

(उपरोक्त 15, 29)। सभी उल्लेखों से यह निष्कर्ष निकाला जा सकता है कि जनजातीय देवता, जो अंततः जगन्नाथ संसार के भगवान् के रूप में उदित हुए उन्होंने इस शीर्ष तक पहुँचने में काफी घुमावदार मार्ग तय किया, स्थानीय शक्ति परंपराओं के माध्यम से और क्षेत्र में वे विष्णु के नरसिंह और पुरुषोत्मक स्वरूपों की बढ़ती लोकप्रियता में विलयन से।

उड़ीसा के कुछ हिस्सों में प्रारंभिक मध्यकाल में विष्णु की पूजा भलीभाँति स्थापित थी। आठवीं शताब्दी में रानी वसंत ने श्रीपुर में ईंटों से प्रसिद्ध लक्ष्मण मंदिर का निर्माण करवाया। जिस शिलालेख में मंदिर के निर्माण का उल्लेख है, वह पुरुषोत्तम, जिसे नरसिम्ह भी कहा गया है, उनके प्रति अभिवादन से आरंभ होता है। यह वैष्णव परंपरा में विष्णु के नरसिंम्ह पक्ष पर बल देने की प्रवृति की ओर इशारा करता है। यह प्रवृत्ति नारायण पाल 864 ईसवी के काल में एक शिलालेख और अंततः पुरी में जारी रहती है, जहाँ जगन्नाथ, तेरहवीं शताब्दी तक पुरुषोत्तम के नाम से लोकप्रिय, के अपने इतिहास के एक विशेष चरण तक नरसिम्ह के साथ घनिष्ठ संबंध हैं (उपरोक्त : 11–2)।

नरसिम्ह उत्तर–गुप्त काल में उड़ीसा में लोकप्रिय हुए, इस तथ्य की इस प्रकार पुष्टि की जा सकती है कि सिंह देवता जनजातीय धर्म के साथ विलयन के लिए उत्तरदायी था और इस प्रकार एक महत्त्वपूर्ण जनजातीय देवता का हिंदूकरण हुआ (उपरोक्त : 30), मध्यकालीन उड़ीसा में तांत्रिक और शाक्त परंपराओं का विस्तार हुआ, जिन्होंने नरसिम्ह की पूजा के माध्यम से विस्तृत होती वैष्णव मुख्यधारा में प्रवेश किया (उपरोक्त : 13)।

प्रारंभिक दसवीं शताब्दी में विष्णु और शिव की संयुक्त पूजा लोकप्रिय होने लगी, जिसका परिणाम था, कुछ अभिनव वास्तुशिल्पीय परिवर्तन। दोनों भगवान् की एक साथ पूजा की जाने लगी, एक ही आकार के दो अलग–अलग मंदिरों में, जो एक ही मंच पर निर्मित थे। इस प्रकार महानदी के तट पर गंधरादी में खिंजली के भंजों के क्षेत्र में नीलमाधव विष्णु और सिद्धेश्वर शिव के दोहरे मंदिरों का निर्माण हुआ (उपरोक्त : 15)।

शाही गंगा ने महानदी पर काँटीलो में नीलमाधव और सिद्धेश्वर के दोहरे मंदिरों का निर्माण कर इस प्रथा को जारी रखा (उपरोक्त)। विद्वानों का मत है कि यह विचार जगन्नाथ त्रिक के विकास का आधार बना, जो गंगा काल में विकसित हुआ और जिसने भगवान् विष्णु जगन्नाथ, कृष्ण, शिव बलभद्र, समकर्षण और एक समान शक्ति सुभद्रा, कात्यायनी को सन्निधि में रखा। तेरहवीं और चौदहवीं शताब्दियों में गंगा राजाओं ने अपने राज्य में मुख्य प्रतिस्पर्धी धर्मों को एक करने का प्रयास किया, एक संश्लेषण, जिससे जगन्नाथ परंपरा का उदय हुआ (उपरोक्त : 30)।

पुरी के पवित्र शहर की रूपरेखा का अध्ययन करते हुए स्टाइटेनकॉर्न इस निष्कर्ष पर पहुँचे कि जगन्नाथ मंदिर के निर्माण से पहले जिस पहाड़ी पर मंदिर बना है, वह देवी की पवित्र भूमि थी। इसकी पुष्टि इस तथ्य से होती है कि आज भी देवी विमला

पूरे पवित्र क्षेत्र की अधिष्ठाता देवी हैं, जिन्हें पीठेश्वरी और श्रीक्षेत्र-अधिशावरी नाम से जाना जाता है। आज भी जगन्नाथ मंदिर के अहाते में विमला का अपना मंदिर है और जगन्नाथ द्वारा समर्पित पहला प्रसाद उन्हें ही मिलता है, जिसके बाद ही उसे महाप्रसाद कहा जाता है और भक्तों में बाँटा जाता है (उपरोक्त : 26)। स्टाइटेनक्रॉन इस निष्कर्ष पर पहुँचे कि देवी सुभद्रा, जो वासुदेव कृष्ण की बहन के रूप में जगन्नाथ त्रिक में केंद्रीय स्थान पर हैं, विमला की भाँति हैं, जो कात्यायनी दुर्गा का ही एक स्वरूप हैं, क्योंकि उन्हें भुवनेश्वरी मंत्र से पूजा जाता है (उपरोक्त)। जगन्नाथ परिसर में अपने स्वतंत्र मंदिर के भीतर विमला को शाक्त बलिदान, जिसमें मछली शामिल है, मिलते रहते हैं। तांत्रिक साहित्य में विमला को पुरी की शक्ति बताया गया है, जिसमें जगन्नाथ भैरव के अनुरूप हैं (उपरोक्त : 27)।

जी.सी. त्रिपाठी ने पुरी में काष्ठ प्रतिमा, जिसे साहित्यिक उल्लेखों और अभिलेखों में पुरुषोत्तम कहा है और जो तेरहवीं शताब्दी के करीब जगन्नाथ नाम से जाने गए, का विस्तृत अध्ययन किया। उनके अनुसार शरदतिलक में वैष्णव देवताओं, जैसे विष्णु, नरसिम्ह और पुरुषोत्तम का वर्गीकरण किया गया है। अतः वसुदेव, दधिवामन, हयग्रीव, वराह, राम और हनुमत को विष्णु के रूप में वर्गीकृत किया गया है, जबकि नरसिम्ह में इस देवता के विभिन्न स्वरूप तथा सुदर्शन चक्र शामिल हैं, और पुरुषोत्तम में त्रैलोक्यमोहन, श्रीकर, कृष्ण और काम शामिल हैं। इस प्रकार विष्णु भागवत-वसुदेव पक्ष का प्रतिनिधित्व करते हैं, नरसिम्ह उग्र पक्ष का और पुरुषोत्तम उसी भगवान् के प्रणयी पक्ष का। पुरुषोत्तम लक्ष्मी के पति, कृष्ण और काम के अनोखे गुणों को एक करते हैं और ये सभी विशेषताएँ पुरी के पुरुषोत्तम जगन्नाथ में पाई जाती हैं (ऐशमैन 1986 : 42)।

दधिवामन : काष्ठ देवता

स्टाइटेनक्रॉन ने पाया कि अनंतवर्मन छोड़गंगदेव, जिसे आमतौर पर पुरी के मंदिर के निर्माण का श्रेय दिया जाता है, की मृत्यु के बाद उसकी मुख्य रानी कस्तूरीकामोदिनी ने उसके स्वदेश टेक्काली वर्तमान आंध्र प्रदेश, जो उसकी पहली राजधानी कलिंगनगर के पूर्व में था, में 1150 ईसवी में एक मंदिर बनवाया। यह मंदिर भगवान् दधिवामन को समर्पित था। शिलालेख में लिखा है कि अंदर स्थापित प्रतिमा काष्ठ देवता की थी न कि जगन्नाथ, बलभद्र और सुभद्रा के प्रसिद्ध पुरी त्रैक्य की। इससे इस बात को बल मिलता है कि छोड़गंगदेव इस देवता का एक भक्त था और क्योंकि भगवान् का नाम इस प्रारंभिक काल में टेक्काली में परिरक्षित है, इसलिए संभव है कि काष्ठ देवता का मूल नाम दधिवामन या फिर इस संस्कृतनिष्ठ नाम का मूल जनजातीय स्वरूप था (op cit: 77-8)।

क्योंकि मूल काष्ठ देवता ऐकिक था, इसलिए एक काष्ठ देवता के लिए मंदिर पुरी में तीन प्रतिमाओं के प्रकट होने के बाद भी बनाए जाते रहे। उड़ीसा में आज 344 दधिवामन मंदिर हैं, जो ईश्वर के मूल स्वरूप को कायम रखे हैं। उड़ीसा में 1961 की जनगणना रिपोर्ट से पता चलता है कि सँभलपुर जिले के जिन हिस्सों के भू-दृश्य में दधिवामन मंदिरों का वर्चस्व है, वहाँ साओरा बस्तियाँ थीं। साओरा समुदाय साथ लगे मध्य प्रदेश के हिस्सों में रहते है। इस क्षेत्र में रहनेवाले खोंड आज भी लकड़ी के स्तंभों का विधि से नवीकरण करते हैं। इन सभी जनजातीय समूहों के दक्षिण कोशल या छत्तीसगढ़ से पक्के ऐतिहासिक संबंध हैं।

मंडल पांजी में परिरक्षित एक उल्लेख के अनुसार दक्षिण कौशल के साओराओं के बीच राजा ययाति केसरी को ऐसे लोग मिले, जिन्हें तब काष्ठ प्रतिमाएँ तैयार और स्थापित करने के प्राचीन तरीके और विधियों के बारे में जानकारी थी। ययाति केसरी जगन्नाथ की पूजा पुनर्जीवित करने के लिए कृतसंकल्प था, जो लंबे समय से अप्रचलित हो गई थी। उसने दक्षिण कौशल के सोनपुर जिले से लाए गए एक वृक्ष से देवता की काष्ठ प्रतिमाएँ तैयार कीं और पुरी के मंदिर में साओरा को ईश्वर की सेवा में नियुक्त किया (उपरोक्त : 474)। वह स्थानिक देवताओं के स्थान को ऊँचा करते हुए स्थानीय और जनजातीय पुजारियों को उनकी सेवा में रखने की हिंदू परंपरा के अनुसार है (उपरोक्त : 66)। लिंगराज मंदिर के बटु जैसे, जनजातीय पुजारी, दैत मूल जनजातीय उपासकों के वंशज हैं और मूर्तियों से संपर्क से संबंधित हर कार्य करते हैं, जैसे उन्हें वस्त्र पहनाना या उनका स्थान बदलना (ऐशमैन 1986 : 100)।

जगन्नाथ के आस-पास बनी विभिन्न किंवदंतियों और कथाओं को ध्यान में रखते हुए ए. ऐशमैन का कहना है कि पुरी में परिरक्षित इंद्रद्युम्म किंवदंती के अनुसार मूलतः देवता की जंगल में सबर मुखिया, विश्ववसु द्वारा पूजा की जाती थी और बाद में जाकर ही वे पुरी में चमत्कारिक रूप से प्रकट हुए। इसलिए जगन्नाथ त्रैक्य की जनजातीय विशेषताएँ बरकरार हैं, लकड़ी के बने हुए और 'अपरिष्कृत', हिंदू मंदिरों में आमतौर पर पाई जानेवाली मूर्तियों से बिल्कुल भिन्न, जो निर्धारित प्रतिमा-विज्ञान के सिद्धांतों के अनुरूप होती हैं (उपरोक्त : 99)।

जगन्नाथ त्रैक्य की प्रमुख विशेषता यह है कि प्रतिमाएँ एक-दूसरे से बहुत भिन्न हैं। सुभद्रा सबसे छोटी हैं और उनकी प्रतिमा में केवल एक तना और सिर है, जिसे ऐशमैन शाक्त प्रकार का प्रतिमा-विज्ञान का हिंदूकरण कहते हैं और प्रत्येक का तना और प्रत्येक का बाँह के स्थान पर ठूँठ के अलावा अति विमितीय सिर है। लेकिन जहाँ सुभद्रा और बलभद्र के सिर अंडाकार और आँखें बादाम के आकार की हैं, वहीं जगन्नाथ का सिर ऊपर से आश्चर्यजनक रूप से सपाट है, जिसका केंद्रबिंदु विशाल गोल आँखें हैं

(उपरोक्त : 101)। ऐशमैन का मानना है कि लकड़ी के खंभों से नरसिम्ह का संबंध, जो उड़ीसा में जनजातीय देवताओं का प्रतिनिधित्व करता है, संभवतः जगन्नाथ प्रतिमा के रहस्य को समझा सकता है, उनका कहना है कि लोकप्रिय प्रतिमा-विज्ञान सिर और बाँहें को स्तंभ में नहीं दरशाया गया था, लेकिन उसे ऊपर से जोड़कर जगन्नाथ का आदिप्ररूप बना। यह आंध्र के अनंतपुर जिले में जुबूलपादु नामक एक गाँव में आज भी देखा जा सकता है, जहाँ नरसिम्ह स्वामी की एक स्तंभ के रूप में पूजा की जाती है, जिसपर सिंह के सिर के आकार की एक चादर जोड़ी जाती है। सिंह का सिर जगन्नाथ की विशाल गोल आँखों का कारण समझा जा सकता है, यदि उसे सिंह के सिर के रूप में देखें, जहाँ बल जबड़ों पर है, न कि मानव सिर पर (उपरोक्त : 111)।

नील-माधव जगन्नाथ की दंतकथा

कुछ संस्कृत पुराणों के अनुसार, नील माधव के रूप के जगन्नाथ के अवतार का सर्वप्रथम उपासक एक आदिवासी था। जगन्नाथ की पारंपरिक दंतकथा समाज की सामूहिक चेतना का संकलन है, जो उसकी भीतरी वास्तविकताओं और सच्चाई को प्रतिबिंबित करती है और इसलिए इसे हमारे अध्ययन में उपयुक्त स्रोत सामग्री के रूप में प्रयोग करना चाहिए, हालाँकि 'पारंपरिक कथा' के एक से अधिक रूपांतर हैं, लेकिन ऐतिहासिक यथातथ्यता या घटनाओं के प्रामाणिक विवरण से हमारा ज्यादा संबंध नहीं है, बल्कि इन कथाओं के गहन उदेद्श्य और कुछ विशेष कालों में जिन सामाजिक उद्देश्यों की उन्होंने पूर्ति करनी चाही, उनके बारे में हम समझना चाहते हैं।

जगन्नाथ की उत्पत्ति की दंतकथाओं का बुनियादी उद्देश्य था, जनजातीय पुजारी और उड़ीसा और उसके परे विस्तृत हिंदू समाज के बीच की दूरी कम करना और हिंदू बने नए जनजातीय पुजारियों को जाति की सीढ़ी चढ़ने में सहायता करना। अतः स्थल पुराण या क्षेत्र महात्म्य हमें भगवान् और उनके भक्तों के विकास और गति को समझने में सहायता करते हैं। मुख्यतः नील माधव-जगन्नाथ के बारे में दो प्रकार की दंतकथाएँ हैं। पहली है, शास्त्रीय संस्कृत पुस्तकें जैसे ब्रह्म पुराण, स्कंद पुराण का पुरुषोत्तम महात्म्य और नीलाद्री महोदय। दूसरे समूह में सरला दास की महाभारत और शिशु कृष्ण दास की देउला तोला जैसी पुस्तकें शामिल हैं, जो पुरी में भगवान् के प्रकट होने के लोक वृत्तांत का विवरण देते हैं।

सरला महाभारत सामयिक सामाजिक, आध्यात्मिक, राजनीतिक और आर्थिक स्थिति को प्रतिबिंबित करते हैं, जिसमें दास ने अपना महाग्रंथ लिखा और जो जनजातियों के हिंदू समाज में पारगमन की प्रक्रिया के बारे में पूरी जानकारी प्रदान करती हैं, सरला अपने वर्णन के बान पर्व और मुसली पर्व अध्यायों में नील माधव-जगन्नाथ की कथा पर

विवेचन करता है, जिसकी व्यास के अमर महाकाव्य से केवल बाहरी समानता है। सरला दास, शूद्रमुनि नाम से भी जाने जाते थे एक गैर-ब्राह्मण लेखक थे, जिनकी जगन्नाथ के दैत्य गैर-ब्राह्मण पुजारियों से गहरी सहानुभूति थी। उनकी महाभारत गैर-ब्राह्मण पुजारियों के ऊपर उठने के मार्ग के किसी पड़ाव पर उनकी शक्ति का माध्यम बनी। दूसरी ओर देउला तोला एक पुस्तक के स्थान पर सात या आठ पुस्तकों का समूह है, इसमें क्षेत्र महात्म्य की आम विशेषताएँ हैं, लेकिन यह संस्कृत परंपरा के स्थान पर स्थानीय परंपरा का है। विद्वानों का मत है कि ये पुस्तकें एक मुख्य रूप से मूल पुस्तक के ही भिन्न रूपांतर हैं और संभवत: भक्तों के विभिन्न समूहों के हितों का प्रतिनिधित्व करती हैं।

मुख्य रूप से पारंपरिक उल्लेखों के अनुसार कथा में सवर जनजाति उड़िया सबर का एक मुखिया चोरी-छिपे नील-माधव, विष्णु का एक स्वरूप, की नीलगिरि नामक पहाड़ी क्षेत्र में पूजा किया करता था, जो वर्तमान पुरी में या उसके निकट हैं। आमतौर पर माना जाता है कि यह मुखिया विश्व वसु उड़िया विश्व बसु था, हालाँकि सरला उसका नाम जरा उफ बसु बताता है। एक उत्तर भारतीय हिंदू राजा, संभवत: इंद्रद्युम्म इस देवता की पूजा करना चाहता था और इसलिए उसने एक ब्राह्मण को उसे ढूँढ़ने के काम में लगा दिया। अधिकांश वर्णनों में ब्राह्मण का नाम विद्यापति उड़िया विद्यापति बताया गया है, लेकिन सरला महाभारत में उसका नाम बसु संस्कृत वसु है। अधिकांश वृत्तांत हिंदू राजा का नाम इंद्रधुम्न बताते हैं, लेकिन सरला उसे गाल या गालब कहते हैं। हिंदू राजा को ब्राह्मण विद्यापति से नील माधव के गोपनीय अस्तित्व के बारे में पता चला और वह सेना के साथ देवता की पूजा करने निकल पड़ा। लेकिन देवता रहस्यमय तरीके से गायब हो गए और सवर प्रमुख वंचित रह गया। बाद में भगवान् एक पवित्र लट्ठे दारू के रूप में प्रकट हुए, जिसमें से राजा ने जगन्नाथ, बलभद्र, सुभद्रा और सुदर्शन की मूर्तियाँ बनवाईं। राजा ने शास्त्र सम्मत विधि-विधानों के अनुसार मूर्तियों की प्रतिष्ठा की, उनकी पूजा की और पुरी में जगन्नाथ की पूजा आरंभ की।

नील-माधव जगन्नाथ कथा का विवेचन करनेवाले विद्वानों का मत है कि इसमें देवता की जनजातीय उत्पत्ति के सुस्पष्ट संकेत हैं, उनका मानना है कि जनजातीय मुखिया द्वारा पूजे जानेवाले देवता एक जनजातीय देवता थे, जिन्हें बाद में हिंदूकरण की प्रक्रिया के दौरान नील माधव नाम दिया गया और आगे जाकर वे ही भगवान् जगन्नाथ बने। जनजातीय से हिंदू देवता में परिवर्तन और अखिल भारतीय स्वरूप पाने से जनजातीय समूहों का हिंदू समाज में विलयन और सरल हो गया। हिंदूवदिता का निश्चित रूप से अर्थ था, ब्राह्मण पुजारियों की नियुक्ति। वहीं मूल जनजातीय पुजारियों को सम्मानपूर्वक स्थान देना था और उनके वंशजों के हिंदू बन गए जनजातीय देवता को पूजने के अधिकार और सुविधाओं को बनाए रखना था। उस के अनुरूप मूल जनजातीय पुजारियों की

मान्यता और नए हिंदू बने पंथ में ऊँचा स्थान दिया गया। उड़ीसा के अनेक जनजातीय देवताओं के पुजारियों को विस्तृत समाज ने पुजारी के रूप में स्वीकार किया, एक ऐसी प्रक्रिया, जिसे हमने अन्य स्थानों पर भी देखा है।

जी.एन. डैश का कहना है कि पुरी के जगन्नाथ मंदिर में मंदिर सेवकों की 118 श्रेणियाँ हैं, जो अधिकारों के रिकॉर्ड के अनुसार अनेक धार्मिक कर्तव्यों का निर्वाह करती हैं। लेकिन मंदिर के दासों की कुछ ही श्रेणियों को पुजारी या अर्द्ध याजकीय का स्थान दिया गया है। दैत या दैत्य और सुधा-सुआर, जिन्हें पुजारी के रूप में मान्यता मिली है, की उत्पत्ति जनजातीय है और वे मूल जनजातीय भक्तों या पुजारियों के वंशज हैं।

दैत्य मंदिर की पूजा सेवकों के प्रमुख कर्तव्य स्नान यात्रा से आरंभ होती है, जो ज्येष्ठ मास की पूर्णिमा को पड़ती हैं और रथ यात्रा के अंत तक चलती है। स्नान यात्रा के बाद तीनों देवताओं को स्नान मंच से अनवसर अहाते में ले जाया जाता है, जहाँ केवल दैत्य और पति महापात्र, दैत्यों के ब्राह्मण प्रतिरूप प्रवेश कर सकते हैं। मंदिर सेवकों की कोई अन्य श्रेणी, पूजापंडों जैसे नियमित ब्राह्मण पुजारी भी अनवसर अहाते में प्रवेश नहीं कर सकते हैं।

अहाते के भीतर, जगन्नाथ, बलभद्र और सुभद्रा की प्रतिमाओं का पंद्रह दिन तक लोग दर्शन नहीं कर सकते हैं और रथ यात्रा आरंभ होने तक दैत्य विधि के अनुसार देवताओं की पूजा करते हैं। अनवसर के दौरान गैर-ब्राह्मण पुजारी कुछ गुप्त विधियाँ करते हैं और स्नान के दौरान हुई क्षति को दूर करते हैं। मंदिर के दैनिक ब्राह्मण विधि-विधान न्यूनतम कर दिए जाते हैं और गाना, नृत्य, धार्मिक पाठ या घंटी, पुष्प और सुगंध इस्तेमाल नहीं किए जाते हैं। अब देवता की नरसिम्ह प्रतिमा के समक्ष विधियाँ की जाती हैं, जो कि मंदिर के सामने के कक्ष में है और नरसिम्ह मंत्र का उच्चार किया जाता है। केवल नरसिम्ह पुजारियों और भक्तों के ध्यान का केंद्र होता है, इस दौरान जगन्नाथ की काष्ठ प्रतिमा का ध्यान भी सोच से हटा देना होता है (स्टाइटेनक्रॉन 1986 : 12)।

रथ यात्रा के दौरान, दैत्य ही अधिकांश धार्मिक कार्य करते हैं, विशेष रूप से पहाड़ी देवताओं को झुलाते हुए उनके रथों तक ले जाना और फिर वापस लाना जैसे महत्त्वपूर्ण कार्य। इसके अलावा नवकलेवर काष्ठ मूर्तियों का समय-समय पर नवनिर्माण के दौरान दैत्य और पति ही अधिकांश विधियाँ करते हैं, विशेष रूप से गुप्त विधियाँ। स्टाइटेनक्रॉन का मानना है कि जगन्नाथ की प्रत्येक बीस वर्ष में नवकलेवर विधि मध्यकालीन मूर्तिभंजकों द्वारा मूर्तियों के प्रथम विध्वंस का परिणाम थी। इसके बाद भगवान् के शरीर का विध्वंस एक आम आवर्ती घटना बन गई, जिसका अर्थ निरंतरता में रुकावट या उसके दैवी स्वरूप की क्षति नहीं थी (उपरोक्त : 66)।

दैत्य और पति रथ यात्रा की विभिन्न विधियों के लिए आपस में वरीयता का क्रम

बाँटते हैं। प्रतिष्ठित परंपरानुसार दैत्य भगवान् जगन्नाथ, बलभद्र, सुभद्रा और सुदर्शन के बाईं ओर काम करते हैं, जबकि पति दाहिनी ओर। दैत्य और पतियों में वरिष्ठतम पुजारी दोनों श्रेणियों का नायक बनता है। दैत्य और पतियों के बीच इस घनिष्ठ संबंध ने इस भ्रांति को जन्म दिया कि दोनों समूह दैतपति दैत्यपति नामक एक ही श्रेणी के हैं; लेकिन दोनों स्पष्ट रूप से भिन्न हैं।

इस समारोह की अवधि के दौरान यदि दैत्यों के परिवार में कोई जन्म या मृत्यु भी होता है और अपवित्र अवधि या शोक की अवधि स्नान यात्रा के बीच और रथ यात्रा के अंत से परस्पर व्याप्त होती है तो भी दैत्य अपवित्र अवधि का अनुपालन नहीं करते और भगवान् की विधि अनुसार कार्य करते हैं, जिसमें देवताओं को छूना भी शामिल है, जो ब्राह्मणों सहित मंदिर के अन्य सेवकों के लिए निशिद्ध हैं, इससे मंदिर के सेवकों के वरीयता क्रम में दैत्यों की वरीयता और देवता से उनका सान्निध्य स्पष्ट होता है।

नवकलेवर के दौरान दैत्यों को देवताओं का रिश्तेदार माना जाता है। ''अंततः जब जगन्नाथ की पुरानी मूर्तियों का जीवन तत्त्व नई मूर्तियों में डालकर पुरानी मूर्तियों को गाड़ दिया जाता है तो दैत रोने लगते हैं। वे जगन्नाथ के लिए शोक प्रकट करते हैं, जिन्हें वे अपने कुल का मानते हैं। विधि के अनुसार 10 दिन तक वे अशुद्ध होते हैं और इस दौरान वे थोड़ा सा ही सादा आहार लेते हैं। वे अपने बाल नहीं काटते और हिंदू धर्मशास्त्रों में निर्धारित हर प्रकार के अंतिम संस्कार करते हैं। दसवें दिन वे मंदिर आते हैं, मुक्तिमंडप के समीप अपने शरीर पर तेल मलते हैं और मार्कंडेय सरोवर की ओर बढ़ते हैं, जहाँ वे अपने बाल और नाखून काटकर इस सरोवर में शुद्धि स्नान करते हैं। वे अपने घरों को रँगते भी हैं, जिसका व्यय मंदिर उठाता है। विधि अनुसार अशुद्धि के दौरान मंदिर से ही उन्हें खाद्यान्न और सब्जियाँ इत्यादि मिलती हैं। बारहवें दिन दैत मंदिर के सेवकों को मृत्युभोज देते हैं, जिसकी व्यवस्था व खर्च का जिम्मा वे स्वयं उठाते हैं'' (त्रिपाठी 1986:261)।

इसके अलावा, जिस प्रकार एक मृत व्यक्ति की संपत्ति पर उसके अधिकारियों का हक होता है, उसी प्रकार दैत्य 'मृत' जगन्नाथ द्वारा प्रयोग की गई वस्तुओं पर अपना दावा करते हैं। इस दावे को स्वीकार करते हुए पुरी का मंदिर दैत्यों को हरजाना देता है। सन् 1969 में 5000 रुपए था। उन्हें पुरानी मूर्तियों के अवशेष, जैसे कागज की पट्टियाँ, चंदन का लेप और धूना ले जाने का अधिकार है, जो वे तीर्थयात्रियों को बेचते हैं, जो इन वस्तुओं को अत्यंत आध्यात्मिक महत्त्व का मानते हैं।

सुधा-सुआरा पुजारियों के मुख्य कार्य हैं—थालियों और बरतनों की सफाई, मंगलारोपन विधियों के लिए सामग्री एकत्रित करना, देवताओं की विधि अनुसार स्नान की तैयारी करना, पूजा स्थल की सफाई, दालें तोड़ना, वर्ष में एक बार देवताओं को किया

जानेवाला रंग उपलब्ध कराना इत्यादि। दैत्यों की ही भाँति यदि स्नान यात्रा और रथयात्रा के बीच सुधा-सुआरों के परिवार में कोई जन्म या मृत्यु होता है तो उस दौरान वे अशुद्ध नहीं माने जाते। इससे मंदिर के सेवकों के अनुक्रम में उनका ऊँचा स्थान स्थापित होता है।

मंदिर के दस्तावेज जैसे कि मंडल पांजी का देशरंवज अध्याय और भुवनेश्वर के गोपी तीर्थ मठ में प्राप्त एक पांडुलिपि यह स्पष्ट करते हैं कि दैत्य मूल जनजातीय सवर पुजारी के वंशज हैं। जगन्नाथ मंदिर का कर्मांगी और अधिकार के दस्तावेज सुधा-सुआरों को दैत्यों की उप-श्रेणी मानते हैं। सरला की महाभारत में भी दैत्यों की जनजातीय उत्पत्ति का उल्लेख है और देउला तोला पुस्तकों में भी, जिनमें नील माधव-जगन्नाथ परंपरा दर्ज हैं। वास्तव में दोनों नाम दैत्य और सुधा-सुआरा इस विचार का समर्थन करते हैं कि मंदिर के सेवकों की दोनों श्रेणियों की उत्पत्ति जनजातीय थी। दैत्य कोई हिंदू जाति नहीं हैं और न ही उस वर्ग के मंदिर के पुजारियों का कार्य वर्णन जैसा कि कुछ अन्य मंदिर के सेवकों और पुजारियों के साथ है।

मंडल पांजी के राजभोग अनुच्छेद में उड़ीसा के इतिहास के गंगा पूर्व काल के दैत्यों का उल्लेख है। इसके अनुसार विदेशी हमलों के कारण पुरी में जगन्नाथ की पूजा 144 वर्षों तक बंद रही, जिसके कारण देवताओं की मूर्तियों को पश्चिमी उड़ीसा में किसी सुदूर स्थान पर छिपा देना पड़ा। आगे चलकर जनजाति केयार ययाति केसरी, केसरी वंश के संस्थापक ने उड़ीसा का सिंहासन सँभाला और पुरी में भगवान् जगन्नाथ की मूर्तियों की पुनर्स्थापना कर उनकी फिर से पूजा आरंभ करनी चाही। मूर्तियों को वापस लाने के लिए वह पश्चिमी उड़ीसा की ओर निकल पड़ा और उनकी बुरी हालत देखकर उसने उनका पुनर्निर्माण करने की सोची। राजा ने बिरीबंध से दैत्य और रत्नापुर सीमा से पतियों को मूर्तियों का नवनिर्माण करने के लिए बुलाया, क्योंकि वे पारंपरिक रूप से यही कार्य करते थे। साथ ही राजा ने देवताओं के लिए कुछ नई सेवाएँ आरंभ कीं, जो पेड़ काटने वाले ब्राह्मणों पतियों और दैत्यों से संबंधित थीं।

विद्वानों का मानना है कि सुधा-सुआरों की उत्पत्ति संभवतः सौर सवर से है और वे सुधा-सुधो उप-समूह के हो सकते हैं। देवी खंबेश्वरी स्तंभेश्वरी पुरी के सुधा की अधिष्ठाता देती हैं और उनका इस क्षेत्र में जगन्नाथ पूजा से घनिष्ठ संबंध है—जगन्नाथ परंपरा में, "क्योंकि पाँचवीं शताब्दी ईसवी से खंबेश्वरी की पूजा के बारे में जानकारी है, इसलिए उसका हिंदू प्रतिमा विज्ञान सुभद्रा आकृति के विकास का आदिप्ररूप समझा जा सकता है" (ऐशमैन 1986:94)। विद्वानों ने जगन्नाथ देवकुल में स्तंभेश्वरी पंथ और सुभद्रा व सुदर्शन की प्रतिमाओं के बीच मजबूत समानताएँ देखी हैं। खंबेश्वरी और जगन्नाथ, दोनों की प्रतिमाएँ समान जनजातीय आधार से विकसित हुईं। ऐसा दिखाया जा सकता है कि इस प्रकार के संप्रदाय ययाति पूर्व काल में समुद्रतट पर रहे होंगे (उपरोक्त : 177-78)।

नील-माधव जगन्नाथ परंपरा की देउला तोला प्रस्तुति जो कि सुधा-सुआरो के बारे में एकमात्र उल्लेख हैं, दैत्य और सुधा-सुआरों के बीच रक्त संबंधों की जानकारी देते हैं। विद्वानों का कहना है कि यह असंभाव्य था कि दो विशिष्ट आदिवासी जनजातियाँ एक ही जनजातीय देवता को पूजें, जिसका भगवान् जगन्नाथ के रूप में हिंदूकरण हुआ; इसकी सबसे अधिक संभावना है कि दैत्य और सुधा-सुआर एक ही जनजाति से थे। इसके बहुत बाद, सरला महाभारत के लिखे जाने के कम-से-कम डेढ़ सौ वर्ष बाद, सुधा-सुआरा पुजारी-कार्यकर्ताओं के एक भिन्न वर्ग के रूप में सामने आए। प्राचीन काल में पुरी क्षेत्र में रहनेवाली और बाद में दक्षिण और पश्चिम की ओर फैलने वाली पहाड़ी सवर सउरा, सोरा, ओआरा जनजाति के सुधा उप समूह के मूल जनजातीय देवता ही इष्ट देवता थे। कुछ जनजातीय लोगों ने अपनी आदिवारी जीवनशैली बनाए रखी, लेकिन अन्य का धीरे-धीरे हिंदू समाज में विलय हो गया। वहीं जनजातीय देवता के हिंदूकरण के कारण बाकियों का भी हिंदूकरण हो गया। दैत्य और सुधा-सुआरा भगवान्, जो बाद में भगवान् जगन्नाथ बने, के मूल सुधा पुजारियों के हिंदू वंशज हैं; देवता के साथ उनके निकट संबंधों के कारण उनका हिंदूकरण हुआ और बाद में देवता को शास्त्रीय देवकुल में शामिल कर उन्हें उच्च स्थान दिया गया।

महात्मय कथाएँ

देवता के हिंदूकरण के कारण एक महात्मय देवता की महिमा का पौराणिक पारंपरिक वृत्तांत तैयार किया गया, जो तीर्थयात्रियों को सुनाया जाता था और वे भी धार्मिक कृत्य के रूप में उसका उच्चार करते थे। नील माधव-जगन्नाथ की कहानी की इस प्रकार उत्पत्ति हुई। जहाँ एक ओर ग्यारहवीं शताब्दी तक जनजातीय देवता का काफी हद तक हिंदूकरण हो चुका था, वहीं दैत्यों की जनजातीय उत्पत्ति को पंद्रहवीं शताब्दी तक भी पूरी तरह भुलाया नहीं जा सका जैसा कि सरला महाभारत में नील माधव-जगन्नाथ की कथा से स्पष्ट है।

एक चरण पर आकर पंथ का बढ़ता हुआ हिंदूकरण दैत्यों की सत्ता और सम्मान के लिए हानिकर सिद्ध हुआ, जो ब्राह्मणवादी विधि-विधानों और अन्य क्षेत्रों के गैर-जनजातीय भक्तों की बढ़ती हुई संख्या द्वारा माँग किए जानेवाले शुद्धता के नियमों में दक्ष नहीं थे। स्वयं को संकट में पाकर दैत्यों ने परंपरा तथा उड़ीसा के हिंदू समुदाय में अपने स्थान को बनाए रखने और सुदृढ करने का प्रयास किया। वास्तविक रूप से इसका अर्थ था कि उन्हें और तीर्थयात्रियों को आकर्षित कर उनसे ज्यादा धन एकत्रित करना होगा। इस उद्देश्य से दैत्यों ने पूर्व प्रचलित पारंपरिक वर्णनों में महत्त्वपूर्ण परिवर्तन किए और उनमें नई चीजें जोड़कर वर्णन को उत्पत्ति की दंतकथा बना दिया, जिसमें दैत्यों की

चंडी देवी, हरिद्वार

गणेश एवं पत्नी

जगन्नाथ, बलभद्र, सुभद्रा और सुदर्शन चक्र

बलि पीठ, कामाख्या मंदिर, असम

कामाख्या मंदिर, असम

केवट श्रीराम के पैर धोकर नाव में बैठाता है और लक्ष्मण एवं सीताजी के साथ गंगा पार कराता है

मनसा देवी, हरिद्वार

नरसिम्हा-लक्ष्मी

गणेश

त्रिपुरसुंदरी, उदैपुर, त्रिपुरा

त्रिपुरेश्वरी में बलिपीठ और बकरा, त्रिपुरा

ब्राह्मण पुजारियों पर प्रधानता को स्वीकार कर भगवान् जगन्नाथ को दैत्यों का समर्थक और संरक्षक बना दिया गया। नील माधव-जगन्नाथ का सरला महाभारत में यह प्रयास दिखाई पड़ता है। इसमें दैत्यों को मूल जनजातीय पुजारी, सवर जड़ का वंशज बताया गया था। हालाँकि यह गलत या मिथ्या नहीं है, लेकिन पूर्व और संस्कृतनिष्ठ वर्णनों में इसकी अनदेखी की गई, इसका उल्लेख नहीं किया गया।

सरला महाभारत में दैत्य श्रेष्ठता का मसला भगवान् जगन्नाथ द्वारा तीनों मूर्तियों को बनाने के लिए पवित्र लकड़ी दारू लाने में दैत्यों को वरीयता देकर सुलझाने का प्रयास किया गया। इस वृत्तांत के अनुसार, जब राजा इंद्रद्युम्म ने 'रोहिणी कुंड' में दारू को देखा तो उन्होंने लोगों को बुलाकर उसे वहाँ से हटाने का प्रयास किया, लेकिन लकड़ी इतनी भारी थी कि उसे हटाया नहीं जा सका। फिर इंद्रद्युम्म को एक स्वप्न में पता चला कि केवल सवर जड़ और ब्राह्मण बसु बाद में गैर-ब्राह्मण और ब्राह्मण पुजारियों के वंशज के रूप में पहचानवाले ही दारू को उठा सकेंगे। इसलिए जब सवर जड़ और ब्राह्मण बसु को दारू उठाने के लिए बुलाया गया तो देखा गया कि सवर ने उसे सरलतापूर्वक उठा लिया, जबकि ब्राह्मण को उसे उठाने में कठिनाई हुई, क्योंकि "श्रीकृष्ण के निर्देशानुसार इस बात की ओर इशारा था कि किसका स्थान ऊँचा और किसका नीचा है" (सरला महाभारत, मुसली पर्व, 12-106)। दारू की घटना परंपरा के पूर्व वृत्तांतों में नहीं है और इसकी उत्पत्ति दैत्यों का स्थान ऊपर उठाने के लिए हुई, जिन्हें सवर जड़ का सीधा वंशज माना जाता है। लकड़ी उठाने की घटना पुजारियों के दोनों वर्गों, ब्राह्मण और गैर-ब्राह्मण दैत्य के बीच सर्वोच्चता के मसले को सुलझाने का एक माध्यम थी।

सरला ने एक अन्य घटना द्वारा भी दैत्यों की सर्वोच्चता स्थापित करने का प्रयास किया। कहा जाता है कि नील माधव ने राजा गलब को श्राप दिया कि उनका वंश समाप्त हो जाएगा। क्योंकि उसने गलब सवरों को मारा था, जो नील माधव के पुत्र थे (सरला महाभारत, मुसली पर्व, 9/63)। ऐसा माना जाता है कि नील माधव ने कहा कि सतयुग में उन्होंने एक सवर लड़की से विवाह किया था, जिसके कारण वे 'सवरी नारायण' कहलाए। सरला महाभारत, मुसली पर्व, 9/83 यह जानकारी पूर्व वर्णनों में नहीं है। यह स्पष्ट है कि सवरों को नील माधव भगवान् जगन्नाथ का प्रारंभिक अवतार का पुत्र बताकर और उनको हानि पहुँचाए जाने पर प्रतिशोध की धमकी और विष्णु-नील माधव-भगवान् जगन्नाथ और एक सवर कन्या के बीच वैवाहिक संबंध स्थापित कर यह पुनर्निर्मित मिथक आध्यात्मिक परंपरा व हिंदू समाज में दैत्यों का स्थान सुरक्षित करना और ऊँचा उठाना चाहता है।

हर तरह से यह प्रयास सफल रहा। इस मिथक के अनुसार सवर दैत्यों के पूर्वज नील माधव के बेटे हैं और जगन्नाथ मंदिर में दैत्यों को भगवान् जगन्नाथ के परिवार

वालों की तरह माना जाता है। इस कारण वे नवकलेवर मूर्तियों का समय-समय पर नवीकरण के दौरान धर्मग्रंथ संबंधी आदेशों के अनुसार किसी परिजन की मृत्यु होने पर अंत्येष्टि क्रिया करते हैं और अशुद्धि काल मानते हैं।

मंडल पांजी जगन्नाथ मंदिर का आधिकारिक दस्तावेज के राजभोग खंड में भी एक पुनर्निर्मित परंपरा है, जिसकी पूर्व व्याख्या रामानुज दिव्य चरितई और प्रपन्नामृत में पाई जा सकती है, जिसका श्रेय आमतौर पर अनंताचार्य को दिया जाता है। राजभोग के अनुसार एक आचार्य जो सूर्य वंश के पुरुषोत्तम देव के शासनकाल में था, रामानुज की इस बात से नाराज था कि जगन्नाथ के पुजारी शास्त्र विधिनुसार शुद्धि के नियमों का पालन नहीं करते और उसने राजा से शिकायत कर दी। राजा ने आचार्य की इच्छानुसार पुजारियों को शुद्धि के नियमों का पालन करने और ठीक से विधि-विधान करने का निर्देश दिया। लेकिन निर्देश से नाराज होकर पुजारियों ने स्वयं भगवान् जगन्नाथ से अपने काम में राजकीय दखल की शिकायत की।

कहानी के अनुसार उसी रात भगवान् जगन्नाथ ने आचार्य को क्षेत्र पुरी के मंदिर के सेवकों या पुजारियों के काम में हस्तक्षेप नहीं करने के लिए आंध्र प्रदेश में कूर्म क्षेत्र श्री कूर्मम् जाने का आदेश दिया। राजभोग में कहा गया है कि उसी रात एक स्वप्न के माध्यम से राजा को बताया गया कि भगवान् के कृष्ण के रूप में अवतार के दौरान मंदिर के पुजारी उनके ग्वाल मित्र थे। क्योंकि उस दौरान उन्होंने शुद्धता के नियमों का पालन नहीं किया था, इसलिए केवल इस कारण से उन्हें न तो नकारा जा सकता था और न ही उन्हें सेवा करने से मना किया जा सकता था। अतः दैत्यों ने स्वयं का संबंध भगवान् से स्थापित करने के लिए भगवान् जगन्नाथ से प्रार्थना की। उन्होंने कर्म या ब्राह्मणवादी विधि-विधान के स्थान पर भक्ति को ऊँचे पायदान पर रखा।

यहाँ इस बात पर ध्यान देना आवश्यक है कि मंडल पांजी का राजभोग खंड मूलतः मंदिर के सेवकों न कि स्वयं पुजारियों द्वारा एकत्रित और दर्ज परंपराओं का संकलन है। अतः यह मंदिर के सेवकों द्वारा अनुमोदित परंपराओं को ही दर्ज करता था, विशेषकर पुजारियों द्वारा जो उनके प्रमुख थे। कारण, जिनपर मडल पांजी के विभिन्न खंडों को संकलित और दर्ज करने की जिम्मेदारी थी, गैर-ब्राह्मण थे और संभवतः गैर-ब्राह्मण दैत्य पुजारियों से सहानुभूति रखते थे।

पुनर्निर्मित पौराणिक कथाएँ स्पष्ट रूप से इस बात की ओर इशारा करती हैं कि दैत्य, भगवान् जगन्नाथ के पुजारियों के रूप में अपने अस्तित्व को लेकर सशंकित थे; वे परंपरा तथा हिंदू समाज में ऊपर उठाना चाहते थे। इस उद्‌देश्य से उन्होंने अपने सम्मान में बढ़ोतरी और हिंदू समाज में निश्चित रूप से स्वीकार किए जाने के लिए कुछ पूर्व परंपराओं में उपयुक्त फेर-बदल किए।

सुधा-सुआरा

इस संदर्भ में इस बात पर ध्यान देना प्रासंगिक है कि दैत्यों के एक वर्ग ने सुधा-सुआरा के रूप में अपनी एक अलग पहचान बनानी चाही। यह पंद्रहवीं शताब्दी में सरला महाभारत के लिखने और सोलहवीं शताब्दी के अंत और सत्रहवीं शताब्दी के आरंभ में कर्मागी के संकलन या सत्रहवीं शताब्दी के अंत और अठारहवीं शताब्दी के प्रारंभ में देउला तोला के लिखे जाने के बीच हुआ।

विद्वानों का मानना है कि दैत्यों द्वारा अपना स्थान ऊपर उठाने के संघर्ष को केवल आंशिक सफलता मिली, क्योंकि नील माधव जगन्नाथ का सरला महाभारत में उल्लेख और रामानुज परंपरा के राजभोग रूपांतर में उन्हें जाति क्रम में सबसे निचले पायदान पर रखा गया है। अपना दरजा घटता महसूस करते हुए कुछ महत्त्वांकाक्षी और दृढनिश्चयी दैत्यों ने एक नया नाम अपनाकर और नई पहचान का दावा कर जाति व्यवस्था में ऊपर उठने का प्रयास किया।

उन्होंने सुधा-सुआरा नाम का चयन किया, क्योंकि वे मूलतः सवर पहाड़ी जनजाति की सुधा सुधों शाखा की उपशाखा थे। इस समय तक सौरा नामक बदलकर सुआरा हो गया था और सुआरा और सुआरास मंदिर के रसोहार का, जिन्हें यह नाम संस्कृत में सूपकर से मिला है, के बीच समानता के कारण उन्हें स्वयं को रसोहाए के समकक्ष रखकर अपना स्थान ऊँचा उठाने का उत्कृष्ट अवसर मिल गया। अतः उन्हें मंदिर के पवित्र रसोइयों के रूप में स्वीकार किया गया और कुछ विद्वान् तो उन्हें ब्राह्मण तक मानते थे। अपनी स्थिति को और सुदृढ बनाने के लिए उन्होंने सरला महाभारत की नील माधव-जगन्नाथ की पुनर्निर्मित दंतकथा को, फिर से जीवित किया और उसे दोहरी उत्पत्ति की दंतकथा में परिवर्तित कर दिया, जिसमें दैत्य तथा सुधा-सुआरास दोनों की उत्पत्ति का विवरण था। यह रूपांतरित परंपरा शिशु कृष्ण दास द्वारा लिखी गई देउला तोला पुस्तकों में दर्ज की गई।

नव पुनः संरचित परंपरा का केंद्र था ललिता नामकी एक स्त्री के चरित्र का पुनर्निर्माण। सरला महाभारत में ललिता-जरा उर्फ बसु की पत्नी थी, जो नील माधव के मूल जनजातीय भक्त थे। जब ब्राह्मण बसु ईश्वर को ढूँढ़ते जनजातीय बस्ती में पहुँचे तो जरा ने उनका स्वागत किया और क्योंकि उनके समान नाम थे, इसलिए उनके बीच भाईचारा स्थापित हो गया। जरा ब्राह्मण को ईश्वर और पूजा का गुप्त स्थान दिखाने का इच्छुक नहीं था। लेकिन अपनी पत्नी ललिता, जिसे वह ब्राह्मण भा गया, के दबाव में आकर मान गया और उसने उसे देवता नील माधव और पूजा का गुप्त स्थान दिखा दिया।

लेकिन देउला तोला की कथा में बसु को नील माधव का मूल भक्त और ललिता

को उसकी बेटी न कि पत्नी बताया गया है। विष्णु-नील माधव की खोज में आनेवाला ब्राह्मण विद्यापति है न कि बसु। सवर कन्या, ललिता को ब्राह्मण से प्रेम हो जाता है और यह पता चलने पर उसके पिता ब्राह्मण को कन्या से विवाह करने के लिए बाध्य करते हैं। बातचीत के दौरान ब्राह्मण को संदेह होता है कि बसु का नील माधव से संबंध है और वह जानता है कि देवता कहाँ हैं वह ललिता से विवाह कर लेता है, जो अब न केवल अपने पति को भगवान् का रहस्य बता देती हैं बल्कि अपने पिता पर भी विद्यापति को भगवान् के लिए दबाव डालती हैं। न चाहते हुए भी पिता अपने दामाद को देवता दिखाने के लिए तैयार हो जाता है, लेकिन पूजा के गुप्त स्थल तक नहीं। बाद में वह उस स्थान पर उसे आँखों पर पट्टी बाँधकर ले जाता है। लेकिन अपनी सवर पत्नी की सहायता से ब्राह्मण पूजा का गुप्त स्थल का मार्ग ढूँढ़ कर निकालता है।

इस बात पर कम संदेह है पर यह नया विवरण ज्यादा स्वाभाविक, भावुकतापूर्ण और शक्तिशाली है। अपने पति का पक्ष लेना और उसके साथ परिवार के रहस्य बाँटना ज्यादा स्वाभाविक हैं। इसके अलावा एक सवर कन्या और ब्राह्मण युवक के बीच प्रेम और जिन्होंने मिलकर एक पिता व ससुर को पराजित किया। इससे लोकप्रिय स्तर पर जगन्नाथ परंपरा की शक्ति और आकर्षण और बढ़ा। आज परंपरा का यह एकमात्र विवरण है, जिसे उड़ीसा के आम लोग जानते हैं।

ललिता की पुनर्कल्पना से सुधा-सुआरास को जाति व्यवस्था में ऊपर उठने में सहायता मिली। सरला महाभारत वृत्तांत के अनुसार ब्राह्मण बसु देउला तोला में विद्यापति की पत्नी ब्राह्मण थी और उनके वंशज जगन्नाथ के ब्राह्मण पुजारी बने, जबकि मूल सवर जरा उर्फ बसु दैत्य पुजारी बने।

नए वर्णन में ललिता को मूल भक्त की बेटी बताया गया, जिसने नील माधव की खोज करनेवाले ब्राह्मण से विवाह किया। इस प्रकार सुधा-सुआरास एक ब्राह्मण पुरुष और सवर महिला के बीच संबंध से जनमे जिसके कारण उन्होंने न केवल दैत्यों से भिन्न अस्तित्व का दावा किया बल्कि बिना अपनी जनजातीय सवर उत्पत्ति त्याग कर ब्राह्मण होने का भी दावा किया। सवर कन्या ललिता के वंशजों के तौर पर उन्होंने नील माधव की खोज का श्रेय भी स्वयं लिया, जिसके कारण पुरी में भगवान् जगन्नाथ की पूजा की स्थापना हुई। मंदिर में पुजारी होने के कारण सुधा-सुआरास के पास जाति व्यवस्था में ऊपर उठने के ब्राह्मणवादी तरीके को अपनाने के अलावा और कोई विकल्प नहीं था। जो उन्होंने ललिता का विवाह ब्राह्मण से करवाकर पूरा किया।

पुनः निर्मित दंतकथा का एक अन्य उपयोगी उद्देश्य भी था। क्योंकि अब सुधा-सुआरास का संबंध ब्राह्मण तथा गैर-ब्राह्मण दैत्य पुजारियों से था, इसलिए इन दोनों वर्गों के पुजारियों के बीच भी सगोत्रीस संबंध थे चाहे वे कितने भी अप्रत्यक्ष क्यों न

हों। इसके कारण मंदिर के पुजारियों के तीन प्रमुख वर्गों के बीच भावनात्मक संबंध और कुछ हद तक एकता स्थापित हुई यह खुर्दा के राजाओं को शांत रखने में कारगर सिद्ध हुआ, जब उन्होंने पुजारियों के बीच फूट का फायदा उठाकर मंदिर के मामलों में दखल देने का प्रयास किया।

अतः जनजातीय देवी-देवताओं का शास्त्रीय देवकुल और जनजातियों का हिंदू समाज में विलयन एक निरंतर प्रक्रिया थी। जनजातीय देवी-देवताओं का हिंदूकरण भी मध्यकाल में राज्य निर्माण की प्रक्रिया में अंतरस्थ था। इससे औपनिवेशिकों द्वारा प्रस्तुत भारतीय समाज की एक गतिहीन, अपरिवर्तनशील समाज के रूप में तसवीर पर प्रश्नचिह्न लग जाता है और इसके स्थान पर सामाजिक स्वरूप में निहित गत्यात्मकता प्रदर्शित करता है, जिसने सदैव स्थानिक जनजातियों का स्वागत किया।

□

अध्याय-6

खांडोबा : दक्कन में एक जनजातीय देवता

खांडोबा, की उत्पत्ति दक्कन के जंगलों में रहनेवाली जनजातियों से हुई। अध्याय से पता चलता है कि किस प्रकार एक स्थानीय देवता का एक सम्मानित क्षेत्रीय देवता के रूप में विकास हुआ, जिसकी लोकप्रियता का विस्तार अनेक जनजातियों, जातियों और समाज के विभिन्न वर्गों, यहाँ तक की शाही परिवारों में भी हुआ।

हिंदू देवकुल में अन्य भगवान् की भाँति खांडोबा भी एक घाती विकास और सांस्कृतिक सख्ती का प्रतिरोध करते हैं। वे मौजूदा लोकप्रिय नायकों, देवी-देवताओं से खुलकर आदान-प्रदान करते हैं और विभिन्न स्तरों पर एक साथ काम करनेवाले सहवर्ती पंथों और किंवदंतियों के विलयन या अभिसरण से उभरते हैं। अंततः उनके इर्द-गिर्द विकसित होने वाली परंपरा के समूह की अनेक प्रमुख विशेषताओं से आदिकालीन वैदिक परंपराओं की अनेक अव्याख्येय समानताएँ हैं, जो असाधारण हैं; क्योंकि उनकी भक्ति के प्रमुख केंद्र आज भी पश्चिमी दक्कन के अपेक्षाकृत सुदूर हिस्सों में स्थित हैं, जिनका उन क्षेत्रों से कोई स्पष्ट संबंध नहीं है, जहाँ वैदिक संस्कृति फली-फूली।

इस अध्ययन में देवताओं की विधि और सिद्धांतों में रहस्यमय समानताएँ सामने लाई गई हैं, जिन्हें विद्वान् समाज के निचले वर्गों के देवता और शास्त्रीय धर्मग्रंथों में पूजे जानेवाले भगवान् के रूप में वर्गीकृत करते हैं। तथाकथित निम्न वर्गों के देवता और अखिल भारतीय देवताओं के बीच यह संबंध धीरे-धीरे स्वीकृत भारतीय परंपरा या भारतीय आध्यात्मिक सांस्कृतिक वर्णक्रम के रहस्यमय संबंधों के बारे में अत्यधिक जानकारी देता है। इस परंपरा के बारे में केवल एक बात दावे के साथ कही जा सकती हैं और वह यह कि सभी सूत्र और वर्ग मजबूत नहीं हैं; भारतीय संस्कृति और परंपरा के विभिन्न तत्त्व एक-दूसरे में अतिसूक्ष्म रूप से मिल जाते हैं। खांडोबा धारा शैव संप्रदाय से जुड़ गई, हालाँकि वैष्णव और जैन परंपराओं के साथ पारगामी परागण कुछ हद तक स्पष्ट दिखाई देता रहा, जिनकी दक्षिण में काफी शक्तिशाली उपस्थिति है।

आदिम उत्पत्ति

खांडोबा निश्चित रूप से पश्चिमी दक्कन के वनों और पहाड़ियों पर रहनेवाली, भोजन एकत्रित करनेवाली और शिकारी जनजातियों के देवता थे। उनका प्रभाव क्षेत्र मोटे तौर पर वर्तमान महाराष्ट्र, कर्नाटक और आंध्र प्रदेश राज्य है और वे आमतौर पर खांडोबा, खांडेराया महाराष्ट्र, मल्लन्ना आंध्र, मैलर, मैरलए मल्लैया कर्नाटक नामों से पहचाने जाते हैं। वे और मुरूगन एक-दूसरे के काफी समानांतर हैं। मुरूगन का उल्लेख तीसरी और चौथी शताब्दी ईसवी के प्रारंभिक तमिल संगम साहित्य में पहाड़ी देवता, सेययोन और उदित होते 'लाल देवता' के रूप में है (ज्वेलेबिल, 1977), सेययोन का अभिप्राय 'पुत्र' से भी हो सकता है, जिसके कारण भगवान् को शिव के पुत्र स्कंद, कार्तिकेय से जोड़ा जा सका। खांडोबा की भाँति मुरूगन भी पहाड़ियों से आए थे और प्राचीन तमिल में मलयकिलवन, 'पहाड़ियों के स्वामी' के उपनाम से जाने जाते थे (सोंथाइमर, 1976 : 20, 92)।

संभवत: वन से उत्पत्ति के कारण खांडोबा का बाँबी से अटूट संबंध है, जो कि साँपों का कल्पित निवास था और इस कारणवश वन में रहनेवाली जनजातियाँ और पशुचारी समूह उसे संपत्ति और भौतिक समृद्धि का मूलस्रोत मानते थे। बाँबी का सूर्य के साथ भी प्राचीन संबंध है; खड़िया जनजाति बाँबी की भेंट चढ़ाकर सूर्य की पूजा करती थी (क्रुक, 1968: 9f)। खांडोबा पंथ के सबसे जाग्रत् क्षेत्र, जेजूरी में वार्षिक सोमवती अमावस्या जात्रा के अवसर पर बाँबी की भंडार हल्दी से पूजा की जाती हैं, क्योंकि हल्दी सोने का विकल्प है (सोंथाइमर, 1997 : 21)।

इस विशिष्ट पंथ के विकास के अस्पष्ट प्रारंभिक काल में खांडोबा की पूजा कटंबू वृक्ष के नीचे एक स्तंभ कटू के रूप में होती थी, जो देवत्व का एक प्रसिद्ध जनजातीय चिह्न है (तिरूमुरूकरूप्पटई, 6.225f)। विद्वानों ने देखा है कि इस स्तंभ का वैदिक बलि के खूँटे, यूप से गहरा संबंध है (बियारद्‌य, एम., 1990 : 19)। लेकिन जैसा कि अन्यत्र उल्लेख है स्तंभ खंब अन्य जनजातीय क्षेत्रों में एक पवित्र वस्तु के रूप में पाया जाता है, जिसमें उड़ीसा में देवी खंबेश्वरी के रूप में सबसे प्रसिद्ध उदाहरण है। वास्तव में, स्तंभ एक स्थायी अखिल भारतीय चिह्न है और माना जाता है कि नरसिम्ह के अवतार में शास्त्रीय भगवान् विष्णु राजा हिरण्यकशिपु के महल में एक स्तंभ से प्रकट हुए।

खांडोबा और उनकी दो प्रमुख पत्नियाँ, म्हालसा और बनाई की अनगढ़ पत्थर के रूप में पूजा होती है, जिसे पिंड या पिंडी (सोंथाइमर 1997:21) कहते हैं, जो एक और अखिल भारतीय प्रथा है, जो आज भी जनजातियों, गाँववालों और तथाकथित 'उच्च परंपरा' में जारी है। पहाड़ साँप और बाँबी का एक अन्य आदिम आदिप्ररूप

है और इसका भी सूर्य से बराबर संबंध है। आदिकाल से इसकी पत्थरों के रूप में पूजा की जाती है, जिसे ईश्वर का स्व निर्मित या स्व प्रकट चिह्न, अर्थात् स्वयंभू लिंग माना जाता है (सौंथाइमर, 1997:32)।

अपनी साधारण उत्पत्ति के बावजूद खांडोबा ने दक्कन की सभी जातियों और समूहों को अपनी ओर आकर्षित किया और उनके भक्तों में खेतिहर जातियाँ मराठा, कुंबी, व्यापारी, जैन, लिंगायत, राजा, ब्राह्मण और यहाँ तक कि कुछ मुसलमान भी शामिल थे। भगवान् को निम्न वर्ग से विशेष प्रेम था—

यदि कोई व्यक्ति निम्न जाति का है, तो भी वह सदैव मुझे प्रिय है। जो कुछ भी देना है उसे ही दिया जाना चाहिए और जो कुछ भी पाना है उससे ही लेना चाहिए। वह मेरे जैसे सम्मान का ही पात्र है (मल्लारी महात्क्य), (XXI511, स्टैनली 1990 : 277)।

खांडोबा के सबसे अनन्य भक्तों में शामिल थे—जनजातियाँ और चरवाहे ढंगर, गावली, मछुआरे कोली, परहेदार और भूतपूर्व आपराधिक जातियाँ रामोशी, गाँव में पारंपरिक सेवा करनेवाली जातियाँ जैसे माली, दरजी, चर्मकार और माँग व महार जैसी भूतपूर्व अछूत जनजातियाँ। मार्तंड विजय में यह स्पष्ट रूप से लिखा है कि खांडोबा में भक्ति और मुक्ति दोनों है और वह सभी के लिए है, जाति या धर्म के भेदभाव के बगैर (एम.वी. 29 30; 5 : 12 : नेने) वर्ण-जाति-कुल।

मार्तंड भैरव

जैसे-जैसे खांडोबा की प्रसिद्धि और शक्ति का विस्तार हुआ, उन्होंने मार्तंड भैरव का स्वरूप ग्रहण किया, जो कि दैत्य मणि और मल्ल को पराजित करने के लिए शिव का विशेष अवतार था। अनेक कहानियों में शिव के मार्तंड भैरव के रूप विकास का उल्लेख है। एक कहानी के अनुसार एक गो नि ी गायें नियमित रूप से बाँबी में अपना दूध डाल देती थीं। यह सुनकर कपिल ऋषि ने गोमुनि से मार्तंड भैरव की पूजा करने के लिए कहा। यथानुसार गोमुनि ने बाँबी को मार्तंड भैरव की आकृति का बनाया, जो कि मिट्टी या चिकनी मिट्टी से बनी मृणमय मल्लारी या मल्लारी खांडोबा नाम से जानी गई (सोंथाइमर, 1997 : 22)। जैसा कि प्रसिद्ध है मार्तंड वैदिक देवताओं की माँ अदिति के बेटे थे, हालाँकि मराठी और कन्नड़ संस्कृत में भी में इसका अर्थ सूर्य भी है। अतः विद्वानों का यह भी मानना है कि पुरातन समय में सूर्य की जनजातीय-लोक पूजा का परिणाम खांडोबा की मार्तंड भैरव के रूप में पहचान थी।

मल्लारी महाक्य में भगवान् द्वारा मार्तंड भैरव का रूप धारण करने की अति महत्त्वपूर्ण कथा का उल्लेख है। यह धर्मग्रंथ जो ब्रह्मांड पुराण के क्षेत्रखंड हालाँकि

यह वेंकटेश्वर प्रेस के आम संस्करण में शामिल नहीं है, फिर भी वही होने का दावा करता है, इसने निश्चित रूप से एक गैर-ब्राह्मणवादी देवता पर ब्राह्मणवादी स्वीकृति का ठप्पा लगा दिया। संस्कृत पुस्तक अपेक्षाकृत बाद के समय की है और इसकी रचना मध्यकाल में देशस्थ ब्राह्मणों ने खांडोबा/मल्लारी को अपना कुलस्वामी स्वीकार करने के बाद की होगी। लेकिन यह निश्चित है कि यह स्थानीय स्तर पर अनेक तत्त्वों का विलयन करती है। पाठक कहानी के महत्त्वपूर्ण तत्त्वों और वैदिक और पौराणिक कथाओं की घटनाओं के बीच करीबी समानताओं को देख सकता है।

'मल्ल' शब्द की उत्पत्ति वैदिक मार्य से है। ऋग्वेद में इसका अभिप्राय मारूतों; इंद्र और अग्नि से है। मल्लारी महात्क्य के अनुसार मणि और मल्ल की कहानी कृत युग में घटी। कहा जाता है कि सुंदर मणिचल पर्वत पर रहनेवाले ऋषियों ने शिव से शिकायत की कि दो दैत्य भाई, मणि और मल्ल तीनों लोकों की पवित्रता नष्ट कर रहे थे, क्योंकि उन्होंने अत्यंत कठिन तप कर ब्रह्मा से अजेय होने का वरदान पाया था। दैत्यों ने ऋषियों के परिवारों का अपमान कर उन्हें डराया-धमकाया, लिंगों को उखाड़ फेंका, यहाँ तक कि इंद्र को उनकी पूजा करने के लिए बाध्य कर दिया (मल्लारी महाक्त 73.1-36)।

क्रुद्ध होकर शिव ने तुरंत मार्तंड भैरव का रूप धारण कर घोषणा की कि इस रूप में "वे थोड़ी सी भक्ति के बदले में भी आदमियों की शक्ति और सुरक्षा प्रदान करेंगे।" (स्टैनली, 1990 : 273)। इसके बाद युद्ध में देवताओं का नेतृत्व करते हुए शिव ने शक्तिशाली दैत्य सेना का सामना किया, जिसे उन्होंने एक घमासान और रक्तरंजित युद्ध के बाद पराजित कर दिया। इस युद्ध में मणि और मल्ल पराजित हुए और मारे गए।

युद्ध में मणि ने शिव का वीरतापूर्वक सामना किया, लेकिन अंततः खांडोबा द्वारा फेंके गए अस्त्र ने उसे उसके सफेद घोड़े से गिरा दिया। वह एक सरोवर में जाकर गिरा, जिसका नाम मणिचल पड़ा। कहानी में यहाँ एक रोचक मोड़ आता है—खांडोबा गिर पड़े दैत्य की ओर बढ़ते हैं, ताकि वे विजयी नायक या देवता की मुद्रा में मणि के सिर पर अपना पाँव रख सकें, तभी मणि में गहन आध्यात्मिक रूपांतरण होता है। भूमिगत राजा, बलि की याद दिलाते हुए, जिसे स्वयं विष्णु वामन के हाथ से अपना अंत स्वीकार करते ही मुक्ति प्राप्त हुई, मणि ने हाथ बढ़ाकर भगवान् ने अपनी ओर आते हुए पैर को स्वयं अपने सिर पर रखकर एक भक्तिपूर्ण गीत गाया। इस रुचिर आत्मसमर्पण से प्रसन्न होकर खांडोबा ने मणि को तीन वरदान दिए—धरती के सभी वासी समृद्धि और सौभाग्य और तत्पश्चात् मुक्ति का आनंद उठाएँगे; मणि सदैव ईश्वर के सान्निध्य में रहेगा; और खांडोबा मणि के सफेद घोड़े को अपने निजी वाहन के रूप में स्वीकार करेंगे।

इस प्रकार खांडोबा को अपना घोड़ा मणि से भेंट स्वरूप प्राप्त हुआ। यहाँ इस बात का उल्लेख करना आवश्यक है कि आदिकाल से दक्कन के योद्धा जनजातीय और ग्रामीण समुदाय घोड़े को अत्यंत महत्त्व देते हैं और यह कि खांडोबा और मल्लिकार्जुन जैसें देवताओं का चित्रांकन अकसर अश्वारोही देवताओं के रूप में किया जाता है। वास्तव में, भील उनकी अश्व के रूप में पूजा करते हैं। महाराष्ट्र के पशुचारी गोवरी बाँबी के निकट रखे चिकनी मिट्टी के घोड़े की दुधेरा अर्थात् पशुओं की रक्षा करनेवाले के रूप में पूजा करते हैं। एक कहानी भी है कि शिव-खांडोबा-मल्लारी पहाड़ से उतर रहे थे, जब कुछ युवा भेड़ चराने वालों ने उन्हें पुणे में जेजुरी के पुराने मंदिर के समीप देखा।

वहीं दूसरी ओर, धूर्त मल्ल ने मणि की मृत्यु के बाद आत्मसमर्पण के अवसर को ठुकरा दिया; उसका निर्वहण मणि के आत्मसमर्पण का उपहास था। पश्चात्ताप का ढोंग करते हुए मल्ल ने भी भगवान् से तीन वरदान माँगे—पहला यह कि उसका सिर सदैव भगवान् या उसके भक्तों के पैर के नीचे होना चाहिए; दूसरा यह कि उसका सिर सदैव भगवान् या उसके भक्तों के पैर के नीचे होना चाहिए; और तीसरा यह कि उसे नैवेद्य के रूप में दस हजार आदमियों के सिर दिए जाने चाहिए।

इस ढोंग से क्रोधित होकर खांडोबा ने मल्लारी या मल्हारी मल्ल का नाश करनेवाला नाम लेकर पहला वरदान दिया, दूसरा वरदान उन्होंने दैत्य का सिर काटकर और उसे अपने मंदिर की चौखट पर रख दिया, जहाँ वह सदैव उनके भक्तों के पैरो तले रहेगा, तीसरा वरदान उन्होंने मल्ल को बकरी का एक सिर देकर दिया और कहा—"तुम और आदमियों को खाने की माँग करोगे? तुम्हें अपने ही भाइयों का मांस नैवेद्य के रूप में चाहिए? इस प्रकार वह तुम्हें मिलेगा। तुम्हारा सिर सदैव बकरी का रहेगा और तुम्हें नैवेद्य में बकरियाँ मिलेंगी। इस प्रकार तुम सदा अपने जैसों का खाते रहोगे और यह तुम्हारा अंतिम वरदान पूरा हुआ" (स्टैनली 1990 : 275-77)। विद्वानों का मानना है कि यह कहानी मल्ल और बनाई, भगवान् की जनजातीय पत्नी को चढ़ाए जानेवाले मांस के पीछे के कारण को समझाता है, हालाँकि खांडोबा को केवल निरामिष भेंट दी जाती थी।

लेकिन मल्ल नाम के पीछे एक लंबा और रोचक इतिहास है। मल्ल पहलवानों की एक प्राचीन जनजाति थी; हरिवंश में दो पहलवानों, चनुर और मुष्टिक का उल्लेख है, जो कृष्ण और बलदेव द्वारा पराजित हुए, जिसके बाद कृष्ण को मल्लारी मल्लों का शत्रु का उपनाम दिया गया। एक रोचक बात यह है कि पौष मास दिसंबर-जनवरी में जेजुरी में वार्षिक त्योहार की एक नियमित विशिष्टता और आकर्षण है। मल्ल और मार्तंड भैरव व खांडोबा के बीच कुश्ती प्रतियोगिता, जो नौ दिन और रात तक चलती

है (मार्तंड विजय 18.162FF., 180)।

मल्लारी का उल्लेख काकतिय वंश की राजधानी वारंगल के निकट ऐनवोल में मल्लेश्वर मैलर देव के मंदिर में एक शिलालेख 1369 ईसवी में है, जिसने मैलर को अपना कुलस्वामी बनाया (सरकार 1971 : 8-9, 21)। कृदभिरामामू में मैलर का वर्णन एक "ऐसे ग्राम देवता के रूप में है, जो सम्मान लोगों से प्रशंसा का पात्र है।" पंचदशी में विजयनगर राज्य लगभग 1350 ईसवी के विधारण्य ने मैलर का उल्लेख ईश्वर की अभिव्यक्ति के रूप में किया, जो अपने भक्तों की इच्छाएँ पूरी करते हैं। मैलर पंथ के मुख्य केंद्र विजयनगर राज्य के आस-पास थे, (सोंथाइमर 1985 : 144FF) विधारण्य द्वारा मैलर मैरल के निचले देवता के रूप में उल्लेख की लिंगायत और महाराष्ट्र के भक्ति संतों ने पुष्टि की।

दक्कन, राजस्थान, यहाँ तक कि सुदूर नेपाल में भी अनेक राजाओं ने मल्ल को बिरूड़ अपने नाम का हिस्सा के रूप में शामिल किया, क्योंकि राक्षस होते हुए भी मल्ल एक साहसी और शक्तिशाली राजा था। इस कारण से मल्ल का आज भी सम्मान किया जाता है और वह जेजुरी के मंदिर में एक राजसी मुकुट भी लगाता है। अतः बारहवीं शताब्दी के कालचूरी शासक सोविदेव को भुजबल-मल्ल, जैसी उपाधियाँ अपनाईं। अन्य शाही परिवारों सहित होयसलों ने त्रिभुवन-मल्ल और त्रैलौक्य-मल्ल जैसी उपाधियाँ अपनाईं (डेरेट 1957 : 22)। खांडोबा कृषि पृष्ठभूमि वाले अनेक मराठा शासक परिवारों जैसे होल्कर, गायकवाड़ और शिंदे के अधिष्ठाता देवता भी थे। अनेक ब्राह्मण परिवारों ने उन्हें कुलस्वामिन के रूप में अपनाया। ऊपर की ओर बढ़ते हुए किसी चरण में विष्णु, खांडोबा के जीजा व साले के रूप में पहचाने गए, जबकि तिरूपति के श्री वेंकटेश्वर, मल्लन के जीजा व साले बने।

वैष्णव संबंध

शिव के साथ विशिष्ट संबंध ने होते हुए भी खांडोबा ने वैष्णव संप्रदाय में प्रवेश किया। संत नामदेव द्वारा रचित एक अभंग में इस बात का उल्लेख है कि नंद नामक एक ग्वाले के घर में कुलस्वामिन मार्तंड के सम्मान में चंपाष्टमी मनाई जाती थी (सोंथाइमर 1997 : 249)। एक साल शिशु कृष्ण उत्तेजित हो गए, जब बाध्यों विशेष भक्त को आमंत्रित किया गया और यशोदा ने देवताओं को भोग लगाया। यशोदा डर गई कि बालक कृष्ण आविष्ट हो गए हैं और जिन्होंने एक देवरूसि से सहायता माँगी, लेकिन सब व्यर्थ रहा। अंततः उन्हें समझ में आया कि वे धोखा खा गई थीं और कुलस्वामिन को भेंट वास्तव में कृष्ण को भी भेंट थी।

यही प्रकरण पुनः 'हरिविजय' में घटता है। बालक कृष्ण मल्लारी को अर्पित

दूध पी जाते हैं और 'पागल' जैसा बरताव करते हैं। यह सोचकर की मल्लारी बच्चे में आविष्ट हो गए हैं यशोदा मल्लारी से प्रार्थना करती हैं, लेकिन मार्तंड खांडेराया प्रकट होकर उन्हें बताते हैं, सभी भगवान् कृष्ण के ही शरीर में हैं। दोनों कहानियाँ माया की शास्त्रीय धारणा को प्रस्तुत करती हैं और इस विचार को कि झूठे पूर्वग्रह कृष्ण की सर्वव्यापक भगवान् के रूप में पहचान का मार्ग अवरुद्ध करते हैं।

लेकिन सत्रहवीं शताब्दी में संस्कृत में लिखे गए 'जयाद्री महात्म्य' में कहानी में एक दूसरा मोड़ है, जिसमें कृष्ण वास्तव में आविष्ट हो जाते हैं और जेजुरी में मार्तंड भैरव के दर्शन के बाद ही उन्हें मुक्ति मिलती है। कृष्ण की इस विचित्र अप्रधानता का उद्देश्य निश्चित रूप से स्थानीय देवता के स्थान को ऊपर उठाना और एक अपेक्षाकृत नवांगतुक को शास्त्रीय देवकुल में भलीभाँति स्थापित देवताओं के साथ स्वर्गिक क्रम परंपरा में समकक्ष लाना था।

जैन परंपराएँ

हालाँकि खांडोबा जैसे ग्राम्य देवता जैन धर्म के आंडबर-हीन सिद्धांतों से बिल्कुल दूर लगते हैं; लेकिन उनका पंथ दक्षिण की जैन परंपराओं में व्याप्त है। एक कथा के अनुसार मैलर एक जैन नायक था, वह युद्धक्षेत्र में वीरगति को प्राप्त हुआ और आम लोग तथा छोटे राजवंशों के राजा उसे पूजने लगे, अंततः काकतीय वंश ने उसे अपने कुलस्वामी के रूप में स्वीकार किया। वीरशैव भी मैलर को जैन समझते थे और वह मल्लीदेव या मल्लीनाथ के नाम से भी जाना गया। एक रोचक बात यह है कि मल्लीनाथ का अभिप्राय चक्रधारा के लीलाचरित में भैरव से और श्रीसैलम के मल्लिकार्जुन का नाम लीलाचरित और कर्नाटक से प्राप्त एक शिलालेख में मल्लीनाथ हैं (सोंथइमर 1997 : 99)।

जैन मैलर-खांडोबा को तीर्थंकर का संरक्षक मानते हैं (सोंथाइमर 1997 : 101)। लेकिन भगवान् ने जनजातीय शिकारियों, मछुआरों, किसान, पशुचारी, व्यापारी, डाकू, नायक और उभरते राजाओं से अपनी पुरानी घनिष्ठता बरकरार रखी। गोरव और वाग्गैय बाघ्य उनके सबसे अनन्य भक्त थे, यहाँ तक कि ब्राह्मण भक्तों ने भी निश्चित अवधि के लिए वाग्गैय भाट अथवा देवता का स्वामीभक्त कुत्ता बनने का प्रण लिया।

पंथ में जैन प्रभाव विभिन्न प्रकार से दिखाई देता था, जो प्रारंभिक मध्यकाल में शैव परंपरा के पुनरुत्थान से पहले दक्कन में शक्तिशाली जैन उपस्थिति के कारण था (सोंथाइमर 1997: 216)। पेंबर प्रेमपुरा मंदिर में एक तीर्थंकर की पुरानी प्रतिमा देखी जा सकती है, जबकि मनमैलर का मंदिर कभी एक जैन बसदी हुआ करता था। विद्वानों का मानना है कि दैत्य मणि की उत्पत्ति मणिभद्र से हुई, जो यक्ष और जैन

व्यापारियों व यात्रियों के अधिष्ठाता देवता थे और आगे जाकर मल्लारी के संरक्षक तथा भक्त बने। पौराणिक कथाओं में मणिभद्र का संबंध कोबरा से है, जबकि बाँबी के संदर्भ में साँपों का बार-बार उल्लेख होता है।

रुद्र

प्रारंभिक संगम साहित्य में खांडोबा, मुरूगन और रुद्र के बीच रोचक समानांतर हैं (सोंथाइमर 1997:98)। रुद्र की भाँति खांडोबा व मल्लारी समाज के सभी वर्गों से बिना किसी भेदभाव के भक्तों को स्वीकार करते हैं (सोंथाइमर 1997: 209), वास्तव में रुद्र चोरों और डाकुओं के संरक्षक, वन के रक्षक और खेतों और किसानों के संरक्षक हैं (क्षेत्रानाम पति तैत्तिरीय संहिता IV.5.2g)। माना जाता है कि खांडोबा पंथ ने अब तक पारंपरिक लुटेरों जैसे रामोशी, जो खुद को सुधार कर खेतों के पहरेदार बन गए, उन्हें विशेष अधिकार प्रदान किए। महादेव, कोली, शिकारी, मछुआरे, जेजुरी में देवी बनाई के पुजारी बने।

वैदिक काल से ही रूद्र-शिव कुशल शिकारी थे; वे एक भाला या धनुष-बाण रखते थे। ऐनवोलु वारंगल के निकट, 1369 ईसवी से प्राप्त एक संस्कृत और तेलुगु शिलालेख के अनुसार अर्जुन ने शिव की रक्षा के लिए एक शिकारी जनजातीय सबर का रूप धरकर दैत्य मल्ल का नाश किया, जिसके बाद वे मल्लारी या मैलर कहलाए। मल्लारी या खांडोबा निषाद और सबर जैसी शिकारी जनजातियों के देवता हैं और आज भी चरवाहे जेजुरी में सोमवती अमावस्या त्योहार में भगवान् के साथ अपने आनुष्ठानिक शिकारी के लिए अपने आनुष्ठानिक भाले भगवान् का चिह्न साथ लाते हैं (सोंथाइमर 1997 : 56)। भाले का मुरूगन की पूजा में भी बहुत महत्त्व है। भाला धारण करनेवाले सेवकों के नाम से वेलन तमिल में वेले के नाम से भी जाने जाते हैं।

शिकारी रुद्र बज्र के स्थान पर धनुष और बाण को पसंद करते हैं; वज्र इंद्र द्वारा चुना गया शस्त्र था (सोंथाइमर 1997 : 94)। कहा जाता है कि जब इंद्र ने वर्त की ओर वज्र फेंका तो वह तीन बाणों में विभाजित हो गया (IS, vi.1.4, 4-5)। विद्वानों का मानना है कि वज्र और तीन बाणों वाला धनुष संभवत: त्रिशूल का पूर्वगामी रहा होगा (सोंथाइमर 1997 : 94)। खांडोबा के भक्त अधिकांशत: अपने स्मृति फलक में अपने पूर्वजों वीर का चित्रण तीन बाण, एक धनुष और एक तलवार के साथ करते हैं।

रुद्र के कुशल व्यापारी भी हैं (TS IV 5.2K); वानिज, जबकि खांडोबा/मैलर बनजिंगा नामक पारंपरिक लिंगायत वाणी व्यापारी जाति के भगवान् हैं। करीमनगर में एक बनजिंगा ने उनके सहायक देवता, मल्लन की पूजा शुरू की। खांडोबा की पत्नी,

म्हालसा, एक लिंगायत हैं। खांडोबा, मालेगाँव और उस्मानाबाद में एक महत्त्वपूर्ण देवता हैं। मालेगाँव उत्तरी और दक्षिणी दक्कन के बीच एक महत्त्वपूर्ण व्यापारिक कड़ी थी।

अग्निचयन

खांडोबा पंथ की प्रमुख विशेषताओं और कुछ वैदिक विधि-विधानों के बीच सुस्पष्ट समानताओं ने विद्वानों को आश्चर्यचकित कर दिया। पुराने समय में खांडोबा के भक्त धार्मिक आत्महत्या द्वारा ईश्वर से एकाकार सयुजयत होना चाहते थे (सोंथइमर 1997 : 40)। ईश्वर की अनेक पादुकाओं के इर्द-गिर्द मेष तथा मानव सिर देखे जा सकते हैं (सोंथाइमर 1982 : 272F)। कन्नड़ में शिलालेख इस बात की पुष्टि करते हैं कि यह स्मारक रीति अनुसार आत्महत्या के बाद खड़े किए गए थे।

पादुकाओं की वैदिक अग्नि वेदी अग्निचयन के निर्माण से संबंधित प्राचीन नियमों से अलौकिक समानताएँ हैं, जिनका उद्देश्य प्रजापति की आघ एकता को पुनर्स्थापित करना है। भक्तों द्वारा स्वयं बलिदान से शिव-खांडोबा से एकता सुनिश्चित होती है, जो कि रुद्र के समान है। वहीं रुद्र अग्नि का रूप धारण कर लेते हैं, जो अग्निचयन विधि का केंद्र हैं (पारपोला 1973 : 33)। खांडोबा की पौराणिक कथा में मल्ल का जीवन ज्योति (मार्तंड भैरव MV 19.78) मुँह में प्रवेश कर शिव में विलीन हो जाता है, जिस घटना का जेजुरी में वार्षिक स्मरणोत्सव मनाया जाता है, जिसमें भक्त पादुकाओं के साथ खड़े प्रकाश स्तंभ पर नियमित रूप से तेल उड़ेलते हैं।

अग्निचयन में वेदिका के मध्य में पाँच खोपड़े रखे जाने चाहिए यानी मानव खोपड़ी और घोड़े, बैल, मेष और बकरे का सिर (हीस्टरमैन 1967 : 30)। इसके पीछे यह सोच है कि 'बलि का सिर' ब्रह्मांड का सार है। विद्वानों ने 'बाँबी' और 'बलि की खोपड़ियों' में रहस्यमयी समानताएँ देखी जाती हैं (सोंथाइमर 1997 : 92)। अग्नि या सूर्य की एक 'बाँबी' में पूजा की जाती है, जहाँ से वे भोर में उदित होते हैं (TSIV.1.2h.k.)। श्रौत बलि में रुद्र की पहचान अग्नि से है। माना जाता है कि खांडोबा दीमक के एक ढेर में छिपे हैं, बलि की खोपड़ी का वैदिक प्रतीक और ईश्वर, स्वर्ण, हल्दी और संपत्ति का स्थान मार्तंड विजय में मार्तंड भैरव/खांडोबा का संबंध स्वर्ण भंडार से जोड़ा गया है।

लेकिन सबसे महत्त्वपूर्ण बात यह है कि अग्निचयन विधि में उल्लिखित सभी पशु खांडोबा की पूजा में प्रकट होते हैं (सौंथाइमर 1997 : 41)। यदि हम यह मान लें कि प्रजापति या ब्रह्मा के प्रतीक के रूप में मानव खोपड़ी का स्थान पादुकाओं ने ले लिया है और शिव प्रजापति या ब्रह्मा के उत्तराधिकारी हैं, तो खांडोबा की पूजा में

हमें एक प्राचीन शास्त्रीय श्रौत विधि के अवशेष प्राप्त होंगे, जिसकी उत्पत्ति निश्चित रूप से लोक परंपराओं में हुई होगी।

सोमवती अमावस्या और अश्वमेध यज्ञ

सोमवती अमावस्या के दिन खांडोबा के वार्षिक आखेट की अश्वमेध बलि के साथ रहस्यमयी समानता है (सोंथाइमर 1997 : 122)। पुराने वाद्य गीतों में खांडोबा एक अश्व पर बैठकर पृथ्वी की परिक्रमा करते हैं और 'आखेट' का अंत नदी में भगवान् और भक्तों के सामूहिक स्नान से होता है। उसी प्रकार वैदिक बलि में राजा एक अंतिम स्नान अवभ्रव करता है, जिसमें उसके अनुयायी भी उसके साथ होते हैं, जिन्हें पापों से मुक्ति मिल जाती है (काणे 1941 : 1236)। वाजसनेयी संहिता 23, 17–19 में बलि के अश्व की पहचान अग्नि, वायु और सूर्य युद्ध देवता रुद्र के रूप से करते हैं; खांडोबा का संबंध अग्नि से है, जिसका प्रतीक ज्योति है। वह मार्तंड भैरव के रूप में सूर्य और भंडार हल्दी के रूप में है, रुद्र की ही भाँति वह अश्व और कुत्ते से संबंधित हैं।

आखेट खांडोबा की कहानी के लिए पृष्ठपट प्रदान करता है। इससे उन्हें अपनी दूसरी पत्नी बनाया, जो जनजातीय चरवाहा थी, इससे मिलने में सरलता होती है और वन की सत्ता और संपदा पर अपना नियंत्रण स्थापित करने में भी सहायता मिलती है। बनाई बारह बड़ा बस्तियों की धनी और सुंदर 'मिर्धिन' प्रमुख है और उसके पास नौ लाख भेड़ें हैं। दूसरे स्तर पर भगवान् के साथ उसका कामोत्तेजक संबंध भावनात्मक भक्ति में बदल जाता है, जो राधा और कृष्ण की कहानी के समानांतर हैं। भगवान् के साथ उनका संबंध पशुचारी ढंगरों को भगवान् के आध्यात्मिक जागीर क्षेत्र का हिस्सा बना देता है।

यह त्योहार उस कौशल का चित्रण करता है, जिससे इस ग्रामीण पंथ ने विभिन्न भक्तों, विचारों और धारणाओं को संघटित किया (सोंथाइमर 1997 : 308)। जात्रा का आरंभ मंदिर के प्रांगण में भगवान् की पालकी की तैयारी के साथ होता है, हालाँकि जुलूस एक ब्राह्मण द्वारा निश्चित मुहूर्त पर ही आरंभ होता है, जो भगवान् के आठ मंत्रियों 'अष्ट में प्रधान' से होता है। भाग लेनेवाली 'अठारह जातियों' को त्योहार में विशेषाधिकार प्राप्त होता है।

खांडोबा की पालकी को आगे से मराठा और पीछे से रामोशी और कोलहटी उठाते हैं। खांडोबा और म्हालसा की उत्सव मूर्तियों को 'खजाने' से दरबार कक्ष तक मुखों कें दो भिन्न परिवारों के सदस्य उठाकर लाते हैं; गुख खांडोबा के गैर–ब्राह्मण पुजारी हैं (सोंथाइमर 1997 : 309)। नाई जाति का एक सदस्य भगवान् को आईना

दिखाता है और पालकी बनाई के गुफा मंदिर की प्रदक्षिणा कर बाहर निकलती है।

एक शैव मठ जाकर जुलूस ढंगर खुटेकर कंबल बुनने वाले उपजाति द्वारा निर्मित के माल्हराव शिव मंदिर जाकर रुकता है (सोंथाइमर 1997 : 310)। उधमी होल्कर अठारहवीं शताब्दी में पेशवाओं के सेनापति बन गए थे; बाद में उन्होंने इंदौर में राजसी वंश की स्थापना की और खांडोबा को अपने परिवार के देवता के रूप में अपनाया। जुलूस सीमा और नगर द्वारा पार कर मरिआई, हैजा की देवी, के मंदिर पहुँचता है, जहाँ हटकर ढंगर चरवाहे दर्शन की प्रतीक्षा में खड़े होते हैं।

पारंपरिक रूप से एक मुसलमान भगवान् के घोड़े की देखभाल करता है, जो अब घोड़े को जुलूस से बहुत आगे ले जाता है; ढंगर घोड़े के खुरों को छूने के लिए भागते हैं जैसा कि वैदिक अश्वमेध में होता था, जिसमें राजा का एक घोड़ा सब जगह घूमता है, जिसपर बाद में विजयी राजा का अधिकार होता है (सोंथाइमर 1997 : 311)। घोड़े की महाराष्ट्र में खांडोबा और कर्नाटक में मैलर की पूजा में प्रमुख भूमिका है। खांडोबा के भक्त स्वयं को विशेष 'कोड़ों' से मारते हैं, 'आविष्ट' हो जाते हैं और इस प्रकार चलते हैं मानो वे घोड़े पर बैठे हों।

जैसे ही पालकी नदी के पास पहुँचती है खांडोबा और म्हालसा को बिना किसी भेदभाव के ब्राह्मणों व अन्य भक्तों द्वारा पंचामृत (सोंथाइमर 1997 : 313) स्नान कराया जाता है। प्रतिमाओं को नदी में ले जाया जाता है, जहाँ ढंगर भगवान् पर पानी डालते हैं, इस अधिकार को भाग लेने वाली जातियाँ स्वीकार करती हैं। बंबई के समुद्री मछुआरे, सोन-कोली व अन्य भक्त सामूहिक स्नान में भाग लेते हैं और प्रतिमाओं को वापस पालकी में ले जाया जाता है। ब्राह्मण पेशवा परिवार भगवान् को नए वस्त्र भेंट में देता है, जो उन्हें पहनाए जाते हैं; एक नाई न्हावी उन्हें आईना दिखाता है।

जुलूस देवी रंभाई (सोंथाइमर 1997 : 315-17) की ओर अग्रसर होता है, जो इंद्र के स्वर्ग में दिव्य नर्तकी थी, जिसे सिंपी दरजी जाति में अवतरित होने पर मुरली महिला भक्त के रूप में देवतुल्य स्थान दिया गया। इसके बाद जुलूस बाबीर, धालवाड़ी गाँव में गाँवली-ढंगर देवता की ओर बढ़ता है, जहाँ गाँववाले पालकी कहारों को बाजरे की रोटी भोजन के रूप में देते हैं। अगला पड़ाव एक माली पुरवा होता है, जहाँ खांडोबा अपनी पत्नी फुलई मालिन से मिलते हैं, जो माली जाति की है। वह पहली मुरली थी और उसके कारण जेजुरी में माली महिलाओं को प्रमुख स्थानों पर दावना, झेडूँ, गेंदा और बेल बिल्व बेचने का अधिकार है। नगर की परिक्रमा होने पर खांडोबा जेजुरी लौट जाते हैं।

म्हालसा और बनाई

जिस प्रकार अनेक जनजातीय और स्थानीय देवियाँ शक्तिशाली क्षेत्रीय या अखिल भारतीय देवताओं की परंपराओं में विलीन हो गई, उसी प्रकार खांडोबा पंथ ने कुछ निवर्तमान जनजातीय देवियों को अपना लिया।

भगवान् की पहली पत्नी म्हालसा संभवतः नेवासा में स्वतंत्र देवी थीं, जहाँ आज भी उनका अलग मंदिर है, जिसका कि तेरहवी शताब्दी के लीलाचरित्र में उल्लेख है (ढेरे 1961 : 67)। म्हालसा का एक रूप उग्र देवी, ध्रतमारी का भी है, जिसका उदय शिव के बालों की एक लट से हुआ, जब उन्होंने मार्तंड भैरव के रूप में अवतरित होने का निश्चय किया। वे पार्वती के रूप में भी पहचानी गईं और एक कहानी के अनुसार पार्वती और गंगा ने दैत्यों के विरुद्ध मार्तंड भैरव की सहायता करने के लिए गंगीमालव्व के रूप में अवतार लिया (सोंथाइमर 1997 : 222)।

भगवान् की दूसरी पत्नी बनाई, मूलतः उर्वरता की देवी थी (सोंथाइमर 1997 : 190–91)। उनके बारे में यह कहानी है कि वह इंद्र की सात बेटियों में से एक थी, जो जंगल में दीमकों की बाँबी में छुपाए गए सुनहरे डिब्बे में मिली। भेड़ों को चराने और उन्हें पैदा करने में अत्यंत कुशल वह जल्दी ही बारह वंशों की मिरधिन नेता बन गई।

सोंथाइमर का विचार है कि खांडोबा की दोनों पत्नियाँ वन जनजाति और ग्रामीण जनजातियों के बीच सांस्कृतिक सेतु का काम करती थीं (1997 : 24–26)। एक प्रसंग है, जो देश के अन्य हिस्सों में अन्य देवी-देवताओं की कहानियों में भी प्रतिध्वनित होता है। तमिलनाडु में मुरूगन की दो पत्नियाँ हैं—लक्ष्मी और पद्मावती, पंढरपुर में विठोभा की रुक्मिणी और पडुबाई हैं। राजस्थान में पुष्कर में ब्रह्मा की दो पत्नियाँ हैं—सरस्वती और गायत्री। श्री सैलम में मल्लिकार्जुन की पार्वती और एक चेंचू पत्नी हैं, जबकि नरसिम्ह की लक्ष्मी और चेचू-लक्ष्मी हैं। ओडेला में, मैलर की पत्नियाँ लिंगायत मेडलदेवी और पशुचारी गोल्ल समुदाय की केतम्मा हैं। वारंगल में, मैलर की पहली पत्नी मालवी और दूसरी पालेम्मा हैं। कर्नाटक में आदिमैलर और देवरगुड्डा में पहली पत्नी फिर से लिंगायत हैं, जबकि दूसरी पत्नी, कुरूबत्तयवा कुरूबा गड़ेरिया समुदाय की हैं।

खांडोबा की पहली पत्नी म्हालसा लिंगायत व्यापारी जाति से हैं, जबकि दूसरी पत्नी, बनाई एक ढंगर हैं। जेजुरी में उनके मंदिर को कोली सँभालते हैं। दोनों देवियों के बीच भीषण शत्रुता को उनके बीच तादात्म्य स्थापित करके दूर करने का प्रयास किया जाता है (MM 20.24)। जब दोनों मार्तंड भैरव के दैत्यों के साथ भीषण युद्ध में साथ होती हैं और सहायता करती हैं तो दोनों को योगिनियों के रूप में पूजा जाता है और जोगेश्वरी नाम दिया जाता है।

अंततः खांडोबा को पाँच पत्नियाँ दी जाती हैं, जो क्षेत्र में उनके बढ़ते प्रभाव का परिचायक हैं (सोंथाइमर 1997 : 261-62)। उनकी तीसरी पत्नी रंभाई सिंपिन, जो दरजी जाति की हैं, जेजुरी के निकट बेलसारे गाँव की हैं। चौथी पत्नी, फुलई मालिन, एक माली, एक देवत्वप्राप्त मुरली नर्तकी भक्त हैं, जबकि पाँचवीं पत्नी, चंडई भागवानिन एक मुसलमान या कभी तेलिन हैं। किसी समय में खांडोबा ने एक मुसलिम नाम भी रखा, मल्लू खान।

भक्ति

खांडोबा पंथ सात्त्विक और उग्र भक्ति के बीच आदर्श सान्निध्य का उपहास करता है और शुद्ध नैवेध शाकाहारी भेंट के पक्ष में स्पष्ट विकास के बावजूद इस परिकल्पना का तिरस्कार करता है कि रक्त बलि विकृष्ट या अस्वीकार्य भेंट है।

एक हृदयस्पर्शी और शिक्षाप्रद उल्लेख के अनुसार प्रसिद्ध भक्ति संत समर्थ रामदास पंढरपुर से अलांडी की अपनी तीर्थयात्रा में जेजुरी आए और उन्हें पता चला कि किले में मल्लारी रहते हैं (सौंथाइमर 1997 : 107)। रामदास भगवान् से मिलने चल पड़ें, लेकिन जब उन्होंने पहाड़ी के नीचे नंदी के समीप बलि चढ़ाई गई भेड़ों का रक्त बहते देखा तो उनमें घृणा उत्पन्न हुई और वे तेजी से उपनगर में लवथलेश्वर मंदिर की ओर मुड़ गए। रामदास द्वारा दर्शन के लिए न आने पर खांडोबा संत के सपने में एक नीले अश्व पर छत्रपति शिवाजी का रूप धरकर आए। जिनका रामदास अत्यंत सम्मान करते थे। खांडोबा अपने मूर्खतापूर्ण गर्व को पहचान कर पश्चात्तापी संत जेजुरी वापस लौटे, जहाँ उन्होंने किला-मंदिर के प्रवेश पर मारुति हनुमान का मंदिर बनवाया।

□

अध्याय-7

मुरूगन और गणेश : शिव के पुत्र

प्रकृति के स्वामी

मुरूगन, जिन्हें स्कंद और अन्य नामों जैसे सुब्रह्मण्य, खांडोबा (महाराष्ट्र) और उत्तर भारत में कार्तिकेय नाम से भी जाना जाता है। हिंदू देवकुल के अनेक देवताओं की भाँति एक संयुक्त देवता है। कार्तिकेय/स्कंद/कुमार के रूप में क्षेत्र के प्राचीनतम देवताओं में से एक होने के नाते दक्षिण भारत में वे सर्वप्रमुख हैं। तीसरी और चौथी शताब्दी ईसवी के मुख्य तमिल संगम साहित्य में मुरूगन के रूप में उनका उल्लेख है। स्कंद के रूप में भगवान् की 400 ईसा पूर्व तक पूजा की जाती थी; उनकी पूजा का उल्लेख छांदोग्य उपनिषद्, हिरण्यकेशिन, गृहयसूत्र और वेदांग साहित्य में है। उनके कुछ लोकप्रिय नाम हैं। सनतकुमार, शंमुख, विशाख, महासेन; वायु पुराण में उन्हें सर्वलोकेश्वर प्रभु सर्वोच्च भगवान् कहा गया है।

मुरूगन का शाब्दिक अर्थ है 'प्रकृति का स्वामी' (गुप्ता 1988: 12)। विंध्य पर्वत श्रृंखला के दक्षिण की ओर क्षेत्र में अनादि काल से भगवान् मुरूगन को पूजा गया है, जिन्हें वेलयुध बरछे वाला योद्धा, तमिल बेल कहा जाता है। अदिच्छनल्लूर के कलश खेतों में काँसे के मुरगे, मुरूगा, मुरूका, लोहे के बरछे और अन्य वस्तुएँ, जो मुरूगन के आधुनिक उपासकों द्वारा प्रयोग की जानेवाली धार्मिक वस्तुओं से मेल खाती है, के कारण यह माना जाता है कि इस पंथ की जड़ें आदिकाल में थीं (शास्त्री : 21-22)।

एक रोचक बात यह है कि आरंभ से ही भगवान् का संबंध मुरगे से जोड़ा गया है, उत्तर भारत में मुरगा शब्द आम है। वास्तव में, कुछ विद्वानों का मानना है कि हालाँकि अब भगवान् की पूजा केवल दक्षिण तक ही सीमित है, मुरूगन या स्कंद की उत्पत्ति वास्तव में उत्तर में हुई होगी। वे कहते हैं कि सुब्रह्मण्य नाम बौधायन धर्म शास्त्र जितना पुराना है और संभवतः इसकी उत्पत्ति उत्तर भारत में हुई होगी, क्योंकि आठवीं शताब्दी ईसवी

तक दक्षिण के शिलालेखों में इस नाम का कहीं उल्लेख नहीं है (चटर्जी 1970 : 415)। पालनी पहाड़ियों में उनके प्रसिद्ध मंदिर में एक शिलालेख के अनुदान में सुब्रह्मण्यम का विवरण 'वेलयुधस्वामी', बरछा धारण करनेवाले भगवान् के रूप में किया गया है। वे ऋषि अगस्तय के गुरु थे, जिन्हें आर्य संस्कृति को दक्षिण ले जाने का श्रेय दिया जाता है (धुर्ये 1962 : 83)।

जनजातीय देवता

मुरूगन ने संभवत: अपना दैवी कार्य कुछ शिकारी जनजातियों के रक्षक देवता के रूप में आरंभ किया और विंध्य के दक्षिण में संपूर्ण क्षेत्र को अपने प्रभाव में लाए। ये भगवान् अंशत: खानाबदोश कुरूवर जनजाति को विशेष रूप से प्रिय हैं, माना जाता है, वे कुँवारी युवतियों को प्रेम में उन्मादित कर देते हैं, जिससे वे पहली नजर में ही प्रेम कर बैठती हैं; उन्हें विशेष रूप से वेलन वेल, बरछा लाल कनेर के फूल नेरियम ओलियांड्रम और वंगई फूलों टरोकार्पस मार्सूपियम चढ़ाए जाते हैं (गुप्ता 1988 : 14)। वेलन स्कंद का भी विशेष चिह्न है। महिलाएँ और लड़कियाँ भी अकसर भगवान् के सम्मान में नाचती गाती हैं और अकसर उन्मादित हो जाती हैं। वहीं मुरूगन दक्षिण में कवियों और विद्वानों के रक्षक देवता भी थे (ज्वेलेबिल 1973 : 18)।

स्कंद के रूप में भगवान् का एक महत्त्वपूर्ण पक्ष है, धूर्त के रूप में उनका स्थान, चोरों और लुटेरों के देवता, एक विशेषता, जो उनमें शिव, खांडोबा और गणेश में समान हैं। इसे 'मृच्छकटिक' 'मिट्टी की छोटी गाड़ी' नामक नाटक में अमर बनाया गया है, जिसमें ऋषि कनकहस्तिन, स्कंद के एक अवतार, लुटेरों के गुरु हैं—स्कंद पुत्र और शूद्रक नामक चोर उनसे आशीर्वाद माँगता है। युवराज कृष्ण का कहना है कि स्कंद का यह पक्ष वैदिक रुद्र से लिया गया है, जिसका वर्णन (शुल्क यजुर्वेद वाजसनेयी मध्यनदिन संहिता 16.21 में तस्करनाम पतये) चोरों और लुटेरों के देवता के रूप में है। उसी प्रकार गणेश को मूषकवाहन कहते हैं, जिसका शाब्दिक अर्थ है वह जिसका वाहन चूहा है, हालाँकि मूषक का मतलब चूहा भी है। कृष्ण का कहना है—धूर्त के रूप में स्कंद और मूषकवाहन के रूप में गणेश के समान वंशज रहे होंगे।

कश्मीरी कवि सोमदेव की अमर रचना कथा सरित-सागर में स्कंद चोरों के देवता हैं और उनकी देशभर में उसी प्रकार पूजा की जाती है। दक्षिण भारत में वे कल्लर और मरब जनजातियों, जो लुटेरों के समुदाय के प्रिय देवता हैं जैसे महाराष्ट्र में खांडोबा स्कंद की रामोशी जनजाति पूजा करती है, जिनका पेशा किसी समय चोरी हुआ करता था। इस रूप में स्कंद शिल्पकारों के भी देवता हैं, जो कोई भी काम शुरू करने से पहले उनकी पूजा करते हैं (गुप्ता 1988 : 40)। तमिल क्षेत्र में स्कंद स्थानीय आदिवासी मुरूगन,

कोरव्वई और पलइयोल का पुत्र, में विलीन हो गए और शिव और पार्वती के पुत्र के रूप में उनका स्थान और ऊँचा हो गया। तिरूमुरूगरूप्पदई में मुरूगन हिमवत की बेटी के पुत्र हैं, जिन्हें अग्नि ने धरती पर उतारा और छह कृत्तिका-देवियों ने हिमालय में घास के एक तालाब में पाला-पोसा (वेंकटरामन 1975 : 309)। तमिल पुस्तक परिपदल सातवीं शताब्दी ईसवी या उससे पहले में दक्षिण में स्कंद के महत्त्व को यह कहकर दरशाया गया है कि विष्णु, शिव, ब्रह्मा, बारह, आदित्य, दो अश्विन, आठ वसु, ग्यारह रुद्र और आठ दिक्पाल मुरूगन की पूजा करने तिरूप्परनकुरम आए।

स्कंद में विलीन होने से पूर्व मुरूगन का वाहन हाथी था, जिसके बाद हाथी और मोर, दोनों ही उनकी सवारी के रूप में जाने गए। चोल काल में जाकर ही मोर मुरूगन तथा स्कंद का विशेष वाहन बना (मणि 1990 : 85)। उत्तर भारत में पहली शताब्दी ईसवी तक स्कंद की विस्तृत रूप से पूजा की जाती थी। पाणिनी और पतंजलि दोनों ही अपने समय में उनकी लोकप्रियता की पुष्टि करते हैं (हॉपकिंस 1968 : 227)। प्रसिद्ध योद्धा जनजाति, यौधेय, जो रोहतक क्षेत्र में रहती थी और जिसने शक से लेकर हूणों तक लगभग सभी आक्रमणकारियों का सामना किया, स्कंद को ऊँचा स्थान देते थे। महाभारत में रोहतक क्षेत्र को मत्तमयूरों, 'उन्मत्त मोरों' की भूमि कहा गया है। गर्वीले योद्धा यौधेय संभवत: अपने संरक्षक देवता के वाहन मोर को अपने ध्वजों में प्रदर्शित करते थे और इसलिए उन्हें 'मत्तमयूर' का उपनाम मिला (धुर्ये 1962 : 68)। यौधेय सिक्कों में स्कंद को एक मुरगी के साथ दरशाया गया है (मिश्रा 1987 : 373)।

वल्ली, एक तमिल कोररवई आदिवासी लड़की, मुरूगन की पत्नी थी। लेकिन स्कंद के साथ पहचान होने पर मुरूगन ने एक और कन्या देवयनई या देवसेना, वैदिक स्कंद की पत्नी से विवाह किया। इसके कारण विचित्र असमान्यता पैदा हो गई, जो देवता के मिश्रित स्वरूप को स्थापित करती हैं। पत्नी होने के बावजूद स्कंद उत्तर भारत में कुमार 'शुद्ध किशोर' के रूप में लोकप्रिय हैं (डेनियलू 1964 : 298)। इसके विपरीत, दक्षिण भारत में गणेश को ब्रह्मचारी माना गया है, जबकि उत्तर में उनकी दो पत्नियाँ बुद्धि और सिद्धि या रिद्धि हैं (सोमयाजी 1983 : 56)।

400 ईसवी से पूर्व का संगम साहित्य इस बात की ओर इशारा करता है कि स्कंद तमिलनाडु में दूसरी-तीसरी शताब्दी ईसवी में पहुँचे और मुरूगन से उनकी पहचान पाँचवीं शताब्दी से पहले हुई। संगम साहित्य में केवल मुरूगन, न कि स्कंद का उल्लेख है। लेकिन सातवीं शताब्दी ईसवी तक मुरूगन/स्कंद सर्वोच्च तमिल देवता के रूप में उभरे और उन्हें सुब्रह्मण्यम का उपनाम दिया गया। मुरूगन क्योंकि कुरूँजी क्षेत्र पहाड़ी क्षेत्र के देवता थे, इसलिए स्कंद पहाड़ियों के देवता कहलाए गए। देशिक सुब्रह्मण्यम के रूप में देवता अपने पिता, शिव के गुरु के रूप में प्रसिद्ध हैं; वे अपने पिता को पवित्र

पंचाक्षर सूत्र के रहस्य और गहराई समझाते हैं (धुर्ये 1962 : 82)।

स्कंद की पहचान पहले अग्नि कुमार, सदैव युवा के रूप में उनका संबंध सभी प्रकार की जलन, ज्वर व अन्य वेदनाओं से जोड़ा गया। उन्हें शिव के आस-पास अनेक वेदनाओं से भी जोड़ा गया और समय के साथ वे शिव के 'पुत्र' के रूप में उभरे (हॉपकिंस 1974 : 229)। महाभारत में स्कंद की छवि एक ऐसे देवता की है, जो बच्चों को परेशान करता है। उनकी अनेक पुरुष और स्त्री परिचरों, स्कंद-ग्रहों की टोली हैं, जिन्हें राक्षस माना जाता है और जो बच्चों को कष्ट पहुँचाते हैं। जो बच्चों और गर्भवती महिलाओं के लिए खतरनाक मानी जाती हैं। स्कंद, विशाख और नैगमेष ऐसे ग्रह हैं, जो बच्चों को बीमारियों द्वारा कष्ट पहुँचाते हैं।

कालिदास के कुमारसंभव में स्कंद को गुप्त काल का स्वतंत्र देवता बताया गया है। लेकिन उत्तर भारत में उत्तर गुप्त काल में वे शिव के अधीनस्थ थे और शैव प्रवाह में विलीन हो गए (चटर्जी 1970 : 48)। लेकिन स्कंद को अपनी पहली शिलालेखीय प्रार्थना वासुदेव के आस-पास ही प्राप्त हुई, जो कि उनके अपने पिता शिव से बहुत पहले थी और अब उनके श्रेष्ठ भाई, गणेश से अनेक शताब्दियों पहले (धुर्ये 1962 : 68)।

छठी शताब्दी ईसवी तक स्कंद की पूजा केवल दक्षिणी पहाड़ी जनजातियों, वेद और कौरवों तक ही सीमित नहीं थी। शैव संप्रदाय में लगभग पूर्ण रूप से आत्मसात्, भगवान् ने शिव की अनेक विशिष्टताएँ आत्मसात् कीं (गुप्ता 1988 : 41)। इस प्रकार ऊपर उठकर उनका एक महायोगी, रोगहर, शिक्षक और प्रकृति के स्वामी के रूप में गुणगान किया गया। और शिव की ही भाँति, जो पार्वती से अपने विवाह के बावजूद सर्वोच्च योगी माने जाते थे, उसी प्रकार स्कंद/सुब्रह्मण्य, आदिवासी वल्ली और शास्त्रीय देवसेना के पति, को भी योगी माना गया। और जिस प्रकार शिव पाँच तत्त्वों के स्वामी हैं और ये पंचतत्त्व उनकी आँखों से निकलनेवाले चिनगारियाँ हैं—पहली चिनगारी है आकाश, दूसरी वायु, तीसरी अग्नि, चौथी उप जल और पाँचवीं पृथ्वी, उसी प्रकार सभी पंच तत्त्व मिलकर स्कंद बनते हैं, जो शिव के विभिन्न पक्षों से निर्मित होकर विशाल देवता का हिस्सा बनते हैं।

शिव ने बारह ग्रह, पाँच पुरुष और पाँच महिला को आकार दिया, ताकि वे स्कंद के सहायक हों। महिला ग्रह सप्त-मातृक कहलाते हैं। धीरे-धीरे अनेक मातृ देवियाँ, जिनकी पाँचवीं शताब्दी ईसवी में पूजा की जाती थी, सात माँओं के रूप में पहचानी गईं और जल्दी ही वे सामूहिक रूप से एक देवी, रेवती के रूप में जानी गई। रेवती, देवी षष्ठी जन्म के बाद 'छठा दिन' के समान है, जो देवसेना, स्कंद की प्रिय पत्नी भी है। स्कंद और मातृकाओं से संबंधित अन्य देवियों में शामिल हैं—वरुणी, ब्राह्मी, यमिका, निरूचिका, बाहुपुत्रिका, कुमारी, रोदनी, भूतमाता और लोकमाता।

रेवती एक प्राचीन और शक्तिशाली मातृ देवी हैं। एक कहानी के अनुसार दीर्घजीवी नामक एक राक्षस ने एक बार देवताओं का नाश करने की धमकी दी, जिन्होंने स्कंद से सहायता माँगी; स्कंद ने उनकी सहायता के लिए रेवती को भेज दिया। मादा भेड़िया शालवृकी का रूप धरकर रेवती ने राक्षस को खा लिया और शकुनि नामक चील के रूप में राक्षसों के बीच विनाश किया। रेवती से बचने के लिए राक्षस मनुष्यों और अंश प्राणियों की कोख में घुस गए, लेकिन रेवती जातहारिणी बनकर गर्भधारण से लेकर जन्म तक मानव संतानों पर आक्रमण करने लगी; विशेषकर अपवित्र लोगों की संतानों पर। इसके फलस्वरूप प्रसव के दौरान माँओं और नवजात शिशुओं में बीमारी और मृत्यु का कारण बनने वाली सभी लोक देवियाँ जातहारिणी देवियों के नाम से जानी गईं और रेवती में सम्मिलित हो गई; स्कंद उनके प्रमुख बने। विद्वानों का मानना है कि यह कहानी कि राक्षस कभी मानव कोख में प्रवेश कर जाते हैं और उनका नाश करना पड़ता है, संभवतः उन माँओं को सांत्वना देने के लिए बनाई गई थी, जिनके नवजात शिशुओं की मौत हो गई थी (गुप्ता 1988 : 42)।

देवी भागवत पुराण के अनुसार रेवती को षष्ठी देवी इसलिए कहा जाता है, क्योंकि वे प्रकृति के छठे भाग का प्रतिनिधित्व करती हैं। वे बच्चों की मुख्य देवी हैं और निःसंतान दंपतियों को संतान का वरदान देती हैं। पारंपरिक रूप से बच्चे के जन्म के छठे दिन उनकी पूजा की जाती है, आज भी गर्भावस्था का छठा महीना खतरनाक समय माना जाता है और किसी गर्भवती स्त्री का यह समय ठीक से गुजर जाए उसके लिए विशेष अनुष्ठान और पूजा की जाती है।

एक वर्णन के अनुसार मातृकाओं ने स्कंद-कार्तिकेय के अजेय पराक्रम को पहचानकर उनसे शरण माँगी और उनसे प्रार्थना की कि वे उन्हें अपनी माँ के रूप में स्वीकार करें। स्कंद ने उनकी इच्छा मानकर उनका सम्मान किया और इस प्रकार उनका मातृकाओं से संबंध जुड़ा। बाद में, मातृ देवियाँ चाहती थीं कि लोग उन्हें सर्वोत्तम मातृ देवियाँ मानें, इसलिए स्कंद ने कुछ को परोपकारी और कुछ को अपकारी बना दिया। सात में से आर्य और मित्र संभवतः परोपकारी हैं, जबकि काकी, कालिमा, रुद्र और बृहति और पलाल अपकारी हैं। काकी, हालिमा और पलाल निश्चित रूप से अनार्य देवियाँ हैं। एक अन्य देवी, विनता ने भी स्कंद से उन्हें अपनी माँ के रूप में स्वीकार करने का आग्रह किया, जिसे भगवान् ने स्वीकार कर लिया।

अधिकांश मातृ देवियाँ शक्तिशाली हैं, यह इस बात की ओर इशारा करता है कि स्कंद की उत्पत्ति जनजातीय थी, जिसमें मातृ देवियों का वर्चस्व था (गुप्ता 1988 : 45)। देवियों का रूप भयानक है और उनके हाथ-पाँव पक्षियों और पशुओं के हैं। अतः स्कंद मूलतः गाँववासियों का एक गैर-आर्य जनजातीय देवता था।

दक्षिण भारत में स्कंद-कार्तिकेय के अनेक महत्त्वपूर्ण मंदिर हैं, जहाँ भगवान् की मुरूगन या सुब्रह्मण्यम के रूप में पूजा की जाती है। सुब्रह्मण्यम का सबसे पहला उल्लेख नेल्लोर जिले में मल्लन में पल्लव काल के नंदीवर्मन का तिरूवनबूर का मंदिर शिलालेख हैं। इस स्थान की पहचान तिरूनेरकम से की गई है, जो तंजौर से अड़तालीस किलोमीटर दूर मद्रास-रामेश्वरम दक्षिण रेलवे पर है। अमरावती का नल वंश स्कंद और शिव का उपासक था। मध्य छठी शताब्दी ईसवी के एक शिलालेख में चालुक्यों ने अपनी निरंतर समृद्धि का श्रेय कार्तिकेय को दिया है। श्रीलंका और संस्कृति से वह अत्यंत प्रभावित था। आज भी सुदूर दक्षिण सिंहल में कटरगाम में मुरूगन का एक प्राचीन मंदिर है, जिसके पुजारी 'वेद्दाह जनजाति' के हैं।

पहाड़ी क्षेत्र मुरूगन के लिए विशेष रूप से पवित्र हैं, इसलिए उनके मंदिर सदैव पहाड़ी की चोटियों पर स्थित होते हैं। स्कंद एक मोर पर सवारी करते हैं, जो भारत के जंगलों में आमतौर पर पाया जाता है और उन्होंने वल्ली नामक वन में रहनेवाली एक आदिवासी लड़की से विवाह किया। उनका वाहन वन में पाया जानेवाला एक पक्षी है, इस बात की ओर भी इशारा करता है कि उनकी पूजा प्राचीन पेड़ और सर्प पूजा से संबंधित थी (गुप्ता 1988 : 48)। नागा जनजाति दक्षिण में सबसे पुराने गणचिह्न समूहों में से एक थी, जो संभवतः मुरूगन की पूजा से जुड़ी; क्योंकि आज भी आम लोग साँप दिखने को मुरूगन का प्रतीक मानते हैं। एक ध्यान देने योग्य बात यह है कि षष्ठी देवी, शिशु जन्म के छह दिन बाद पूजी जानेवाली और रेवती तथा मातृकाओं से संबंधित, एक सर्प देवी ही है।

त्रिचनगोड़ में स्कंद सर्प के रूप में प्रिय है। तमिल भाषी क्षेत्रों में सुब्रह्मण्यम को नाग संप्रदाय से जोड़ा गया है और नाग और सुब्रह्मण्यम की मूर्ति अकसर एक ही मंदिर में स्थापित की जाती है। तेलुगु, कन्नड़ और तमिल भाषी लोगों में लोकप्रिय नाम सुभा या सुबराज सुब्रह्मण्यम और साँपों दोनों के लिए एक परिवर्णी शब्द है। स्कंद पुराण में कुमार द्वारा सर्पों को राक्षस प्रलंब से छुड़ाने का उल्लेख है। चंद्र मास का छठा दिन षष्ठी सुब्रह्मण्यम ओर सर्प देव दोनों के लिए पवित्र है और दक्षिण भारत में इस दिन ब्रह्मचारियों को भोजन कराया जाता है और दान में वस्त्र दिए जाते हैं। स्कंद, कार्तिकेय, सुब्रह्मण्यम, कुमार या ब्रह्मचारी हैं।

बकरी मुख नैगमेय नैगमेष के रूप में स्कंद एक उदार देवता हैं, जो पुत्र का वरदान देते हैं। कृष्ण वासुदेव ने उनसे अपनी पत्नी सत्यभामा के लिए पुत्र की प्रार्थना की, जो रुक्मिणी से उनके पुत्र प्रद्युम्न के बराबर होगा।

साहित्यिक उल्लेख

युवक कार्तिकेय अपनी शक्ति के लिए जाने जाते हैं। ऋग्वेद स्कंद और अग्नि का संबंध ज्ञान और विवेक से जोड़ते हैं और विश्वाविद सर्वज्ञ, समूचा ज्ञान रखनेवाला, कवि ऋषि, कवि कृतु ऋषि जैसे ज्ञान वाला, जैसे उपनामों से उनकी सराहना करते हैं (मैकडॉनल 1971 : 97)। अग्नि के पास संतान देने की शक्ति है, स्कंद कार्तिकेय का प्रारंभिक साहित्यिक उल्लेख छांदोग्य उपनिषद् में पाया जा सकता है, जहाँ सनतकुमार, एक दार्शनिक और ऋषि नारद के गुरु, की पहचान स्कंद के रूप में की गई है। महाभारत काल में स्कंद के रूप में कार्तिकेय युद्ध के देवता के रूप में उभरते हैं, इंद्र और अग्नि को विस्तेज कर जो अब तक इस स्थान पर थे। गीता में कृष्ण कहते हैं कि सेनापतियों में स्कंद की वैदिक अग्नि के साथ अनेक आश्चर्यजनक समानताएँ हैं, इतनी कि शतपथ ब्राह्मण में उन्हें अग्नि या रुद्र का नौवाँ रूप कहा गया है (गुप्ता 1988 : 2)। प्रारंभिक वैदिक साहित्य में रुद्र और अग्नि की एक-दूसरे से पहचान की गई थी। स्कंद को अग्नि गृह्यपति के रूप में भी जाना जाता है। बाद में पुराणों ने स्कंद का संबंध शिव से जोड़ा और शिव मंदिरों में उनकी मूर्ति स्थापित की जाने लगी।

स्कंद का पहला शिलालेखीय उल्लेख पहली शताब्दी ईसा पूर्व के नानाघाट शिलालेख में मिलता है, जिसमें अन्य देवताओं के अलावा कुमार की ओर भी संकेत हैं (गुप्ता 1988 : 5)। सातवाहन काल में वे शक्तिशाली देवता रहे होंगे जैसा कि उस समय के लोकप्रिय नामों से पता चलता है, जैसे स्कंद-नाग-शतक कान्हेरी गुफाओं में उल्लिखित या स्कंदस्वती।

एक प्रसिद्ध तमिल कविता तिरूमुरूगररूप्पदै तिरूमुरूगत्तरूपदै, जो कि आमतौर पर कवि नक्कीरर की मानी जाती हैं, भगवान् का गुणगान करती हैं (पिल्लै 1968 : 43)। और उन्हें कोर्रोवई कोट्टवई शाब्दिक अर्थ 'निर्वस्त्र स्त्री' का पुत्र बताती हैं। कोर्रोवई एक शक्तिशाली देवी हैं, जिसकी अत्यंत प्राचीन समय से दक्षिण में पूजा की जाती है। वह युद्ध क्षेत्र में अपने पुत्र मुरूगन पट्टपडु के साथ नृत्य करती हैं और हालाँकि उसे शास्त्रीय कुमारी और गौरी के साथ जोड़ा गया, उसका नाम स्वयं बिना किसी संदेह के उसकी जनजातीय जड़ों की ओर इशारा करता है। माना जाता है कि कोर्रोवई में दुर्गा या रुद्राणी का आठवाँ अंश था। कोट्टवई बाण असुर की माँ है, जो उदार राक्षस था और दैत्यों का अधिष्ठाता देवता था।

नक्कीरर की कविता से यह प्रकट होता है कि सभी सामाजिक स्तर के व्यक्ति मुरूगन का सम्मान करते थे और सभी अपने स्थापित विधि-विधानों और अनुष्ठानों के अनुसार देवता की पूजा करते थे। अत: ''मुरूका जो अपने तमिल नाम मुरूगन से जाने जाते हैं, 'कोमल बालक' का चित्रण कला, मूर्ति और चित्रों में एक सुंदर बालक

या युवक के रूप में किया जाता है। पुजारी विस्तृत कर्मकांडों और अनुष्ठानों से उनकी पूजा करते हैं, ग्रामवासी भोजन और रक्त की भेंट चढ़ाकर, आदिवासी वेद वन के आदिम नृत्यों से उनका ध्यान कर सर्वोच्च देवता के रूप में उनकी आराधना करता है। सुब्रह्मण्य, ब्रह्मांड की सर्वव्यापी आत्मा, वह सार जिससे सब वस्तुओं की उत्पत्ति होती है, जो मानवता पर दया करके कभी विवक के युवा देवता का रूप धर लेते हैं तो कभी युद्ध के देवता का भी, जब दुष्ट असुरों ने उनकी आराधना की है और अब दक्षिण भारत में वे सबसे लोकप्रिय देवता हैं, जो सदैव और हर स्थान पर अपने भक्तों की सेवा में रहते हैं।'' (गुप्ता 1988 : 13)।

कवि मुरूगन के छह चेहरों के पीछे गूढ़ प्रतीकवाद की भी व्याख्या करते हैं— ''एक, संसार के अंधकार और अज्ञान को दूर कर उसे प्रकाश में नहला देता है; दूसरा, अपने भक्तों को वरदान देता है; तीसरा, यज्ञ की रक्षा करता है; चौथा, 'स्वयं के ज्ञान' प्रवचन देता है; पाँचवाँ, दुष्ट राक्षसों का नाश करता है और छठा, प्रेमपूर्वक वल्ली, पहाड़ियों से उसकी वधु के मुख पर दृष्टि डालता है (पोप 1910 : 17-19)। मुरूगन के छह चेहरों के गूढ़ अर्थ और स्कंद के बीच गहरा संवाद है, साथ ही लाल रंगों, लाल फूलों की भेंट, प्रतीक के रूप में बेलन भाला और वाहन के रूप में मोर के बीच भी। अंततः मोर का दोनों देवताओं के साथ अभिन्न संबंध है, जिनकी आगे जाकर एक-दूसरे से पहचान होती है।

छह मुखी शग्मुख के रूप में स्कंद, शिव और शक्ति दोनों को अंगीकार करता है। उनकी पाँच इंद्रियों और मन का ये प्रतीक हैं। इस प्रकार कार्तिकेय के छह सिर उनके छह लक्षणों का प्रतिनिधितव करते हैं अर्थात् ज्ञान, वैराग्य, बल, कीर्ति, श्री और ऐश्वर्य। ये इस बात के प्रतीक हैं कि ये चार वेदों, वेदांगों और दर्शन की छह शाखाओं का अनुपूरक युग्म के प्रतीक हैं यानी न्याय-वैशेशिक, सांख्य-योग, मीमांसा-वेदांत। स्कंद अनगिनत सिरों वाला विराट् पुरुष, विश्वथमुख है, जिसका सिर और मन हर दिशा में मुड़ता है, वह सर्वव्यापी है, बढ़ भी सकता है और अपनी इच्छा से कोई भी रूप धारण कर सकता है। स्कंद को ब्रह्माशष्ट भी कहा जाता है, क्योंकि उन्होंने ब्रह्मा को वेद भूलने पर उलाहना दिया। उन्हें वेलयुध स्वामी भी कहा जाता है, क्योंकि उनकी माँ पार्वती ने उन्हें भाला, वेल दिया। अनेक क्षेत्र, विशेषकर दक्षिण में, स्वामीनाथ के रूप में उनकी पूजा की जाती है।

पाणिनी के सूत्रों पर अपनी व्याख्या में पतंजलि दूसरी शताब्दी ईसवी में प्राप्त शिव, स्कंद और विशाख की विभिन्न प्रतिमाओं का वर्णन करता है, विशेष रूप से मौर्य काल में, जब स्कंद और विशाख की स्वतंत्र देवताओं के रूप में पूजा की जाती थी। विशाख को कभी स्कंद के भाई तो कभी पुत्र के रूप में प्रस्तुत किया जाता था या फिर स्कंद के

एक पक्ष के रूप में। इस प्रकार स्कंद का संबंध विशाल से जोड़कर उसे धूर्त कहा गया। और इस रूप से उसका संबंध चोरों के साथ जोड़ा जाता था। पतंजलि का महाभाष्य अपने समय में कार्तिकेय की भारी लोकप्रियता के रोचक तथ्य प्रस्तुत करती है, स्कंद और विशाख की शिव सहित पूजा की जाती थी और मौर्य राजाओं ने उनकी प्रतिमाएँ बेचकर शाही खजाने की भरपाई की। यह महत्त्वपूर्ण हैं कि तीनों भगवान् गैर-वैदिक हैं।

प्रारंभिक संस्कृत-बौद्ध पुस्तक महामजूरी लगभग पहली शताब्दी ईसा पूर्व इस बात पर बल देती हैं कि शक्र, शिव, स्कंद, नारायण, कुबेर, चंद्र, सूर्य, वैश्रवण, ब्रह्मा और लोकपालों की प्रतिमाएँ शिशु सिद्धार्थ बाद में बुद्ध को दिखाई गईं। इसका अर्थ है कि ईसवी सन् से पहले स्कंद की पूजा की जाती थी और वे विष्णु और शिव के समकक्ष थे। इस पुस्तक में कार्तिकेय का उल्लेख यक्ष के रूप में है; अन्य यक्षों में विष्णु, शंकर और नैगमेष शामिल हैं। नैगमेष, इंद्र का चौसिंगे के जैसे सिर वाला सेनापति हैं, जो ब्राह्मण और जैन, दोनों पौराणिक कथाओं में, संतान से संबंधित हैं। पुराणों में नैगमेष नेजमेस, नैगमेष हरिनेगमेसी को अग्नि का मेष मुखी रूप कहा गया है; इस स्वरूप का संबंध अकसर स्कंद-कार्तिकेय के साथ जोड़ा जाता है।

शंकर, शिव का एक लोकप्रिय उपनाम यक्षों में गिना जाता है। यह संबंध आज भी विद्यमान है, क्योंकि भगवान् के अनगिनत मंदिर यक्ष मंदिर हैं, जैसे पट्टडल का वीरूपाक्ष मंदिर। शिव के अनुयायी यक्षों की भाँति तोंदल है।

महायान बौद्ध कार्य मंजूसिरि मूलकल्प में छह सिरों वाले शंमुख/कुमार बौद्ध साहित्य में महाक्रोध को विघ्नकर्ता और विनायकों का शत्रु बताया गया है, जिसके कारण दु:स्वप्न आते हैं। याज्ञवल्क्य स्मृति में विनायकों को द्वेषपूर्ण दिखाया गया है। जैन अजरंग सूत्र दूसरी शताब्दी ईसा पूर्व में इंद्र, स्कंद और विष्णु जैसे देवताओं के त्योहारों का उल्लेख है।

गणेश का विवाह स्वयं से पहले करने पर कार्तिकेय का अपने माता-पिता पर क्रोध भलीभाँति विदित है। कार्तिकेय को लगा कि उन्हें छला गया है और वे विरोध में क्रौंच पर्वत पर चले गए, जहाँ माना जाता है कि वे आज तक रहते हैं (गुप्ता 1988 : 38)। एक लोकप्रिय कथा के अनुसार इस घटना के बाद उन्होंने विवाह करने से इनकार कर दिया और ब्रह्मचारी रहे, हालाँकि अन्य कहानियों में उनका संबंध जनजातीय सुंदरी वल्ली से जोड़ा जाता है। शिव की भाँति ही वे साधु और प्रेमी दोनों हैं।

स्कंद : शिव का पुत्र

क्योंकि स्कंद और गणेश को शिव के परिवार में उनके और पार्वती के पुत्रों के रूप में शामिल किया गया और इस प्रकार वे भाई कहलाए, स्कंद के जन्म के संबंध में

विभिन्न कथाएँ इस देवता के पैतृक प्रक्षेप-पथ की ओर इशारा करती हैं, जैसे-जैसे वे हिंदू देवकुल में ऊपर उठते चले गए। महाभारत में ही हॉपकिंस को विभिन्न प्रकार के विचार मिल जाते हैं, जिसमें से कुछ स्कंद को पितामह सनतकुमार, ब्रह्मा के ज्येष्ठ पुत्र 12, 37, 12 का बेटा बताते हैं—अन्य उन्हें महेश्वर का पुत्र; कोई उन्हें उमा का पुत्र, कृत्तिका प्लेयाद्स का पुत्र; गंगा का पुत्र 9, 46, 98 कहता है। एक अन्य परंपरा में स्कंद को रेवती का पुत्र, स्वहेय रेवतीसुतः कहा गया है या वह जो अग्नि और काम की विशेष पत्नियों अग्नि के रूप में अपनी जननी के रूप में चुनता है 3, 232, 6। अतः यह स्पष्ट है कि 'स्कंद, शिव के ही पुत्र हैं, हालाँकि यह संदेहास्पद है…'। उन्हें हरसुनु कहा गया है, हर/शिव का पुत्र (हॉपकिंस 1974 : 227)।

रामायण 1.36 में कहा गया है कि कार्तिकेय का जन्म शिव के बीज से हुआ, जिसे अग्नि ने ले जाकर आकाश गंगाा में डाला। आकाशगंगा जिसका कृत्तिकाओं ने पोषण किया। महाभारत में इस कथा के दो रूपांतर हैं। अरण्यपर्व 3.214 में कहा गया है कि उसका जन्म अग्नि और स्वाहा से हुआ, लेकिन क्योंकि अग्नि को शिव का ही एक रूप माना जाता है (महाभारत 3.211.2), इसलिए कार्तिकेय शिव के ही पुत्र हैं। लेकिन शाल्यपर्व (महाभारत 9.43.69) और अनुशासनपर्व (13.84) रामायाण में दी गई कथा को मानते हैं और कहते हैं कि स्कंद/कार्तिकेय का जन्म शिव के बीज से हुआ, जिसे अग्नि और गंगा लाए।

कार्तिकेय का जन्म पार्वती की कोख से नहीं हुआ। ब्रह्म पुराण इस रूपांतर को मानते हैं कि कार्तिकेय का जन्म शिव की ज्वलंत ऊर्जा से हुआ। अतः कार्तिकेय, शिव के प्रतिनिधि पुत्र हैं (कृष्ण 1999 : 54) वायु पुराण (11.40.33)। और ब्रह्म पुराण (2.3.10.34) में उन्हें रुद्र शिव, अग्नि और गंगा का पुत्र कहा गया है; मतस्य पुराण 146.7 में उन्हें समकरष्य आत्मजः शिशु शिव से उत्पन्न शिशु कहा गया है; शिव पुराण संहिता 31.70.74 कहती है कि शंमुख का शिव से जन्म हुआ, अग्नि, गंगा और कृत्तिकाओं के वे पुत्र हैं और शिव के प्रिय हैं। स्कंद का उपनाम भवोद्भव है यानी भव शिव से जनमे। स्कंद यग, जो अथर्ववेद का एक परिशिष्ट है, में उन्हें शिव, अग्नि, पशुपति, रूद्र, कृत्तिकाओं और इंद्र का पुत्र कहा गया है। दक्षिण भारत में शिव, पार्वती और शिशु स्कंद की मूर्तियाँ उनके शैव पैतृत्व की ओर इशारा करती हैं, जिसमें पार्वती को माँ के रूप में दरशाया गया है।

अग्नि एक उत्कृष्ट वैदिक देवता है, इसलिए कृष्ण का मानना है कि कार्तिकेय की अग्नि के माध्यम से शिव के बीज से जन्म लेने की कथा, उस संबलित प्रकिया की ओर इशारा करती है, जिसके द्वारा मूलतः दुष्ट कार्तिकेय स्वर्गिक देवकुल में देवताओं की सेना में देवसेनापति के स्थान पर पहुँचे। कार्तिकेय के असली पिता शिव और अग्नि प्रतिनिधि

पिता हैं (कृष्ण 1999 : 55)। इसके विपरीत अपने जन्म से संबंधित कथाओं में गणेश का शिव के साथ कोई जैविक संबंध नहीं है, वे पार्वती के भी प्राकृतिक पुत्र नहीं हैं।

परिवर्तित स्थान

धुर्ये का कहना है कि हालाँकि स्कंद एक सहस्राब्दी से भी अधिक, ईसा पूर्व से लगभग 600 ईसवी तक उत्तरी भारत के एक युद्ध प्रिय देवता थे, लेकिन अपने तथाकथित अनुज, गणेश के सामने वे गौण ही रहे, जो न केवल प्रतिद्वंद्वी बल्कि 'एक सफल अपहारक' भी थे (धुर्ये 1962 : 64)। कृष्ण का मानना है कि एक बार स्कंद हिंदू देवकुल में देवसेनापति के रूप में शामिल हो गए तो उन्होंने अपनी स्थानीय जड़ें खो दीं और गणेश ने उन्हें धीरे-धीरे उत्तर भारत के देवकुल से बाहर कर दिया; गणेश का गणपतय संप्रदाय ने उत्साहपूर्वक प्रचार किया (कृष्ण 1999 : 59)। लेकिन दक्षिण में, विशेष रूप से तमिल क्षेत्र में, स्कंद को एक स्थानीय जनजातीय देवता माना गया और इस प्रकार उन्होंने अपनी स्थानीय जड़ें और लोकप्रियता कायम रखी।

स्कंद उत्तर भारत में तब तक एक लोकप्रिय देवता थे, जब तक कि गणेश एक अज्ञात देवता रहे। इसका पता इस बात से चलता है कि स्कंद/कार्तिकेय नेपाल में पंद्रहवीं शताब्दी ईसवी तक एक प्रमुख देवता थे, जबकि गणेश अपेक्षाकृत नगण्य। अतः गणेश उत्तर में सफल प्रतिद्वंद्वी और अपहारक थे, जबकि दक्षिण में वे स्कंद को शिव का एकमात्र पुत्र होने के गौरव से वंचित कर देते हैं (धुर्ये 1977 : 64)। अतः अत्यंत प्राचीन काल से कार्तिकेय का स्कंद, विशाख, कुमार, महासेन, ब्राह्मण्यदेव इत्यादि के रूप में सम्मान किया गया और स्कंद-कार्तिकेय विवेक के देवता और युद्ध के देवता थे। लेकिन गणेश द्वारा ज्यादा लोकप्रियता अर्जित करने पर गणेश विवेक के देवता के रूप में प्रसिद्ध हुए, जबकि कार्तिकेय मात्र स्वर्ग की सेनाओं के सेनापति बनकर रह गए।

गणेश : सबके देवता

विद्वानों का मानना है कि अपने 'भाई' स्कंद की भाँति गणेश की उत्पत्ति भी गैर-वैदिक रही होगी, जिसका संबंध पुरातन जनजातीय अतीत से रहा होगा। गणपति के नाम से लोकप्रिय, तीसरी या चौथी शताब्दी ईसवी के लगभग भगवान् ने लोकप्रिय पौराणिक कथाओं में प्रवेश किया, लेकिन पंथवादी निष्ठा से ऊपर उठकर जल्दी ही अद्वितीय प्रतिष्ठा प्राप्त की और सभी धर्म परंपराओं जैसे हिंदू, जैन और बौद्ध, में उन्हें समान रूप से श्रद्धा दी गई।

भारत में जैसे-जैसे धर्म और संस्कृति का विकास हुआ देवताओं की पशुमानवीय आधा पशु, आधा मनुष्य रूप में प्रस्तुति जैसे विष्णु के वराह और नरसिम्ह अवतार या

शिव का हाथी सिर वाला पुत्र का रहा और संभवतः इसका कारण था, देशभर में निवर्तमान जनजातीय और लोक परंपराओं को समायोजित करने का प्रयास। धुर्ये का कहना है कि यह प्रवृत्ति एक जटिल सांस्कृतिक परिमान 1962 : 2 में अनवरत मानवजातीय संघटन का परिणाम थी, जिसे औपनिवेशिक काल में ब्राह्मणवाद की परिभाषा दी गई।

एलिस गेटी, जे.आर. रिवियेर, डी.पी. चट्टोपाध्याय और एच. मित्रा जैसे विद्वानों का मानना है कि गणेश का हाथी का सिर होना प्राचीन परंपरा का परिणाम है, जो हाथी को श्रद्धा की दृष्टि से देखती है और वास्तव में यह कोई पशु देवता नहीं है (थापनः 1992 : 31)। हाल ही खोजें, जिनमें प्रारंभिक ईसवी पूर्व सन् के भारतीय-यूनानी राजाओं के सिक्के प्राप्त हुए हैं, उप महाद्वीप के उत्तर पश्चिम में एक हाथी पंथ की ओर इशारा करते हैं (नारायण, धवलीकर 1991 : 19-48, 49-68)।

हाथी का देवत्व हड़प्पा काल में भी स्पष्ट है। मोहनजोदड़ो से प्राप्त एक मुद्रा में एक सींग वाले देवता शिव के आदिरूप को दरशाया गया है, जो योगिक मुद्रा में बैठे हैं और जिनकी दाईं ओर हाथी और बाघ हैं और बाई ओर गैंडा और वृषभ (महादेवन 1946 : 1-10)। पौराणिक काल में भी शिव मोहनजोदड़ो मुद्रा पर पशुओं के साथ अपने संबंध बरकरार रखते हैं। वृषभ उनका वाहन बन जाता है और नंदी और बाघ का संबंध उनकी पत्नी पार्वती से है। हाथी पशुमानवीय देवता, गणपति में विकसित होता है, जो एक स्वतंत्र देवता रहते हुए शिव के पुत्र कहलाते हैं (थापन 1992 : 32)।

थापन का कहना है कि हड़प्पा मुद्राओं पर बने पशु विभिन्न समूहों का प्रतिनिधित्व करते होंगे, जिनका नाम उनके नाम पर पड़ा। अतः मतंग हाथी ईसा पूर्व सन् में पाए जा सकते हैं। मतंग 'कीरत' और 'चांडाल' का पर्यायवाची है (आप्टे 1978: 754)। मतंग स्थानीय जनजातियाँ थीं, जो वैदिक काल के अंत से काफी पहले जाति में विकसित हुईं (झा 1970 : 272-288)। वे हाथी की पूजा करते होंगे, क्योंकि मतंगों को हीन दृष्टि से देखा जाता था, इसीलिए यही कारण रहा होगा कि हाथी देवता का उल्लेख ईसा पूर्व सन् के पवित्र साहित्य में नहीं है (थापन 1992 : 33)। लेकिन काफी समय बाद मत्स्य पुराण में मतंगी नामक देवी का उल्लेख है, जो मतंग जनजाति की अधिष्ठाता देवी और हाथी देवता की पत्नी थीं (अग्रवाल 1970 : 21-23)।

पाणिनि हस्तीनयन हस्ती में हाथी नामक एक जनजाति का उल्लेख है। युद्धप्रिय अष्टकिनोई, जिनसे सिकंदर का उत्तर-पश्चिम में सामना हुआ (अग्रवाल 1953 : 456) । हस्तिनयन का संबंध बैक्ट्रिया, कपीश आधुनिक बेगराम, काबुल से लगभग 80 किलोमीटर उत्तर में और गांधार क्षेत्रों से था, जिसकी दो राजधानियाँ—तक्षशिला और पुष्कलावती में थी। वायु पुराण में पुराने बैक्ट्रिया से मिलते-जुलते, एक क्षेत्र का वर्णन है और गजभूमिका यानी हाथियों की भूमि से संबंधित लोग हैं (भट्ट : 1987 : 283,

fn 2)। हाथी का संबंध कपिष नगर की अधिष्ठाता देवी से था। यूक्रटाइड्स से संबंधित कुछ सिक्कों के पीछे एक देवी की प्रतिमा कविशिये नगरदेवता कपिषी नगर की देवी के साथ ही पर्वत और हाथी के सिर का चिह्न है। क्योंकि कपि का अभिप्राय 'हाथी' से है, इसलिए कपिष का अर्थ है—'हाथियों का स्वामी' (आप्टे 1978 : 334)।

तक्षशिला में प्राप्त भारतीय-यूनानी सिक्कों में भी हाथी अंकित है। अगाथोक्लेस 180-165 ईसा पूर्व द्वारा जारी सिक्कों में एक हाथी दरशाया गया है, जिसके एक ओर सामने एक पौधा है (नारायण 1980 : 53)। फिलोस्ट्रेटस का कहना है कि पहली शताब्दी ईसवी में तक्षशिला के सूर्य मंदिर में एक पवित्र हाथी रहता था (जिउनर 1963 : 286), और सुशिम जातक में नगर में हाथी के एक धार्मिक समारोह का उल्लेख है (कॉवेल 1973 : 79 : 46)। सुत्तनिपात का निदेदश व्याख्या में हत्थीवाटिका या हाथी देवता के उपासकों का उल्लेख है (अग्रवाल 1970 : 10)। और संभवत: मध्य गंगा घाटी में कर्मकांडों का उल्लेख करता है, जहाँ प्रारंभ में बौद्ध धर्म को प्रसिद्धि मिली। पवित्र हाथी में आस्था के प्रमाण ऊपरी सतलुज घाटी, दोआब क्षेत्र में और उसके आस-पास और मध्य गंगा घाटी में, कलिंग आधुनिक उड़ीसा में और गिरनार पर्वत आधुनिक गुजरात के निकट में उपलब्ध हैं।

प्राचीन भारत में हाथी अनेक जनजातीय सिक्कों में दिखाई देता है। अर्जुनायनों लगभग 1000 ईसा पूर्व, जो दिल्ली-जयपुर-आगरा क्षेत्र में रहते थे, के एक सिक्के में एक ओर एक जंगले के अंदर एक वृक्ष के सामने सूँड़ उठाए एक हाथी खड़ा था तो दूसरी ओर एक लिंग के सामने एक वृषभ खड़ा था (ऐलन 1975 : LXXXI, LXXXIII)। कड़ा, जो उत्तर तीसरी शताब्दी या प्रारंभिक दूसरी शताब्दी ईसा पूर्व में पंजाब क्षेत्र में रहते थे, के सिक्कों पर भी हाथी और वृषभ अंकित थे (उपरोक्त : CXLVII और XXLIX), इनके अलावा यौधेयों (उपरोक्त : CXLVII, CXLIX) के सिक्कों पर भी। औदुंबर कांगड़ा जिला, लगभग 100 ईसा पूर्व हाथी का संबंध पवित्र वृक्ष या सर्प से जोड़ते थे (उपरोक्त : LXXXIII, LXXXIV)। कड़ा सिक्कों में भी साँप के प्रति श्रद्धा अभिव्यक्त की गई है।

महाभारत के अनुसार हस्तिनापुर नगर जिला मेरठ, उत्तर प्रदेश का नाम उसके संस्थापक, पौरव वंश के राजा हस्तिन के नाम पर पड़ा (लाल 1955 : 148)। लेकिन महाभारत में नगर का उल्लेख गजपुरा, गजसहक्य, गजहवय और नागहवय के रूप में है; गज, हस्ती और नाग, सभी हाथी के नाम हैं। ये भिन्न नाम इस बात की ओर इशारा करते हैं कि नगर का संबंध हाथी से था, न कि कुरू वंश के किसी राजा से। क्योंकि स्थानों का नाम आमतौर पर उनके निवासियों के नाम पर होता है, इसलिए हस्तिनापुर का संबंध ऐसी जनजाति से हो सकता है, जिसका नाम हाथी के नाम पर पड़ा, जैसे कि

हस्तिनयन या मतंग (थापन 1992 : 37)।

पर्वत, साँप और हाथी के मूलभाव के पीछे गहरा प्रतीकवाद है। पर्वत का संबंध स्वर्ग, पवित्रता, मेघ और हिम से है और यह नदियों का स्रोत है। जल जीवन का स्रोत है। अत: हाथी, जिसका संबंध आकाश, पर्वतों और वर्षा से है, जो जल का प्रतीक है और उसके साथ साँप, कालिय और मछली भी जो सब जल में रहनेवाले जंतु हैं और बिजली और मेघों को नियंत्रित करते हैं। अत: नाग शब्द हाथी, साँप, मेघ, पर्वत, वृक्ष या फिर पौधे के लिए है (आप्टे 1978 : 533, 539)। नागज या पर्वत से जनमा हाथी के लिए प्रयुक्त होता है (उपरोक्त : 533)। मतंग का अर्थ हाथी और मेघ दोनों हैं (उपरोक्त : 734)। धीरे-धीरे हाथी एक जननशील प्राणी में विकसित हुआ, जिसके कारण भू-देवी ने फसल, पशु और मनुष्यों को जन्म दिया (थापन 1992 : 39)। गज-लक्ष्मी का विचार वर्षा के मेघों द्वारा स्त्री स्वरूप धरती या खेत को उपजाऊ बनाना था (गोंड 1954 : 230)। कुभिन शब्द 'हाथी' के लिए प्रयुक्त होता है, लेकिन इसके स्त्री स्वरूप, कुभिनी का अर्थ है—पृथ्वी (रामनाथन 1983 : 86)।

थापन का मानना है कि अत्यंत प्राचीन काल से हाथी का धार्मिक महत्त्व था और यह एक जनजाति का गणचिह्न था (1992 : 41)। भारतीयता की परंपराओं को अनवरत जारी रखने की प्रवृत्ति, जो आज भी नाग, यक्ष और वृक्ष की निरंतर पूजा में नजर आती है। यह संभव है कि हाथी की पूजा बिना किसी परिवर्तन के निरंतर चलती रही, जब तक कि वह पौराणिक गणपति में नहीं परिवर्तित हो गई। उसके जब कर्मकांडों को सुधारा गया था जैसा कि कुछ विद्वानों का मानना है, उनका 'ब्राह्मणीकरण' किया गया। पवित्र हाथी की माँ के साथ घनिष्ठ संबंध था और उनकी पूजा में शामिल था—रक्त बलि, पुष्प भेंट, नृत्य और संगीत। वह समृद्धि और प्रचुरता का प्रतीक था।

गणेश या गणपति का प्रारंभिक उल्लेख हल की सप्तशती में मिलता है (धुर्ये 1962 : 51), जो छंदोबद्ध साहित्य है और प्राकृत में यह संग्रह है। पुस्तक में भगवान् की समुद्र पर रहस्यमयी शक्ति का भी उल्लेख है (उपरोक्त : 51)। जैसा कि ऊपर देख चुके हैं, यह भगवान् का आज लोकप्रिय संबंध नहीं है, हाथी देवता की प्रारंभिक उत्पत्ति के जल और उर्वरता से घनिष्ठ संबंध थे। तंजौर जिले में कुंभकोणम के निकट तिरूवंलजुली में श्वेत विनायक की प्रतिमा वाला दसवीं शताब्दी का एक मंदिर है, जिसकी देवताओं ने पूजा की होगी, ताकि वे सफलतापूर्वक समुद्र मंथन कर सकें (उपरोक्त : 79)।

युवराज कृष्ण ने एक यौगिक देवता के रूप में गणेश के उदय का पता लगाने का प्रयास किया है, जिन्होंने चार हाथ और एक विशिष्ट के रूप में चूहा पाकर देवत्व प्राप्त किया (1999 : 1)। गणेश को अनेक उपनामों से जाना जाता है, जैसे गजानन—हाथी

मुख, लंबोदर—बड़े पेट वाला, एकदंत—एक दाँत वाला, गणाधीप—गणों के देवता, विनायक—महान् नेता, विघ्नेश्वर—विघ्नों का स्वामी और विघ्नकर्ता—विघ्न हटाने वाला। किसी भी कार्य से पहले उनकी पूजा होने लगी। अग्रपूजा, क्योंकि किसी भी कर्मकांड या कार्य की सफलता की कुंजी थी—विनायक शांति।

चार विनायक जो ग्रामदेवता थे और कष्ट और बीमारी का कारण बने वे मानवग्रह्यसूत्र सातवीं से चौथी शताब्दी ईसा पूर्व के समय से हैं। याज्ञवलक्य स्मृति सातवीं से चौथी शताब्दी ईसा पूर्व के समय तक ये सब एक विनायक में सम्मिलित हो गए थे। याज्ञवलक्य स्मृति में विनायक का स्थान बढ़कर अंबिका के पुत्र का हो गया था, जिसे बाद में शिव की पत्नी पार्वती के रूप में स्वीकार किया गया। उत्तर-गुप्त काल में पुराणों के समय तक विनायक शिव और पार्वती के पुत्र बने और जिसे बाद में शिव की पत्नी पार्वती के रूप में स्वीकार किया गया। उत्तर-गुप्त काल में पुराणों के समय तक शिव और पार्वती के पुत्र विनायक बने और उन्हें शिव के दल, रुद्र गणों का नेता नियुक्त किया गया। अब उन्हें गणेश, गणों के स्वामी का स्थान प्राप्त हुआ, जो उच्च स्थान वाले एक ब्राह्मण भगवान् थे। ग्रामदेवता विनायक जो विघ्नकर्ता थे वे तुरंत ही विघ्नहर्ता और सिद्धिदाता बन गए।

शास्त्रीय देवकुल में उनकी उन्नति कला और प्रतिमाओं में उनके चित्रण स्पष्ट दिखाई पड़ते हैं। विनायक के रूप में भगवान् के केवल दो हाथ थे, लेकिन जैसे ही वे पौराणिक देवता बने, उनके चार या अधिक हाथ हो गए। उनके सुविदित प्रतीकों में शामिल हैं—लड्डू/मोदक, अंकुश, पाश और एक सूँड़। पहले उन्हें शिव मंदिरों के प्रवेश द्वार पर द्वारदेवता के रूप में स्थापित किया जात था, लेकिन जल्दी ही पार्वती और सप्तमात्रिकाओं की उपस्थिति में उन्होंने अग्रमंडप, मुखमंडप, अर्द्धमंडप की दीवारों और मंदिर की दीवारों के आलों में प्रवेश किया। बाद में परिवार देवता या पार्श्व देवता के रूप में उन्हें शिव के मुख्य मंदिर के बगल में पार्श्व मंदिर मिला और अंततः जहाँ कहीं भी वे अधिष्ठाता देवता थे, उन्हें अपना स्वतंत्र मंदिर मिला। सामयिक हिंदू धार्मिक नेताओं का दावा है कि गणेश वेदों के ब्राह्मणस्पती हैं (कल्याण 1974 : 25-30; 38-41; 64-70; 47; 18-19; 353-355; 123-127)। लेकिन आधुनिक विद्वान् ज्यादा-से-ज्यादा इस विचार के पक्ष में हैं कि उनकी उत्पत्ति गैर-वैदिक थी। कोर्ट राइट 1985 : 9 इस बारे में सुस्पष्ट है कि गणपति, दंतिन और वक्रतुंड के वैदिक और ब्राह्मणवादी उल्लेख भगवान् की ऐतिहासिक उत्पत्ति के पर्याप्त प्रमाण नहीं हैं, लेकिन ''भावी परंपरा के लिए अत्यंत महत्त्वपूर्ण सिद्ध होते हैं, क्योंकि वे गणेश का साहित्य के वैदिक संग्रह से संबंध जोड़ते हैं और उन्हें उसके अपरिमित प्रभाव का वातावरण प्रदान करते हैं।''

(ऋग्वेद II.23.1), यजुर्वेदः कृष्ण यजुर्वेद, (तैत्तिरीय संहिता 2.3.14.3) और

(कथक संहिता 10.12.44) में कहा गया है—

गणानाम् त्व गणपतिम् हवमहे कविम कवीनाम् उपमास्रवस्तमम् ज्येष्ठराजम् ब्राह्मणम् ब्राह्मणस्पत आ नाः श्रणवन्नुतिभिः सिद सदानम्।

हम दल के स्वामी के रूप में तुम्हारा आह्वान करते हैं, ज्ञानियों में ज्ञानी, बृहस्पति, बुद्धिमान ब्राह्मणों में सर्वप्रमुख।

युवराज कृष्ण (1999 : 10) का विचार है कि यह मंत्र अलग-अलग समय में अलग-अलग देवताओं की ओर इशारा करता है। ऋग्वेद में यह अग्नि को संबोधित करता है, लेकिन कथक संहिता में इसका आशय अग्नि और विष्णु अग्नवैष्णवम् से है। तैत्तिरीय संहिता में इसका उच्चार अग्नि, मारुत, वरुण, इंद्र, सोम, रुद्र और अन्य देवताओं के सम्मान में दी जानेवाली विशेष बलि के समय होता है। ऋग्वेद II.23.I में उल्लिखित गणानाम् त्व गण्पतिम् हवामहे ब्राह्मणस्पति को संबोधित करता है जो बृहस्पति हैं। कौशिकातकी ब्राह्मण (VIII.5.7.1&3) और सांखायन ब्राह्मण (8.5) भी गणपति को ब्राह्मणस्पति से जोड़ते हैं, जो बुद्धिमान अभिरूप हैं और जो रक्षा करते हैं। सांखायन ब्राह्मण (9.6) के अनुसार गणपति वह है, जो शिकारी पक्षियों की प्रजाति का नहीं है और बुद्धिमानी का भंडार है (शतपथ ब्राह्मण 13.2, 8.4)। इस गणपति को ऐसे अश्व से जोड़ते हैं, जिसमें देवताओं को स्वर्ग ले जाने की शक्ति है। केवल काफी बाद में जाकर जब गणेश की ऋग्वेद (II.23.I) और यजुर्वेद (TS 2.3.143) के गणपति से पहचान हुई, संभवतः पाँचवीं-छठी शताब्दी ईसवी में गणपत्य नामक समूह के अथक प्रयासों के कारण उन्हें स्कंद के ज्येष्ठ भाई का स्थान दिया गया, जो ऐतिहासिक तौर पर उम्र में बड़े थे; क्योंकि मंत्र में गणपति को ज्येष्ठराजम् कहा गया है (कृष्ण 1999 : 56)।

मध्यकालीन भाष्यकारों ने भी गणानाम् त्व गणपतिम (ऋग्वेद II.23.1) पर चिंतन किया है। वेंकटमाधव 11वीं शताब्दी, भट्ट भास्कर और सायन 14वीं शताब्दी का मानना था कि इसका इशारा देवताओं की सेना के स्वामी की ओर था। महिधर ने अश्व को संबोधित किया—किद्रशम् त्वान गणरूपेण पालकम् ओ अश्व, तुम किस प्रकार के हो? तुम गणपति हो, गणों के स्वामी, गणों के अस्तित्व के रक्षक सृष्टि की बहुसंख्या। इनमें से किसी भी भाष्यकार ने मंत्रों को शास्त्रीय गणेश/गणपति का उल्लेख करते हुए नहीं बताया।

ऋग्वेद IV.50.6 गण शब्द को अंगीरसों की सेना के रूप में देखता है, जबकि ऋग्वेद X.II2.9 स्पष्ट रूप से इंद्र का आह्वान करता है—

ने सु सिद गणपते गणेसु त्वम् अहुर-विप्रतमम् कवीननाम्
न ऋते त्वत क्रियते किम कनरे महम् अर्कम माधवनचित्रम् अर्क।

ओ इंद्र सेनाओं के स्वामी, सेनाओं के स्वामी सेनाओं के बीच आसीन रहिए, आप

विद्वानों में सर्वश्रेष्ठ हैं। आपके बिना कुछ भी पास नहीं है पहुँच से परे; ओ इंद्र जो उदार या वदान्य महान् सूर्य या बिजली हैं, जो सर्वोत्कृष्ट हैं, सबसे प्रतिष्ठित हैं, प्रतापी या पूजा के योग्य हैं।

तैत्तिरीय संहिता में विभिन्न वैदिक देवताओं के देवत्व को परिभाषित किया गया है—अग्नि प्राणियों के स्वामी हैं; सोम औषधि के, सविता जन्म/सृष्टि के, रुद्र पशुओं के, विष्णु पर्वतों के, मारुत गणों के मारुतो गणानाम् अधिपतय:। तैत्तिरीय संहिता 4.1.2.2 वज 11.15 का कहना है कि रूद्र गणों का नेतृत्व करते हैं। रूद्रस्य गणपतयाम्।

अथर्ववेद के मंत्रों (19.9.6.11) में भला और बुरा दोनों करनेवाले देवताओं को शांत किया गया है, जिनमें मित्र, विष्णु, प्रजापति, इंद्र, बृहस्पति, आर्यमन, वरुण, विवस्वत, उत्पात, उल्का, राहु, धूमकेतु, रूद्र, वासु, आदित्य इत्यादि शामिल हैं। गणेश, गणपति या विनायक का कोई उल्लेख नहीं हैं। गणेश, विनायक, गणपति देवताओं को बलि, भूतयज्न को बलि, जिसमें बलि-हरण आहुति लेकिन अग्नि में नहीं और पितृयज्न अयाल में बलि शामिल हैं—वैश्वदेव विश्वदेवा: के वैदिक कर्मकांडों में नहीं हैं। किसी देवता के अपकारी पक्षों को शांत कर्मकांड विभिन्न वैदिक देवताओं का आह्वान करते हैं, लेकिन गणेश, विनायक या गणपति का नहीं; युवराज कृष्ण इस निष्कर्ष पर पहुँचे हैं कि यजुर्वेद की मैत्रयणी संहिता में 'गणेश गायत्री' बाद में किए गए अंतर्वेशन हैं (1999 : 16)।

महाभारत आलोचनात्मक संस्करण में न गणेश और न ही विनायक का उल्लेख हैं और शांतिपर्व व अनुशासनपर्व के कुछ पाठसंशोधनों में विनायक शब्द का उल्लेख बाद में किया गया, अंतर्वेशन हैं (कृष्ण 1999 : 30)। गणेश्वर या गणों का स्वामी वास्तव में विष्णु का एक उपनाम है (महाभारत 13.135.79)।

यह इस बात की ओर इशारा करता है कि महाकाव्य की रचना गणेश के अविष्कार से पहले हुई थी (हॉपकिंस 1974 : 206)। गणेश से संबंधित लोकप्रिय कथा कि उन्होंने महाकाव्य को लिखने में व्यास के लिए लेखक का कार्य किया का उल्लेख न तो ग्रंथ पांडुलिपियों में हैं और न ही क्षेमेंद्र भरतमंजरी में, पर 909 ईसवी में जाकर ही राजशेखर ने बालभारत (I.120) में जोर दिया कि विनायक को भरत संहिता या महाभारत का लेखक नियुक्त किया गया (विंटरनिट्ज 1898 : 382)।

क्योंकि गणेश एक यौगिक देवता है, इसलिए उनके जन्म से संबंधित अनेक कथाएँ हैं। लेकिन सबसे लोकप्रिय कथा शिव पुराण 2.4.13.20 में है, जिसके अनुसार गणेश की रचना पार्वती ने बिना किसी पुरुष पुरुषम् निर्भमौ के अपने शरीर की मैल मलसंभवम् से की, ताकि उनका स्वयं का एक परिचारक हो। मूर्ति बनाने के बाद देवी ने उसे गंगा के पवित्र जल में डुबाया और वह जीवित हो गई। पार्वती ने उसे अपना पुत्र माना और

देवों की सभा ने बालक को गंगेय या गंगा का पुत्र कहा (कृष्ण 1999:40)। रोचक रूप से पुराणों में गणेश के हाथी के सिर के बारे में अलग-अलग कहानियाँ हैं। सबसे लोकप्रिय कहानी है कि जब क्रोधित शिव ने उसका सिर काट दिया और उद्विग्न देवी को शांत करने के लिए हाथी का एक सिर लगाकर उसे जीवित कर दिया। यह केवल शिव, स्कंद और महाभागवत पुराणों में है। इसके अलाव्रा पुराणों में उनके एकदंत होने का कोई विवरण नहीं है।

गणेश के शास्त्रीय देवता होने की पुष्टि इस बात से हो जाती है कि उनका कोई वाहन नहीं था (कृष्ण 1999 : 48)। इससे समझ में आता है कि क्यों मूषक उनके आठ में से केवल पाँच अवतारों एकदंत, महोदर, गजानन, लंबोदर और धूम्रवर्ण, (मुद्गल पुराण I.120) का वाहन बना। वक्रतुंड का वाहन है सिंह, विकट का मयूर और विघ्नराज का शेष। जैन प्रतिमा-विज्ञान में गणेश तीर्थंकर पार्श्वनाथ का यक्ष है और उनका वाहन कछुआ है। जैन मंदिरों में देवता को अन्य वाहनों जैसे हाथी, मेष या मयूर के साथ चित्रित किया गया है (तिवारी और गिरि 1991 : 103-04)। थाईलैंड में देवता को कछुए पर खड़ा दिखाया गया है (गेटी 1971 : 47)।

कृष्ण का मानना है कि मूषक का भगवान् के वाहन के रूप में चुनाव से लगता है कि गणेश निचले स्तर के एक लोक देवता रहे होंगे (1999 : 49-50)। गणेश पुराण में उल्लेख है कि ऋषि पराशर में आश्रम में एक चूहा भारी हानि पहुँचाता था, अनाज खा जाता था, वस्त्र व पुस्तकें खराब कर देता था और उद्यान को नष्ट कर देता था। अंततः पराशर के बेटे गजमुख गणेश ने चूहे का अपने पाश से पकड़कर उसे अपना वाहन बना लियां और इस प्रकार प्रतीकात्मक रूप से चूहे पर विजय पाई। कृष्ण का कहना है कि चूहा विनाश, बुराई, सफलता में बाधा का प्रतीक है और इसलिए उसपर नियंत्रण आवश्यक है। गणेश के वाहन के रूप में उसका स्थान भगवान् के ग्राम देवता के रूप में साधारण उत्पत्ति की ओर इशारा करता है। ग्रामदेवता ग्रामवासियों के शत्रुओं का नाश करता था।

लेकिन गणेश का ऊपर उठता स्थान सदा के लिए तब स्थापित हो गया, जब वे महाराष्ट्र के भक्ति संतों के विचार में आए। तेरहवीं शताब्दी में ज्ञानेश्वर ने गणेश को ब्राह्मण धर्म के शीर्ष पर पहुँचा दिया और अपने पिता शिव के रक्षक के रूप में उनका गुणगान किया। ज्ञानेश्वरी में उन्होंने गणेश के हाथी सिर, मुड़ी, सूँड़ और मानव शरीर की तुलना पवित्र अक्षर 'ओम' से की। उच्चारण ओ३म, जिसमें आ गणेश के चरण हैं, यू उनका विशाल उदर और म उनका बड़ा माथा। उन्होंने कहा—"गणेश को इस प्रकार देखना यानी ओम की परिकल्पना करना है।" (धुर्ये 1962 : 74, 97, 106--07)।

महाराष्ट्र के अन्य संतों ने भी बराबर भक्ति के साथ भगवान् को सम्मान दिया

और उनकी पौराणिक कथाओं में और कहानियाँ जोड़ीं। नामदेव ने कहा कि गणेश में ज्ञान की सभी भाषाओं का वरदान देने और गूँगें को वैदिक मंत्रों का उच्चार करवाने की शक्ति है। उन्होंने कहा कि कृष्ण अपने बेटे प्रद्युम्न, जिसे जन्म लेते ही एक राक्षस ने चुरा लिया था, उसे गणेश की पूजा करके ही पा सके। माना जाता है कि युधिष्ठिर को अपना राज्य गणेश की कृपा से ही वापस मिला। सरस्वती गंगाधर पंद्रहवीं शताब्दी ने गुरुचरित में कहा कि गणपति ने रावण को वह शिवलिंग लेने से रोका, जो उसे अजेय बना देता। एकनाथ रुक्मिणीस्वयंबर के अनुसार रुक्मिणी से विवाह के पश्चात् कृष्ण की बरात को गणेश का अपमान करने का दंड मिला और कृष्ण ने स्वयं विनायक को शांत कर आपदाओं को दूर करने की प्रार्थना की। मोरया गोसावी तेरहवीं-चौदहवीं शताब्दी ने पुणे के निकट चिंचवाद में प्रसिद्ध गणेश मंदिर की स्थापना की। समर्थ रामदास सत्रहवीं शताब्दी ने घोषणा की—''गणेश न केवल विघ्नहर्ता हैं बल्कि मंगलमूर्ति और सभी सिद्धि और सफलता की शक्ति प्रदान करनेवाले हैं।'' पेशवाओं ने गणपति को अपना कुलदेवता माना, जिससे आम लोगों के बीच उनकी लोकप्रियता स्थापित हो गई (धुर्ये : 1962 : 93106707)।

□

अध्याय-8

नाग और देवी

नाग और देवी की पूजा भारत में अत्यंत प्राचीन काल से की जाती रही है और इसे लगभग प्रत्येक क्षेत्र और समूह में पूजा जाता है, इतना कि इसका संबंध किसी विशेष क्षेत्र या लोगों से जोड़ना असंभव हैं। न ही यह बता पाना संभव है कि आदिम सोच में दोनों की पूजा स्वतंत्र रूप से की जाती थी। लेकिन हम यह जानते हैं कि नाग और देवती के प्रति सम्मान जनजातीय लोगों, गाँववालों, ग्रामीण और शहरी लोगों की सोच और शास्त्रीय अखिल भारतीय परंपराओं में गहरे तक व्याप्त था। दोनों ने मिलकर सर्प देवी, मनसा देवी, की मोहक परंपरा को जन्म दिया, जिसके बंगाल और पूर्वी क्षेत्र में अनेक अनुयायी हैं।

सर्प पूजा का इतिहास मोहनजोदड़ो से प्राप्त मुहरों और मृद्भांडों में पाया जा सकता है। एक मुहर में एक आसीन आकृति संभवत: शिव का आदिरूप है, जिसके एक ओर भक्त घुटने टेक कर बैठे हैं और दूसरी ओर एक कोबरा की अनुलंब आकृति है। कोबरा आदि-शिव का मूलभाव हो सकता है या मुहर में देवता की पूजा करनेवाले भक्तों का गणचिह्न। यदि ऐसा है तो भक्त नगा जनजाति के हो सकते हैं। चित्रित मृद्भांड जिनमें कोबरा दरशाया गया है, अकसर फैले हुए फन और अन्य कोबरा सहित, साँप के प्रति सम्मान को दरशाता है; ऐसा प्रतीत होता है कि इस काल में साँप की पूजा की जाती थी (मार्शल 1931: II, 395)।

वेदों से लेकर महाभारत और पुराणों तक और जातक कथाएँ भी जो प्राचीन भारतीय साहित्य का हिस्सा है, साँप की पूजा की लोकप्रियता तथा नगाा नामक एक शक्तिशाली जनजाति या जनजातियों के समूह की पुष्टि करते हैं। विद्वानों का मानना है कि नगाओं को अपना नाम इसलिए मिला, क्योंकि वे साँप की पूजा करते थे या उसका अपनी जनजाति के गणचिह्न के रूप में प्रयोग करते थे। ऋग्वेद में साँप का सीधे उल्लेख नहीं

है, लेकिन भावी वेदों में साँप के काटने से बचने के लिए तंत्र-मंत्र, रक्षक देवता के रूप में साँप और साँप की पूजा से संबंधित विषयों पर विचार-विमर्श किया गया है। शास्त्रों में साँप की पूजा की ओर संकेत है और गृह्यसूत्र और बौधायन में साँपों का सम्मान करने और उन्हें दूर रखने के लिए सर्पबलि का विवेचन किया गया है। गृहस्थों को आदेश था कि वे शक्तिशाली सर्पों तक्ष और उपतक्ष का सम्मान करें (मैती 2001 : 14-18)। अब तक विद्वानों का मानना था कि यह धर्म ग्रंथ संबंधी परामर्श हमलावर आर्यों द्वारा साँप की पूजा के आत्मसात्करण का प्रमाण था, क्योंकि इस मत पर अब पुनर्विचार की आवश्यकता है, क्योंकि पुरातात्विक तथ्यों से निश्चित रूप से इस बात की पुष्टि हो गई है कि सिंधु-सरस्वती सभ्यता के समय भारत पर कोई हमला या महत्त्वपूर्ण प्रवसन नहीं हुआ था और वैदिक आर्य स्थानीय निवासी थे।

महाकाव्यों में नगा

कल्पित या वास्तविक नागों ने प्राचीन भारत के सामाजिक, धार्मिक, सांस्कृतिक और राजनीतिक जीवन पर गहरी छाप छोड़ी। महाभारत में उनके और उनके कार्यों के अनेक उल्लेख हैं। महाकाव्य और पौराणिक वंशावलियों में अनेक ऐसी जनजातियाँ हैं, जो नागों का वंशज होने का दावा करती हैं, जिन्होंने ब्राह्मण परिवारों में विवाह भी किया।

महाभारत आदिपर्व में नागों की काल्पनिक उत्पत्ति पर विवेचन किया गया है। पहले इसमें कहा गया है कि केवल प्रजापति थे बाद में, मनुष्य और पशुओं की रचना के बाद ऋषि कश्यप को प्रजापति का स्थान मिला और उन्होंने उनकी दोनों सुंदर कन्याओं कदरू और विनता से विवाह कर लिया। कश्यप ने अपनी प्रत्येक पत्नी को एक वरदान दिया। कदरू पुत्रों के रूप में एक हजार पुत्रों को पीछे छोड़ दें। दोनों वर प्रदान कर कश्यप तप करने चले गए। पाँच सौ वर्षों बाद कदरू ने एक हजार अंडे दिए, जिनसे एक हजार साँप निकले। सबसे पहले शेष निकले और उसके बाद वासुकी व अन्य। शेष सबसे महान् नाग था; अपने रिश्तेदारों की हिंसा से दुःखी होकर उसने अपना राज्य त्याग दिया (1.32.8), उसे अनंत कहा गया और रामायण (III.14.7) तथा महाभारत (1-36) में उसे प्रजापति के समान स्थान दिया गया। बलराम को शेष का अवतार माना जाता है महाभारत (cf. xvi. 4.13)। विनता के दो अंडे हुए; एक अरुणा, सूर्य का सारथि और दूसरा चील गरुड़, विष्णु का वाहन (उपरोक्त : 18-19)।

प्रारंभिक साहित्य में कदरू, नाग प्रजाति की माँ, को पृथ्वी के समान माना गया है। रामायण उत्तरकांड (99, 10-12) में साँपों और पृथ्वी के बीच आत्मीय संबंध को दरशाया गया है, जब सीता अपनी पवित्रता पर प्रश्न किए जाने पर परेशान होने पर साग्रह कहती हैं—मैंने राम के सिवाय किसी के बारे में नहीं सोचा है और अपने मन की

इसी शक्ति से मैं भू-देवी से उनकी गोद में आश्रय के लिए प्रार्थना करती हूँ।" (मैती 2001-43-4)। पृथ्वी फटती हैं और उसमें से पृथ्वी देवी दो नागों के साथ बाहर आती हैं, जिनके सिर पर एक भव्य सिंहासन है, जिसपर वे सीता को बिठाकर पुनः धरती में समा जाती हैं।

लोकप्रिय सोच ने साँपों को हमेशा पृथ्वी से जोड़ा है, क्योंकि वे अकसर धरती में गड्ढों में रहते हैं। इस कारण से बाँबी को भी साँप के घर के रूप में पूजा जाता है। भू-देवी उर्वरता की प्रतीक हैं। उनके पुत्र के रूप में साँप के पास वर्षा को नियंत्रण में कर फसल और जड़ी-बूटियों को उर्वरता प्रदान करने की शक्ति है। कुछ विद्वानों का मत है कि अनंत शेष पहले फसल का देवता था, जो बाद में बलराम का अवतार बना, जो स्वयं कृषि देवता थे और जिन्होंने देवी की पूजा में साँप की उर्वरता की भूमिका निभाई (बार्थ 1932 : 173; जेम्स 1959 : 120)। दक्षिण में कृषि समुदायों का मानना है कि साँप मिट्टी को उपजाऊ बनाते हैं और मवेशियों को स्वास्थ्य प्रदान करते हैं।

आदिपर्व 15-18 में देवताओं में मेरू पर्वत पर एकत्रित होकर दिव्य महासागर से अमृत प्राप्त करने की युक्ति निकालने की कथा का उल्लेख है। नारायण ने ब्रह्मा से कहा कि यदि देव और असुर एक साथ समुद्र का मंथन करें तो अमृत प्राप्त हो सकता है। उन्होंने मंदर पर्वत को मथनी के रूप में प्रयोग करने का सुझाव दिया और शेष को उसे जड़ से उखाड़ने का आग्रह किया। जब शेष ने उनका आग्रह स्वीकार कर लिया तो देवता समुद्रतट की ओर बढ़े और महासागर से उसे मथने की अनुमति ली। वासुकी मंदर पर्वत के इर्द-गिर्द रस्सी की तरह लिपट गया। अमृत प्राप्त करने पर देवताओं ने असुरों को छलकर सारा अमृत स्वयं पी लिया।

नाग उत्तर भारत में फैली एक शांतिप्रिय जंगली जनजाति रही होगी। के.सी. मिश्र का कहना है कि आर्यों के साथ उनका संघर्ष आर्यों की भूमि पर नियंत्रण करने के प्रयास के कारण हुआ, जिसके चलते उन्होंने आग लगाकर जंगल साफ किए। अर्जुन और कृष्ण द्वारा खांडव वन में आग लगाने को मध्य देश क्षेत्र में इस संघर्ष के पौराणिक रूपांतर की दृष्टि से देखा जाता है (1987 : 220)। लेकिन यह व्याख्या अपर्याप्त प्रतीत होती है, क्योंकि भारतीय इतिहास का प्रारंभिक काल जनजातीय क्षेत्रों में बाहरी लोगों के बलकृत प्रवेश के बारे में कोई प्रमाण नहीं है; वास्तव में जनजातीय क्षेत्रों के सभी प्रारंभिक राज यों की उत्पत्ति स्थानिक प्रतीत होती है। जनजातीय राज्य निर्माण और धर्म का विकास खांडव घटना के जो भी कारण रहे हों, सर्प तक्षक अग्नि से बचकर निकल गया; उसके मन में पांडवों के प्रति गहरा द्वेष था। तक्षक इंद्र का मित्र था और कुरूओं से उसकी पुरानी शत्रुता थी। बाद में उसने अर्जुन के पौत्र, परीक्षित को मार दिया, जिसे पांडवों के वन में चले जाने के बाद हस्तिनापुर का राजा बनाया गया था।

आदिपर्व (36 : 8–37) के अनुसार परीक्षित शिकार पर निकला और उसने एक हिरन पर बाण चलाया और घायल हिरन का पीछा करते हुए, वह अपने परिचारकों से बिछुड़ गया। अपने शिकार का पीछा करते हुए वह एक ऋषि के पास पहुँचा, जो मौन व्रत के अंतर्गत तपस्या कर रहा था। भूख, प्यास और थकान से परेशान राजा ने जब अपने शिकार के बारे में जानकारी माँगी तो उत्तर में उसे चुप्पी मिली। उत्तर न मिलने पर क्रोधित होकर उसने पास ही पड़ा एक मरा साँप उठाया। इस पर उसे ऋषि के पुत्र, श्रिंगिन ने क्रुद्ध होकर राजा को श्राप दिया कि एक सप्ताह के भीतर नाग तक्षक उसे काट लेगा। हालाँकि ऋषि ने राजा को चेतावनी देने के लिए अपना एक शिष्य भेजा, लेकिन तक्षक ब्राह्मण के वेष में महल में पहुँचने में सफल रहा; उसने राजा को काटा और राजा तत्काल ही मर गया।

जब परीक्षित के एकमात्र पुत्र को अपने पिता की मृत्यु का कारण पता चला तो उसने तक्षक और उसके लोगों का सफाया करने की ठान ली। उत्तंक नामक एक ब्राह्मण, जिसे तक्षक ने कभी परेशान किया था, ने जनमेजय को और उकसाया। तक्षक जनमेजय की सर्प बलि पर हैरान रह गया और उसने इंद्र से शरण माँगी, जिन्होंने उसके जीवन की रक्षा का आश्वासन दिया। लेकिन पूर्वी नागों के राजा वासुकी के भानजे, ब्राह्मण अस्तिक के हस्तक्षेप के कारण, जब बलि रोकी गई तब तक हजारों साँप मर चुके थे। अस्तिक महान् तपस्वी जरतकरू का बेटा था और उसकी माँ, जिसका नाम भी जरतकरू था, वासुकी की बहन थी। जनमेजय के पुजारी, ब्राह्मण सोमेश्वर की माँ भी एक सर्प थीं (1.3.15)। विद्वानों की राय है कि सर्प बलि जन्मेजय और एक मामूली राजा जो साँपों की पूजा करता था और जिसने संभवतः जन्मेजय के विरुद्ध विद्रोह किया, के बीच ऐतिहासिक विवाद का कल्पित रूपांतर है (मैती 2001 : 21–22)।

प्राचीन सर्प कथाओं में तक्षक के स्थान को देखते हुए यह कहा जा सकता है कि पहले अनेक स्थानों पर उसकी पूजा की जाती रही होगी। महाभारत में कश्मीर में उसकी पूजा का उल्लेख है, साथ ही राजतरंगिणी (कल्हण) और विक्रमांकदेवचरित (बिल्हण) में भी। हमारे समय में पुराने इंदौर राज्य मध्य प्रदेश में नवाली के निकट तक्षक का एक मंदिर है, जहाँ उसकी तक्षकेश्वर या तक्षकजी के रूप में पूजा की जाती है। यहाँ बनी प्रतिमा में नाग के सात फन हैं और दोनों ओर कुंडलियाँ नजर आ रही हैं (सरकार 1971 : 139)।

महाभारत (1.31) में जिन प्रसिद्ध नागों का उल्लेख है, उनमें ऐरावत, कारकोतक, नहुश, धृतराष्ट्र, कौरव्य और धनंजय शामिल हैं। अनेक नागों के नामों की कुरू राजाओं के नामों से रहस्यमयी समानता है। विद्वानों का मत है कि कुरू क्षेत्र किसी समय में नागों का गढ़ था और नागों को धीरे-धीरे कुरू राजसी परिवार में मिला लिया गया, जिस

प्रकार कुरू, पुरूओं और भरतों के विलयन से उभरे थे।

पुरू और भरतों के वंश वृक्ष में एक पौरव राजा, रक्ष का उल्लेख है, जिसका विवाह नागराज तक्षक की पुत्री से हुआ था (I. 119.29ff)। जब पांडव राजकुमार भीम को कौरवों ने भोजन में जहर डालकर और डुबोकर मारने का प्रयास किया तो नाग राजा आर्यक ने उसकी रक्षा की, जो कुंती के नाना थे (I. 119.29a) बाद में अर्जुन ने उडुपी से विवाह किया, जो एक कौरव्य नाग की बेटी थी (i. 206)।

महाभारत में मताली की रोचक कथा का वर्णन है, जो अपने बेटी के लिए उपयुक्त वर ढूँढ़ने नागलोक गया। उसका विवाह नागों की ऐरावत शाखा के सुमुख से हुआ (V. 97.ff)। यहाँ नागलोक का तात्पर्य संभवतः एक विशिष्ट क्षेत्र से है। महाकाव्य के समय में पाताल नागों का लोक था। महाभारत में पाताल का वर्णन एक ऐसे नगर में रूप में है, जो कि 'असुरों के अग्नि देव' और गाय गौव्रत की पूजा के लिए प्रसिद्ध था। इसपर ऐरावन, ऐरावत नागों का शासन था और इसे अपना नाम अनेक झरनों से मिला। अन्य प्रसिद्ध नाग नगर थे—रसातल और भोगवती।

रसातल (V.100I.) गौ-देवी सुरभि की पूजा के लिए प्रसिद्ध था, जिसने नागों को अमृत प्रदान किया (119.f.n.)। लेकिन वासुकी द्वारा शासित भोगवती प्रमुख नाग शहर था। शेष जैसे महत्त्वपूर्ण नाग उसके साथ रहते थे। नगर नागधंव के रेगिस्तानी इलाके में स्थित था, जहाँ से सरस्वती बहती थी (IX.36.29)। तीर्थयात्रा पर्व (III. 83.72) में उल्लेख है कि भोगवती गंगा-यमुना के संगम प्रयाग में स्थित था, जो वासुकी का पवित्र ताल भी था। आज भी आधुनिक इलाहाबाद में नाग-वासुकी नामक एक प्राचीन इलाके में नाग-वासुकी का एक पुराना मंदिर है; मराठों ने समीप ही एक शिव मंदिर का निर्माण किया। इलाहाबाद में श्रावण मास में नाग पंचमी को 'गुड़िया का मेला' के लोकप्रिय नाम से मनाया जाता है। रामायण में भी रावण की नाग राजा वासुकी पर विजय और नाग राजधानी, भोगवती पर उनकी जीत के अनेक उल्लेख हैं। कहा जाता है कि रावण ने तक्षक की पत्नी का अपहरण भी किया था।

विद्वानों का मानना है कि अत्यंत प्राचीन काल में भोगवती सरस्वती के मुख पर वास्तविक शहर था; बाद में यह नागों के शहर के लिए व्यापक शब्द बन गया। ऐतिहासिक रूप से महत्त्वपूर्ण नाग शहर हस्तिनापुर था, जिसे नागपुरा भी कहते थे। पांडु को 'नागपुरा का स्वामी' कहा गया है (I.105.19.21)। संभव है कि नाग एक समुद्री जनजाति रहे होंगे, क्योंकि सुपर्णधय में समुद्र को 'नागों का घर' कहा गया है, जो कि विद्वानों का मानना है कि महाभारत (1.1220.30) की कहानी में समाविष्ट प्राचीन लोक साहित्य के अवशेष हैं (देखिए के.सी. मिश्र : देखिए मुरूगन और गणेश : शिव के पुत्र में हस्तिनापुर)।

धार्मिक परंपरा में नाग

हिंदू देवकुल में नागों का शिव के साथ गहरा संबंध है और मोहनजोदड़ो के समय में साँप 'आदि-शिव' का प्रतीक था। शिव को नागभूषण साँपों से सुसज्जित भी कहा जाता है। महाभारत में उल्लेख है कि शिव साँपों का कमरबंद, साँपों के कर्णफूल, साँप को उपवीत और साँप की खाल से बना बाहरी वस्त्र पहनते थे; वासुकी उनके गले से लिपटे रहते हैं। शिव का लिंग लिंगराज रूप में पूजित भी है, जिसे अकसर साँप घेरे रहता है (मैती 2001 : 22-23)।

साँपों के साथ इस निकट संबंध को देखते हुए शिव मूलतः साँपों की पूजा करनेवाले लोगों के देवता रहे होंगे। बंगाल में अनेक शिव मंदिरों में जीवित साँपों की पूजा की जाती है। यह प्रथा केरल में ट्रांकबार के निकट तिरूकलचेरी में भी है (उपरोक्त : 24)। पूर्वी भारत के अनेक स्थानों में नाग देवी मनसा देवी को शिव की बेटी के रूप में पूजा जाता है। हिंदुओं में देवत्व के विचार का साँप इतना अभिन्न अंग है कि विष्णु का भी उनसे गहरा संबंध है। विशाल नाग शेष जिसपर विष्णु सृष्टि के दौरान आराम करते हैं, वह स्वयं ईश्वर का ही एक रूप शेष नारायण माना गया है, हालाँकि उन्हें बलराम बलदेव भी कहा गया है, जो कृष्ण के बड़े भाई की रक्षा साँप का रूप धरकर करते हैं (मैकफी 1924 : 161)। जे. वॉगेल के अनुसार भागवतों ने साँप की पूजा को यह कहकर स्वीकार किया कि नाग प्रतिमा कृष्ण के बड़े भाई बलराम की थी (मैती 2001 : 28)। बलराम की साँप के फन के साथ प्रतिमाएँ देश के अनेक भागों में पाई गई हैं; कभी-कभी कृष्ण की मूर्तियों पर भी पाँच साँपों के फनों का मुकुट है। साँप की पूजा का दक्षिणी उड़ीसा की वैष्णव परंपरा में प्रवेश श्रावण की पूर्णिमा के दिन बलदेव की विशेष पूजा द्वारा हुआ। महान् वैष्णव संत, रामानुज को शेष का अवतार माना जाता है (विलकिंस 1887 : 59-60)।

कृष्ण के बारे में सबसे लोकप्रिय कहानी कालिय साँप से उनके युद्ध की है। कालिय ने यमुना के पानी को जहरीला बना दिया था, जिससे बहुमूल्य मवेशियों की मृत्यु हो गई थी। कुछ विद्वानों का मानना है कि यह लोकप्रिय कथा वास्तव में एक संघर्ष की थी, जो मथुरा में घटी जहाँ कालीमर्दन घाट पर नाग-लीला का मेला लगता था, जो नावों के जुलूस में समाप्त होता था (वोगेल 1926: 91)। अन्य लोगों का मानना है कि कृष्ण की कालीय पर विजय के महाकाव्य और पुराणों में उल्लेख "ज्यादा प्राचीन नाग संप्रदाय का अपेक्षाकृत नए और आमतौर पर मान्य मथुरा क्षेत्र के कृष्ण द्वारा दमन की ओर इशारा करते हैं।" (बनर्जी 1956 : 346-7)।

गोपालकृष्ण के पंढरपुर के मंदिर में राधा की साँपों को उठाए हुए एक प्रतिमा है। चार हाँथों वाली क्षत्रड़ी की शक्ति देवी के एक बाएँ हाथ में एक साँप है (मैती 2001 : 29)।

दक्षिण में माना जाता है कि काली के मंदिर में साँप की प्रतिमाएँ देवी को प्रिय हैं (थर्सटन 1909 : 406)।

बौद्ध धर्म ने साँप की शक्ति को स्वीकार किया और नाग जल आत्माओं और उनकी पत्नियों का सम्मान किया (स्मिथ 1911 : 10)। बुद्ध साँपों के साथ मित्रवत् व्यवहार करते थे और उन्होंने पुराने विश्वासों को नकारा नहीं। इस बात पर विश्वास करने के अनेक कारण हैं कि बुद्ध के प्रारंभिक अनुयायी साँपों की पूजा करते रहे। बुद्ध ने वृक्षों चैत्य, वृक्ष आत्मा की पूजा करने की जनजातीय प्रथा को भी अपने नए धर्मसिद्धांत में शामिल कर लिया।

साँप-वृक्ष प्रतीकवाद वास्तव में अत्यंत प्राचीन है। प्रारंभिक बौद्धों ने वृक्ष देवताओं को 'नाग' कहा और उनका विश्वास था कि उनमें अपनी इच्छानुसार मानव रूप धारण करने की शक्ति थी। बुद्ध और मुछिलिंद नामक साँप की प्रसिद्ध कथा, जो पाली धर्मग्रंथ संग्रह के प्राचीनतम रूपांतर में है, में एक मुछिलिंद वृक्ष का उल्लेख है, जो कथा के बाद के उल्लेखों में नहीं है। संभवतः नाग मुछिलिंद और जिस मुछिलिंद वृक्ष के नीचे बुद्ध बैठे थे, उनमें कोई संबंध था। नाग को एक वृक्ष आत्मा के रूप में देखा गया होगा; एक विशाल बरगद का वृक्ष जिसपर नागों का डेरा था, के जन्म की एक रोचक कहानी है (वॉगेल 1926 : 102-5)। एक प्रारंभिक बौद्ध कथा के अनुसर दो नाग, नंद और उपनंद, बुद्ध के जन्म के समय मौजूद थे और उन्होंने ही बुद्ध को पहली बार स्नान कराया। नाग राजा मुछिलिंद ने बुद्ध की साधना के समय भयंकर तूफानों से उनकी रक्षा की, जो कि साँची और अमरावती की मूर्तियों की एक लोकप्रिय विषय-वस्तु है। फर्ग्युसन ने देखा कि अनेक मूर्तियों में साँप को प्रमुख स्थान दिया गया था, जो आमतौर पर बुद्ध के प्रतीक के लिए आरक्षित होती हैं (1873 : 243-4)। साँची, अमरावती और अन्य स्थानों पर नाग जोड़ों को बुद्ध के भक्तों के रूप में दरशाया गया है, जो साँप की पूजा करनेवालों और नए धर्म के बीच संबंध की ओर इशारा करता है। महायान संप्रदाय में जांगुली नामक एक नागदेवी है।

बौद्ध परंपराओं में गोमती के तट पर एक नाग शहा का उल्लेख है, जहाँ पर बुद्ध ने अपने धर्मोपदेश दिए। नागों के पास पश्चिम से लेकर पूर्व तक अनेक शहर थे, जिसमें उत्तर-पश्चिम में तक्षशिला, मगध में राजगृह मणिनाग और संभवतः वैशाली नाग राजा विशला द्वारा निर्मित शामिल थे। एक बौद्ध कथा के अनुसार नागराज एलपट ने काशी से लेकर तक्षशिला तक अपने शरीर को खींचा, प्राचीन काल में नाग क्षेत्रों के विस्तार की ओर इशारा किया। इरावत पुराणों में प्रसिद्ध हैहय यादव राजाओं के पूर्वज जो किसी समय संपूर्ण मध्य और उत्तर-पश्चिमी भारत पर शासन करते थे। हैहय शब्द का वैदिक सर्प, अही, से आता है और इसकी पहचान मध्य भारत के गोंडों से की गई है। अतः नाग

संभवतः वे लोग थे, जो साँप की पूजा करते थे या साँप के वंशज होने का दावा करते थे। शिशुनाग और मरशिव के ऐतिहासिक वंश इन प्राचीन लोगों और परंपरा के वंशज थे।

साँप धरती की जनन-शक्ति का एक शक्तिशाली प्रतीक भी है। नाग भारतीय किसानों का सबसे प्रिय क्षेत्रपाल खेतों का रक्षक भी है, क्योंकि इसके भूमि से नीचे की दुनिया से संबंध थे। मध्यकाल में नाग कन्याओं के साथ विवाह रूमानी गाथाओं की प्रिय विषय-वस्तु बन गई। माना जाता है कि पल्लव वंश चोल राजाओं ओर एक नाग माँ के वंशज थे। अपनी राजनीतिक वैधता का विस्तार करने के लिए उदित होते हुए अनेक स्थानीय कुलों ने नागों का वंशज होने का दावा किया। छोटानागपुर, मणिपुर और बस्तर के राजाओं ने एक नाग देवता का वंशज होने का दावा किया (देखिए के.सी. मिश्र)।

जैन धर्म के भी साँप की पूजा के साथ आदिम संबंध हैं और जैन मंदिरों में साँपों की मूर्तियाँ आम देखने को मिलती हैं (वॉगेल 1926 : 270)। साँप तीर्थंकर पार्श्वनाथ, जिन्हें फणीभूषण साँपों से सुसज्जित भी कहा जाता है, का प्रतीक है। पार्श्व शब्द की उत्पत्ति इस कहानी से हुई कि जब तीर्थंकर की माँ गर्भवती थीं तो उन्होंने अपने पार्श्व में एक साँप को रेंगते हुए देखा। परंपरानुसार जब पार्श्वनाथ गहरे ध्यान में निमग्न थे तो कामथ, जो प्रत्येक जन्म चक्र में उनका कार्मिक शत्रु था, ने उनका ध्यान विचलित करने के लिए बारिश और तूफान पैदा किए। सर्प राज धरनेंद्र ने अपने सात फनों के नीचे ईश्वर को आश्रय देकर और सर्प रानी, पद्मावती ने तीर्थकर के ऊपर एक श्वेत छतरी तान कर इस दुष्ट चाल को विफल कर दिया। बादामी, एलोरा और अन्य स्थानों के गुफा मंदिरों की प्रारंभिक जैन मूर्तिकला की यह एक लोकप्रिय विषय-वस्तु है। शत्रुंजय महाम्त्य के अनुसार धरनेंद्र ने पार्श्व से उन्हें पूजने की अनुमति ली, जब वे शिवपुरी के कौसबंक वन में अपने दूसरे कायोत्सर्ग गहरा ध्यान में निमग्न थे। सातवें तीर्थकर सुपार्श्व का भी एक फनों वाला साँप है (मैती 2001 : 33-4)।

श्रवणबेलगोला, मैसूर में ध्यानमग्न राजकुमार, बाहुबली की मूर्ति के पैरों के पास साँप है। दक्षिण कनारा और करकल्ल और यूनूर में दिगंबर प्रतिमाओं और बदामी में जैन गुफाओं में एक प्रतिमा के पैरों पर भी साँप है। जैन मंदिरों के भीतर और आस-पास साँप-पत्थर पाए जा सकते हैं, जिनमें से कुछ अत्यंत प्राचीन हैं (उपरोक्त : 33)।

ऐसा लगता है कि साँप की पूजा आदिकाल से चली आ रही थी और जैसे-जैसे प्रमुख धर्मों का विकास हुआ, इसे उसमें सम्मानपूर्वक शामिल कर लिया गया। कालिय जैसे कुछ साँप दुष्ट थे और इनकी जीवित पूजा भी की जाती थी। जीवित साँप की पूजा को सबसे पहले यूनानी लेखकों ने दर्ज किया; एलियान के अनुसार जब सिकंदर ने भारत पर हमला बोला तो पंजाब के अनेक शहरों में उसने साँप की पूजा होते देखी (उपरोक्त : 36)।

कुछ विद्वानों का मानना है कि मथुरा क्षेत्र से प्राप्त नाग प्रतिमाएँ, जो ईसवी सन् की प्रारंभिक शताब्दियों से हैं, वास्तव में 'पूजा वस्तुएँ' हैं, जिन्हें उनके अनुयायियों ने प्रतिष्ठापित किया था (बैनर्जी 1956 : 349)। एस.सी. दे ने उड़ीसा के विभिन्न भागों से नाग और नागिनी की प्रतिमाओं का अध्ययन किया, विशेषकर भुवनेश्वर से, और इस निष्कर्ष पर पहुँचे कि वे 'पूजा वस्तुएँ' थीं और मथुरा के समान भुवनेश्वर भी एक ही काल में नाग पूजा का केंद्र था (मैती 2001 : 39)। आज भी उड़ीसा के कुछ हिस्सों में सर्प देवी और देवताओं को ग्राम देवताओं के रूप में पूजा जाता है।

उत्तर में नाग और नागिनियों का आमतौर पर जल आत्माओं के रूप में सम्मान किया जाता था। अनेक झील, झरने और तालों का साँपों के साथ संबंध हैं; कश्मीर में, सभी कुएँ, विशेषकर गरम पानी के सोते साँप की पूजा से संबंधित हैं। जी.सी. चंद्र का मानना था कि राजगीर राजगृह, मणिनाग में मृण्मूर्ति साँपों की खोज का 'मनियार मठ के स्वरूप की व्याख्या' पर प्रभाव पड़ा। यदि यह नाम मणि नाग की स्मृति का निष्ठापूर्वक संरक्षण करता है, जो महाभारत के अनुसार राजगृह को संरक्षण और वर्षा प्रदान करता था, तो यह अनुमान लगाया जा सकता है कि फौव्वारों की तरह अनेक नालियों वाले पात्रों का परेशान लोग वर्षा के लिए प्रार्थना करने के लिए प्रयोग करते थे और अंततः इसे मंदिर परिसर में दे देते थे (उपरोक्त : 41-2)। राजगीर में सर्प पूजा तीसरी शताब्दी ईसा पूर्व से की जाती थी; गोलाकार मनियार मठ का निर्माण संभवतः पाँचवीं शताब्दी ईसवी में हुआ।

जैसा कि बौद्ध कथाओं में देखा गया है, साँपों का संबंध वृक्षों से भी हैं। आगे उल्लिखित साँप देवी मनसा की अकसर सिज की टहनी के रूप में पूजा की जाती है। मैसूर क्षेत्र में साँपों की आकृतियाँ बने पत्थर आमतौर पर गाँवों के निकट कुछ वृक्षों के नीचे अकसर पूर्व दिशा की ओर एक मंच पर रखे पाए जाते हैं। आमतौर पर ये वृक्ष पवित्र अंजीर, जो स्त्री है और नीम जो पुरुष है माने जाते हैं और दोनों का मनुष्यों के समान विवाह समारोह होता है। शिव के लिए पवित्र बेलपत्र को अकसर उनके साथ उगाया जाता है, दक्षिण में अनेक 'सर्प-कुंज' हैं, विशेषकर मालाबार क्षेत्र में, जहाँ पर ये लगभग प्रत्येक हिंदू घर में पाए जाते हैं (उपरोक्त : 46-47)।

मातृ देवी

सर्वोच्च माँ की पूजा प्राचीन काल से की जाती रही है जैसा कि मोहनजोदड़ो और हड़प्पा से प्राप्त असंख्य स्त्री मूर्तियों से स्पष्ट है। विश्व के अन्य किसी देश में अतिप्राचीन समय से दैवी माँ की पूजा इतनी गहरी और सर्वव्यापी नहीं रही है जैसी कि भारत में। देश के प्रत्येक हिस्से में शहर और गाँव में उसके मंदिर पाए जाते हैं (मार्शल

1931 : I.51)। आमतौर पर माना जाता है कि सिंधु घाटी की स्त्री देवी का विकास स्त्री शक्ति प्रकृति के आदिरूप में हुआ, जो आगे जाकर शक्ति में विकसित हुई। शक्ति में सक्रिय स्त्री सिद्धांत की पूजा शामिल है, जो दुर्गा, काली, पार्वती और शिव की अन्य पत्नियों की पूजा से सुस्पष्ट है। ऋग्वेद में दैवी ऊर्जा के लिए एक प्रार्थना है (देवी-सूक्त, ऋग्वेद X.125)।

ग्रामदेवताओं के रूप में सबसे लोकप्रिय शाक्त धारा वैदिक काल के अंत तक दूर-दूर तक फैल गई थी, ''उसके प्रतिनिधि ग्राम देवता, ग्राम देवियाँ हैं, जिनके असंख्य नाम हैं और उनकी स्थानीय विशेषताएँ, चाहे भिन्न हो सकती हैं; लेकिन वे सभी समान शक्ति का मानवीकरण हैं। इस बारे में कोई शंका नहीं है कि गैर-आर्य जनसंख्या के राष्ट्रीय देवताओं में उनका सर्वोच्च स्थान था। यह प्राचीन जनजातियों में उनके पंथ की लोकप्रियता और इस बात से स्पष्ट है कि उनके कर्मकांडों और रीति-रिवाजों के प्रमुख भूमिकाएँ ब्राह्मणों के स्थान पर निचली जाति के अछूत निभाते हैं, कुछ पुरानी जनजातियों के लोग जो देवी के कानों तक अपनी बात पहुँचाना जानते हैं (मार्शल 1931: I, 51)।

ग्रामदेवता रक्षक माँ एक गाँव, इलाके या जनजाति का अधिष्ठाता देवता होता है। ये देवियाँ अत्यंत प्राचीन काल से गाँववालों के बीच लोकप्रिय रही हैं और अधिकांशत: इनकी पूजा किसी महामारी या विवाह और जन्म जैसे अवसरों पर की जाती है। ग्रामदेवता प्रतिष्ठा में देवी की पूजा के विभिन्न रूप दरशाए गए हैं। वैष्णव देवी की पूजा गाँव के बीचोबीच करते हैं, शाक्त बाहर, कापालिक जलते मैदान में, गणपत धर के द्वार पर और व्यापारियों के अलावा अन्य लोग देवी की पूजा सड़क पर कर सकते हैं। सभी लोग देवी की पूजा किसी सड़क पर कर सकते हैं। सभी लोग देवी की पूजा किसी जल स्रोत, जंगल, पत्थर, लकड़ी या मिट्टी के मंदिर में कर सकते हैं (ओप्पेर्ट 1893: 459)।

मनसा देवी : सर्प देवी

मध्यकाल में किसी समय बंगाल क्षेत्र में साँप और देवी की आराधना शक्तिशाली देवी मनसा, शिव की पुत्री के रूप में संपन्न हो गई। उनकी आराधना समाज के निचले वर्ग से आरंभ हुई, लेकिन जल्दी ही ऊपरी वर्गों ने भी इसे अपना लिया और असम और बिहार में इसका विस्तार हुआ। विभिन्न परंपराओं में शास्त्रीय पंथ और स्थानिक देवता के बीच शुरुआती तनाव प्रतिबिंबित होता है, लेकिन अंत में जीत देवी की ही होती है।

उसकी पूजा पारंभिक पाल काल से की जाती रही है। मनसामंगलकाव्य में अनेक शताब्दियों के दौरान उसका विकास और समाज के उच्च वर्ग द्वारा उसे स्वीकारा जाना दिखाया गया है, जो तेरहवी से पंद्रहवीं शताब्दी के बीच अपने चरम पर था। पाल शासन बंगाली भाषा और संस्कृति के विकास के लिए प्रसिद्ध है। पाल राजा महायान पंथ का

अनुसरण करते थे, लेकिन अन्य पंथों को भी पारंपरिक सम्मान देते थे। इस काल में विभिन्न धार्मिक परंपराओं में तांत्रिक विचारों का परिस्रवण हुआ, जिससे बौद्ध और हिंदू धर्म में महत्त्वपूर्ण परिवर्तन हुए। मंगलकाव्यों से पता चलता है कि मनसा, बन-दुर्गा, शीतला, षष्ठी, विभिन्न प्रकार की चंडी, ससंकली और जांगुली को हिंदू और बौद्ध परंपराओं में आत्मसात् किया गया।

मनसाकाव्यों विभिन्न कालों में विभिन्न कवियों द्वारा आख्यान में लिखा है कि शिव की पुत्री, देवी मनसा चाहती थीं कि मनुष्य उन्हें पूजें और इस उद्देश्य से वे अपने सहायक बेटों के साथ धरती पर अवतरित हुईं। सबसे पहले वे कुछ ग्वालों के सामने प्रकट हुईं, जिन्होंने उनका मजाक उड़ाया। इसके बाद उन्होंने एक बूढ़ी ब्राह्मण महिला का वेश धरा और अपना व्रत तोड़ने के लिए उनसे दूध का आग्रह किया, जिसके बदले में उनकी सहायता का वचन दिया। लेकिन ग्वालों ने उनके ऊपर धूल फेंकी; कुछ ने उन्हें मारा भी। मनसा ने उनसे कहा कि वे शिव की पुत्री और साँपों की देवी हैं और उनकी चुनौती का उत्तर देने के लिए उन्होंने साँपों को बुलाया। डरकर लड़कों ने साँपों को पीटने का प्रयास किया, लेकिन मनसा और साँप दोनों ही हवा में गायब हो गए। बाद में जब ग्वाले पानी पीने गए तो उनकी गायें दलदल में गिर गईं। वे समझ गए कि यह सब मनसा ने करा था और उन्होंने मनसा के चरणों पर गिरकर उनकी पूजा करने का वचन दिया। मनसा ने गायों को बचा लिया और लड़कों को सिखाया कि उन्हें किस प्रकार उनकी पूजा एक सुनहरे घड़े के रूप में करनी चाहिए, जिसमें पानी भरा हो और जिसके मुँह पर सिज की एक टहनी हो। घड़े के अंदर रहते हुए देवी अपने भक्तों की संपत्ति, संतान और यश की सभी मनोकामनाएँ पूरी करती हैं।

एक अन्य कथा के अनुसार ग्वाले एक तालाब के निकट मनसा की पूजा कर रहे थे, तभी एक मुसलमान किसान ने वहाँ आकर स्नान करने का प्रयास किया। नाराज ग्वालों ने उसे वहाँ से भगा दिया, लेकिन उसने उनके मुखिया, गोरा मीना से जाकर शिकायत कर दी, जिसने बदमाशों को दंड देने के लिए अपने आदमियों को एकत्रित किया। उनके आते ही ग्वाले मनसा के पवित्र घड़े को छोड़ भाग खड़े हुए। गोरा मीना ने देवी के मिट्टी के सिंहासन पर खड़े होकर उनका अपमान किया। क्रुद्ध होकर देवी ने भीगतिया नामक एक छोटे साँप को पतंगे के रूप में एक आदमी को छोड़कर बाकी सभी को मारने के लिए भेजा, ताकि जीवित बचा आदमी अपने मुखिया हसन और उसके भाई हुसैन को यह समाचार दे सके।

इसी समय, हसन की सात नौकरानियाँ पास के एक तालाब से पानी लाने गईं, जहाँ उन्हें मनसा की पूजा करते हुए एक बूढ़ी महिला मिली। मुसलमानों के रमजान के महीने में पूजा करने के लिए उसे उलाहना देकर उन्होंने उसपर आक्रमण किया, लेकिन

वह अंतर्ध्यान हो गई। इसके बदले पतंगे के रूप में बीधतिया ने एक को छोड़कर छह लड़कियों को काट लिया, ताकि बची लड़की हसन के दरबार में जाकर मनसा की शरारत की खबर दे सके। अपनी पत्नी की चेतावनी को नजरअंदाज कर कि उसे एक साँप देवी से नहीं लड़ना चाहिए, हसन ने मनसा को गिरफ्तार करने के लिए अपने सैनिकों को भेजा। हसन पराजित हुआ और उसकी पत्नी को छोड़ मनसा के साँप सैनिकों ने सबको मार डाला, जिसके बाद उसके पास देवी के सामने घुटने टेकने के अलावा और कोई विकल्प नहीं बचा। जब वह देवी की पूजा की तैयारी कर रहा था तो प्रसन्न होकर देवी ने मृत लोगों को जीवित कर दिया और खोई संपत्ति भी लौटा दी। हसन देवी का अनन्य भक्त बन गया और उसने एक मंदिर बनवाया, जहाँ उसने स्थायी रूप से एक स्वर्ण कलश स्थापित किया। उसने देवी की पूजा के प्रचार का जिम्मा अपने ऊपर लिया और शास्त्रानुसार देवी को पूजने के लिए पाँच ब्राह्मणों से परामर्श किया। हसन को संतान, प्रसिद्धि और शक्ति का वरदान मिला।

मानसकाव्यों में देवी को एक प्राचीन वंश परंपरा देने का प्रयास किया गया है। उसकी पहचान जरतकरू से की जाती है, जो महाभारत में वासुकि की बहन थी। देवी की मुख्य कथा चंदो के साहसिक कार्यों के आस-पास बुनी गई है, जो शिव का अनन्य भक्त था। शिव, मनसा को चेतावनी देते हैं कि जब तक चंदो उसका देवत्व स्वीकार नहीं करेगा, उसे धरती पर अपनी पूजा स्थापित करने में कठिनाई होगी। इसके फलस्वरूप मनसा, चंदो के परिवार के साथ अनेक उतार-चढ़ाव का सामना करती है, जिसमें उसे भारी आर्थिक और व्यक्तिगत कष्टों का सामना करना पड़ता है, जिसमें वह दिवालिया हो जाता है और उसके छह पुत्रों की मृत्यु हो जाती है। लेकिन अंततः सातवें पुत्र अनिरुद्ध/लखिंदर और उसकी पत्नी ऊषा/बेहुला, जो वास्तव में इंद्र के दरबार में स्वर्गिक नर्तक थे, के कारण मनसा की विजय होती है।

विजय गुप्ता के रूपांतर के अनुसार शंकु शंख धनवंतरि नेटो का अनुयायी था। इससे यह पता चलता है कि नेटो को उसकी विष के प्रभाव को खत्म करने की शक्ति के कारण देवत्व प्रदान किया गया और मनसा के लोकप्रिय होने से पहले से उसकी पूजा की जाती रही होगी। जब मनसा की प्रसिद्धि बढ़ी तो नेटो मात्र उसकी परामर्शदाता और बड़ी बहन बनकर रह गई। शंकु जो विष की दवा करनेवाला एक आम आदमी था, उसका स्थान ऊँचा हुआ और उसका संबंध धनवंतरि से जोड़ा गया, जो महाभारत और पुराणों का दैवी विष चिकित्सक था।

चंदो की पत्नी, बिप्रदास के अनुसार एक मछुआरे के परिवार से मनसा के बारे में पता चलने पर सनक ने देवी की पूजा आरंभ कर दी। ब्रह्मवैवर्त पुराण और देवी भागवत में भी यही कहानी है, जिसके अनुसार धर्म से सुनने के बाद नारायण के मनसा की कहानी

नारद को सुनाई। कहानी में कहा गया है कि लोग साँप के काटने से डरते थे, क्योंकि यह निश्चित रूप से मृत्यु का कारण बनती थी। ब्रह्मा के कहने पर कश्यप ऋषि ने वेदों के सिद्धांतों के अनुसार कुछ स्तोत्रों की रचना की, जिसके बाद स्तोत्रों के अधिष्ठाता देवता ध्यानस्थ ऋषि के मन मानस से निकले। इस प्रकार मनसा मानस से पड़ा है। मनसा ने कैलाश जाकर एक हजार वर्ष तक शिव का ध्यान किया। उन्हें महाज्ञान, वेदों का ज्ञान और कृष्ण का मंत्र प्राप्त हुआ। शिव के मार्गदर्शन में वे पुष्कर गईं और तीन युगों तक कृष्ण की पूजा की। द्रवित होकर कृष्ण ने स्वयं मनसा की आराधना की और वरदान दिया कि तीनों लोकों में उनकी पूजा होगी। इस प्रकार देवी को मनसा कहा जाता है, क्योंकि वे अपने मन में हरि का ध्यान करती हैं। सबसे पहले उनकी आराधना कृष्ण ने की और उसके बाद शिव, कश्यप, देवताओं, मनुओं, ऋषियों, साँपों और मनुष्यों ने।

कश्यप ने मनसा का विवाह ऋषि जरतकरू से किया। महाभारत के अनुसार जरतकरू ने मनसा को श्राप दिया, लेकिन देवताओं के हस्तक्षेप करने पर वे नरम पड़े; मनसा को छोड़ने से पहले जरतकरू ने उन्हें संतान का वरदान दिया। मनसा कैलाश पर्वत पर गईं, जहाँ पार्वती ने उन्हें सांत्वना दी। वहाँ उन्होंने अस्तिक नामक पुत्र को जन्म दिया। अपने पुत्र के साथ वे अपने पिता के आश्रम लौट आईं। महाभारत में तक्षक के हाथों परीक्षित की मृत्यु और जन्मेजय की साँप बलि की कथा है। पुराणों के अनुसार जब देवताओं, ऋषियों और इंद्र ने इस संहार को रोकने में मनसा की सहायता माँगी तो उन्होंने नाग जाति को विलुप्त होने से बचाने के लिए अपने पुत्र अस्तिक को भेजा।

ब्रह्मवैवर्त पुराण में ओझा धनवंतरि और देवी मनसा के बीच विवाद का उल्लेख है। एक बार कैलाश जाते हुए धनवंतरि पर तक्षक ने हमला किया। साँप के दु:साहस पर चकित होकर धनवंतरि ने उसे बेहोश कर दिया और अपनी यात्रा जारी रखी। यह सुनकर वासुकि ने मनसा से धनवंतरि को सजा देने का आग्रह किया। ओझा ने साहसपूर्वक देवी का सामना किया, लेकिन ब्रह्मा और शिव की इच्छा को मानकर उनकी पूजा की और वरदान पाया। इस प्रकार पुराणों में मनसा को एक उच्च देवी, ऋषि कश्यप की मानस पुत्री, शिव की शिष्या और कृष्ण की भक्त माना जाता है।

के.सी. सेन जैसे विद्वानों का मानना है कि मनसा की कथा की उत्पत्ति दक्षिण भारत में हुई, क्योंकि नायिका बेहुला चंदो की सातवीं पुत्रवधू का साहसपूर्ण चरित्र एक दक्षिण भारतीय स्त्री का है, न कि भीरू बंगाली स्त्री का। बेहुला अपने पति के शव को एक नाव पर रखकर विभिन्न देवी-देवताओं के पास गई, शिव के आगे नृत्य किया, अपनी सास के पास एक डोम लड़की के वेश में गई और अनेक चालें चलीं; वह अपने पति सहित एक योगी जोड़े के वेश में अपनी माँ तक से मिली। ए. भट्टाचार्य और एन.आर. रे का कहना है कि नृत्य द्वारा देवताओं को प्रसन्न करने की प्रथा तेलुगु क्षेत्र में लोकप्रिय

है। इसके अलावा दक्षिण की ग्राम देवी अम्मवरू अनकम्मा तथा मनसा की कहानी में आश्चर्यजनक समानताएँ हैं।

तेलुगु और कनर क्षेत्रों में लोग एक द्रविड़ देवी, माने-मंछी या मनछम्मा के मंदिरों में साँपों की पूजा करते हैं। मंदिरों में बाँबी में साँप के छेद के समान एक छेद है, जो भक्तों का दावा है कि साँप माने मंछी/मनछम्मा का निवास है। वर्ष में एक बार छेद को खोलकर उसमें भेंट चढ़ाई जाती है आमतौर पर आदमियों द्वारा। देवी को नागमाता, मनछाअम्मा या मनछा-माता के भिन्न-भिन्न नामों से बुलाया जाता है। कहा जाता है कि देवी के नाम का सही रूप मनछा है, जिसे मनसा के रूप में उच्चरित किया जाता है; इसलिए वर्तनी-विषयक रूप बदलकर मनसा-अम्मा या मनसा-माता कर दिया गया है। दक्षिण की मनसा-माता बंगाल में मनसा बन जाती हैं।

वास्तव में मालाबार और बंगाल में साँपों की पूजा में विचित्र समरूप देखने को मिलते हैं। भक्त धरती पर चावल के आटे से अल्पना बनाते हैं और पुजारी साँप की ज यामितीय आकृतियाँ। कुंडली के बीच के स्थान को चावल की भूसी, हल्दी और चूरा की हुई हरी पत्तियों से भर दिया जाता है। दोनों क्षेत्रों में माना जाता है कि ओझाओं में मंत्रों और कुछ विधियों द्वारा साँप के विष को खत्म करने की शक्ति है और यहाँ तक कि वे उसके काटने से फैले जहर को वापस चूस भी सकते हैं। मालाबार समुद्रतट पर प्रत्येक हिंदू घर में साँप उपवन हैं, जो बंगाल के मनसा-खोला या मनसा-टोला के समान हैं। माना जाता है कि क्योंकि सेना शासक दक्षिण भारत से आए थे तो वे अपने देवता अपने साथ लाए होंगे।

लेकिन अन्य विद्वान् इस विचार को नकार देते हैं कि मनछम्मा सेनों द्वारा बंगाल लाई गईं, क्योंकि सेन रूढ़िवादी ब्राह्मण थे और एक स्थानीय देवी को प्रोत्साहन देने की उनकी संभावना लगभग न के बराबर। कनर क्षेत्र में मनछम्मा के ज्यादा अनुयायी नहीं थे और न उच्च वर्ग के लोग उसकी पूजा ही करते थे। अत: यदि मनसा मनछम्मा से आई हैं तो वे बंगाली सँपेरों के माध्यम से बंगाल पहुँची होंगी। क्योंकि वे सदा भ्रमण करते रहते थे।

आज तक मनसा की पूजा वीरभूम में अत्यंत लोकप्रिय है, जहाँ देवी की अत्यंत प्राचीन मूर्तियाँ उत्खनन में प्राप्त हुई हैं। संभव है कि मनसा की कथा का विकास राधा और बीरभूम में हुआ और फिर यह पूर्वी बंगाल गई। मनसा काव्य या चंडी-काव्य में उल्लिखित कुछ नाम उन स्थानों के हैं, जो राधा में किसी समय थीं या आज भी हैं। इसके अलावा नृत्य द्वारा देवताओं को प्रसन्न करने की प्रथा केवल दक्षिण में ही नहीं थी। बंगाल में आदि काल से उच्च वर्गों में धार्मिक नृत्य होता था, जैसा कि मयनमती में पहाड़पुर में प्राप्त पाल-सेन काल की पक्की मिट्टी की मूर्तियों से स्पष्ट है। सामयिक

शिलालेखों में भी नृत्यरत देवी-देवताओं, अप्सराओं, गंधर्वों और मंदिर के नर्तकों का उल्लेख है। अत: बेहुला के नर्तक के रूप में उभरने से काफी पहले बंगाली समाज के धार्मिक नृत्य के अनेक प्रमाण हैं। एक परंपरा के अनुसार बारहवीं शताब्दी के कवि जयदेव की पत्नी, पद्मावती ने अपने पति के गीत-गोविंद के गाने सुनाने पर नृत्य किया, इसके अलावा बंगाल, और बिहार में लोकप्रिय होने पर भी दक्षिण में मनसा की पूजा नहीं की जाती थी। दक्षिण की किसी भी पुस्तक में मनसा, मने-मंछी या मनछम्मा का कोई उल्लेख नहीं है। और जबकि दक्षिण भारत और बंगाल के निकट संबंध थे और उन्होंने एक दूसरे पर सांस्कृतिक प्रभाव डाला होगा, एक ध्यान देने योग्य बात यह है कि उड़ीसा में मनसा अज्ञात थीं, जबकि उड़ीसा दोनों क्षेत्रों के बीच पारंपरिक कड़ी था। अत: दक्षिण के मार्ग से बंगाल में उसके प्रवेश को अस्वीकार कर देना चाहिए।

राजा भोज द्वारा 1040-1060 ईसवी के बीच रचित राजमार्तंड में एक देवी मनसा का उल्लेख नहीं है। अत: यह देवी मंगलकाव्यों की देवी से भिन्न रही होगी। लेकिन महत्त्वपूर्ण यह है कि मनसा नाम संस्कृत साहित्य में उस समय से है, जब यह सर्प देवी के लिए प्रयुक्त भी नहीं होता था। बिप्रदास लिखते हैं, ''उसे देवी मनसा कुमारी के नाम से इसलिए जाना जाता है, क्योंकि उसकी उत्पत्ति त्रिपुरारी शिव के मानस से हुई।'' इस प्रकार की व्याख्या ब्रह्मवैवर्त और देवी भागवत पुराणों में भी की गई है, जो इस बात की ओर इशारा करते हैं कि देवी को परंपरागत देवकुल में स्थान देने के लिए लेखकों ने देवी को संस्कृत नाम दिया और उसका वर्णन एक उच्च स्थान वाली देवी के रूप में किया, उसी प्रकार जिस प्रकार देर से आए गणेश अपने से उम्र में बड़े मुरूगन/स्कंद के बड़े भाई बने।

मनसा की कथा का नायक चंदो एक ऐतिहासिक व्यक्ति हो सकता है, क्योंकि गाँव की अनेक गाथाओं और परी कथाओं में उसका उल्लेख है। वह संभवत: एक शैव नायक था, जिसने परंपरागत देवकुल में स्थानीय देवी-देवताओं के उदय का विरोध किया। चंदो सातवीं या आठवीं शताब्दी का एक प्रसिद्ध व्यापारी भी हो सकता है, जब विभिन्न क्षेत्रों के बीच वाणिज्यिक संबंधों का विकास हुआ और शास्त्रीय और स्थानीय देवी देवतओं के बीच संघर्ष हुआ, जिसका अंत अकसर समझौते में होता था। अत: कुछ लोगों का यह भी विचार है कि जिस प्रकार राजकुमार राम के निर्वासन से रामायण का जन्म हुआ, उसी प्रकार विवाह की रात को एक धनी व्यापारी के बेटे की साँप से काटने से हुई मृत्यु ने मनसामंगलकाव्य की कथा को जन्म दिया।

मनसा देवी का प्रथम कवि, मायमेनसिंह का हरि दत्ता संभवत: बारहवीं या तेरहवीं शताब्दी में रहता था, तब तक मनसा देवी की कथाएँ भलीभाँति स्थापित हो गई थीं। क्योंकि उसकी कथा का राधा न कि मायमेनसिंह में जन्म हुआ, इसलिए कहानी का

विकास होने में और उसे एक विस्तृत क्षेत्र में फैलने में एक या दो शताब्दियाँ लगेंगी। अतः दसवीं-ग्यारहवीं शताब्दी चंदो के ऐतिहासिक आदिप्ररूप के लिए उपयुक्त समय था और बेहुला व लखिंदर की कथा भी इस समय तक स्थापित हो गई होगी।

मनसामंगलकाव्य का विश्लेषण दिखाता है कि मुख्य कथा के स्थापित होने से पहले, ग्वालों, बचई (आगे उल्लिखित नामक) किसान और मछुआरे के परिवार की कथा ने देवी को समाज के निचले स्तर से जोड़ा। यदि मुख्य कथा दसवीं-ग्यारहवीं शताब्दी की है तो देवी को समाज के ऊपरी वर्ग में व्याप्त होने और मुख्य कथा का विषय बनने में एक शताब्दी का समय लगा होगा। इस हिसाब से, कथा अपने परिष्कृत रूप में मुसलिम आक्रमण के समय तक पहुँची। चंदो का स्थान इस सिद्धांत को और विश्वास प्रदान करता है, वह एक धनी व्यापारी या शासन करनेवाला मुखिया था, जो सेनों के पतन के बाद और मुसलिम शासन के दृढ होने से पहले पश्चिम बंगाल की सामाजिक स्थिति को प्रतिबिंबित करता है, एक ऐसा काल जिसमें धनी व्यापारियों ने अपने गोदामों और कारवाँ की रक्षा करने के लिए निजी सेनाएँ नियुक्त कीं और स्वयं को स्थानीय मुखियाओं के रूप में नियुक्त किया।

दो प्रारंभिक कवि, बिप्रदास और नारायण देव ने लिखा है कि मनसा की सबसे पहले ग्वालों ने पूजा की। बिप्रदास ने दावा किया कि मनसा ने स्वयं ग्वालों को अपनी पूजा करना सिखाया। नारायण देव के अनुसार जब शिव मनसा के साथ कालीदाह नदी से घर लौट रहे थे तो वे एक उपवन में रुके, जहाँ मनसा ने ग्वालों से दूध माँगा। मना करने पर मनसा ने अपनी एक ही दृष्टि से उन्होंने बेहोश कर दिया। शिव ने उनकी विलाप करती हुई माँओं से मनसा की पूजा करने को कहा, जो लड़कों को वापस जीवित कर सकती थीं और यह भी कहा कि वे ऋषि सुराबर या सुतबर से देवी को पूजने की पद्धति पूछें। उनकी पूजा से प्रसन्न होकर मनसा ने लड़कों को जीवनदान दिया और अपनी कृपा से उनकी इच्छाएँ पूरी कीं।

कवि विजय गुप्ता मनसा की एक कथा का उल्लेख करते हैं, जिसमें वे नेटो से शिकायत करती हैं कि धरती पर उनकी भरपूर पूजा नहीं होती, जिसपर नेटो उन्हें राय देता है कि वे शिव की सहायता लें। मनसा शिव से कहती हैं कि वे उन्हें आशीर्वाद दें, ताकि लोग उनकी पूजा करें। शिव ने सहायता का वादा करते हुए विश्वकर्मा से मनसा की पूजा के लिए मिट्टी का एक घड़ा बनाने को कहा।

पूर्वी कवियों के अनुसार बचई नामक किसान मनसा के प्रारंभिक भक्तों में से था। कहा जाता है कि मनसा को फूलों की टोकरी में छिपाकर शिव उन्हें बचई के घर लाए; इसके बाद वे पास ही के घाट पर स्नान करने चले गए। जब बचई घर आया और उसने टोकरी खोली तो उसमें एक सुदर कन्या को पाकर उसने अपनी माँ से मनसा से

उसका विवाह करने को कहा। देवी ने अपने अनचाहे विवाहर्थी पर अपनी विष दृष्टि डाली, जिससे वह गिरकर मर गया। लौटने पर शिव ने विलाप करती हुई माँ को देखा और उससे मनसा की पूजा करने को कहा, जो लड़के को वापस जीवनदान दे देंगी। जब माँ ने वादा किया कि अपने बेटे के जीवित होते ही वे मनसा की पूजा करेंगी तो देवी ने अपनी अमृत दृष्टि से बचई को पुनर्जीवित कर दिया। बचई ने मनसा से विवाह के अपने अपमानजनक प्रस्ताव के लिए क्षमा माँगी, जिसके बाद माँ-बेटे ने मिलकर देवी की पूजा की। मनसा की घड़ों के रूप में पूजा की गई और उन्हें बकरियाँ एवं अन्य भेंटे दी गईं। बचई को समृद्धि का वरदान मिला। सत्रहवीं शताब्दी के कवि, बंसीदास के अनुसार बचई के पड़ोसी भी मनसा की पूजा करने को आकर्षित हुए; उन्हें भी वरदान मिले और वे समृद्ध बन गए। भक्तों की संख्या में वृद्धि से देवी की शक्ति बढ़ी; उन्होंने कोढ़ियों और दृष्टिहीनों तक का इलाज कर दिया।

इस बारे में कम ही संदेह है कि शिव को कृषि समुदाय, जिसके वे स्वयं प्रमुख देवता थे और कृषक देवता के रूप में पूजे जाते थे, मनसा की पूजा को लोकप्रिय बनाने में प्रयासरत दिखाकर मनसा को स्थापित लोकप्रिय परंपरा में प्रवेश कराने का प्रयास किया जा रहा था। मनसा की पूजा मछुआरों में भी लोकप्रिय हुई।

विजय गुप्त उल्लेख करते हैं कि मनसा ने मछुआरे जालू को सपने में दर्शन देकर कालीदाह नदी में मछली पकड़ने को कहा, जिससे उसे धन की प्राप्ति होगी। अतः जालू और उसका भाई मालू मछली पकड़ने गए और जालू को अपने जाल में एक स्वर्ण कलश मिला। उन्होंने घर लौटकर कलश को पूजने की तैयारी की, यज्ञ के लिए सामग्री एकत्रित की और पूजा के लिए ब्राह्मणों को आमंत्रित किया। ब्राह्मणों का उल्लेख इस बात की ओर इशारा करता है कि पूर्वी रूपांतर पश्चिमी रूपांतर के बाद का है, और इसकी रचना उस काल में हुई थी, जब ब्राह्मण मनसा की बढ़ती लोकप्रियता को स्वीकारने लगे थे।

ग्वालों, किसान बचई और मछुआरे के परिवार की कहानी इस बात की ओर इशारा करती है कि मनसा की पूजा का समाज के उस वर्ग में जन्म हुआ था, जिसे संभवतः साँपों से सबसे अधिक खतरा था। अतः स्पष्ट रूप से देवी की उत्पत्ति गैर-ब्राह्मण है। काव्य के अनुसार वह पहले उच्च वर्ग की महिलाओं में लोकप्रिय हुई। बिप्रदास का कहना है कि मछुआरों जालू और मालू की किस्मत के बारे में जानकर सनक उनके घर आई और उसे उनकी माँ से देवी मनसा के बारे में पता चला। वह कुछ कलश अपने घर ले आई और अपनी छह बहुओं के साथ उनकी पूजा करने लगी, लेकिन चंदो ने मनसा का देवतव स्वीकार करने से इनकार कर दिया और कलशों के टुकड़े-टुकड़े कर दिए। विजय गुप्ता बताते हैं कि जब चंदो के छह बेटों की साँप के काटने से मृत्यु हो गई तो उसने मनसा को अपशब्द कहे और सनक पर कटाक्ष किया, हालाँकि उसने छुपकर मनसा की

पूजा जारी रखी, लेकिन उसकी भक्ति व्यर्थ रही और उसके बेटों की मृत्यु हो गई। चंदो ने सनक को मार डालने की धमकी दी, यदि उसने मनसा की पूजा जारी रखी। लेकिन एक दिन जब मनसा ने उसकी मौसी के वेश में आकर उससे मछुआरों के घर जाकर वहाँ मनसा की पूजा करने को कहा। तब सनक को लखिंदर नामक पुत्र प्राप्त हुआ।

नारायण देव लिखते हैं कि एक उच्चवर्गीय महिला, सुमित्रा भी रोज मनसा की पूजा करती थी और उसके घर बेहुला, जिसने आगे जाकर लखिंदर से विवाह कर परिवार का उद्धार किया। भावी पीढ़ी की महिलाओं में भी मनसा की लोकप्रियता का विस्तार हुआ, जिसके फलस्वरूप बेहुला ने बचपन से ही देवी की पूजा आरंभ कर दी। अंतत: देवी के प्रति अपनी भक्ति से उसने अपने पति और उसके छह भाइयों को जीवनदान दिलवाया।

विजय गुप्ता के अनुसार चंदो बाएँ हाथ के अर्पण से मनसा की पूजा करने के लिए तैयार हो गया, जब चंडी ने उसे बताया कि मनसा भगवती के समान थीं। चंदो का पूरी तरह कायाकल्प हो गया, जब उसने एक रथ में दुर्गा और मनसा को एक साथ बैठे देखा और दोनों बिल्कुल एक जैसे लग रहे थे। उसने अपने घर में स्थायी रूप से मनसा का स्वर्ण कलश स्थापित किया, ब्राह्मणों को कर्मकांड के लिए आमंत्रित किया और देवी की फल और पशुओं की बलि से पूजा की। मनसा ने दर्शन देकर चंदो को क्षमा कर दिया। पश्चिमी कथा में देवी की शक्ति को पहचानकर चंदो ने हार मानी। लेकिन पूर्वी कथा के अनुसार उसे मनसा की पूजा करने के लिए इसलिए कहा गया, क्योंकि वह भगवती/ दुर्गा के समान थीं। इससे यह पता चलता है कि पूर्वी बंगाल में मनसा का स्थान ऊँचा हुआ और उन्हें अन्य शक्तिशाली देवी-देवताओं से जोड़ा गया।

मनसामंगलकाव्य में मनसा और मंगल चंडी पौराणिक चंडी नहीं; हालाँकि आगे जाकर चंडीमंगलकाव्य के कवि दोनों को एक ही बताते हैं, चंडी मनसा की सौतली माँ थीं; उन्होंने चंदो को सलाह दी कि वह मनसा की पूजा न करे, क्योंकि वे मनसा दुष्ट थी और स्वर्ग में बदनाम थीं। विद्वानों का मत है कि चंडी और मनसा के बीच वैमनस्य संभवत: दो लौकिक देवियों के बीच प्रतिद्वंद्विता दरशाता है।

एक अन्य अवसर पर शिव ने मनसा को गौरी और गंगा के पास भेजा, जिन्होंने उनका आत्मीयतापूर्ण स्वागत किया और उन्हें अपने साथ रहने दिया। लेकिन चंडी के विरोध के कारण मनसा अपने पिता के घर नहीं रह पाईं। इसलिए जब गणेश ने मनसा को बताया कि शिव विष पीकर बेहोश हो गए हैं तो पहले तो मनसा यह सोचकर प्रसन्न हुईं कि चंडी विधवा हो जाएँगी। लेकिन बाद में मनसा ने शिव को पुनर्जीवित किया और सभी देवी-देवताओं ने उनका गुणगान किया। लेकिन चंडी मन-ही-मन मनसा से ईर्ष्या करती रहीं और उन्हें गलत सलाह दी, जिससे मनसा ने अपने विवाह की रात को अपने पति ऋषि जरतकरू को अपना साँप का सिर दिखाकर डरा दिया। इससे उनके

सुखी वैवाहिक जीवन की संभावनाएँ समाप्त हो गईं, क्योंकि ऋषि ने उसे त्याग दिया।

ये कथाएँ इस बात को भलीभाँति स्पष्ट करती हैं कि जैसे-जैसे मनसा की लोकप्रियता बढ़ी, उसका स्थान लोकप्रिय देवकुल में पहुँच गया और वह शिव की पुत्री के रूप में जानी गई। अन्य लौकिक देवियाँ जैसे मंगल-चंडी और सीतला भी शैव धर्म का हिस्सा बन गईं। यहाँ आकर देवियों के बीच द्वेष दूर हुआ। और चंडी ने चंदो को बताया कि मनसा भगवती के समान थीं। एक रोचक बात यह है कि मनसा को पश्चिम बंगाल और असम के कुछ हिस्सों में चंडी के रूप में पूजा जाता था। मध्यकाल में देशी भाषा के साहित्य के विकास ने आम लोगों के अब तक कम लोकप्रिय देवी-देवताओं को लोकप्रिय बनाने और उन्हें शास्त्रीय अखिल-भारतीय देवकुल में शामिल करने की प्रक्रिया को बढ़ावा दिया।

मनसा का संबंध नदी देवी गंगा से भी था, जिसका नागों और साँपों से अंतरतम संबंध माना जाता है। नागों का जल के ऊपर नियंत्रण वाले प्राणियों के रूप में संबंध के पीछे एक प्राचीन वंशपरंपरा है—सरस्वती, गंगा और यमुना जैसी नदी देवियों की वैदिक काल से पूजा की जाती है, जबकि माना जाता है कि नाग सभी खुले जल जैसे नदी, तालाब और झीलों की रक्षा करते हैं; इसलिए स्वाभाविक रूप से उन्हें गंगा से भी जोड़ा जाता है। दसवीं शताब्दी ईसवी से बंगाल में गंगा की स्वतंत्र रूप से पूजा की जाने लगी, जो उसकी मूर्तियों से पता चलता है, जहाँ उसके साथ नाग और नागिनियों की मूर्तियाँ हैं।

काव्यों में गंगा का चित्रण शिव की एक पत्नी और मनसा की सौतली माँ के रूप में हैं। पहली ही भेंट में चंडी ने मनसा को पीट दिया, जिससे परेशान देवी ने गंगा से सहायता माँगी। गंगा ने मनसा से दुर्व्यवहार करने के लिए चंडी को फटकारा और चंडी से लड़ाई के कारण वे घर छोड़कर चली गईं। मनसा और चंदो का परिवार के कष्टों के दौरान आमतौर पर गंगा ने साथ दिया। लेकिन मनसा अकसर गंगा को चंदो का अपमान करने में अपना साथ देने के लिए बाध्य करती थीं। विजय गुप्ता के अनुसार मनसा ने गंगा को चंदो के छह पुत्रों के शव सँभालने के लिए दिए; उन्होंने गंगा को कालीदाह में चंदो के छह बेटों के शव भी यह कहकर डुबाने के लिए बाध्य किया कि ऐसा न करने पर वे उसके जल में विष उगल देंगी, ताकि उसे कोई न पी सके। दो बार मनसा को मना करने के बाद गंगा ने न चाहते हुए भी नावों को डुबा दिया, लेकिन सामान और उसमें सवार लोगों की रक्षा की। बाद में बेहुला के आग्रह पर मनसा ने नाव में सवार लोगों को पुनर्जीवित किया और चंदो को सामान वापस किया। लेकिन इन अवरोधों के बावजूद गंगा और मनसा के संबंध कहीं ज्यादा आत्मीय थे।

रोचक रूप से ओझा धनवंतरि ने सनक को गंगा नदी में नहाते हुए 'मनसाई माई' मंत्र का उच्चार करने की सलाह दी, ताकि उसकी सभी कामनाओं की पूर्ति हो सके।

सनक को वरदान मिला कि गंगा की कृपा से उसे छह पुत्रों की प्राप्ति होगी, जो मनसा और गंगा की एक-दूसरे से पहचान की ओर इशारा करती हैं। वास्तव में आज भी ज्येष्ठ मई-जून में दशहरे के दिन मनसा की पूजा की जाती है, यही दिन भगीरथ द्वारा गंगा नदी को स्वर्ग से नीचे लाने की याद में गंगा की समारोहपूर्वक पूजा की जाती है।

देवी के भक्त

देवी, मातृ देवी, आदिकाल से ही जनजातियों की देवत्व की धारणा का अभिन्न अंग रही है। वैदिक पुस्तकों में शिकारियों और भोजन एकत्र करनेवालों का उल्लेख है और उनके विश्वास और विधि-विधानों का उल्लेख हमें उत्तर-वैदिक साहित्य में मिल सकता है। हरिवंश के अनुसार मातृ देवी सबर, बर्बर और पुलिंदों की देवी थीं। वाक्पति के गौदवाह के अनुसार देवी सबरी सबर स्त्री थीं। वराह पुराण में कीरतिनी कीरत स्त्री का उल्लेख है। उनका त्योहार, सबरोत्सव, सबरों का त्योहार है। महाभारत में उनका उल्लेख विंध्य की देवी के रूप में है, जिन्हें मदिरा और मांस पसंद था।

निषाद जनजाति ऋग्वेद में जानी जाती थी। यजुर्वेद रूद्राध्याय के अनुसार आठ में से चार निषाद जनजातियाँ यानी व्रत, पुंजिष्ठ, स्वनिन और मृगयु शिकारी थे, जबकि तक्षन, रथकर, कुलाल और कर्मर का विलय वैदिक समाज में निचली जनजातियों के रूप में हुआ, यह प्रक्रिया आज भी जारी है। वाजसनेयी संहिता के अनुसार निषाद नि-नीचे और शाद-बसना का अर्थ भील है। महाभारत में लिखा है कि निषाद और विंध्य क्षेत्र की अन्य निचली जनजातियों का जन्म दुष्ट राजा वेन की जंघा से हुआ। पुराणों और जातकों में निषादों का वर्णन शिकारियों के रूप में है। पद्म पुराण में कीरत, भील्ल, नहलक, भ्रमर, पुलिंद और अन्य जनजातियों का निषादों के वंशजों के रूप में उल्लेख है।

ऐतरेय ब्राह्मण में सबरों का चित्रण जंगली शिकारी जनजातियों के रूप में है। जनपदों के पुराण में दी गई सूचियों में सबर विंध्य के दक्षिण में रहते थे; आज भी साओरा नामक एक जनजाति पूर्वी घाटों में रहती है। टालमी ने दर्ज किया है कि सबरई सबर गंगा की ओर विंध्य के उत्तर में रेवा से मिर्जापुर की आधुनिक सड़क पर रहते थे। जनपदों की जैन सूची में सबरों को म्लेच्छ कहा गया है।

पुलिंद दक्कन की शिकारी जनजाति थे और टालमी को ज्ञात थे। पुलिंद और आंध्रों का उल्लेख अशोक के एक शिलालेख में है। बृहत्-संहिता में उनका विशेष रूप से एक जनजाति पुलिंद-गण के रूप में उल्लेख है; पुराणों में उन्हें वनवासी कहा गया है। साहित्यिक और शिलालेख प्रमाणों के अनुसार, पुलिंदों की अनेक शाखाएँ थीं, एक पश्चिमी शाखा, कीरतों और तंगन से संबंधित एक हिमालयी शाखा और एक दक्षिणी शाखा। कथासरित सागर के अनुसार पुलिंद कौशांबी से उज्जयिनी के मार्ग में विंध्यवासी

है। आगे जाकर पुलिंद किसी भी शिकारी समुदाय के लिए एक व्यापक शब्द बन गया। जनपदों की पौराणिक सूचियों के अनुसार कीरत उत्तरपथ क्षेत्र और पर्वताश्रय हिमालय क्षेत्र में रहते थे। वाजसनेयी संहिता में उनका उल्लेख हिमालयी पर्वतारोहियों के रूप में है।

ये सभी प्राचीन जनजातियाँ मातृ देवी की अनन्य भक्त थीं। कृषि और पशु पालन के विकास के साथ ही अनेक जनजातियाँ गाँव समुदायों में बस गईं और हिंदू समाज में उनका विलय हो गया। जब वे जंगल में अपने घरों से निकले तो अपने साथ अपने देवी-देवता भी ले गए और इसलिए अधिकांश मूलतः जनजातीय देवी-देवता हैं।

बिशप व्हाइटहेड ने पाया कि दक्षिण भारत के ग्राम्य देवी-देवताओं का संबंध केवल ग्राम्य जीवन से था, विशेषकर हैजा, चेचक और पशुओं की बीमारियों से। कुछ के अलावा अधिकांश देवियाँ ही थीं, जिन्हें पशु बलि दी जाती थी और उनके पुजारी गैर-ब्राह्मण थे। उनके नाम प्रत्येक जिले और ग्राम समूह में भिन्न थे। अधिकांश गाँवों में देवी का मंदिर एक वृक्ष के नीचे पत्थर का साधारण चबूतरा था। अकसर कोई स्थायी मंदिर नहीं होता था और प्रत्येक त्योहार के लिए देवी की मिट्टी की एक प्रतिमा बनाई जाती थी। अधिकांशतः देवी का प्रतिनिधित्व एक प्रस्तर स्तंभ या पानी से भरा पीतल का एक कलश करता था।

किसी समय में शिकारी जनजाति रहे उत्तर प्रदेश के अहेरिया देवी की पूजा करते हैं। अहीर, जो काफी बाद में जाकर कृषि और पशुचारण जनजाति बने, शिव और देवी की पूजा करते हैं। बंगाल के अहीर अधिकांशतः वैष्णव हैं, लेकिन दक्कन के अहीर मातृ देवी को पूजते हैं। ओराओं सरना बूढ़ी पवित्र उपवन की वृद्ध जहीर एरा और देसौली के समान है और झकरा-बूढ़ी के नाम से भी जानी जाती है। ओराओं धरती माँ की धर्म देवता की पत्नी के रूप में और चंदा या चंडी की शिकार की देवी के रूप में पूजा करते हैं। सिंहभूम और लोहरदग्गा के भुइया ठकुरानी माई को पूजते हैं, जो 'खून की प्यासी देवी' हैं, जिनकी पहचान दुर्गा या काली से की जाती है। बीरहोर लाल रंग के त्रिशूल की भी हनुमान के प्रतीक के रूप में पूजा करते हैं। लोहासूर देवी, प्रगलन भट्टी की देवी, की अगर-अगरी पूजा करते हैं और बैगा पुजारी उन्हें पशु बलि देते हैं।

पलमाऊ के खारखाड़ देवी चंदा की पूजा करते हैं। बिहार-झारखंड और उत्तर प्रदेश क्षेत्र की अधिकांश जनजातियाँ धरती, पर्गहैली, डाकनाई, ज्वालामुखी और अंगरमती युद्ध देवी को पूजती हैं। छोटानागपुर के खारवाड़ देवी मुचक रानी को पूजते हैं, जबकि हजारीबाग के बीरहोर वन देवी बन्ही, धरती की रक्षक लुगु, बुड़िया-माई, दूधा-भात और अन्य देवियों को पूजते हैं। उनकी देवी महामाया की लकड़ी के खंभे/स्तंभ के रूप में पूजा की जाती है।

मुंडा मातृ देवी को अनेक नामों से पूजते हैं और प्रसिद्ध मुंडेश्वरी स्पष्ट रूप से

मुंडा जनजातीय माँ का हिंदू रूप हैं। मुसहरा, जो कभी शिकारी थे, काली और वनस्पति वन माँ की पूजा करते हैं, जिनका विवाह नाग भुइयाँ, धरती नागिन से हुआ। बिहार और उत्तर प्रदेश के कालवार काली, दुर्गा, रत्मा रात्रि देवी जैसी हिंदू बन गई देवियों को पूजते हैं। माझवाड़ देओहरिन, हिंदू देवी के समान, मुरगी और बकरियाँ भेंट में देते हैं; वे सर्प देवी नागिन को भी पूजते हैं। किसान मल और मल पहाड़िया मनसा, सिंहवाहिनी, धरती माता और उनकी बहन गरमी जैसी देवियों को पूजते हैं।

बिहार और बंगाल के कुछ हिस्सों में संथाल देवी गुसाई एरा को पूजते हैं, जिन्हें बागड़ी जनजाति भी पूजती है। मध्य प्रदेश में सबर मातृ देवी को भवानी के रूप में पूजते हैं। उत्तर-पश्चिम विंध्य पर्वत श्रृंखला में साँसी सांसिया काफी हद तक हिंदू हैं और काली, ज्वालामुखी और देवी के अन्य स्वरूपों की पूजा करते हैं। दक्षिण-पश्चिम क्षेत्रों के रामोशी भयानक वेतला से संबंधित माँओं को पूजते हैं। महार ऐ भवानी और चेचक देवी, माता देवी को पूजते हैं। गोंड उनकी देवी और माता देवी के रूप में पूजा करते हैं, साथ ही उनके भयानक रूप दंतेश्वरी में भी। विंध्य के उत्तर में रहनेवाली चमार जाति धरती माता की पूजा करती है। मध्य प्रदेश की गौरी जनजातियाँ तथा भुंजिया, दूमल, कर्मर, कवर और कंगर जैसी मातृक जातियाँ एक पौराणिक पुरखिन की पूजा करते हैं। विंध्य क्षेत्र के भील माता की लकड़ी के स्तंभों, मिट्टी के घोड़ों और सूप जैसे चिह्नों के रूप में पूजा करते हैं। वे शीतला, पार्वती और वजर का भी सम्मान करते हैं।

राजस्थान की जनजातियाँ मुख्यतः मामा देवी-देवताओं की माँ, अन्नपूर्णा, शाखंबरी, माता जननी और आसापूर्णा को पूजते हैं। भील एक दैवी पुरखिन को पूजते हैं। अनेक राजपूत जनजातियाँ मकई माँ गौरी का संबंध जंगली सूअर से जोड़ती हैं; काठियावाड़ में प्रत्येक राजपूत वंश की एक अधिष्ठाता माँ हैं। पश्चिम भारत के अनेक स्थानों पर तुतुरिया माँ को अनेक जनजातीय स्त्रियाँ पूजती हैं।

गुजरात में स्थानीय माँओं के अनेक मंदिर हैं। बहुचरजी 'आईना' देवी का कच्छ में अंजर में मंदिर है। बड़ौदा में बेचराजी मंदिर में चरण जाति की एक स्त्री को माता मानकर योनि के रूप में पूजा जाता है।

पंजाब में अविवाहित कन्याओं को देवी माना जाता है और वर्ष में दो बार उन्हें भेंट दी जाती है। पंजाब के उत्तर गुजरात और पश्चिम राजस्थान के गूजर शीतला और भवानी को पूजते हैं। पंजाब में साँसी देवी और काली की पूजा करते हैं; बावरिया काली व काली भवानी की पूजा करते हैं और अहेरिया देवी की।

असम में मातृ देवी की शक्तिशाली परंपरा है। कामरूप की प्रसिद्ध कामाख्या, जिन्हें अब शाक्तों का सर्वोच्च स्वरूप माना जाता है, मूलतः जनजातीय माँ थीं। बाद में उल्लिखित माना जाता है कि कामाख्या खासी का मेई खा का माने माँ और मेई-खा माने

माँ से जनमा से उद्धृत है। उनका आदिरूप स्पष्ट है, क्योंकि आज भी उन्हें योनि रूप में पूजा जाता है। अबोर व अबोर मीरी, जो दिहांग नदी के बगल में रहते हैं—कीलू देली, स्त्री और पुरुष धरती आत्मा को पूजते हैं। अहोम धरती के देवी और देवता लेंगबिन और लेंगदिन की पूजा करते हैं। मिकिर और लुशाई खासी देवी-देवताओं को पूजते हैं और उनके यहाँ महिलाएँ पुजारी होती हैं। मणिपुरी लोगों में भी महिला पुजारियों की प्राचीन परंपरा है, जो एक शाही राजकुमारी के समय से चली आ रही है।

मेघालय के खासी अपने पूर्वजों की पूजा करते हैं, विशेषकर आदिकालीन पुरखिन का-इआवबेई और उसका भाई। मृत लोगों की स्मृति में ये सपाट स्मारक पत्थर स्थापित करते हैं, जो उस महिला के नाम पर होते हैं, जो कुल माओक्येंथे का प्रतिनिधित्व करती हैं। इसके पीछे खड़े पत्थर माँ की ओर के पुरुष रिश्तेदारों को समर्पित हैं। क्योंकि बीमारी और मृत्यु की सभी शक्तियाँ स्त्री हैं, इसलिए इनकी पूजा सच्चाई से की जाती हैं; दो देवियाँ गृहस्थी की रक्षा करती हैं और महिला पुजारी पुरुष सहायकों के साथ मिलकर बलि देती हैं।

उड़ीसा के बिंझल घर के कोने में रखी कुछ चूड़ियों के रूप में मुले देवी की पूजा करते हैं। उन्हें फल और मिठाई और बलि में मुरगी और बकरियाँ दी जाती हैं। पहले प्रसव के अवसर पर बाँझ बकरी की बलि दी जाती है। परिवार की अधिष्ठाता देवी, दुला देवता की महत्त्वपूर्ण अवसरों पर पूजा की जाती है, धूलिया पाता देवी का प्रतिनिधित्व गाँव की बाहरी सीमा पर एक छप्पर के अंदर रखे कुछ मिट्टी के खंभे करते हैं, जिनपर सिंदूर लगा होता है और कुछ पर तीन मुँहे बरछे बने होते हैं। देवी खंभेश्वरी का प्रतिनिधित्व भी सिंदूर लगे मिट्टी के खंभे करते हैं और देवी को चावल, दालें और बकरी व मुरगियों का मांस चढ़ाया जाता है, विशेष रूप से आषाढ़ मास यानी जून-जुलाई में हराली-पर्व के दौरान और अश्विन मास यानी सितंबर-अक्तूबर में करम-यार्द त्योहार के दौरान। भिंजलों द्वारा पूजी जानेवाली अन्य देवियों में विंध्यवासिनी और लक्ष्मी शामिल हैं।

उड़ीसा की देवियाँ

उड़ीसा की जनजातियों में देवी पूजन की समृद्ध परंपरा है विभिन्न स्थानों में, विभिन्न नामों से लोकप्रिय देवी रक्त बलि स्वीकार करती हैं और लोगों व खेतों की उर्वरता की रक्षा करती हैं। विद्वानों का मानना है कि आदिकालीन ग्राम देवियाँ, जिन्हें आमतौर पर एक वृक्ष के नीचे रखे एक पत्थर के रूप में पूजा जाता था, मूलतः एक जनजातीय देवता ही था।

उत्तर मध्यकाल के बाद से इन देवियों को तेजी से दुर्गा बतौर पहचाना जाने लगा। उनकी पशु बलि दी जाती रही और उन्होंने फसल की उर्वरता सुनिश्चित की और अपना

नाम और आकार बनाए रखा। खोंड़ गाँवों में देवियों के हिंदूकरण में केवल एक ब्राह्मण की आवश्यकता होती है, जो वन दुर्गा के प्राण प्रतिष्ठा मंच का उच्चार कर सके, जब देवी का प्रतिनिधित्व करनेवाले खंभे को तीस वर्ष में एक बार पुन: स्थापित किया जाता है। इस प्रकार खंभे को मूर्ति के रूप में स्वीकार किया जाता है।

हिंदू बन गई मातृ देवियों के मंदिरों में भी गर्भगृह में मुख्य प्रतिमा सहित कंकड़ और पत्थरों को पूजा जाता है। कभी-कभी मंदिरों के बाहर या परिसरों में पत्थरों या लकड़ी के खंभे खड़े होते हैं और मुख्य प्रतिमाओं के साथ उनकी प्रतिदिन पूजा की जाती है। अकसर मुख्य प्रतिमा को छोड़कर इन चिह्नों के सामने बलि और रक्त भेंट चढ़ाई जाती है (ऐशमैन 1986 : 89)। अधिकांशत: लकड़ी के खंभे को देवी की चलंति प्रतिमा माना जाता है।

सोनपुर के समलाई मंदिर में साड़ी में लिपटा काष्ठ स्तंभ देवी बौंथी का प्रतिनिधित्व करता है और देवी समलाई सहित इसकी प्रतिदिन पूजा की जाती है। दशहरे के दिन बौंथी का यह चित्रण प्राचीन जनजातीय देवता बुध राजा के मंदिर जाता है। मूलत: जनजातियाँ समलाई की पूजा संबलपुर के निकट एक वृक्ष के नीचे एक चट्टान के रूप में करती थी। उनकी कथा में दावा किया गया है कि उन्होंने इस स्थान पर विजय प्राप्त करनेवाले को, राजा के रूप में स्थापित करने में सहायता की और उसने देवी के लिए एक मंदिर स्थापित किया (संबलपुर गजेटियर 1971 : 538)। वर्तमान मंदिर का निर्माण 1691 में किया गया था। समलाई की मुख्य प्रतिमा धातु की आँखों वाला एक पत्थर है, जिसके विचित्र विशाल आकार हैं और सूँड़ जैसा दिखनेवाला बहि:सरण है।

हिंदू राजा अकसर अपने महलों के समीप नए मंदिरों का निर्माण करते हैं। जिनकी मूर्तियाँ प्रतिमा-विज्ञान के अनुसार होती थीं और ब्राह्मण पुजारी शास्त्रिक पूजा करते थे, जबकि देवी का जनजातीय चिह्न अपने मूल स्थान पर गैर-ब्राह्मण पुजारियों के अधिकार क्षेत्र में था। रनपुर में देवी मणिनागेश्वरी, जो शासक परिवार की इष्ट देवता थीं, उनकी कांस्य मूर्ति के रूप में ब्राह्मण महल में पूजा करते थे, जबकि उनका मूल मंदिर एक पहाड़ी की चोटी पर था, जहाँ खोंड जनजातीय पुजारी उनकी एक साधारण पत्थर के रूप में पूजा करता था। रनपुर में वस्त्र में लिपटे हुए खंभे देवी खिलामुंडा उड़िया खिला, बंजर भूमि और मुंडा, सूँड़ और बनपुर में भगवती काठी उड़िया काठी लकड़ी का टुकड़ा का प्रतिनिधित्व करते थे।

जनजातीय देवी-देवताओं को प्राप्त राजसी प्रश्रय ने प्रतीक के 'मानवीकरण' की प्रक्रिया को जन्म दिया। अत: साधारण पत्थरों को 'सिर' माना जाने लगा और उन्हें 'आँखें' दी गईं। गुजम जिले में देवी के रूप पाए जा सकते हैं, जो आँखों से ढके पत्थर हैं, जैसे कांदा, कंदुनी और मालवली के मंदिर। बैंदा के स्वपनेश्वर मंदिर में एक सिर

देवी का प्रतिनिधित्व करता है (उपरोक्त : 89-90)।

देवी तारा और तारिणी की मुख्य प्रतिमा का प्रतिनिधित्व दो पत्थर करते हैं, जिनकी चाँदी की आँखें हैं। उनके बीच दो अलंकृत कांस्य सिर चलती प्रतिमा के रूप में खड़े हैं। हर सुबह विस्तृत पूजा की जाती है, जिसके दौरान पुजारी चाँदी की आँखें निकालकर लाल रंग से धो देता है, ताकि पत्थर अपने स्वाभाविक रूप में नजर आएँ। इसके बाद उन्हें पुनः सिंदूर से रंगा जाता है और तीर्थयात्रियों द्वारा भेंट की गई आँखों में से नई आँखें लगाई जाती हैं। (उपरोक्त : 91)

दशहरा के दौरान पशुओं की बलि चढ़ाई जाती है और गर्भगृह के अंदर तारा तारिणी को उनका रक्त चढ़ाया जाता है। मंदिर का पुजारी गैर-ब्राह्मण होता है।

मूर्तियों के इर्द-गिर्द दो कथाओं ने जन्म लिया है। एक का दावा है कि मंदिर एक शाक्त-पीठ है, जो तब बना ज़ब विच्छिन्न सती का वक्षस्थल तारा तारिणी में आकर गिरा; माना जाता है कि दोनों मूर्तियों में विचित्र आकार का यही कारण है। तारा तारिणी तीर्थ को पीठों की एक संस्कृत सूची में मान्यता दी गई है (सरकार 1973 : 6 एफ)। लेकिन दूसरी कहानी ज्यादा प्रामाणिक लगती है, हालाँकि समय के साथ अनेक विस्तृत वर्णन खो गए हैं। इस उल्लेख के अनुसार, एक बार दुर्गा दो सुंदर लड़कियों के रूप में प्रकट हुईं, जो कुछ समय तक वसु प्रभराज अर्झक के घर में रहने के बाद अंतर्धान हो गईं। उनके पालक पिता ने उन्हें हर स्थान पर ढूँढ़ा। उनके सपने में तब वे प्रकट हुईं और उन्हें बताया कि उन्होंने स्वयं को देवी के रूप में स्थापित कर लिया और उनकी इच्छा थी कि उन्हें पहाड़ी की चोटी पर पत्थरों के रूप में पूजा जाए। आज भी वसु प्रभराज अर्झक के वंशज इस मंदिर में पुजारी हैं। कथा में स्पष्ट रूप से इस बात पर जोर है कि पहले देवी निम्न जाति या जनजातीय परिवेश में प्रकट हुईं और एक चिह्न के माध्यम से पूजे जाने की इच्छा जताई (ऐशमैन 1986 : 92)।

स्तंभेश्वरी उड़िया खंभेश्वरी, 'स्तंभ की देवी' की उड़ीसा में कम-से-कम 500 ईस्वी से पूजा की जा रही है। देवी सुल्की और भंज वंश की अधिष्ठाता देवी थीं और पश्चिमी उड़ीसा में इनकी विस्तृत रूप से पूजा की जाती है। हालाँकि मूलतः काष्ठ स्तंभ के रूप में पूजी जानेवाली, देवी की पत्थरों के रूप में भी पूजा की जाती है। अंगुल के बामूर मंदिर में खंभेश्वरी का प्रतिनिधित्व एक साधारण पत्थर करता है, जिसकी पूजा प्रतिदिन जनजातीय संबंधों वाली सुद्ध सुधा, सुधों जाति का देहुरी पुजारी करता है।

सबसे महत्त्वपूर्ण खंभेश्वरी मंदिर अस्का गंजम में है और इसकी कथा तारा तारिणी की भाँति है। रामचंद्र मुनि, पुरोहित परिवार के सबसे पुराने सदस्य ने विद्वानों को ऋषि खंभमुनि की कहानी सुनाई, जिनके सपने में देवी ने दर्शन देकर पूजे जाने की इच्छा प्रकट की। ऋषि इस शर्त पर राजी हो गए कि वे उनके घर में उनकी बेटी बनकर रहें,

जिसके लिए वे तैयार हो गईं। लेकिन वन से गुजरने वाले लागों को एक वृद्ध आदमी का एक सुंदर कन्या के साथ अकेले रहना अच्छा नहीं लगा। वृद्ध आदमी ने शुरू में कुछ भी बताने से इनकार कर दिया, हालाँकि बाद में उसने लड़की की सही पहचान बताई। देवी ने जादुई रूप से लोगों के चंगुल से निकलकर उनके अपने दैवी रूप के बारे में संदेह दूर कर दिए (ऐशमैन 1986 : 93)। लेकिन अब देवी को शरारत सुझी; उन्होंने चूड़ियाँ खरीदीं और एक वृद्ध आदमी के सामने अपनी बाँहों में एक कटे हुए बच्चे के साथ प्रकट होकर उसे भयभीत कर दिया। एक दिन परेशान वृद्ध आदमी ने उन्हें जोर से चाँटा मार दिया, जिसके कारण उनका पूरा चेहरा एक ओर मुड़ गया। इसके बाद देवी ने घोषणा की कि उनकी बाल्य लीला समाप्त हो गई, वृद्ध आदमी की मृत्यु हो जाएगी और उसी स्थान पर उसका एक बेटा देवी की पूजा करेगा। ऐशमैन का कहना है कि तारा तारिणी की कथा के समान सबसे पहले देवी एक निम्न जाति के परिवार में प्रकट हुई, और अचानक अंतर्धान हो गईं। मूलतः निम्न जाति या जनजातीय लोग इसकी पूजा करते थे। उनका विचार था कि कटा हुआ बच्चा एक प्राचीन नर बलि या तांत्रिक अभ्यास की ओर इशारा कर सकता है।

हालाँकि कथा में अस्क की विचित्र आकृति का कारण नहीं बताया गया है, इसमें गैर-ब्राह्मण पुजारियों, शूद्र मुनियों का कारण दिया गया है। अस्क आकृति एक प्रस्तर स्तंभ है, जिसका सिर एक चक्र है और नाक और मुँह थोड़े से उत्कीर्ण। मूर्ति की तीन आँखें, बाहर निकली जिह्वा और नाक का आभूषण सोने का बना है। मूर्ति हिंदू मूर्ति की भाँति लगती है, जिसका शरीर और हाथ-पैर वस्त्र और आभूषणों के कारण देखे नहीं जा सकते, लेकिन स्तंभ की भाँति भी लगते हैं, जिसके आकार को वस्त्र पूरी तरह से छुपा नहीं सकते। वन दुर्गा की भाँति देवी को पुजारियों द्वारा पकाया गया मांसाहारी भोजन चढ़ाया जाता है। दशहरे के दिन बकरियों की बलि दी जाती हैं और शूद्र पुजारियों द्वारा पकाया गया भोग सभी जातियों के लोग बाँटते हैं।

देवी विमला पुरी शहर में समुद्र ऋग्वेद पर पवित्र पहाड़ी की संरक्षक देवी हैं। शिव के प्राचीन मंदिर आज भी पादगिरि में हैं और हालाँकि इस स्थान का प्रमुख मंदिर अब पुरुषोत्तम-जगन्नाथ का है, संपूर्ण क्षेत्र को पीठेश्वरी और श्री क्षेत्र-अधीश्वरी के नाम से जाना जाता है। जगन्नाथ मंदिर परिसर में विमला का अपना स्वयं का मंदिर है और उसे पहला प्रसाद मिलता है, जिसके बाद वह महाप्रसाद बन जाता है और उसे भक्तों में बाँट देते हैं विमला को मछली सहित शाक्त बलि दी जाती है। तांत्रिक साहित्य में विमला को पुरी की शक्ति कहा गया है।

सुभद्रा जो जगन्नाथ त्रैक्य में केंद्रीय स्थान पर हैं और मुख्य गर्भगृह में हैं, विमला की भाँति कात्यायनी दुर्गा का एक रूप हैं। उनकी भुवनेश्वरी मंत्र से पूजा की जाती है

और अपने वैष्णव रूप के बावजूद उनकी पहचान एक शाक्त देवी से की जाती है। वे विष्णु की बढ़ती प्रतिष्ठा के अनुकूल वसुदेव-कृष्ण की बहन सुभद्रा बनीं, लेकिन विमला के अपने मूल स्वरूप के लिए एक स्वतंत्र मंदिर रखा (स्टाइटेनक्रॉन 1986 : 26-7)।

संबलपुर और सुंदरगढ़ के किसान मातृ देवी की अनगढ़ पत्थर के टुकड़ों, लकड़ी के टुकड़ों और वृक्षों के रूप में पूजा करते हैं। मयूरभंज और केयोंझर के अंशतः हिंदू बन गए बाथुडी बुधिप ठकुरानी, बासुकी खेतों में बोने से पहले, सुंदर गौरी और खिचिंगेश्वरी की पूजा करते हैं। महामारी के दौरान कोरापुट के ओमानत्या ग्राम देवी ठकुरानी को बलि चढ़ाते हैं। जैपोर के भूमिया बुधी ठकुरानी की पूजा करते हैं, जिसे गाँव के बीचोबीच एक चबूतरे पर प्रतिष्ठित किया जाता है, जिसके ऊपर छप्पर डाला जाता है और नारियल, केला और बकरी की भेंट दी जाती है। आपदाओं के समय देसरी पुजारी देवी को बकरी और मुरगियों की बलि देकर शांत करने का प्रयास करता है (भट्टाचार्य 1999 : 75)।

मयूरभंज के सौंती भू-देवी बसुकीमाता की पूजा करते हैं। वे गाँव के बाहर एक छोटे से छप्पर के नीचे ग्रामदेवता ठकुरानी को पूजते हैं। बुरी आत्माओं को भगाने के लिए देवी दुआरासुनी की गाँव के प्रवेश पर और गाँव के सरोवर के निकट कमला और विमला की। कोरापुट के दिदायी ठकुरानी माता को पूजते हैं; संबलपुर और बोलनगीर के मिर्धा दुर्गा और मंगला ठकुरानी की उपासना करते हैं। मयूरभंज के देसुआ भूमिज भी दुर्गा और काली की पूजा करते हैं। कोरापुट के जतापू देवी जकरी की पूजा करते हैं, जिनका प्रतीक एक अनगढ़ पत्थर है और उन्हें सूअर, बकरी और मुरगियों की बलि दी जाती है। गंजम के कोली ठकुरानी की पूजा करते हैं (उपरोक्त : 76)।

कोरापुट के कोटाओं की निसानी गुडा नामक चेचक की देवी है, जिन्हें बकरी और मुरगियों की बलि से शांत किया जाता है। कोरापुट के परेनगाओं का ग्रामदेवता नागेश्वरी हैं, जबकि कोरापुट और मयूरभंज के पंटिया महत्त्वपूर्ण अवसरों पर समलेई ठकुरानी की मुरगी, मिठाई और नारियल से पूजा करते हैं। मयूरभंज के रजुआर चंडी, दुर्गा और काली की पूजा करते हैं, लेकिन उनकी मूल जनजातीय माँ गण ठकुरानी हैं, जिनके उत्सव में नृत्य, संगीत और मदिरापान होता है। मयूरभंज के महाली संक्रामक रोगों को दूर भगाने के लिए बड़ा-चंडी और रंगा-चंडी की पूजा करते हैं। मात्य ग्रामदेवती और हिंदू बन गई देवियों की पूजा करते हैं (उपरोक्त : 76)।

उड़ीसा में एक झील देवी, कालीजई भी हैं, जिनकी पूजा में आदिम तत्त्वों, पत्थर और सदा स्वांगीकारक तत्त्व, जल को सम्मिलित किया जाता है (मित्रा 1920-24 XII, 190-197)। उन्हें काली का अवतार माना जाता है और उनका मंदिर चिलका झील पर एक द्वीप में है। कालीजई की मानवतारोपी मूर्ति नहीं है और इन्हें चार फीट ऊँचे और साढ़े तीन फीट चौड़े पत्थर के असमाकृति टुकड़े के रूप में पूजा जाता है, जिसपर

सिंदूर लगा होता है और जो कौड़ी की सीपियों से अलंकृत होता है। वे मुख्यत: नाविकों और मछुआरों की तूफान से रक्षा करनेवाली देवी हैं, जिनपर वे अच्छे या बुरे के लिए नियंत्रण रखती हैं। साथ ही कालीजई उत्पत्ति और मृत्यु की मध्यस्था हैं और उन्हें बीमारी और कष्टों से मुक्ति दिलाती हैं। वे भेड़, बकरी और मुरगियों की भेंट स्वीकार करती हैं। उनकी 'देशीय जल स्थिति' के अलावा कालीजई के जनजातीय स्वरूप की पुष्टि इस बात से भी होती है कि उन्हें मुरगियों की बलि चढ़ाई जाती है।'' (1958 : 387)।

कामाख्या

कामरूप की देवी कामाख्या का निरूपण गुवाहाटी, असम की नीलाचल पहाड़ी की ढलान पर स्वनिर्मित स्वयंभू पत्थर की योनि के रूप में है। कलिका पुराण के अनुसार कामरूप में कामगिरि में सती की योनि उस समय गिरी, जब दु:खी शिव उनका शव ले जा रहे थे। यह स्थल देवी कामाख्या के नाम से जाना गया। योगिनी तंत्र के अनुसार ब्रह्मा ने देवी से दानव केसी को, इस स्थान पर मारने को कहा और देवी ने ब्रह्मा को निर्देश दिया कि उनके योनिमंडल की वहाँ पूजा की जानी चाहिए, जहाँ केसी को मारा गया था। उस स्थान को कामाख्या की पीठ पवित्र स्थल कहा गया।

कामाख्या का संबंध काम इच्छा से है। ऋग्वेद के अनुसार काम ब्रह्मांड में आरंभ होने वाला पहला आंदोलन था, जिसने सृष्टि की प्रक्रिया आरंभ की। अथर्ववेद में सृजन की प्रक्रिया को प्रजनक प्रक्रिया के रूप में देखा गया है। बौद्ध कामधातु को तीन में से एक अंतरिक्षीय ग्रह मानते हैं। तंत्रों का मानना है कि काम शिव की प्रकाश और विमर्श शक्ति के बीच संतुलन बिठाते हैं। कामकला रवि, अग्नि और सोम के तीन बिंदुओं का विलयन हैं। मानव शरीर के अंदर कामकला का प्रतिनिधित्व सहस्रपद्म नामक औंधे श्वेत कमल के परिस्तर के चंद्रमंडल के भीतर एक त्रिकोण बनाता है।

विद्वानों ने पारंपरिक रूप से देवी की उत्पत्ति को खासी माना है। खासी भाषा ऑस्ट्रिक भाषाओं के मो-खमैर समूह का हिस्सा है। बी.के. काकाटी की राय है कि कामाख्या संभवत: प्राचीन खमैर में कामोई राक्षस, चाम में कमोंइत शैतान, खासी में कमेत शव, और संथाली में कोमुईं कब्र या कोमाउछ शव से उद्धृत है और क्योंकि उपसर्ग का सदैव स्त्रीलिंग हैं, का-मेई का अर्थ 'जो सामने लाता है भी है'; अत: का-मेई-खा का तात्पर्य आदिम स्त्री सिद्धांत से है। हैमलेट बारेह महसूस करते हैं कि कामाख्या खासी पुरखिन माँ का एक स्वरूप हो सकता है, क्योंकि गुवाहाटी क्षेत्र संभवत: मूल रूप से खासी क्षेत्र था। सृष्टि का खासी स्त्री सिद्धांत का-ब्लेई स्येनशर था, जो परमात्मा यू ब्लेई नौंगह्यू के पीछे ऊर्जा है, एक संबंध जो शक्ति और शिव के बीच के संबंध का प्रतिनिधित्व करता है। योगिनी तंत्र दिखाता है कि खासी एक कीरत जनजाति थे (सिद्धेसी योगिनी

पीठे धर्मा: कैरातज: मत:, सिंह 1990 : 254)।

अब तक विद्वान् मानते थे कि मैदान के आर्यों ने पहाड़ियों पर रहनेवाले ऑस्ट्रिक-भाषियों को निकाल दिया, लेकिन उनके धार्मिक विश्वास अपना लिये, जिनमें मातृ देवी का-मेई-खा, ऐ गोसानी या योनि देवी भी शामिल थे। पी.सी. चौधरी ने जोर दिया कि 'ऑस्ट्रिक या खासी और गारों जैसी मातृसत्तात्मक जनजातियों के स्थानांतरण के साथ ही योनि देवी का असम में स्थानांतरण हुआ··· जो नरक कामरूप में देवी की पूजा की स्थापना के लिए जिम्मेदार हुआ।' लेकिन आदिकाल से योनि पूजा के अत्यधिक तथ्य और इस अनुमान की अनुपयुक्तता कि आर्यों ने विभिन्न क्षेत्रों से स्थानीय समूहों को बाहर कर दिया, लेकिन प्रत्येक स्थान पर अपने धर्म और संस्कृति को बरकरार रखा, यह विचार गंभीर विद्वानों द्वारा संशोधन के लायक लगता है, जिन्हें इन आधार-वाक्यों से औपनिवेशिक छाप को अलग करना चाहिए।

देवी के भौगोलिक क्षेत्र के बारे में कामाख्या तंत्र का कहना है—त्रिपुरा—कौकिक चैव जयंती मणिचंद्रिका व कचारी मगधी देवी अस्यमि सप्त पर्वत: त्रिपुरा, कुकी, जैंतिया, मणिपुर, चंद्रनाथ, कछार और भाग अराकान; ये सात क्षेत्र देवी कामाख्या के नियंत्रण में हैं। योगिनी तंत्र उनकी आदिम उत्पत्ति की ओर इशारा करता है, वे मूलत: आत्मा और भूतों की देवी थीं, जिनकी श्मशान में पूजा की जाती थी; कामाख्या काली-श्मशान है और नवयोनि का परिचायक है।

कलिका पुराण में लिखा है कि नरक दिक्करवासिनी नदी तक का शासक था, जिसे कीरतों से लिया गया था और जिसपर देवी कामाख्या का शासन था। विष्णु ने नरक को उस भूमि का राजा बना दिया, जिसपर लौहित्य ब्रह्मपुत्र बहती थी और जिसपर कामाख्या की कृपा थी। विष्णु ने उसके बेटे नरक को सलाह दी कि वह कामाख्या के अलावा और किसी की पूजा न करे। लेकिन नरक ने शोणितपुरा के शासक बाण के प्रभाव में आकर देवी की पूजा बंद कर दी और ऋषि वसिष्ठ को भी उनसे मिलने से रोका, जिसके कारण क्रोधित होकर वसिष्ठ ने श्राप दिया कि जब तक नरक जीवित है, उनके राज्य में देवी का वास नहीं होगा।

ह्यूएन त्सांग जुआन जांग ने सातवीं शताब्दी में ब्रह्मपुत्र घाटी की यात्रा की, लेकिन कामाख्या का कोई उल्लेख नहीं किया। वनमाला का दसवीं शताब्दी के तेजपुर अनुदान में कहा गया है कि कामेश्वर और महागुणी कामाख्या कैलाश पर्वत पर रहते थे। इंद्रपाल का बारहवीं शताब्दी के गुवाहाटी अनुदान में भी पार्वती और गौरी तथा राजा के तंत्रों में पांडित्य का उल्लेख है। शिलालेख में लिखा है कि त्रिपुरा भैरवी का वास कामाख्या योनिमंडल में है, जहाँ देवी महामाया सदैव वास करती हैं, यह स्थान सभी पवित्र स्थानों का आभूषण है। कोई भी पवित्र स्थल इससे बढ़कर नहीं हो सकता है। वहाँ भगवान्

पर्वतों की भाँति रहते हैं; वास्तव में पर्वत सभी महत्त्वपूर्ण देवताओं का आवास है। यह कहना अतिश्योक्ति नहीं होगी कि हालाँकि गुणीजनों ने समूचे विश्व को देवी का शरीर कहा है, इस कामाख्या मंडल की महिमा किसी से कम नहीं हैं।

कामाख्या तंत्र में इस बात पर जोर दिया गया है कि देवी की पाँच रूपों में पूजा की जाती है—कामाख्या, त्रिपुरा, कामेश्वरी, शारदा और महामाया। अन्य स्थानीय और जनजातीय देवियों की भाँति उन्हें सार्वभौमिक स्त्री सिद्धांत के क्षेत्रीय आविर्भाव के रूप में विकसित होती शाक्त-तांत्रिक परंपरा में आत्मसात कर लिया गया। बौद्ध हेवज्रतंत्र और आइन-ए-अकबरी भी कामरूप का उल्लेख कामाख्या के प्रसिद्ध पीठ के रूप में करते हैं। कामाख्या की महिमा सोलहवीं शताब्दी में उस समय पुनर्जीवित हुई, जब कोच शासक राजा विश्वसिम्ह ने कामरूप को अपने नियंत्रण में लिया। वर्तमान मंदिर का निर्माण सन् 1565 में उसके पुत्र नरनारायण देव या मल्लदेव के शासनकाल में हुआ।

देवी के बारे में मध्यकालीन कथाओं में देवी और नश्वर प्रेमी का आदिम विचार है। एक परीकथा के अनुसार राजा नरक देवी से प्रेम करते थे। देवी ने राजा के सामने यह शर्त रखी कि वह एक रात में एक विशाल निर्माण करके दिखाए। अपनी विशेष शक्तियों के बल पर नरक लगभग सफल होता, लेकिन देवी ने उसकी हार सुनिश्चित करने के लिए मुरगे से पहले ही बाँग लगवा दी। परंपरा में इस बात पर बल दिया गया है कि नीलाचल मंदिर जहाँ कामाख्या का मंदिर है, शिव का शरीर है, जो सती का अंग गिरने पर नीला पड़ गया। जब नरक ने कामरूप में अपने राज्य की स्थापना की तो उसने स्वयं को योनि-देवी का संरक्षक घोषित कर दिया। वह क्षेत्रीय मातृ देवी से सर्वव्यापक शक्ति बन गई और उसे शिव की प्रणयी पत्नी पार्वती के रूप में जाना गया। उसके संबंध त्रिपुरा, सौंदर्य और कामुकता की कुमारी देवी, से भी जोड़े गए।

ग्रीवा-कामाख्या, जो सर्वोच्च माँ के कंधे का प्रतिनिधित्व करता है, का जैंतिया पहाड़ियों की दक्षिणी ढलान पर निर्माण किया गया। हटकेश्वरत नामक चट्टान के निकट एक विशाल शिवलिंग की स्थापना की गई। जैंतिया राजा जयंत लगभग सातवीं शताब्दी ईस्वी में अपने राज्य के दक्षिण-पूर्वी हिस्से में एक कामाख्या पीठ की स्थापना की और उसका नाम बाम-जंघा पीठ रखा; इसमें सर्वोच्च माँ की बाईं जंघा का पत्थर प्रतीक था (सिंह 1990 : 255)।

कामाख्या का संबंध बौद्ध देवी, तारा से भी था। योगिनी तंत्र के अनुसार, "तारा सर्वोच्च प्रेम की साकार रूप काली के ही समान हैं; वे ही कामाख्या भी हैं।" समय के साथ उमा, काली, कराला और चामुंडा जैसी सभी स्थानीय और स्वत्रंत देवियों के रूप में जानी गईं।

नीलाचल पहाड़ी की सबसे ऊँची चोटी, ब्रह्मपर्वत में दस में वे एक महाविद्या,

भुवनेश्वरी महागौरी की पीठ है। कलिका पुराण में देवी का वर्णन आठ में से एक योगिनी के रूप में है, जिनकी पत्थर के टुकड़े के रूप में पूजा की जाती थी, अन्य हैं—गुप्तकाम, श्रीकाम, विंध्यवासिनी, कोटीश्वरी, वनस्था, पददुर्गा और दीर्घेश्वरी। दीर्घेश्वरी का मंदिर रंगमहल, उत्तरी गुवाहाटी में है, जहाँ देवी की जंघा गिरी। वर्तमान मंदिर का निर्माण शक 1657 1705 ईस्वी में शिव सिम्ह के शासन के दौरान किया गया।

कामाख्या उत्तर-पूर्वी पहाड़ी जनजातियों की प्रमुख देवी हैं। गारो मातृ देवी की उपासना नटिंग, मरिंग, नरिंग के रूप में करते हैं, जो स्रष्टा की सक्रिय ऊर्जा का मानवीकरण है; मिनिम सूर्य की पत्नी; भुजा मानवजाति की माँ; दुरोकमा वानरों की देवी; और कामाख्या के रूप में करते हैं। गारों कथाओं के अनुसार नैनी-मे-चिक नामक एक स्त्री देवी की मूर्ति के साथ एक समूह में यात्रा कर रही थी। उसने थककर मूर्ति को नीचे रख दिया। मूर्ति एक पर्वत के रूप में धरती से चिपक गई और कामाख्या के रूप में पूजी गई।

कामाख्या की पूजा मेघालय के नार सिंतेग या जैंतिया करते हैं, जो शाक्त हैं। उनकी देवी जयंती, जो दुर्गा का ही एक रूप हैं, 51 पीठों में से एक के रूप में प्रसिद्ध हैं। जैंतिया राजा देवी को नर बलि आमतौर पर मौत की सजा पाए कैदी को देने के लिए जाने जाते थे। खासी पहाड़ियों में चेला गाँव में देवी चंडिका चंडिकास्थान की एक पीठ है। जैंतिया पहाड़ियों के बौराबाग क्षेत्र में देवी को समर्पित एक पीठ है; वहाँ प्रतिष्ठित पत्थर सती के बाएँ पैर का प्रतीक है, जब विष्णु के चक्र ने उसके शरीर के टुकड़े कर दिए।

एस.के. भूयाँ का कहना है कि एक स्त्रीलिंग उपसर्ग है और मेई-खा का अर्थ है, वृद्ध माँ; अतः खासी में कामाख्या का अर्थ होना चाहिए वृद्ध माँ, बुड़ी आय या बुड़ी गोसानिर थान का पवित्र स्थल। बोडो-कछारी कामाख्या को खाम माइखा वृद्ध माँ बुलाते हैं, जिन्हें नव वर्ष के आरंभ में बठाऊ बोराई बूढ़े शिव के साथ चावल और प्रार्थना से संतान और उनकी लंबी आयु के लिए पूजा जाता है। बोडो-कछारी मानते हैं कि अंबुवाची के दौरान देवी को माहवारी होती है। इस समय मक्के की एक विधि होती है।

कामाख्या आदिकालीन ऊर्जा, शाश्वत माँ, सबकी रक्षक का प्रतीक हैं। माना जाता है कि ये शब्द खमनय-बिमख; खमनय, 'बनाए रखना', 'संपोषित करना', 'रक्षा करना' से उद्धृत हैं; बीमा, 'माँ' और 'खा', 'स्वयं'। धुपराम बसुमतारी का कहना है कि कामाख्या 'वह माँ है, जो स्वयं संपोषित' करती है। अत्यंत आदिम जनजातीय देवी मैनाओ बाठू बुरी, लक्ष्मी को भी कामाख्या के समकक्ष माना जाता है।

बोडो-कछारी राजा थारूंग-फा ने शक्ति को स्वीकार किया और भगवती कामाख्या के समकक्ष की पूजा की शुरुआत नर और पशु बलि से की। दिमास राजाओं ने शक्ति की पूजा की और अपनी राजधानी माइबोंग में शाक्त मंदिरों का निर्माण किया। उनकी

पारिवारिक देवी रणचंडी महामाया, हेरेम्दी, लारिदी और गामा दी के नाम से भी प्रसिद्ध थीं। सोनोवाल कछारी मकई माँ लखिमी लक्ष्मी को पड़ोसी जनजातियों की मातृ देवियों जैसे बुडा-बुडी, केचैखटी, ताम्रेश्वरी और मालिनी के साथ पूजते थे।

रणचंडी और केचैखटी को कामाख्या के ही समकक्ष माना गया है। बोडो वंश के मेचे काली और दुर्गा की उपासना करते हैं, लेकिन उनकी मुख्य देवी बथु-बुडी या श्री बुडी है। वे कामाख्या और केचैखटी, सरस्वती, पकीरखटी, नरब्बा-बुडी और आला-बुडी की भी पूजा करते हैं।

रंभा देवी बयाखों के भक्त हैं, जो राजा बाण की राजधानी शोणितपुरा से आए थे। राजा बाण की बेटी ऊषा के बेटे ने कृष्ण द्वारा बाण को पराजित करने के बाद दरभांग आधुनिक दंरराग छोड़ दिया और अपने वंश के लोगों को बयाखों के संरक्षण में विभिन्न पहाड़ी क्षेत्रों में बसाया। उनकी बस्तियों का नाम वंश की उन स्त्रियों के नाम पर पड़ा, जिन्हें बाद में देवत्व प्रदान किया गया। इनमें चंपया, जो शेरों पर नियंत्रण करती थीं और चुचारी, जो टुक्रेश्वरी से संबंधित थीं, नामक दो बहनें भी शामिल थीं। सबसे महत्त्वपूर्ण देवता थे—तंमय, केचैखटी का एक रूप, जो कामाख्या के अंतरंग मित्र थे।

कर्बी वनस्पति और ऊर्वरता की देवी हैमू को पूजते हैं। बछिंजा स्रष्टा की शक्ति हैं। तिवा लालुग बाउली पार्वती तथा जलकलिका, थलकलिका, भगवती और सप्त मातृक सात माँओं की पूजा करते हैं।

अहोम लोगों ने आदिकालीन ऊर्जा को खम-खम-फा और ज्ञान की देवी को जाचिंग फा के रूप में पहचाना। अहोम राजाओं ने जनजातीय देवताओं को प्रश्रय दिया और केचैखटी की पूजा की। दस हाथों वाली दुर्गा उनकी अधिष्ठाता देवी थीं; आईमेनांग धरती माँ। वे सुवाचनी सुभचंडी की भी पूजा करते थे, जो बंगाल और उड़ीसा में लोकप्रिय हैं, जहाँ स्त्रियाँ समृद्धि और संतान के लिए उनका व्रत रखती थीं। अहोम लोगों का मानना है कि सुवाचनी पूजा की शुरुआत स्वर्गदेव चुकपा के शासनकाल में हुई, जिसकी दुर्गा पूजा से पहले पूजा की जाती थी। गदाधर द्वारा आरंभ किए गए तुगखुंगिया वंश ने शक्ति पूजा को प्रश्रय दिया।

बोकाखाट के जनजातीय काका गोसानी की पहचान अब काली या दुर्गा से की जाती है, हालाँकि उसकी आदिम उत्पत्ति देओधनी नृत्य में झलकती है, जो उसकी पूजा के दौरान किया जाता है। बीरूकुची में ऐ गोसानी के थान पीठ का कोच शासकों से संबंध है। नारायणपुर लखीमपुर में फूलबाड़ी के थान में मातृ देवी गुह्यकाली का एक मंदिर है हो कामाख्या के समान है, जिसकी अहोम शासक पूजा करते थे। मंदिर पर धावा बोलकर उसे ध्वस्त कर दिया गया, लेकिन पुजारियों ने मूर्ति को तेजपुर में गाहापुर में स्थानांतरित कर दिया, जहाँ देवी बड़ाकलिका के नाम से जानी गईं। डिब्रूगढ़ के

निकट जमीरा में काली ऐ के थान ने अपने जनजातीय स्वरूप को बनाए रखा है। दरांग में कलंगपुर कल्यानीपुर कल्यानी गोसानी का थान है।

गोलपाड़ा में पर्वत जोयर में देवी महामाया को उसके दस हाथ और तीन आँखों वाले रूप में पूजा जाता है। गोलपाड़ा में टुक्रेश्वरी का भी मंदिर है। जोरहाट में बुड़ी गोसानी, जैंतिया मातृ देवी जयंतेश्वरी का मंदिर है। उनकी पूजा मुख्यत: योनि रूप में की जाती हैं, हालाँकि उनकी मूर्ति महिषामर्दिनी की है।

त्रिपुरा की अधिष्ठाता देवी त्रिपुरेश्वरी हैं। धन्यमाणिक्य 1506 ईसवी, जो त्रिपुरा में प्राप्त प्राचीनतम सिक्का है, में दुर्गा के सिंह वाहन का चित्रण है। तिप्रा की जनजातीय देवियों में मैलूमाँ धान की देवी शामिल हैं, जो श्री या लक्ष्मी हैं, जबकि तुई-माँ जल-माँ गंगा से संबंधित है। सात बुर्दिक बहनों की पहचान सप्त मात्रक से की गई है। तिप्रा सरस्वती और उमा की भी पूजा करते हैं।

मणिपुर में मैथी सात लेइरेमा देवियों को सात वंशों निगंथौजा, अंगोम, खुमाल, मोइरांग, लु-वांग, सरांग-लेइसांगथेम और खाबा-आ-नगेंबा के स्त्री पूर्वज मानते हैं, जिन्हें हिंदू प्रभाव में सात ब्राह्मण गोत्रों से पहचाना गया। खोंगेतेक्वा के फायेंग शिलालेख में राजा का शिव और देवी के भक्त के रूप में उल्लेख है। मणिपुरी कथाओं में उल्लेख है कि शिव और उमा कृष्ण और गोपियों की भाँति रास नृत्य करने मणिपुर आए। उर्वरता से संबंधित कृषि उत्सव हुस्सो अका, खोवा बुगुन, धम्माई, निशि, बंगनी, सुलुंग, अपा, तानी, हिल मिरी, आदि अबोर, तंग्सा और प्राचीन जनजातीय धर्म मानने वाले अन्य लोगों में आम है।

अरुणाचल प्रदेश में पश्चिम सिंयाग में मालिनीथान उस स्थान के रूप में प्रसिद्ध है, जहाँ कृष्ण ने पार्वती को एक माला भेंट की और उन्हें मालिनी कहकर संबोधित किया। एक अन्य कथा के अनुसार शिव को सुंदर मालिनी से प्रेम हो गया और ईर्ष्या में पार्वती ने उसका सिर काट डाला; इसलिए सिरविहीन स्त्री मूर्ति की पूजा की जाती है। एक अन्य कथा के अनुसार इस स्थान का नाम आकाशीगंगा पीठ है, जहाँ सती के शरीर के हिस्से गिरे। मालिनी 64 पारंपरिक योगिनियों में से एक है। इस मंदिर का निर्माण असम में संभवत: पाल शासन के दौरान किया गया था; खँडहरों में शेव-शाक्त तंत्र की छाप है। उत्तर लखीमपुर में बठावली गोसानी पंचानन या काली गोसानी, मूढ़भाग, केचैखटी, लोनापाणी, नील गोसानी और सरही गोसानी का वर्चस्व है। तेजपुर में अहोमों के पहले से ही चंडी और महाभैरवी गोसानी की पूजा की जाती रही है। मालिनी की सिर विहीन मूर्ति तांत्रिक चिन्नमस्त या बौद्ध वज्रयोगिनी की याद दिलाती है। कलिका पुराण के अनुसार मालिनीनाथ, दिक्करवासिनी कामाख्या के आध्यात्मिक राज्य से है।

केचैखटी कच्चा माँस खाने वाली किसी समय में देश में अत्यंत प्रसिद्ध थीं और

वैशाख अप्रैल–मई में सादिया के दौरान विभिन्न क्षेत्रों से तीर्थयात्री उनके मंदिर में एकत्रित होते थे। उन्हें तंत्र और पुराणों की दिक्करवासिनी और ताम्रेश्वरी, जिसके दो रूप हैं, तीक्ष्ण और ललिता, के समकक्ष रखा जाता था। तीक्ष्ण श्याम, बड़े पेट वाली और एकजटा हैं और उग्रतारा भी कहलाती हैं। उनके सहायक थे—भंग, सुंभग, चामुंडा, कराल, भीषण और विकाल। हालाँकि आमतौर पर कामाख्या के रूप में पूजी जानेवाली मदिरा, नर बलि, मोदक, मांस, सालन, नारियल और गन्ना पसंद करती थीं। उन्हें कामाख्या और त्रिपुरा की त्रिपुरेश्वरी के बराबर माना जाता था। योगिनी तंत्र में कामरूप में चार पीठों का उल्लेख है—रत्नपीठ, कामपीठ, सुवर्णपीठ और सुमरापीठ, जो सादिया में है और जिसकी प्रधान दिक्करवासिनी/केचैखटी/ताम्रेश्वरी हैं।

आदिकालीन कामाख्या और उनके अवतारों दिक्करवासिनी, ताम्रेश्वरी, केचैखटी ने इस प्रकार सर्वोच्च देवी के रूप में शास्त्रीय देवकुल में प्रवेश किया। शाक्त देवी के लिए कीरतिनी का विशेषक उत्तर–पूर्व की कीरत जनजातियों से उसके आदिम संबंधों की ओर इशारा करती हैं। देवी मदिरा, मांस और पशु पसंद करती हैं, सिधुमाम्सपशुप्रिय। कलिका, बृहद्धर्म और देवी भागवत पुराणों तथा कुब्जिका, योगिनी और चूड़ामणि तंत्रों में कामरूप और कामाख्याा का गुणगान इस बात की ओर इशारा करता है कि 'स्त्री सिद्धांत' आदिकाल से इस क्षेत्र में गहरे तक व्याप्त था।

पुरातात्विक खोजें मातृ देवी की पूजा की सर्वव्यापकता की पुष्टि करती हैं, जो पूजा की शाक्त धारा में विकसित हुई। महायान बौद्ध धारा में तारा उग्रतारा की पूजा का कारण निश्चित रूप से हिंदू शाक्त परंपरा है और यह पाल शासन में घटित हुआ। मंजूश्रीमूलकल्प में कामरूप का एक ऐसे पीठ के रूप में उल्लेख है, जहाँ तारा की उपासना से सिद्धि प्राप्त होती है। कलिका पुराण में उग्रतारा की पूजा के नियम हैं और योगिनी तंत्र देवी को कामाख्या के समकक्ष रखता है।

□

अध्याय-9

गोबर गणेश और गौ जनजातियाँ

बीसवीं शताब्दी के प्रारंभ में दक्कन के बेल्लारी और रायचूड़ क्षेत्रों में पाए गए राख के विशाल टीलों ने पुरातत्त्वविदों को लंबे समय तक आश्चर्य में डाल रखा था। तीस से भी अधिक राख के टीलों की पहचान की गई है, जो 1250 वर्ष से भी अधिक समय में निर्मित हुए, संभवतः 2000 ईसा पूर्व से 750 ईसा पूर्व के बीच। उटनूर नामक स्थान जहाँ एफ.आर. ऑलचिन ने विस्तृत खोज की, में संभवतः 2160 ईसा पूर्व ±150 वर्ष के आस-पास लोग रहते थे, जब नवप्रस्तर युग के पहले अधिवासी इस क्षेत्र में मवेशियों, भेड़ों और बकरियों के साथ आए। प्रयोगशाला विश्लेषण ने सिद्ध किया कि जली हुई राख, गाय का गोबर थी, जबकि उत्खनन ने सिद्ध किया कि टीले लकड़ी के खंभों और कुछ स्थानों में तो पत्थर की दीवारों से बने घेरे थे, जहाँ मवेशियों को एकत्रित किया जाता था। इससे गाय के गोबर को इतनी विशाल मात्रा में जलाने के कारण पर सवाल उठे।

बार-बार पूछे जाने पर लोगों ने याद किया कि टीले किसी समय में प्राचीन स्थल थे, जहाँ रात के समय मवेशियों को एकत्रित किया जाता था और जंगली जानवरों को दूर रखने के लिए बड़ी आग जलाई जाती थी (ऑलचिन 1963 : 166)। इसकी पुष्टि बाद में मवेशी बाड़ों के पुनःकल्पन ने की, जैसे कि भूमि को समतल बनाएँ मवेशियों का वहाँ रहना, कुछ विशेष गहराई तक गोबर का जमा होना, गोबर को स्व-स्थान जलाना और राख बनाना। आग से पैदा हुई अत्यधिक गरमी से गोबर धूल जैसी राख में बदल गया या काचसदृश धातु-मल बन गया (उपरोक्त : 167-9)।

राख के टीले पैदा करनेवाली ज्वलन प्रक्रिया से संभवतः अनेक व्यावहारिक उद्देश्यों की पूर्ति हुई। आर.बी. फुट का कहना है कि काली कपास मिट्टी के देश में राख की एक परत बनाना, कभी-कभी उपयोगी हो सकता है; क्योंकि वर्षा ऋतु में राख

की तह की ऊपरी सतह काली कपास मिट्टी की भाँति पूरा दलदल नहीं बन जाती, बल्कि साफ रहती है और जल्दी सूख जाती है। इसके अलावा ऑलचिन का कहना था कि घेरे समय के साथ खराब होंगे और सड़ जाएँगे, जबकि गोबर के बढ़ते हुए ढेर में विभिन्न प्रकार के कीड़े-मकोड़े पैदा होंगे। लेकिन राख का आधार टीलों को भूमि के स्तर से ऊपर उठाकर बरसात में उत्कृष्ट जल निकास प्रदान करेगा। मवेशी बाड़ों को जलाने से भी आनेवाले वर्ष में घेरे के पुनर्निर्माण के लिए स्थान को तैयार करने में सहायता मिलती (उपरोक्त : 174-5)।

राख बनने की संपूर्ण प्रक्रिया दक्कन नवप्रस्तर संस्कृति के जीवन चक्र के समय ही घटित हुई होगी। दक्कन नवप्रस्तर संस्कृति की प्राचीन पशुचारी जनजातियाँ स्वाभाविक रूप से अपने पशु समूहों के स्वास्थ्य, जनन क्षमता और आम रख-रखाव के बारे में चिंतित रहती होंगी और उन्हें बीमारी और जंगली पशुओं से बचाने का प्रयास करती थीं। लेकिन जब उन्होंने गोबर जलाना बंद किया तो राख बनना भी समाप्त हो गया। ऑलचिन का मानना है कि गोबर का जलाना समाप्त हुआ, क्योंकि गोबर का इस्तेमाल घर में चूल्हा जलाने, खेतों में खाद के तौर पर या अन्य रूप में कुम्हारों की भट्टी में होने लगा, जिसके कारण घेरे को जलाना बरबादी के रूप में देखा गया। लेकिन प्राचीन पशुचारी जनजातियों द्वारा अपने पशु समूहों के सुरक्षा, स्वास्थ्य और प्रजनन के लिए गाय के गोबर को जलाने की प्रथा ने सदा बनी रहनेवाली सभ्यता की बपौती दी। दक्कन में नवप्रस्तर राख के टीलों के रहस्य को सुलझाने का प्रयास करते हुए ऑलचिन ने हिंदू आध्यात्मिक-सांस्कृतिक वर्णक्रम में एक अनपेक्षित उलझन का हल ढूँढ़ निकाला।

पिल्लौयार और विभूति

होली, दीवाली और पोंगल जैसे लोकप्रिय त्योहारों में आज भी हम मवेशियों से संबंधित कर्मकांडों में अग्नि को पा सकते हैं, जिसका उद्देश्य बीमारी को दूर रखना और उर्वरता सुनिश्चित करना होता है। अधिकांश समय, गाय के गोबर का ही आग के लिए विशेष रूप से प्रयोग किया जाता है और अनेक धर्मानुष्ठानों में गाय के गोबर को विशाल आकार दिया जाता है या तो तीर का, या फिर मनुष्य का, लेकिन अकसर एक विशाल चपटे त्रिकोण का। गाँव के मंदिरों में स्थानीय देवी-देवता, और यक्षों को अकसर ऐसे शंकु आकार लेते देखा जा सकता है। ऑलचिन का विचार है कि ये ग्राम देवता राख के ढेर के रूप में गाय के गोबर के विशाल के ढेर लधु चिह्न हो सकते हैं, क्योंकि महान् त्योहार पशुचारियों के मौसमी देशांतरण के साथ होते हैं।

होली के दौरान चरने जाते हुए मवेशियों को उत्सवाग्नि के बीच से चलाकर ले जाया जाता है। बंजारा लोग वर्षा ऋतु के दौरान अपने बसे हुए जीवन का अंत पोला

त्योहार से मनाते हैं। दीवाली के दौरान भी मवेशियों का जुलूस चर कर जाते और आते हुए उत्सावाग्नि के बीच से ले जाया जाता है। गोल्ला और बडागा भी मट्टू पोंगल के दौरान ऐसा ही करते हैं। अतः मध्य और दक्षिण भारत के अनेक हिस्सों में मवेशियों का उत्सवाग्नि, चरागाहों और जनन-क्षमता से संबंध माना जाता है।

ये कर्मकांड अकसर गाय के गोबर के ढेर के इर्द-गिर्द केंद्रित होते हैं और राख से अग्नि को जलाने के तरीके और राख के टीले बनने की यादें ताजा करते हैं (उपरोक्त : 176)। होलिका गाय के गोबर से बनाई जाती है, उसमें गाय का गोबर प्रयोग किया जाता है और पोंगल की उत्सवाग्नि में भी; जबकि पिल्लैयार, हाथी सिर वाले गणेश, जो त्योहार के अधिष्ठाता देवता हैं और भक्तों के मार्ग के कष्ट दूर करते हैं, पुष्पों से अलंकृत गोबर का केवल एक विशाल ढेर हैं। उत्तर में यही दीवाली के त्योहार में भी होता है, जहाँ गोवर्धन पर्वत, जो घरों के आँगन में सुशोभित होता है, गाय के गोबर का एक विशाल शंकु होता है (उपरोक्त : 177)।

लोकप्रिय संस्कृति में राख की अग्नि की विशेष पवित्रता को पवित्र राख, विभूमि के माध्यम से बरकरार रखा गया। वैदिक शब्द भूमि और विभूति मूलतः शक्ति और सौभाग्य के द्योतक थे और राख से उनका कोई संबंध नहीं था। द्रविड़ शब्द बुदि राख का द्योतक था और राख के ढेरों के माध्यम से कर्नाटक में प्रवेश करने के बाद इसका संबंध गाय के गोबर की राख से जुड़ गया, जिसे राख की अग्नि के कर्मकांड पवित्र बनाने थे। कन्नड़ शब्द बुदि आज भी स्थान-नामों में राख के ढेर के लिए प्रयुक्त किया जाता है। होली की पूर्णिमा को बुदि पूर्णिमा कहा जाता है और उस समय को याद किया जाता है, जिसमें राख की आग जलाकर विभूति बनाई जाती है। और ऐसा करने से पशु बाड़े पवित्र हो जाते हैं। ईसवी सन् के आरंभ से ही विभूति शब्द को भारत भर में पवित्र राख से जोड़ा गया (उपरोक्त : 178)। गाय के गोबर से प्राप्त विभूति वह जो प्रचुर या शक्तिशाली है, पवित्र माना जाता है और धार्मिक उद्देश्यों के लिए इसे मानव शरीर पर भी लगाया जाता है।

टीलों की कथाएँ

भारतीय मवेशियों की कुछ नस्लों और चार हजार वर्ष पुरानी और मोहनजोदड़ो की मुद्राओं में अंकित मवेशियों के बीच निकट संबंध है, जो इस बात की ओर इशारा करता है कि ये नस्लें अत्यंत प्राचीन हैं और यह कि भारत के जीवन में काफी सांस्कृतिक-पर्यावरणीय सांत्यतक है।

दक्कन की नवप्रस्तर संस्कृति मुख्यतः पशुचारी थी और भारतीय ककुद् वाले मवेशी आम घरेलू प्रजाति के थे। राख के टीलों के रहस्य का पता लगाने का श्रेय

टी.जे. न्यूबोल्ड और आर.बी. फुट को जाता है। जहाँ न्यूबोल्ड ने जोर दिया कि वे किसी ज्वालामुखी के कारण या अन्य प्राकृतिक ढेर नहीं थे, वहीं फुट की राय थी कि टीले में गाय का गोबर जला हुआ था, जिसकी पुष्टि प्रयोगशाला में किए गए परीक्षण से हुई (उपरोक्त : 2)। ऑलचिन ने दक्कन संस्कृति का क्रम और प्रत्येक काल के मृद्भांडों को स्थापित कर ढेरों की तारीख निर्धारित की। उन्होंने उत्तरी कर्नाटक क्षेत्र को अपना केंद्र बनाया, जहाँ एक विशिष्ट भौगोलिक, सांस्कृतिक, भाषाई और ऐतिहासिक क्षेत्र है, जिसमें भीमा, कृष्णा और तुंगभद्रा नदियों के ऊपरी पथ पर नवप्रस्तर स्थल केंद्रित हैं (उपरोक्त : 5.6)। उत्खनन द्वारा जानवरों की हड्डियों के पहचाने जा सकने वाले टुकड़े, जो मुख्यत: मवेशी के थे, और कुछ हिरन और बकरियों की हड्डियों के टुकड़े भी प्राप्त हुए (उपरोक्त : 45)।

इन टीलों का इतिहास में अपना महत्त्व रहा है। हम्पी विजयनगर के निकट निंबापुर टीला किष्किंधा के नाम से प्रसिद्ध क्षेत्र में स्थित है। माना जाता है कि इसमें किष्किंधा के वानर राजा, बाली की राख है। राम ने बाली के भाई सुग्रीव को दिया वचन पूरा करने के लिए बाली को मारा। इस किस्से का रामायण में अत्यंत विस्तृत वर्णन है और इस स्थान की कथा के साथ प्राचीन संबंध की ओर इशारा करते हैं।

रामायण में अत्यंत प्रमुख कथा दुंदुभी नामक दानव की है, जिसने एक विशाल और खूँखार भैंसें का रूप लेकर वाली को चुनौती दी। उसका शव वानर राज की राजधानी से चार मील दूर उठाकर फेंक दिया गया। बाद में जब राम किष्किंधा आए तो उन्हें बताया गया, "दुंदुभी, घमंड के शिकार की हड्डियाँ यहाँ एकत्रित हैं और एक विशाल पर्वत शिखर की भाँति प्रतीत होती हैं।" स्पष्ट रूप से पास ही राख के एक टीले की भैंसा दानव की हड्डियों से पहचान की गई (उपरोक्त : 96)।

रामायाण के दक्कन के टीलों से संबंध पर किष्किंधा कांड के इस क्षेत्र से संबंधों के बारे में अनेक प्रश्न उठते हैं, जो महाकाव्य के पारंपरिक रचयिता वाल्मीकि के समय में घटी होगी। हालाँकि कुछ विवरण, जैसे पंपा झील के बारे में, सही नहीं बैठते, लेकिन सच अवश्य लगते हैं। गुफाओं और पथरीली पहाड़ियों में रहनेवाले और केवल डंडों और पत्थरों के औजारों का प्रयोग करनेवाले वानरों का चित्रण नवप्रस्तर काल के लोगों और क्षेत्र की संस्कृति का भलीभाँति वर्णन करता है। हम्पी के निकट शिवपुर में विशाल नवप्रस्तर काल की गुफाओं में रहनेवाली आबादी है, जो प्राचीन किष्किंधा के अंदर आती है। इसमें रेत का एक टीला शामिल है।

संभव है कि जिस किसी ने भी वाल्मीकि द्वारा प्रयुक्त स्रोत सामग्री एकत्रित की वह रेत के टीलों के मूल, ऐहिक उद्देश्य से अनभिज्ञ था और वह या तो एक आम पर्यटक था या ऐसा व्यक्ति था, जो क्षेत्र में तब आया, जब रेत के टीलों का प्रयोग समाप्त हो

गया था। पाँचवीं या चौथी शताब्दी ईसा पूर्व के आस-पास दक्षिण भारत में लौह काल के उदय के बाद पत्थर के औजारों का इस्तेमाल काफी जल्दी समाप्त हो गया, इसलिए संभव है कि किष्किंधा कांड केवल उस समय के बारे में जानकारी देता है, जब राख के टीलों को पशु बाड़ों के रूप में छोड़ दिया गया था; लेकिन पत्थर के औजारों का इस्तेमाल जारी था (उपरोक्त : 97)।

टीलों के बारे में ज्यादा यथार्थ परंपराएँ साधारण जातियों ने सुरक्षित रखी हैं। उन्नीसवीं शताब्दी के अंत में प्राचीन कुपगल शैल चित्रों का अध्ययन करते हुए एच. बॉक्स ने ऐसे टीलों की खोज की, जिनका संबंध गाँववाले पुराने लंबाडी मवेशियों से जोड़ते थे। लंबाडी घुमक्कड़ जनजाति है, जो किसी समय वाहक का काम करते थे और लद्दू बैलों के विशाल झुंडों के साथ घूमा करते थे। जंगली जानवरों को दूर रखने के लिए वे अपने शिविर स्थलों में आग जलाकर रखते थे। पाँच दशकों बाद और 120 मील दूर उटनूर में ऑलचिन को गाँववाले मिले, जिन्होंने एक ऐसे राख के टीले का उल्लेख किया, जहाँ वृद्ध चरवाहे अपने मवेशियों को बाँधते थे और जंगली जानवरों को दूर रखने के लिए आग जलाया करते थे। इस प्रकार गुडीकल्लू टीला भी मवेशियों के झुडों के साथ संबंधित है (उपरोक्त : 98)।

प्रारंभिक तमिल संगम साहित्य वन मुल्लैई का संबंध पशुचारी समूह, अयार, से जोड़ता है, जिसका उद्गम संभवतः द्रविड़ शब्द आ, गाय से हुआ (कनकसभाई 1956 : 57)। कहा जाता है कि अयार व अन्य कृषि समूह चोल देश की सीमाओं के भीतर जनजातीय राजतंत्र, कोन के स्तर तक पहुँचे, लेकिन 190 ईसवी के आस-पास महान् करीकलन चोल ने उन्हें उखाड़ फेंका (चेल्लीयाह 1946 : 19; पिल्लै 1932 : 192-4)। तमिल में कोन राजा और चरवाहे के लिए समान रूप से प्रयुक्त होता है; अयची का अर्थ रानी और स्त्री चरवाहा है। कोन शब्द कोल, चरवाहे की लाठी से निकलता है (अय्यंगार 1929 : 9-12)।

मदुरा और तिन्नवेल्ली जिलों के अयारों की एक परंपरा है कि वे पांड्यन परिवार के संस्थापक के साथ दक्षिण आए। वे यक्षों की पूजा करते थे और उनके द्वारा कृष्ण की पूजा करने का भी उल्लेख है। संगम में गायों, श्याम वर्णी के उल्लेख कृष्ण के गोपाल स्वरूप के पशुचारी पक्ष के प्रारंभिक संकेत हो सकते हैं, क्योंकि उत्तर भारत में वे महाभारत के नायक के रूप में प्रवेश करते हैं (अय्यंगार 1929 : 77)। पटटू-पटटू में अयार गाँवों का कंटीली झाड़ियों से घिरे, गाय के गोबर, मवेशी, भेड़ और बकरियों से भरे के रूप में वर्णन है। पशुचारी ज्वार उगाते थे, पहाड़ी वनों में अपने झुंड चराते थे और रात्रि पड़ावों में बैल और गायों, भेड़ और बकरियों के विशाल समूह रखते थे और उन्हें जंगली जानवरों से बचाने के लिए वहाँ आग जलाया करते थे (चेल्लैया 1946 : 89; 216-17)।

प्रमुख चरवाहे

टोडा दक्षिण की एक प्रमुख पशुचारी जनजाति है, जो नीलगिरी की पहाड़ियों में मुख्यतः एकांत में रहती थी, क्योंकि दक्षिण भारतीय लौह काल या ईसवी सन् के आरंभ के आस-पास उनका पड़ोसी जनजातियों से संबंध टूट गया। नीलगिरी पठार, जो समुद्र तल से 6000–7500 फीट की ऊँचाई पर है, अत्यंत खड़ी ढाल वाला है, जिसके कारण यह लगभग पूरी तरह से वीरान रहता था। एक बार वहाँ पहुँचने पर टोडा तकनीकी और आर्थिक उपलब्धि के एक स्तर पर पहुँचने पर टोडा तकनीकी और आर्थिक उपलब्धि के एक स्तर पर पहुँचकर मानो थम से गए और बाहरी दुनिया से लगभग दो सहस्राब्दी तक कटे रहे। उन्होंने अपना पशुचारी जीवन और विशिष्ट कर्मकांड बरकरार रखे (ऑलचिन 1963 : 102)। उनके साथ पठार पर कोटा और बडागा भी रहते थे।

टोडा एक द्रविड़ बोली बोलते हैं, जिसमें पुरानी तमिल भाषा की विशिष्टताएँ हैं। ऐसा प्रतीत होता है कि उन्होंने कभी गाय, बैल नहीं पाले केवल भैंसें पालीं। रोचक बात यह है कि भैंसें दक्कन के अनेक नवप्रस्तर स्थलों पर नहीं पाई गई हैं और बाद में जाकर उनका प्रवेश हुआ। मांस में टोडा केवल सांभर हिरन का मांस खाते हैं। भैंस का मांस केवल विशेष अवसरों पर खाया जाता है और उनका भोजन मुख्यतः विशुद्ध शाकाहारी है, जिसमें दुग्ध उत्पाद, अनाज, चावल और चीनी शामिल थे। टोडा परंपराएँ कहती हैं कि प्राचीन काल में वे अनाज, चावल और चीनी के स्थान पर विभिन्न पौधे, जड़ी-बूटियाँ और शहद खाया करते थे।

टोडा गाँव मुख्यतः झोंपड़ियों का एक छोटा समूह होता है, जिसके इर्द-गिर्द पत्थर की एक दीवार होती है और एक सँकरा प्रवेश, ताकि भैंसों को बाहर रखा जा सके। दुग्धशालाएँ प्रत्येक गाँव में विभिन्न धार्मिक स्तरों की अनेक दुग्धशालाएँ हैं और मवेशियों के बाड़े कुछ ही दूरी पर स्थित होते हैं। दोनों के इर्द-गिर्द पत्थर की दीवारें होती हैं, हालाँकि बाड़े त्यू कभी-कभी लकड़ी के बने होते हैं।

दुग्धशालाओं और झुंडों की जटिल धार्मिक संरचना टोडा जीवन का संचालन करती है। आम पशुओं और पवित्र पशुओं के अलग-अलग झुंड होते हैं, जिन्हें अलग-अलग बाड़ों में रखा जाता है और उनके उत्पादों को भी अलग-अलग दुग्धशालाओं में संसाधित किया जाता है। भैंसों को दिन में चरने के लिए छोड़ा जाता है (ऑलचिन 1963 : 103)। दो अलग-अलग प्रकार की दुग्धशाला इमारतें होती हैं; पवित्र दुग्धशाला की इमारत शंक्वाकार होती है और इसकी संरचना गोलाकार। बस्तियों में दुग्धशालाओं के अलावा कुछ वंशों से संबंधित विशेष ती दुग्धशालाएँ होती हैं, जिनका निर्माण बस्ती से कुछ दूरी पर किया जाता है। ती दुग्धशाला में ग्वालों के लिए झोंपड़ियाँ, आम पशुओं के लिए बाड़े और विशेष पशुओं और बछड़ों के लिए अलग बाड़े होते हैं।

टोडा वर्ष की विशिष्टता होती है शुष्क महीनों के दौरान, जब गाँव के निकट चरागाह कम हो जाते हैं और नए चरागाहों की आवश्यकता होती है तो गाँव और ती दुग्धशालाओं की भैंसों को स्थानांतरित किया जाता है। टोडा जीवन के अश्मीभूत स्वरूप को देखते हुए कुछ स्थान प्राचीन काल से पारंपरिक रूप से पवित्र माने जाते हैं, जिससे इस ऋतुनिष्ठ स्थानांतरण को और अधिक आनुष्ठानिक महत्त्व दिया जाता है।

रीति-रिवाज और परंपराएँ टोडा जीवन का केंद्र हैं। ऑलचिन का मानना है कि इस जनजाति का अपेक्षाकृत उच्च स्तर का धर्म था, लेकिन अनेक शताब्दियों तक एकांत में रहने के कारण इसका धार्मिक पक्ष मुखर हो गया। टोडा भैंसों के लिए अनेक विशेष धर्मानुष्ठान किए जाते थे जैसे कि भैंस के जन्म के बाद और नियतकालिक नमक देने संबंधी विधियाँ और इसके अलावा विभिन्न प्रकार की बलियाँ। एरकुंपत्थमी विधि में पंद्रह दिन के एक बेदाग बछड़े के सिर पर एक विशेष लट्ठ से वार करके, उसके सिर के टुकड़े करके और फिर उन टुकड़ों को विशेष अग्नि के इर्द-गिर्द नुकीले खूँटों में लगाकर समारोहपूर्वक खाया जाता है। यह अनुष्ठान किसी निर्जन वन स्थल में किया जाता है और इसका संबंध भैंसों की जनन शक्ति से हो सकता है। पवित्र ती दुग्धशालाओं नर बछड़ों की इस प्रकार तीन बार बलि दी जाती हैं—पतझड़ अग्नि समारोह तेउतुतुस्थची; जब शुष्क मौसम में भैंसों का स्थानांतरण होता है और नमक देने की रीति के दौरान। ये बलि वन या किसी पवित्र उपवन में भी दी जाती हैं (उपरोक्त : 115-6)।

टोडा प्रथाओं में अग्नि का एक विशिष्ट स्थान है। किसी भी नई दुग्धशाला में जाने पर या पुरानी दुग्धशाला के पुनर्निर्माण के समय दुग्धशाला की पवित्र अग्नि को हर बार प्रज्वलित किया जाता है। एक बार प्रज्वलित किए जाने पर अग्नि को सुलगाए रखा जाता है। अक्तूबर में तेउतुतुस्थची समारोह के दौरान कुछ दुग्धशालाओं के पुजारी उन पहाड़ियों की तलहटी तक जाते हैं, जहाँ टोडा मानते हैं कि ईश्वर का वास है और आग की लकड़ियों से आनुष्ठानिक अग्नि प्रज्वलित कर भरपूर घास और शहद के लिए प्रार्थना करते हैं (उपरोक्त : 117-8)।

बडागा जनजाति पशुचारी न होकर कृषि प्रधान है, हालाँकि वह मवेशी पालती है और हल चलाने के लिए बैलों का भी उपयोग करती है। यह नाम प्राचीन तमिल वडुगन या उत्तरवासी से उद्धृत है। परंपरानुसार बडगाओं का संबंध मैसूर से जोड़ा जाता है; वे एक कनरी बोली बोलते हैं। टोडाओं की भाँति वे भी मवेशियों को पत्थर के बाड़ों में रखते हैं। ई. थर्सटन और जे.डब्ल्यू. ब्रीक्स ने बाड़ों को कमर तक गंदगी में डूबा बताया है। जब गोबर कमर तक पहुँचने लगता है तो उसे ले जाकर खेतों में खाद के लिए बेच दिया जाता है (उपरोक्त : 104)।

लंबाडी या बंजारा लंबानी, लामिनी, लबानी, बृंजरी, बोईपरी, सुकली की उत्पत्ति उत्तर में हुई और बंजारा शब्द प्राकृत स्वरूप वाणिज्जाराओं में माध्यम से संस्कृत

वाणिज्यकर से उत्पन्न हुआ होगा। लंबाडी कारवाँ चालक और वाहक हैं, जिनकी बोली, हालाँकि स्थानीय द्रविड़ और भारतीय-यूरोपीय बोलियों से मिश्रित है, उनका पश्चिमी, राजपूताना उत्पत्ति की ओर इशारा है। व्यापार के चलते अब वे दक्षिणी और पश्चिमी भारत के विशाल हिस्सों में रहते हैं। उनकी पोशाक, विशेष रूप से महिलाओं की, उनकी उत्तरी उत्पत्ति की ओर इशारा करती है (उपरोक्त : 108)।

गोल्ला को अपना नाम संस्कृत के गोपाल से मिला, जो उत्तर भारत में प्राकृत का गोआला और आधुनिक जाति नाम ग्वाला बन गया। पुरानी कन्नड़ भाषा में यह शब्द गोवाली बन गया और इसके अन्य दक्षिणी रूपांतर में गोल्लवरू, गोदलावरू इत्यादि शामिल हैं। गोल्ला में दो प्रमुख समूह शामिल हैं, उरू बस्ती गोल्ला और कडु वन गोल्ला। दोनों अपना संबंध कृष्ण गोपाल और कृष्ण की कथा से जोड़ते हैं और अपनी उत्पत्ति उत्तर में बताते हैं तथा यादव-कुल, कृष्ण-कुल और गो-कुल जैसी पदवियाँ धारण करते हैं (उपरोक्त : 105)।

उरू गोल्ला वर्तमान में आंध्र के गाँवों में एक पशुचारी जाति के रूप में रहते हैं, लेकिन उन्होंने अपने भूतपूर्व गौरव की स्मृतियाँ सँजोकर रखी हैं। वे किसी समय में गोल्ल राजा गोल्ल राजूलारू होने का दावा करते हैं और जाति व्यवस्था में उनका ऊँचा स्थान है, व्यवसायी जातियों के शीर्ष पर, 'द्विज' जातियों के तुरंत बाद और कणु-कम्मा-रेड्डी किसानों के बराबर। जाति को असगोत्रीय कुलों में बाँटा गया है, जिन्हें अकसर पौधे या पशु का नाम दिया गया है, जो प्राचीन टोटेमवादी संबंधों की इशारा करता है जैसे हाथी, सींग, बंदर, धब्बेदार कौवा, वट वृक्ष, बकरी, भेड़ा, पीपल का वृक्ष, कोबरा इत्यादि। गोल्ला अकसर गाँव के अलग हिस्से में रहते हैं। कभी-कभी वे भूमि के छोटे-छोटे टुकड़ों के मालिक होते हैं और अपने मवेशियों और भेड़ों के झुंड को गाँव के बाहर बाड़ों में रखते हैं। पशुओं को झुंड में रखने के लिए वे प्रशिक्षित कुत्तों का इस्तेमाल करते हैं। काडू गोल्ला वन में रहनेवाली जनजाति है, जिसमें मिलने फ्रांसिस ब्यूकानन-हैमिल्टन 1807 और बीसवीं शताब्दी के प्रारंभ में अनंतकृष्ण अय्यर आए। यह जनजाति केवल मैसूर में पाई जाती है और कन्नड़ बोलते हैं। ये चरागाहों के निकट बाड़ लगे हुए गाँवों में रहते हैं, लेकिन जल्दी-जल्दी एक स्थान से दूसरे स्थान जाते रहते हैं। घरों पर छप्पर होते हैं और दीवारें टट्टर या मिट्टी की या केवल खुले स्थान; दीवारें फूस या पत्तों की बनी होती हैं। एक गाँव हट्टी में एक ही असगोत्रीय समूह के अनेक परिवार होते हैं (उपरोक्त : 106)।

जनजाति को तीन असगोत्रीय कुलों में संघटित किया गया है: चित्रमुत्तोरू या करडी गोल्लारू भालू गोल्ला, चंद्रनोरू चंद्र जनजाति और रामेगौदनाकुलदावरू रामे गौड़ा के वंशज। उन समूहों को टोटेमवादी संबंधों वाले असगोत्रीय वर्गों में बाँटा गया है, जिनके नाम हैं—दूध-हेगडे, नर भैंस, कुदाली इत्यादि। काडू गोल्ला छोटे स्तर पर खेती करते

हैं, हालाँकि उनका मुख्य व्यवसाय भेड़ और मवेशी पालना है।

ब्यूकानन ने मैसूर में मवेशियों की दो अलग नस्लें देखीं; एक छोटा मटमैला या काले रंग का शांत स्वभाव वाला और गाँवों में दूध देने के लिए रखा जाता था, जबकि दूसरी एक विशाल और खूँखार नस्ल थी, जिसे गोल्ला वनों में रखते थे। इस प्रकार की गायें विशुद्ध सफेद थीं, जबकि बैल सफेद और काले रंग के। रात को मवेशियों को कँटीली झाड़ियों से घिरे बाड़े में रखा जाता था, ताकि उन्हें शेरों से सुरक्षित रखा जा सके। (उपरोक्त : 107)।

कम वर्षा के कारण जब चरागाह कम हो जाते हैं। तो गोल्ला अपने झुंडों को गोल्लाओं के अन्य समूहों के पास ले जाते हैं, जिसके बदले में वे उन्हें गोबर देते हैं या फिर वन में चले जाते हैं, जहाँ जानवरों के पानी के लिए छोटे जलाशय बने होते हैं। सभी चरने वाले और छोटे मवेशियों को इन अभियानों में ले जाया जाता है; कुछ गर्भवती भैंसों और मवेशियों को घर में महिलाओं के साथ छोड़ दिया जाता है। विभिन्न प्रकार के मवेशियों के अलग-अलग बाड़े होते है। बछड़ों को सारा दूध मिलता है और केवल कुछ ही चरवाहे इस्तेमाल करते हैं; लेकिन गायों का हर सुबह दूध दुहा जाता है। मवेशियों को दिन में एक बार पानी के पास ले जाया जाता है; एक महीने के बछड़े अपने मालिक के पीछे-पीछे चरागाह तक जाते हैं।

अधिकांश पशुचारी समूह कृष्ण के संबंधी होने का दावा करते हैं। गोल्ला इस बात पर बल देते हैं कि वे क्षत्रिय हैं और राजा ययाति, जिसका महाभारत में उल्लेख है, उनके वंशज हैं। प्राचीन काल में वे मथुरा में रहने का दावा करते हैं और कहते हैं कि श्रीकृष्ण के प्रेम संबंधों के कारण वे यादव वंश के हैं। बाद में वे दक्कन आ गए (अय्यर 1930 : 198-9)। काडु गोल्ला का भी कहना है कि मुसलमानों के दमन से बचने के लिए वे दिल्ली क्षेत्र से दक्कन आ गए। गोल्ला लोगों के एक जनजातीय देवता, जुजप्पा हैं, जो एक महिमामंडित ग्वाले और श्रीकृष्ण के अवतार हैं। हगलवाड़ी में उनके सम्मान में प्रत्येक दो या तीन वर्ष में एक उत्सव होता है। एक पवित्र बैल, पट्टड बासव राजा बैल एक डिब्बा उठाकर चलता है, जो देवता का रूप होता है अनकम्मा की पूजा में भी बोल्ली-अनु बैल की मूर्ति नामक बैल की एक मूर्ति को एक कलश में अन्य पवित्र वस्तुओं के साथ रखा जाता है।

बड़े त्योहार : दीवाली, होली, पोंगल

मवेशी पूजा का एक विशेष पक्ष होली, गोवर्धन, गोपाष्टमी जैसे त्योहारों में पशुओं की सजावट है, जो उनके शरीर और सींगों को मामूली रँगने से लेकर शरीर को लाल रंग की धारियों या चित्रों से सजाना हो सकता है। कभी-कभी खुले हाथ के निशान बुरी नजर से बचाने के लिए आम चिह्न से भी सजाया जाता है और स्थानीय लिपि में 'राम,

राम' लिखा जाता है। इस बात के प्रमाण हैं कि ये प्रथाएँ अत्यंत प्राचीन हैं। कभी-कभी विशेष पशुओं की पीठ पर रंगीन वस्त्र डालकर उन्हें सजाया जाता है, जो सिंधु घाटी की मुद्राओं में सजे हुए मवेशियों की याद दिलाता है। गोपाष्टमी जैसे त्योहारों पर पूजा से पहले गायों को सजाया और विधि अनुसार स्नान कराकर तेल से विलेपित किया जाता है (ऑलचिन 1963 : 120)।

अग्नि और मवेशियों से संबंधित तीन बड़े त्योहार हैं—उत्तर और मध्य भारत में होली या दीवाली और दक्षिण में मकर संक्रांति या पोंगल।

काणे के दीवाली के विद्वत्तापूर्ण और मूलपाठ-विषयक वर्णन के अनुसार (1930 : 194ff) यह त्योहार पाँच दिन तक मनाया जाता है, हालाँकि केवल तीन को सही मायनों में दीपावली, 'दीपो की पंक्ति' माना जाता है। त्योहार अश्विन सितंबर-अक्तूबर मास की अमावस के तेरहवें दिन आरंभ होता है और प्रत्येक दिन का एक विशेष प्रतीक हैं। पहले दिन लक्ष्मी की पूजा की जाती है; दूसरा दिन नरकचतुर्दशी होता है और मृत्यु के देवता, यम को मूलतः नरक के डर से पूजा जाता है, हालाँकि आगे जाकर यह दिन कृष्ण द्वारा नरकासुर को मारने की कहानी से जुड़ गया। भविष्योत्तर पुराण में लिखा है कि इस दिन अनेक मंदिरों, मार्गों और पवित्र उपवनों में दीप जलाए जाते हैं; कुछ धर्मग्रंथों के अनुसार इस दिन और अगले दिन शाम को जलती लकड़ी हाथ में लेकर पुरुष अपने पितरों को मार्ग दिखाते हैं।

तीसरा दिन, अमावस्या, सबसे महत्त्वपूर्ण होता है और इस दिन लक्ष्मी की पूजा की जाती है। घरों, मंदिरों, चौक, वृक्षों, गाय के बाड़ों और गुफाओं के आगे दीप प्रज्वलित किए जाते हैं; घरों की पुताई की जाती है और फर्श को गाय के गोबर से लीपा जाता है। व्यापारी अपनी लेखा पुस्तकें खोलकर उनमें शुभ-लाभ जैसे शुभ शब्द लिखते हैं और यह दिन मुख्यतः धन की पूजा को समर्पित होता है।

अगला दिन, कार्तिक अक्तूबर-नवंबर का पहला उज्ज्वल दिन, वर्ष के सबसे शुभ दिनों में से एक होता है। इस दिन विष्णु ने राजा बालि पर विजय प्राप्त की थी, एक ऐसी घटना, जो पतंजलि के समय तक लोगों को भलीभाँति विदित थी। इस दिन पारंपरिक रूप से पार्वती के सम्मान में पासा और जुआ खेला जाता है। माना जाता है कि इस दिन पार्वती ने शिव को दो बार पासे में हराया, हालाँकि यह पिछले दिनों लक्ष्मी की पूजा का आह्वान भी करता है। दीये जलाए जाते हैं और मवेशियों की सज्जा और पूजा इस दिन की विशेषता होती है, जिसका प्राचीन पुस्तकों में उल्लेख है। इस दिन का संबंध कृष्ण द्वारा गोवर्धन पर्वत को उठाने से भी है। इसलिए इस दिन गाय के गोबर से पर्वत और मवेशी बनाए जाते हैं।

सुबह के समय गाय की पूजा की जाती है। दिन में धर्मग्रंथों के अनुसार मार्गपली, मार्ग की रक्षक, बाँधा जाता है। एक ऊँचे खंभे और वृक्ष से घास की एक रस्सी बाँध दी

जाती है और लोगों और पशुओं का जुलूस उसके नीचे से गुजरता है। कुछ पुस्तकों में रस्साकशी का भी उल्लेख है। अंतिम दिन, भ्रात्रद्वितीय या यमद्वितीय, भाइयों और बहनों का दिन होता है। काणे का मानना है कि यह दीवाली से जुड़ा एक परिशिष्ट है, ताकि उत्सव की अवधि में एक दिन और जोड़ा जा सके।

गोवर्धन का संबंध पारंपरिक रूप से गाय की पूजा से है और इसका अहीर जैसी पशुचारी जनजातियों के लिए विशेष महत्त्व है। मवेशियों को सजाकर इस दिन उनसे कोई काम नहीं लिया जाता है। बाँट गौशाला में बालिंद्र भगवान् की पूजा करते हैं। गोवर्धन पर्वत को गाय के गोबर से बनाया जाता है, अधिकांशत: एक चपटे शंकु के आकार में; मवेशी और मनुष्यों के आकार भी गोबर से बनाए जाते हैं। ब्यूकानन के अनुसार बिहार के ग्वाले गाय के गोबर से मानवाकृति तैयार करते हैं। केंद्रीय प्रांतों के हटकर इन आकृतियों को मवेशियों के पैरों तले रौंदवाते हैं; सबसे आगे चलते हैं, सबसे खूँखार बैल और ओसर जुलूस में सबसे आगे चलते हैं, जबकि छोटे-छोटे लड़के मवेशियों को गाँव के बाहर एक खुले मैदान में ले जाते हैं, जहाँ लोग चिल्लाकर उन पर मिट्टी फेंकते हैं, ताकि वे तितर-बितर हो जाएँ। गाय के गोबर से बनी तीर की तरह एक आकृति की गोथन देओं, मवेशी देवता के रूप में पूजा की जाती है (फयूक्स 1960 : 482-6)।

बंबई के महादेव कोली मवेशियों को एक छोटी सी उत्सवाग्नि के ऊपर से चलाकर ले जाते हैं और उनसे गाय के गोबर से बने शंकु को रौंदवाते हैं, जिसे बाली की आकृति माना जाता है (धुर्ये 1957 : 199-200)। एक अन्य प्रसंग है गोवर्धन को रौंदना। बंजारा इस विधि को जमीन में एक बकरी या मुरगे को सिर तक दबाकर करते हैं और उसके ऊपर मवेशियों को चलाते हैं; यदि पशु की दबकर मृत्यु हो जाती है तो इसे मवेशियों के लिए शुभ माना जाता है।

होली अत्यंत प्राचीन त्योहार है, जिसका प्रारंभिक साहित्य में उल्लेख है। इसे दक्कन और दक्षिण में भी मनाया जाता था, हालाँकि यह उत्तर में अधिक लोकप्रिय है। होली मुख्यत: वसंत ऋतु का त्योहार हैं जैमिनी, जिसने सबसे पहला वर्णन लिखा, ने बढ़ते हुए क्षेत्रीय स्वरूप जैसे उत्तर की बैल दौड़ और दक्षिण की वृक्ष पूजा का उल्लेख किया (जै. 13 5-23, काणे, III : 851)। कामसूत्र की व्याख्या जयमंगला में उल्लिखित इस त्योहार की प्रमुख विशेषताएँ हैं—रंगीन पानी फेंकना और साथ ही छेड़-छाड़। हेमद्री ने त्योहार का वर्णन किया है—फाल्गुन फरवरी-मार्च के पंद्रहवें दिन सर्दी खत्म हो जाती है और गरमी शुरू; लड़के जलाऊ लकड़ी और घास लेकर आग जलाते हैं, ताली बजाकर उसके इर्द-गिर्द नृत्य करते हुए भद्दे गाने गाते हैं। अगले दिन लोग राख का नमन कर कामदेव की पूजा करते हैं (आलॅचिन 1963 : 131)। मथुरा और महाराष्ट्र में इस त्योहार का ग्वालों के लिए विशेष महत्त्व है, जो त्योहार की अग्नि को जलाने के लिए ढेर सारा गाय का गोबर एकत्रित करते हैं। सुदूर दक्षिण में बंजारा भी होली को एक महत्त्वपूर्ण

त्योहार के रूप में मनाते हैं, जिसमें वे आग, रंगीन पानी और पाउडर से खेलते हैं।

रोचक रूप से राख और उत्सवाग्नि दोनों को विभूमि बुद्धि कहा जाता है। कन्नड़ में फाल्गुन की पूर्णिमा को बुद्धि हुन्निवे पूर्णिमा, राख पूर्णिमा दिवस करते हैं। ग्वालियर क्षेत्र में गाय के गोबर के विशाल ढेरों को जलाया जाता है; मारवाड़ी आग के सामने नाथूराम की लैंगिक मूर्तियाँ खड़ी करते हैं (फयूक्स 1960 : 455-7)।

पोंगल जनवरी के मध्य में मकर संक्रांति के आस-पास पड़ता है, जब सूर्य उत्तर (उत्तरायण) की ओर अपनी यात्रा आरंभ करता है। पोंगल दक्षिण में एक महत्त्वपूर्ण त्योहार है और यह अत्यंत प्राचीन हो सकता है, क्योंकि इसमें एक प्राचीन कृषि और पशुचारी श्रतुंष्ठि त्योहार के तत्त्व हैं। सात दिन तक चलने वाले इस उत्सव में तीन दिन प्रमुख हैं—संक्राति से पहले का दिन भोगी पोंगल, संक्रांति महापोंगल और संक्रांति का अगला दिन मट्टू पोंगल।

तमिलों में पोंगल का अर्थ है फसल की समाप्ति; घरों को सजाया जाता है और नए वस्त्र धारण किए जाते हैं। पहले दिन, भोगी पोंगल को इंद्र की पूजा की जाती है। पोंगल से कुछ दिन पहले लड़के पोंगल की उत्सवग्नि के लिए डंडी घास, लकड़ियाँ, सूखा गाय का गोबर, पत्तियाँ और टोकरियों जैसे घर के पुराने बरतन एकत्रित करते हैं। प्रातःकाल घर के सभी लोगों के सामने पोंगल की अग्नि प्रज्वलित की जाती है। माना जाता है कि यह सूर्य या फिर अग्नि को भेंट हैं। मिठाई बाँटी जाती है और भोज के लिए विशेष खाना तैयार किया जाता है और ग्वाले इस दिन ढोल बजाते हुए जाते हैं (1963 : 134 में गोबर 1870 : 91ff)।

महापोंगल की शुरुआत घर की महिलाओं के स्नान से होती है, जो कर्मकांडों में महत्त्वपूर्ण भूमिकाएँ निभाती हैं। नए बरतन और फसल का नया चावल ही केवल भोज के लिए प्रयोग किया जाता है। मुख्य विधि घर के आँगन में की जाती है। महिलाएँ पिल्लौयार बनाती हैं, जो गणेश के सिर के आकार में गाय के गोबर का एक बड़ा गोला था और इसे विशेष तौर पर निर्मित चूल्हे के सामने एक पत्थर पर रख देते हैं। वे चावल के आटे से जमीन पर विस्तृत अल्पनाएँ बनाते हैं। रेखाओं में प्रत्येक प्रतिच्छेद बिंदु पर गाय के गोबर के छोटे-छोटे ढेले रखे जाते हैं और पिल्लैयार के ऊपर और गाय के गोबर के ऊपर नारंगी फूल, बंटी फूल। फिर पिल्लैयार के सिर के ऊपर तेल उड़ेला जाता है, जिसकी फिर से पूजा की जाती है।

संक्रांति के ठीक समय पर गाय के गोबर के उपले चूल्हे में डालकर उन पर एक बरतन में रखकर दूध उबाला जाता है। यह रीति-त्योहार का सार है और उबलने के लिए तमिल शब्द, पोंगू से इस त्योहार को इसका नाम मिला है। जिस प्रकार से दूध उबलता है, उसके आधार पर आनेवाले वर्ष में परिवार की समृद्धि का पूर्वानुमान लगाया

जाता है। शाम को एक विशेष भोज के बाद लोग अपने बेहतरीन परिधान पहनते हैं और दोस्तों और पड़ोसियों से मिलने जाते हैं।

मट्टू पोंगल या गौपूजा गाय की पूजा का दिन होता है। मवेशियों से इस दिन काम नहीं कराया जाता और उन्हें सजाकर विशेष भोजन दिया जाता है। शाम को मवेशियों का जुलूस स्थानीय मंदिर तक ले जाया जाता है और ईश्वर से पशुओं के लिए आनेवाले वर्ष में उर्वरता, उत्पादकता और बीमारी से दूर रखने का आशीर्वाद माँगा जाता है। पारंपरिक रूप से ग्वालों को नए वस्त्र मिलते हैं, जिन्हें तह करके मवेशियों के गले पर रखा जाता है।

मट्टू पोंगल का पशुचारी जातियों के लिए अत्यधिक महत्त्व है। गोल्ला इसे वर्ष की सबसे महत्त्वपूर्ण घटना मानते हैं (अय्यर III. 213)। भगवान् कटमराया को भेंट चढ़ाई जाती है; मवेशियों को सजाया जाता है और चरवाहे नए कपड़े पहनते हैं। मवेशियों को विशेष भोजन कराया जाता है और शाम तक चरने के लिए भेज दिया जाता है। शाम को गाँव के बाहर उत्सवाग्नि जलाई जाती है और लौटते हुए मवेशियों को आग से गुजरना पड़ता है। उन्हें विशेष भोजन दिया जाता है और प्रांगणों में दूध उबाला जाता है (ऑलचिन 1963: 135)।

मट्टू पोंगल के दिन मारवन और कल्लन बैलों को ललचाते हैं और मवेशियों के खेल करते हैं। नीलगिरि के बडगाओं में पोंगल से संबंधित एक मेला होता है (थर्सटन 1909: 96-101)। जनवरी में जब खेतों पर हल चलाने का काम पूरा हो जाता है तो बैरगन्नी में हेथथेस्वामी का उत्सव मनाया जाता है, जिसमें एक युवा बैल को आग के बीच से चलाकर ले जाया जाता है। दूध के घड़े उबाले जाते हैं और सगुन पढ़े जाते हैं। कभी-कभी पुरुष अग्नि पर चल कर जाते हैं।

पोंगल उर्वरता का त्योहार है, जो धान की नई फसल के आनंद उठाने और किसानों के खेत जोतने की समाप्ति; पोंगल दूध उबालने, उत्सवाग्नि और पशुचारियों के मवेशियों की पूजा करने पर केंद्रित होता है। पोंगल और उत्तर भारत की दीवाली में अनेक समानताएँ हैं, विशेष रूप से गोवर्धन और पिल्लौयार की पूजा में जो दोनों ही गाय के गोबर से बनते हैं, उत्तर में मवेशियों और आदमियों के गौण नमूने घर के प्रांगण में चावल के आटे से बनी मुग्गु आकृति पर गाय के गोबर के छोटे-छोटे ढेलों के समानांतर होते हैं। दोनों क्षेत्रों में मवेशियों की पूजा की जाती है और मवेशियों से संबंधित खेल खेले जाते हैं। उत्सवाग्नि होली के उत्सव के समान लगती है, लेकिन दीवाली और पोंगल की जनजातीय-पशुचारी जड़ों का आधार है। मवेशियों को उत्सवाग्नि के बीच से चलाकर ले जाने की प्रथा, मुख्यत: दीवाली में बंबई के कोलियों और पोंगल के दिन दक्षिणी गोल्ला और बडागा में प्रचलित है।

□

अध्याय–10

जनजातियाँ : हिंदू निरंतरता

जनजातीय देवी–देवताओं पर अध्ययन से यह बात स्पष्ट हो जाती है कि जो पवित्र, सम्मानीय है, उसके प्रति मनुष्य में अस्तित्व और समृद्धि को लेकर उत्सुकता के बीच काफी अनुरूपता है। यह आमतौर पर मवेशियों और खेतों के स्वास्थ्य और उर्वरता और परिवार के स्वास्थ्य और उत्तरजीविता विशेषकर बच्चों की, के रूप में व्यक्त होता है। मनुष्य की रोजमर्रा की चिंताएँ भौतिक और सांसारिक हैं, लेकिन हमारी खोज अत्यंत आश्चर्यजनक रूप से ब्रह्मांड, धरती और मनुष्य के उसमें स्थान को लेकर एक उत्कट जनजातीय चेतना को अनावृत्त करती है। वन के किसी हिस्से, पर्वत या पठार तक सीमित होने के बावजूद विभिन्न जनजातियों ने स्वर्ग, ग्रहों, नक्षत्रों, पृथ्वी और तत्त्वों को एक अंतरिक्षीय विश्वदर्शन में गुँथा है, जिसमें मनुष्य अपना गौण स्थान स्वीकार कर प्रकृति और धर्म के नियमों के अनुरूप अपना जीवन जीने का प्रयास करता है।

झुंडों और खेतों की उत्पादकता के लिए प्रकृति पर सदैव निर्भरता और उनकी उर्वरता बढ़ाने की सहज अभिलाषा ने जनजातीय समुदायों के आध्यात्मिक विश्वासों और कार्यों की संरचना की है। जनजातीयों और किसानों ने विशेष रूप से उन शक्तियों को प्रसन्न रखने का प्रयास किया है, जिनका फसल उत्पाद पर सबसे गहरा प्रभाव पड़ता है यानी की पृथ्वी और वर्षा। लेकिन इसने कभी भी जीवन के अशिष्ट, स्वार्थी और भौतिकवादी दर्शन को जन्म नहीं दिया। इसके विपरीत आरंभ से अंत तक और उसके परे भी प्रत्येक क्षण का मार्गदर्शन करनेवाली देवत्व की व्याख्या, जो रोजमर्रा के काम और जीवन के उद्देश्यों में सफलता और असफलता और परलोक के जीवन के स्वरूप का निर्धारण करती है, ने जनजातीय चेतना को निर्धारित किया है और उसे आकार दिया है और आज भी हिंदू जीवन पद्धति को अनुप्राणित कर रही है।

इस कार्य का उद्देश्य सहस्राब्दियों से जनजातीय और गैर–जनजातीय समूहों के बीच

अब तक अदृश्य संस्कृति और परंपरा के बीच एकता को प्रकाश में लाना है। हमारा यह मानना है कि औपनिवेशिक शासकों द्वारा प्रतिपादित द्विभाजन, जिसका उत्तर-औपनिवेशिक विद्वानों ने समर्थन अंशत: या अनजाने में किया के ठीक विपरीत भारतीय राष्ट्रवादियों का जनजातीय हिंदू सामाजिक-आर्थिक-राजनीतिक तथा आध्यात्मिक-सांस्कृतिक सांत्यतक की अखंडता का दावा सिद्ध हो जाता है। भारतीय वर्णक्रम के समान लगने वाले असंबद्ध बिंदुओं में समान विचारों, प्रसंगों और मूलभावों की पुनरावृत्ति, जो अकसर बिना किसी स्पष्ट पथ के इस बात की ओर इशारा करे कि लेना या विनिमय किस प्रकार हुआ होगा, की व्याख्या मात्र संयोग कहकर नहीं की जा सकती है। वास्तव में जनजातीय और तथाकथित हिंदू विश्वदृष्टि एक-दूसरे के साथ इतने स्पष्ट तौर पर प्रतिच्छेदित और परस्पर हो जाते हैं कि उन्हें सच में एक-दूसरे से पृथक् या भिन्न मान लेना कठिन है।

हम संक्षेप में नर्मदा की छाया में रह रही एक आदिम जनजाति, भीलला, पर हुए एक उत्कृष्ट अध्ययन पर दृष्टि डालेंगे। हमारे कार्य के पृष्ठपट को देखते हुए भी हम उदात्त चेतना से सुनाई पड़ने वाली तीव्र अनुगूँज को सुनकर हैरान नहीं हैं, जिसने आदिकाल में वेदों द्रुति को सुना और अभिलिखित किया। हम देश के विभिन्न भागों में विभिन्न जनजातियों के बीच की कथा के कुछ शब्दचित्रों से समापन करते हैं। ये शिक्षाप्रद हैं, क्योंकि ये न केवल सुदूर कोनों में महाकाव्य के परिस्रवण बल्कि जनजातीय विश्वास और व्यवहार के सिद्धांतों के आधार पर आभ्यंतर और पुनर्निर्माण को भी दरशाते हैं। प्रत्येक जनजाति स्वयं को कहानी में गूँथ लेती है, जो हिंदू परंपरा की एक विशेषता है।

भीलला और वैदिक इंद्र

नर्मदा घाटी के भीललों का मानना है कि सभी प्राकृतिक घटनाएँ आध्यात्मिक जीवन से अनुप्राणित हैं और प्राकृतिक दुनिया अलौकिक का हिस्सा है। पहाड़ियाँ, वृक्ष, पत्थर और फसलें सभी में आध्यात्मिक शक्ति है और ये लोगों के दैनिक जीवन में सक्रिय रूप से हस्तक्षेप कर सकते हैं। बाबलकड़ा वृक्षों के देवता हैं और आईखड़ा घास की देवी हैं; विशेष पवित्र स्थलों पर दोनों के मंदिर हैं। अलौकिक दुनिया को वंशावली के विस्तार के रूप में भी देखा जाता है, जहाँ पर दिवंगत पूर्वजों की आत्माएँ अदृश्य उदार अभिभावकों के रूप में रहती है। लेकिन अलौकिक दुनिया में दुष्ट डाकन भी रहती हैं, जो परिवार की शत्रु हैं और कभी-कभी विवाहित महिलाओं में आविष्ट हो जाती हैं।

भीललों का गुज़रात की राठव जनजाति से निकट संबंध है, जिन्हें वास्तव में राठव-भीललों के नाम से जाना जाता है। आमतौर पर उनका रूप-रंग विश्वास और आचार व्यवहार समान हैं और सीमा के पास के गाँवों में उनके बीच वैवाहिक संबंध होते हैं। ज्योतींद्र जैन का मानना है कि राठवों के किसी समय मध्य प्रदेश से स्थानांतरण

किया होगा, क्योंकि उनकी पौराणिक कथाओं में मालवी घोड़े और राजरा भोज, धार के प्रसिद्ध राजा के उल्लेख हैं (1984 : 5)। वे बाबो इंद्र नामक एक कृषि देवता की पूजा करते हैं और उनके कर्मकांडों में वेद, धर्मशास्त्र, पुराण और महाकाव्यों में इंद्र, वैदिक देवकुल के सर्वोच्च कृषि देवता की पूजा के लिए निर्धारित कर्मकांड़ों से रहस्यमय समानताएँ हैं (उपरोक्त : 61)।

यह भीललों के मुख्य त्योहार, इंदल पूजा के संबंध में भी सही है। इंदल जनजातियों की प्राकृतिक-आध्यात्मिक विश्वव्यवस्था और जनजातीय संसार से उसके संबंध पर जनजातियों की अवधारणा पर आधारित सामूहिक पूजा है। वर्षा और पृथ्वी के सम्मिलन का यह समारोह मनाती है, जिससे अनाज उत्पन्न होता है। पूजा के दौरान गाया जानेवाला सृष्टि का मिथक या गायन संसार की उत्पत्ति को अतिपूजित नर्मदा माता से जोड़ता है।

मध्य भारत में हिंदू नर्मदा को गंगा से कहीं अधिक पवित्र मानते हैं। माना जाता है कि नर्मदा की उत्पत्ति शिव के शरीर से हुई इसलिए नदीतल के प्रत्येक पत्थर को लघु शिवलिंग और पूजा के योग्य माना जाता है। अनेक लोकप्रिय कथाएँ नदी की पवित्रता को अनुप्रमाणित करती हैं; जिनमें से सबसे प्रसिद्ध यह है कि वर्ष में एक बार गंगा को नर्मदा में स्नान करना चाहिए, ताकि उसकी पवित्रता और पुनीतता बनी रहे। गंगा कोयले सी काली गाय का अपने जल में स्नान करनेवाले भक्तों के पापों का बोझ उठाए आती है और बिल्कुल श्वेत होकर लौटती है, सभी पापों से मुक्त।

आमतौर पर जनजातियाँ एक निर्धारित स्थान या निर्धारित भ्रमणशील मार्ग पर सीमित होती हैं; अतः उनकी पूजा, उनके खेड़ा और उसपर शासन करनेवाले पूर्वज देवता तक ही सीमित होती है। भीलल कर्मकांड जिस भूमि पर नर्मदा बहती है, उससे उनके संबंधों पर बल देते हैं। इसके कारण आस-पास का भौगोलिक क्षेत्र विशेष रूप से पवित्र हो जाता है। अतः रनिकाजल पर्वत उनकी सबसे पवित्र देवी हैं, जबकि मथवाड मथ-माथा और दादा दबाद-धड़ नामक गाँव मुखिया मोतिया भील के मृत शरीर हैं, जिसे राजपूतों ने पराजित किया था। कुछ स्थानों का रहस्यमय महत्त्व हैं, जैसे खुंडी गाँव के समीप वीरबसारी पहाड़ियों की तलहटी में अबरपानी के अनंत झरने जहाँ केवल बुढ़वा (वृद्ध) व्यक्ति ओझाओं के रूप में सामूहिक रूप से अपनी शक्ति की वृद्धि करने और अलौकिक व प्राकृतिक क्षेत्रों के बीच मध्यस्थता करने जाते हैं।

गाँव की पैतृक आत्माओं की गाँव के बाहर एक छोटे से मंदिर में पूजा और विशेष पत्थरों और मृण्मूर्तियों के रूप में होती है। खत्री मुगद्या और बाबू दित्य अभिभावक पूर्वज हैं, जिन्हें कठिन समय, मुश्किल यात्राओं से पहले और विशेषकर अच्छे समय में पूजा जाता है। इसके लिए स्थानीय देवताओं के सम्मान और उनकी स्मृति में एक कालदर्श तैयार किया गया है। जनजातीय लोग अपने जीवन पर प्रकृति की शक्ति को

स्वीकार करते हैं और इसके साथ आध्यात्मिक संबंध जोड़कर इसका सम्मान करते हैं। इस प्रकार वे स्वयं के अस्तित्व को 'प्राकृतिक' बनाकर अपने भौतिक स्थान का दावा करते हैं। इसे गायन के माध्यम से हासिल किया जाता है, जो संसार की सृष्टि की व्याख्या करता है और भीललों और प्रकृति के बीच मूल संबंधों की स्थापना करता है।

इंदल और खोलो पूजा के एक संक्षिप्त रूप में अक्तूबर में पैदावार के समय जिस स्थान पर फसल को गाहा और ओसाया जाता है, वहाँ पर मिट्टी और गोबर के एक गोलाकार चिकने ढेर को पूजा जाता है। खोलो पूजा में आभार प्रकट किया जाता है और निरंतर समृद्धि की कामना की जाती है। इंदल में प्रकति को पूजा जाता है और परिवार को समुदाय के साथ अपनी समृद्धि बाँटने का मौका मिलता है। साथ ही देवताओं का अपनी कृपा बनाए रखने के लिए आह्वान करने का भी। यह अवसर सामाजिक प्रतिष्ठा के लिए अपनी संपत्ति का प्रदर्शन करने का भी होता है।

इस अनुष्ठान में गाँव के सभी पुरुषों को एक घर में एकत्रित किया जाता है और यह पटलों लकड़ी की निचली चौकियाँ के इर्द-गिर्द केंद्रित होता है, जो घरेलू देवी-देवताओं का प्रतिनिधित्व करते हैं। मिट्टी के कुछ दीये जलाए जाते हैं और कुछ मिट्टी के घड़ों को चटख नारंगी रंग में पबल पलाश के फूलों से ढक दिया जाता है। पबल के पत्तों के बीच पनिया रोटी जैसी खाने की वस्तु पकाई जाती है। जुवार (ज्वार) के एक ढेर पर एक घड़ा रख दिया जाता है, जो भोजन, वन और गृहस्थी के बीच संबंध का प्रतीक होता है। पटलों के दोनों ओर कोनों पर पवित्र बेल की पत्तियाँ रखी जाती है। बीच में मदिरा का एक ताँबे का घड़ा रखा होता है।

पुजारा पुजारी एक-एक कर देवताओं के आह्वान से आरंभ करता है जैसे कि सूर्य, चंद्रमा, पृथ्वी, समुद्र और ब्रह्मांड; वह गाँव के प्रत्येक घर के मुखिया को नाम से बुलाता है। नाम लेकर बुलाया गया प्रत्येक व्यक्ति आगे आता है, पुजारा के आगे नतमस्तक होता है, उससे हुरू की एक छोटी सी उल्की करछुल लेकर पृथ्वी और पूर्वजों को कुछ बूँदें चढ़ाकर स्वयं पी लेता है। इस प्रकार प्रत्येक परिवार की याद और सम्मान करने से गाँव का सामूहिक स्वरूप उभरता है।

फिर एक बुढ़वा धीरे-धीरे भाव-समाधि में प्रवेश करता है, हिलते, झटकते और अंतत: कुत्ते की तरह कूद-कूदकर भौंकते हुए, उसमें बापजी, भगवान् की आत्मा प्रविष्ट हो जाती है। पुजारा बापजी से पूछता है कि क्या वे पूजा से संतुष्ट हैं; बुढ़वा फुसफुसाता और बड़बड़ाता है और सभी लोग तब चैन की साँस लेते हैं, जब बापजी अपनी संतुष्टि प्रकट करता है। जब मुरगियाँ बाहर लाई जाती हैं; पुजारा उनके सिर पर पानी और जुवार छिड़कता है। यदि वे अपना सिर हिलाती हैं तो बापजी उन्हें भेंट के रूप में स्वीकार करता है। एक हंसिए से उनका सिर काट दिया जाता है और शरीर को पकाकर सामूहिक भोज

किया जाता है। इंदल जैसी बड़ी पूजा में चूजों और मुरगियों के अलावा एक या अधिक बकरियों की भी बलि चढ़ाई जाती है।

अब गायन आरंभ होता है। बुढ़वा अपने पैरों के बीच एक छोटा ढोल रखता है और मुख्य टेक लगाता है। जैसे-जैसे ताल तेज होती है लड़के आविष्ट हो जाते हैं और कूदने और कुत्तों की तरह भौंकना शुरू कर देते हैं, जब तक कि वे बेहोश होकर न गिर जाएँ। यह गाना और नाच सारी रात चलती है।

गायन पूजा का मुख्य पहलू है; यह देवताओं, प्राकृतिक दुनिया और लोगों के बीच संबंधों को परिभाषित करता है। यह राक्षस और इनसानों की दुनिया की सृष्टि, जीवित रहने के लिए जुवार के बनने और जीवन का आनंद उठाने के लिए वाद्य यंत्रों और सामाजिक वर्गों की उत्पत्ति की बात करता है। नर्मदा आख्यान को स्वरूप प्रदान करती है, अपने मार्ग में आनेवाली सभी वस्तुओं को पोषित कर और भूमि को नाम देकर और पवित्र कर।

गायन का चार तहों वाला कथाक्रम है, पहले अव्यवस्था को सुलझाता है और फिर तीन अप्राकृतिक जन्मों के माध्यम से सृष्टि करता है। आरंभ में प्रकृति में गड़बड़ थी, जिसमें विशाल वनों वाले वृक्ष और खूँखार जानवर रहते थे, जिन्होंने संसार को आतंकित कर रखा था। माल्गू गायन, जो एक संगीतज्ञ था, जिसने अपनी रंगी बजाकर जगली जानवरों को भगा दिया। उसकी सहायता लकड़हारे रेलू कबाड़ी ने की, जिसने लकड़ी ढूँढ़कर रंगाई बनाई। कुशल विशेषज्ञों द्वारा सही जादुई औजारों के इस्तेमाल से प्रकृति में व्यवस्था बनी। औजारों को सही कर्मकांडों को करने के बाद ही हासिल किया गया। अत: प्रभावी होने के लिए इंदल कर्मकांडों को परंपरानुसार होना चाहिए। गायन में भी मनोवांछित फल कर्मकांड और संगीत को सही तरह से करने से ही प्राप्त होता है, क्योंकि इससे प्रसन्न होकर प्रकृति भी सहयोग करती है।

अब गायन रेलू कबाड़ी की बेटी नर्मदा की समुद्र, जो उसका मंगेतर है, की ओर यात्रा का अनुसरण करता है। पश्चिम दिशा की ओर बहती हुई उदार नर्मदा अपने मार्ग में वरदानों की वर्षा करती हुई जाती है और अपने मार्ग में कई स्थानों को नाम देकर उन्हें जन्म भी देती है। अपनी करुणा के चलते उसकी बहन ताप्ति उसे पछाड़ देती है। इस प्रकार भाग्य के चलते अविवाहित रहने के कारण वह महिला शिल्पी, वीलूबाई के साथ कँटीला सफेद बैंगन उगाती है, जिससे सभी महामारी व बीमारियाँ जन्म लेती हैं। अत: अंत तक नदी उदार, पोषण व निर्माण करनेवाली, भूमि में उगाने व सींचने वाली ही बनी रहती है।

तीसरे भाग में वीलूबाई, एक उत्कृष्ट कुम्हार अपनी बेटी की सहायता से संसार का निर्माण करती है, लेकिन अपने विचित्र पितृत्व के कारण वह भगवान् के हाथों अपनी सब वस्तुओं से वंचित होने के लिए बाध्य हो जाती है। अब ईश्वर सभी प्राणियों में

जीवन का संचार करने का उत्तरदायित्व अपने ऊपर लेते हैं, लेकिन वे नहीं जानते कि इसे कैसे किया जाए। अत: उनकी मौसी/बुआ व उनकी बेटियाँ मिट्टी में जीवन फूँकती हैं। साँस लेने वाली आकृतियों की नसों में तब रक्त बहने लगता है, जब वे अपनी विशिष्ट प्रजाति को निर्धारित भोजन देती हैं। इस प्रकार मनुष्यों और जुवार, जीवन रक्त के लिए आवश्यक भोजन और भीललों का मुख्य आहार, में संबंध स्थापित होता है।

अंततः सूर्य और चंद्रमा का जन्म होता है, जब वेश धरकर एक भिखारी दो बाँझ औरतों को गर्भवती बनाता है और अपने रंथा के संगीत से एक आत्मा को प्रसन्न कर उसे अदृश्य बना देता है। अत: आरंभ की भाँति अंत में भी संगीत ही परिवर्तन लाता है।

जहाँ गायन भीलल जनजाति की अनोखी सांस्कृतिक परंपरा है, वहीं इंदल पूजा की वेदों और पुराणों के धर्म में अप्रत्याशित अनुगूँज सुनाई पड़ती है। ज्योतींद्र जैन, जिन्होंने राठव-भीललों के बीच इंदल का अध्ययन किया, को यह जानकर आश्चर्य हुआ कि यह "इंद्र, वर्षा के देवता, की प्राचीन वैदिक और पौराणिक पूजापद्धति का प्रतिनिधित्व करता है। उन्होंने पाया—यह आश्चर्यजनक है कि इंद्र की यह पुरानी कृषि पूजापद्धति, जिसका प्राचीन भारतीय साहित्य में वर्णन है, लगभग उसी रूप में एक सुदूर जनजातीय कोने में मौजूद है, जबकि इंद्र की पूजा हिंदू धर्म की मुख्यधारा से लगभग समाप्त हो चुकी है।"

वे विद्वान् जो भारत की धर्मग्रंथ-सम्मत, जनजातीय परंपराओं के एक-दूसरे में सरलता के साथ सम्मिलन और प्रविष्ट होने की रहस्यमयी प्रक्रियाओं में रुचि रखते हैं, उनके लिए इंदल और इंद्र की कथा सोचने के लिए बहुत कुछ दे सकती है। कम-से-कम, यह फिर से निरंतरता के अविरल और व्यापक प्रतिमान पर प्रकाश डालती है।

जनजातियों में रामायण

जनजातीय क्षेत्रों महाकाव्य परंपराओं की व्याप्ति और जनजातीय विश्वदर्शन पर उनके प्रभाव ने लंबे समय से मानव-विज्ञानियों को आकर्षित किया है। जहाँ एक ओर सांस्कृतिक वृत्तांतों की कुछ कथाओं का जनजातीय भाषाओं में बाकायदा अनुवाद किया गया है, वहीं विद्वानों के सामने "कुछ ऐसे गीत आए जिनका जनजातीय विश्वदृष्टि और उनके रीति-रिवाजों से ज्यादा गहरा संबंध था, जो इस बात की ओर इशारा करता था कि रामकथा के कुछ पक्षों को लगभग आत्मसात् कर लिया गया था।" ये वृत्तांत संभवत: पूर्वजों से प्राप्त शिक्षा की सामूहिक जनजातीय स्मृति अथवा देश भर में भ्रमण करनेवाले भिक्षुक गोसाइयों द्वारा प्रसारित की गई थी। एक महत्त्वपूर्ण बात यह है कि कुछ स्थानों पर जनजातियों ने महाकाव्य के खलनायकों, जैसे मेघनाद और रावण से अपना तादात्मक स्थापित किया है, संभवत: अपने व्यक्तिगत साहस के कारण।

कर्बी रामायण

कर्बी जनजाति असम अपनी उत्पत्ति त्रेता युग में रामायण के युद्ध के समय से मानती है। गाँव का एक वृद्ध व्यक्ति, छारा तेंराग, जो 115 वर्षों तक जीवित रहा। उसे याद था कि त्रेता युग के दौरान उनके कुल ने राम का समर्थन किया और उन्होंने राम का कर बाण उठाया। अत: वे करीकिरी के नाम से जाने गए, जिससे कर्बी उद्धृत है। इसलिए राम की कथा उनकी चेतना और सामूहिक पहचान का एक महत्त्वपूर्ण हिस्सा है।

पारंपरिक रूप से कर्बियों ने प्राकृतिक देवी-देवताओं की पूजा की है और परिवार और समाज के लिए उनके आशीर्वाद का आह्वान किया है। लेकिन राम नाम विभिन्न देवी-देवताओं को संबोधित अलग-अलग मंत्रों के विभिन्न सूत्रों से धागे की भाँति गुजरता है। पर राम और सीता को मूर्तियों के रूप में नहीं पूजा जाता न ही उनके समक्ष स्पष्ट रूप से प्रार्थना की जाती है, लेकिन अर्णम फरों जैसे देवताओं के समक्ष रामनाम से अनुप्रेरित मंत्रों को उच्चारित किया जाता है और राम को एक कर्बी देवता का स्थान दिया जाता है। हेंफू सफन पूजा के मंत्रों में सीता का आह्वान किया जाता है। रामनाम पू-थे निंग-रे अबूर के मंत्रों में अनुप्रेरित है। इसके अलावा रामनाम बेज वैध के मंत्रों में भी होता है, जो मकड़ी के काटे, सिंगी मछली के डंक और घाव और टूटी हड्डियों का इलाज करता है। राम और सीता की प्रत्यक्ष पूजा का केवल एक उदाहरण है।

रामकथा प्रस्तुति के अंत में लुन्से गायक राम-लखन अवुर नामक एक विशेष पूजा करता है। लुन्से को स्वयं अपनी शुद्धि के लिए एक सफेद मुरगा भेंट चढ़ाना होता है। परंपरानुसार, गाने से पहले गायक को राम, लक्ष्मण और हेंफू, कर्बियों के अधिष्ठाता देवता जो भगवान् शिव के समान हैं, का आह्वान करना होता है। बाकी के लिए कर्बी अपने जनजातीय धर्म का अनुपालन करते हैं।

कर्बियों में रामकथा के विस्तार के अनेक छोटे-छोटे अवशेष देखने को मिलते हैं। वे इंद्रधनुष को मुकाक कहते थे, लेकिन छोटे बच्चे इसे राम-लखन अथाई राम और लक्ष्मण का धनुष कहते थे। उनका मानना है कि सिंगी और मगूर जैसी मछलियाँ जो डंक मारती हैं या विषैले बिच्छू और साँप, सभी को राम के धनुष से अपना विष प्राप्त हुआ। कर्बियों का यह भी मानना है कि वे बाली के वंशज हैं। कर्बी कथाओं में दानवों के साथ दोनों भाइयों में दानवों के साथ दोनों भाइयों के युद्ध में लक्ष्मण सदैव अधिक शक्तिशाली भाई होता है। राक्षसी ताड़का के साथ युद्ध में राम का संतुलन केवल इसलिए बना रहता है, क्योंकि लक्ष्मण उनके पैरों को सहारा देते हैं।

कर्बी रामायण इता या सिंता कुंगरी का सीता पर जोर देने के कारण महत्त्वपूर्ण हैं, इसकी रचना का दावा करनेवाली साबिन भी सीता का ही काव्य रूप है जैसा कि इस छंद से स्पष्ट है—नीसो साबिन मीर लोरी जोनोक रेछो आसोपी बहन साबिन, राजा जनक

की पुत्री, एक सुंदर पुष्प है। अत: साबिन आलुन का अर्थ सीता का गीत या सीता की कथा हो सकता है, कहा जाता है कि यह महाकाव्य केवल एक कवि का कार्य नहीं है। परंपरानुसार महाकाव्य के हिस्सों को बे कुल के सदस्य महान् समाज सुधारक इरूकासेन के बगीचे में गाया करते थे। प्रसिद्ध कर्बी गायक, चेदू और लोंग्बी बे मछुआरे वंश के थे। विद्वानों का मानना है कि मछुआरे गायक पहाड़ियों में जाकर कर्बियों में मिल गए होंगे और उन्हें रामायण से अवगत कराया होगा।

कर्बी रामायण के अनुसार राम गान से पहले कर्बियों में कोई गाना नहीं था। इसलिए हेंफू उनके सर्वोच्च देवता ने दैवी संगीतज्ञ, रंगसेन से गानों की रचना करने को कहा—'धरती पर जाकर कर्बियों में संगीत की शुरुआत करो'। रंगसेन ने मानव रूप धारण कर मिरजेंग भाइयों को संगीत सिखाया। रंगसेन ने साबिन अलुन गाने की रचना की। यह वाल्मीकि और तुलसीदास की कथाओं से मेल खाता है, जिनके अनुसार कवियों को उनकी रचना के लिए देववाणी प्राप्त हुई।

कर्बियों के अनुसार, प्राचीन काल में भगवान् राजा बामोन्यों के पुत्र बनकर धरती पर आए, ताकि वे गौण देवताओं पर नियंत्रण कर सकें और दुष्टों को दंड दे सकें। स्वयं अवतरित होने से पहले उन्होंने सुनिश्चित किया कि लंका के राज्य में रावण के बारह सिर थे, न कि दस और तीन भाई, बिबीखन (विभीषण) महि राबन (महिरावण) और मेकनात (मेघनाद)। अपने भाइयों में सबसे शक्तिशाली, रावण का जीवनकाल हजार वर्ष का था। उसकी आत्मा मैना की थी और एक स्तंभ के अंदर छुपी हुई थी, जबकि उसकी प्रजा की आत्मा बर्रों की थी।

हालाँकि रावण की बारह पत्नियाँ थीं, लेकिन फिर भी वह अन्य स्त्रियों पर कुदृष्टि रखता था और उन्हें सताता था, जिसके कारण गौण देवता रावण की मृत्यु की कामना लिये भगवान् के पास पहुँचे। भगवान् धरती पर आए और उन्होंने स्वयं रावण के दुष्कर्म देखे; उन्होंने राम-लक्ष्मण के रूप में जन्म लेने का निश्चय किया और देवी लक्ष्मी को कनकपो के घर में सीता के रूप में जन्म लेने के लिए कहा। अत: देवी ने मोरनी के अंडे का रूप धरा और एक खुले मैदान में आ गई। कुछ ग्वालों ने अंडे को देखा और उसे अपने राजा कनकपो के पास ले गए। राजा ने निश्चय किया कि क्योंकि मुरगी का अंडा अखाद्य था, इसलिए वह उसे रख लेगा। अंडे को एक टोकरी में रखकर वह अपने खेत चला गया। कुछ दिन बाद रानी हंफी को मोरनी के अंडे के स्थान पर एक सुंदर कन्या मिली, उसने उस लड़की को गोद लेकर उसका नाम सीता रखा।

जैसे-जैसे सीता बड़ी हुई राजा के लंबे समय तक वहाँ न रहने के कारण महल परिसर में घना जंगल हो गया। एक दिन जब सीता ने स्वयं झाड़ियों को साफ किया तो उसे कई पीढ़ियों से छिपा लोहे का एक धनुष मिला। उसने उसे अपने दाहिने हाथ से

उठाकर बाएँ हाथ से दूसरे स्थान पर रख दिया। बाद में अपनी माँ की अनुमति से सीता कनकपो के लिए खेत में बने घर पर भोजन लेकर गई। जब कनकपो खेत के एक कोने में काम कर रहा था तो सीता ने खेत में बने घर को साफ कर दिया और खाना लगाकर कनकपो को पिता कहकर भोजन करने के लिए आमंत्रित किया। आश्चर्यचकित कनकपो जब सीता सहित अपने घर लौटा तो उसे अपनी पत्नी से सीता के बारे में पता चला। जंगल को साफ पाकर और लौहे के धनुष को खुले में पड़ा देखकर वह हैरान रह गया। जब उसने धनुष को घर के अंदर लाने का प्रयास किया तो वह उसे हिला भी न पाया और यह जानकर हैरान रह गया कि सीता ने उसे बिना किसी सहायता के हिला दिया था। अपनी पत्नी से सलाह करके उसने तुरंत निश्चय किया कि सीता का विवाह उस पुरुष से करेंगे, जो उस धनुष को तोड़ सकेगा।

कर्बी कथा में दशरथ धरम लोंग्की या राजा बामोन्यो है और हिमालय की तलहटी में अयोध्या पर शासन करता है। उसकी दो पत्नियाँ थीं—चा-कर्बी, जो मनुष्य है और हियेपी एक राक्षसी। क्योंकि दोनों पत्नियाँ संतानहीन थीं, इसलिए बामोन्यो ने राजा यम के पास जाकर उनसे संतान के लिए प्रार्थना कि जिनका जन्म कुछ जादू के बाद हुआ।

राम-लक्ष्मण के जन्म के समय रावण का मुकुट उसके सिर से गिर गया; वह समझ गया कि यह एक अपशकुन है। एक शक्तिशाली विरोधी का जन्म हुआ है। रावण के आदमियों ने दोनों बच्चों का पता बामोन्यो के घर पर लगा लिया, लेकिन उनके गुप्त उद्देश्य को भाँपकर शिशुओं ने उनसे कहा—'हम पृथ्वी पर यह पता लगाने आए हैं कि कौन धर्मपरायण और कौन दुष्ट है। रावण के हाथों मरने वाले पाताल जाएँगे और हमारे हाथों मरने वाले बैकुंठ।' इससे रावण के आदमियों को विश्वास हो गया कि रावण दुष्ट था और राम-लखन मनुष्य रूप में भगवान्। वे लंका लौट गए और जाकर रावण से कहा कि उनकी खोज पूरी नहीं हो पाई, क्योंकि उनकी रसद समाप्त हो गई थी और वे भूख से मरने वाले थे।

जब राजा कनकपो और रानी हेंफी ने सीता का विवाह उस व्यक्ति से करने का फैसला किया, जो सीता द्वारा प्राप्त धनुष से बाण चला सकेगा तो उन्होंने उपयुक्त वर की तलाश में अपने आदमियों के दलों को सुपारी और पान के पत्तों सहित खाना दिया। दूतों को विशेष रूप से शक्तिशाली रावण को सीता के स्वयंवर में आमंत्रित करने के लिए कहा गया।

रावण ने विवाह की शर्तों का उपहास करते हुए कहा कि किसी भी आकार के धनुष को उठाना उसके लिए पहाड़ी उठाने के बराबर था। रावण कनकपो के निवास पहुँचा और बारी-बारी से अपने मेजबान द्वारा लगाई गईं सोने और चाँदी की कुरसियों में बैठा। स्वागत के बाद उसने धनुष उठाने का प्रयास किया तो पाया कि वह तो उसे हिलाने में भी

असमर्थ था। इस घटना से अपमानित होकर रावण चला गया और उसने प्रण लिया कि एक दिन वह सीता को ले जाएगा। सीता को जीतने के रावण के इस प्रयास का उल्लेख अनेक संस्कृत व अन्य कार्यों में है, जैसे राजशेखर की बाल रामायण, जयदेव की प्रसन्न राघव, भवभूति की उत्तररामचरित, आनंद रामायण, तुलसीदास की रामचरितमानस, केशवदास की रामायण चंद्रिका, बंगाली की कृतिवस रामायण और उड़िया में बलराम की रामायण। लेकिन यह उल्लेख उत्तर-पूर्व के किसी अन्य साहित्यिक कार्य में नहीं है।

जब राम-लक्ष्मण ने रावण की असफलता के बारे में सुना तो उन्हें धनुष उठाने की अपनी क्षमता के बारे में शंका होने लगी। लेकिन वे उन संदेशवाहकों के साथ जाने के लिए तैयार हो गए, जो उन्हें कनकपो के महल के लिए न्यौता देने आए थे, ताकि वे कम-से-कम सीता का विवाह देख सकें। अतः अपने माता-पिता की अनुमति लेकर वे कनकपो की राजधानी के लिए रवाना हो गए।

महल में कनकपो ने उन्हें बैठने के लिए सोने और चाँदी से बनी दो कुरसियाँ दीं। लेकिन राजकुमारों ने उन पर बैठने से इनकार कर दिया और सरलता से जमीन पर जाकर बैठ गए, जिससे वहाँ मौजूद लोगों ने गलती से उन्हें गरीब अनाथ सोच लिया। लेकिन सीता ने एक सराई पावँ वाली तश्तरी पर सुपारी और पान का पत्ता प्रस्तुत कर उचित शिष्टाचार दिखाया। इसके बाद उनसे धनुष उठाने का आग्रह किया गया। राम गंभीर मुद्रा में धनुष के पास गए और वहाँ उपस्थित दर्शकों को अपना प्रदर्शन देखने के लिए आमंत्रित किया। उन्होंने ईश्वर की प्रार्थना कर धनुष उठाया और सरतलापूर्वक एक बाण चलाया। सीता ने राम को वरमाला पहनाई और औपचारिक रूप से दोनों का विवाह हो गया।

नवविवाहित जोड़ा और लक्ष्मण कुछ दिन कनकपो के महल में रहने के बाद सीता के माता-पिता सहित अयोध्या लौट गए। एक अन्य कथा के अनुसार सीता के साथ अयोध्या लौटते हुए परशुराम बरपुरम ने राम का पीछा किया और राम से अपनी शक्ति का प्रदर्शन करने को कहा। साथ ही यह भी कहा कि परशुराम उनका सिर अपने फरसे से काट देंगे। राम ने दक्षता से परशुराम के धनुष से बाण चलाए और उनका आशीर्वाद प्राप्त किया—'तुम न्याय के राज्य की स्थापना करोगे।' अंततः वे अपने घर पहुँचे। राम और सीता को रहने के लिए एक नया घर मिला और कुछ दिनों बाद सीता के माता-पिता अपने घर लौट आए। अचानक ही और अकारण बामोनपो ने राम, लक्ष्मण और सीता को बारह वर्ष के लिए नारायण पहाड़ियों पर वनवास दे दिया।

वहीं, जब रावण की बहन सुर्पणखा को पता चला कि राम ने सीता से विवाह कर लिया है तो उसने रावण को सीता हरण के लिए उकसाया। उसने स्वयं नारायण पहाड़ियों पर जाकर सीता, राम और लक्ष्मण के रहने के स्थान का पता लगाया। सुर्पणखा ने जब देखा कि सीता मृगचर्म पर बैठकर सेलेंग शॉल बना रही है तो उसने जाकर सीता से

दोस्ती कर ली। इसके तुरंत बाद जब दोनों भाई स्वर्ण मृग का शिकार कर लौटे तो उन्होंने पाया कि सीता वहाँ नहीं थी।

सीता की खोज में जब दोनों भाई पंचवटी पहुँचे तो वहाँ उन्हें गंभीर रूप से घायल जटायु मिला। जटायु ने राम को बताया कि वह उसका मामा था और उसने राम को वे सभी प्रार्थना व तंत्र-मंत्र सिखाए, जो उसे मालूम थे और उसने राम को आशीर्वाद दिया कि जल्दी ही उन्हें सीता मिलेगी। राम ने जटायु के अवशेषों को अपनी छाती पर रखकर जलाया, क्योंकि वहाँ कोई पवित्र स्थान नहीं था। यह अग्नि तीन दिन तक जलती रही, जिसके बाद लक्ष्मण ने देओपानी नदी से पानी लाकर बुझाया।

लंका में विभीषण ने रावण से सीता को राम को लौटाने के लिए कहा, लेकिन उसका प्रयास व्यर्थ गया। रावण द्वारा अपमानित होकर विभीषण ने राम को रावण की मृत्यु का रहस्य बताया—रावण का जीवन एक भौंरे के रूप में उसके शयनकक्ष में एक स्तंभ में छुपा था, जबकि लंका के राक्षसों का जीवन वन में वृक्षों में छिपा था।

युद्ध के दौरान रावण का बाण लक्ष्मण की छाती पर लगा और हनुमान जीवन रक्षक औषधि लाने हू-हू-हा-हा पहाड़ियों पर गए। उन्हें सूर्योदय से पहले पहुँचना था और जल्दी ही सूर्योदय होने वाला था, इसलिए हनुमान ने सूर्य को उठाकर अपनी काँख में छुपा लिया और पूरी पहाड़ी को उठाकर युद्ध क्षेत्र में ले आए। उस स्थान पर रावण की माँ ही एकमात्र वैद्य थी, इसलिए दवा लगाने के लिए उसे बुलाया गया। रावण की माँ ने उन्हें अपनी हथेलियों से अपनी आँखें ढकने को कहा, लेकिन चतुर हनुमान ने अपनी उँगलियों के बीच से झाँक लिया, जब रावण की माँ ने इसका विरोध किया तो हनुमान ने कहा कि उसकी उँगलियाँ विकृत होने के कारण पूरी तरह से बंद नहीं होती थीं। उन्होंने देखा कि लक्ष्मण का इलाज करने का नाटक करते हुए रावण की माँ ने वास्तव में बाण को शरीर में और गहरा घुसाने का प्रयास किया। उसे परे हटाकर बाण बाहर निकाला। फिर उन्होंने घाव से जहर चूसकर उसे बाहर जमीन पर साँप, बिच्छु और कन-खजूरों और पानी में सिंगी और सिंगाड़ा मछलियाँ यह विष खाकर विषैली बन गए लक्ष्मण ठीक हो गए और युद्ध तब तक चलता रहा, जब तक कि रावण नहीं मारा गया और सीता राम के पास वापस लौटी।

अयोध्या में कुछ समय बिताने के बाद राम ने अचानक ही सीता को वनवास भेज दिया। वनवास में सीता ने एक पुत्र को जन्म दिया, जिसका नाम लव रखा। सीता की सेवा करने के लिए हनुमान कुछ समय के लिए जंगल में आए। सीता बच्चे को हनुमान की देख-रेख में पालने में छोड़कर पानी लेने गई। हनुमान को झपकी आ गई और लव पालने से उठकर अपनी माँ से मिलने चल दिया। बच्चे को पालने में न पाकर हनुमान ने तुरंत ही पत्थर से एक बच्चे को गढ़ा और उसे पालने में डालकर वहाँ से भाग निकले।

पालने में एक अन्य बच्चे को पाकर सीता हैरान रह गई, लेकिन उसे स्वीकार कर उसका नाम कुश रखा। उसी वन में रहनेवाले वाल्मीकि ने दोनों बालकों को युद्ध कौशल सहित हर प्रकार की शिक्षा दी।

वहीं राम और लक्ष्मण ने चट्टान से बना पंखों वाला अश्व यह देखने के लिए भेजा कि क्या पृथ्वी पर उनके बराबर और भी कोई है। अश्व ने विभिन्न दिशाओं से लौटकर यह सूचना दी कि भाइयों के बराबर कोई भी नहीं था। एक दिन उस अश्व को उस वन की ओर भेजा गया, जहाँ सीता रहती थी और वहाँ सीता उसे लव और कुश ने पकड़ लिया। हनुमान अश्व का पीछा करते हुए दोनों बालकों तक पहुँच गए और उन्हें ललकारा, लेकिन जब उन्हें पता चला कि वे राम के पुत्र थे तो उन्होंने युद्ध बंद कर दिया। लव और कुश हनुमान का सिर काटकर अपनी माँ के पास ले गए। शोकसंतप्त सीता ने रोते हुए उन्हें बताया कि हनुमान उनके मामा थे। इसके बाद लव और कुश ने सिर विहीन शरीर पाकर हनुमान का सिर वापस जोड़ दिया और वे ठीक हो गए। अगले दिन भाइयों ने राम और लक्ष्मण से युद्ध किया और उनका सिर सीता के पास लाए। अपने पति और देवर को मृत देखकर सीता ने रोते हुए उन्हें जीवित करने के लिए कहा। तब राम, लक्ष्मण और सीता पुनः एक हुए।

लेकिन कुछ समय बाद ही सीता ने घोषणा की कि अब उनके विदा लेने का समय हो गया है। उन्होंने जीरो पहाड़ी पर जाकर बसुमति से उन्हें पाताल ले जाने की प्रार्थना कीं। पहाड़ी दो हिस्सों में खुल गई। राम और लक्ष्मण सीता के देहांत का आधात नहीं झेल सके। उन्होंने नागराज और पृथ्वी पर रहनेवाली समस्त मानवजाति को बुलाया और एकत्रित लोगों से कहा, ''हमने पृथ्वी पर सभी पापियों का नाश कर दिया है। अब आप यहाँ शांतिपूर्वक रह सकते हैं। हम स्वर्ग से आप पर नजर रखेंगे।'' नागराज को पृथ्वी पर अब और न रहने का निर्देश देकर उन्होंने उसे निवास के रूप में महासागर दिया और स्वर्ग की ओर प्रस्थान किया।

कर्बी रामायण के एक रोचक प्रसंग में रावण के साथ युद्ध करते हुए राम एक पूजा करना चाहते हैं। लेकिन रावण ही एकमात्र ऐसा व्यक्ति था, जो उस पूजा में पुजारी का काम कर सकता था; अतः राम ने रावण को सादर आमंत्रित किया और रावण ने उसे विनम्रतापूर्वक स्वीकार कर लिया। पूजा के दौरान राम को रावण के सामने नत होते देखकर लक्ष्मण अप्रसन्न हो गए। राम ने समझाया कि वे रावण के सामने इसलिए नतमस्तक हो रहे थे, क्योंकि वह उनका पुजारी था। पूजा के अंत में रावण ने राम को विजयी होने का आशीर्वाद दिया। यह कहानी एक कर्बी परंपरा को प्रतिबिंबित करती है, जहाँ एक कट्टर शत्रु भी निमंत्रण मिलने पर पुजारी बनकर आने से इनकार नहीं करता। कर्बी रामायण स्पष्टतः पीढ़ियों से चली आ रही एक लंबी मौखिक परंपरा को परिलक्षित करता है।

बीरहोर रामायण

छोटानागपुर झारखंड के बीरहोरों की रामायण के अनुसार सिंगबोंगा भगवान् ने पृथ्वी की रचना कर उसे रावण राजा को सौंप दिया। पर जब रावण ने आदमियों को मारकर खाना आरंभ किया तो भगवान् ने मानवजाति के कष्टों से द्रवित होकर आश्वासन दिया, "धैर्य रखो, मैं मानव कोख से जन्म लेकर रावण राजा का विनाश करूँगा।"

इनकी कथा के अनुसार दो राजा, जनक राजा और दशरथ की सात पत्नियाँ थीं। एक दिन उनकी भेंट एक शक्तिशाली ब्राह्मण से हुई और उन्होंने पुत्र प्राप्ति के लिए उसकी सहायता माँगी। ब्राह्मण ने अनेक तप और अनुष्ठानों की सलाह दी, जिसके बदले में उसने दशरथ से वचन लिया कि दशरथ उसे अपना पहला या पहले पुत्र देंगे। कुछ समय बाद दशरथ के घर चार पुत्रों का जन्म हुआ और ब्राह्मण पहले जनमा पुत्र लेने आ गया। राजा दशरथ ने ब्राह्मण को भरत और शत्रुघ्न दे दिए, जो उन्हें अपने साथ लेकर चला गया।

कुछ समय बाद तीनों एक दोराहे पर पहुँचे। ब्राह्मण ने कहा, "ये दो सड़के हैं। यह सड़क भव्य नगर की ओर ले जाती है, जबकि दूसरी शेर, भालू और अन्य भयानक राक्षसों और रेंगने वाले जंतुओं से भरे वन की ओर। तुम कौन सा मार्ग चुनोगे?" लड़कों ने नगर की ओर जानेवाला मार्ग चुना। यह सुनकर ब्राह्मण आश्वस्त हो गया कि वे राजा के पहले जनमे बेटे नहीं थे। उसने उन्हें राजा को लौटाते हुए कहा, "ये आपके पहले जन्म लेने वाले पुत्र नहीं हैं। मुझे अपने पहले फल दो।" तब दशरथ ने राम और लक्ष्मण को ब्राह्मण को सौंप दिया। ब्राह्मण ने उन्हें उसी दोराहे पर ले जाकर वही चुनाव करने को कहा। जब लड़कों ने वन का मार्ग चुना तो ब्राह्मण आश्वस्त हो गया कि वे ही प्रथम जनमे पुत्र थे। वह लड़कों को लेकर जंगल आ गया।

वहीं निःसंतान राजा जनक के राज्य में भीषण सूखा पड़ा। पंच ने राजा से वर्षा लाने के लिए भूमि को अपने हाथों से जोतने को कहा। जैसे ही राजा ने भूमि जोतनी शुरू की तो उसके हल से बनी हल-रेखा से एक सुंदर बालिका प्रकट हुई। उसका नाम सीता रखा गया, क्योंकि वह खेत जोतते सीतन से मिली थी। जनक ने उसे घर ले जाकर अपनी पुत्री की तरह पाला-पोसा।

जनक की पत्नी प्रतिदिन एक खुले स्थान पर गोबर से लीपा करती थी, ताकि राजा बलि दे सके। एक दिन अस्वस्थ महसूस करने के कारण उसने सीता से यह कार्य करने को कहा। जनक के आँगन में एक विशाल और भारी धनुष था, जिसे कोई नहीं हिला सकता था। लेकिन सीता ने उसे हटाकर पूरा आँगन साफ कर गोबर से लीपा और धनुष को वापस रख दिया। धनुष को अपने स्थान से हटा हुआ पाकर जनक सोचने लगे कि किसने ऐसा किया होगा और जब सीता ने उन्हें बताया कि यह उसने किया था तो उन्हें उसकी शक्ति पर आश्चर्य हुआ।

जनक ने घोषणा की कि वे सीता का विवाह उस व्यक्ति से करेंगे, जो धनुष

उठाएगा। अनेक प्रत्याशी आए और अपनी किस्मत आजमाई पर असफल रहे। एक दिन राम और लक्ष्मण ब्राह्मण सहित वहाँ पहुँचे। राम ने लक्ष्मण से प्रयास करने को कहा, पर उन्होंने यह कहकर मना कर दिया कि 'नहीं पहले आप करें; क्योंकि यदि मैं जीत गया तो अनुज-वधु के रूप में वह आपके लिए निषिद्ध होगी और आपके आराम का ठीक प्रकार से ध्यान नहीं रख पाएगी।' राम ने एक खिलौने की भाँति आवाज करते हुए गए, ताकि बधिर भी उन्हें सुन सकें; झुके लोग सीधे हो गए और दृष्टिहीन फिर से देखने लगे। ब्राह्मण तीनों को दशरथ के पास ले गए और वे एक या दो वर्ष तक खुशी-खुशी उनके साथ रहे।

अचानक ही एक दिन स्नान से लौटकर राम और लक्ष्मण ने अपने घर पर दशरथ का लिखा हुआ देखा, जिसमें उन्हें वन में रहने को कहा गया था, जबकि भरत और शत्रुघ्न का राज्य मिलने की बात थी। अत: राम, लक्ष्मण और सीता वन चले गए और उठलू बीरहोरों जैसी छोटी पत्तियों के समान कुटिया में रहे। एक अवसर पर उन्होंने विशाल इमली के एक वृक्ष के नीचे अपनी कुटिया बनाई, जिसने उनकी वर्षा से रक्षा की, क्योंकि तब वृक्ष के विशाल पत्ते थे। लेकिन राम ने लक्ष्मण से कहा, ''हमें जंगल में कष्ट और अभाव सहने के लिए भेजा गया है, लेकिन ये पत्तियाँ वर्षा से हमारी रक्षा करती हैं। पत्तियों पर अपने धनुष और बाण से निशाना साधो।'' लक्ष्मण ने पालन किया और इमली के पत्तों के छोटे-छोटे टुकड़े हो गए और कुटिया पर वर्षा का पानी गिर पड़ा। तब से इमली के पत्ते छोटे हैं।

एक बार तीनों ने खजूर के एक वृक्ष के नीचे अपनी कुटिया बनाई, जिसके बड़े, चौड़े पत्ते उनकी वर्षा से रक्षा करते थे। एक बार फिर से राम ने लक्ष्मण से पत्तों पर बाण चलाने का कहा, जिसके कारण पत्तियों के अनेक छोटे-छोटे टुकड़े हो गए जैसे वे आज तक हैं।

इस प्रकार राम, लक्ष्मण और सीता उठलुओं की तरह अस्थायी कुटिया में रहें; उनकी कुटिया का एक हिस्सा सीता को दे दिया गया, जबकि भाई दूसरे हिस्से में रहे। राम और लक्ष्मण मिलकर कंद-मूल एकत्रित करते थे, जिन्हें उबालकर सीता लक्ष्मण को उनका हिस्सा देते हुए कहती थी, 'लो बाबू, यह तुम्हारा हिस्सा है।' लक्ष्मण अपना हिस्सा ले लेते थे, पर उसे खाते नहीं थे; क्योंकि सीता ने उनसे भोजन 'लेने' के लिए कहा था, 'खाने' के लिए नहीं। तब लक्ष्मण भोजन को फेंककर और मिट्टी खाकर ही अपनी भूख मिटा लेते थे।

एक बार सीता ने कुछ दिनों तक अपनी कुटिया के आस-पास एक छोटे हिरन को घूमते हुए देखा। उन्होंने राम से उसे मारने के लिए कहा। राम और लक्ष्मण ने हिरन के आने की प्रतीक्षा की और उसका पीछा किया। ऐसा करते हुए वे कुटिया से दूर चले गए, लेकिन वे न ही उसे पकड़ पाए और न ही मार पाए। तब लक्ष्मण तुरंत कुटिया में

गए और सीता को मुट्ठीभर सरसों के जादुई बीज यह कहकर दिए कि वे किसी भी बाहरी व्यक्ति के कुटिया के समीप आने पर उन्हें उन पर फेंक दे और 'एक बीज एक आदमी को एक घंटे के लिए मार देगा, दो बीज दो घंटे के लिए और इस प्रकार।' फिर वे राम के पास वापस लौट गए।

लक्ष्मण के जाते ही रावण राजा एक रथ पर उड़कर आया। सीता ने उसपर एक जादुई बीज फेंका, जिससे वह एक घंटे के लिए मर गया। यह तब तक चलता रहा, जब तक कि रावण ने कहा, "इतना कष्ट क्यों करती हों? सारे बीज एक बार में क्यों नहीं फेंक देती, ताकि मैं एक ही बार में ही मर जाऊँ?" उसके तर्क को मानकर सीता ने एक ही बार में उसपर सारे बीज फेंक दिए और उसे भस्म कर दिया। लेकिन जल्दी ही रावण जीवित हो गया और सीता को उसके बालों से उसे पकड़कर अपने रथ में ले गया। जब दोनों भाई घर लौटे तो सीता को वहाँ न पाकर वे हैरान रह गए।

कहानी में बाद में भाइयों का रावण से युद्ध में आमना-सामना हुआ। राम को स्थिति के बारे में अवगत कराने से पहले थके हुए लक्ष्मण और हनुमान ने एक दिन विश्राम किया। राम ने उनसे केवल रावण को मारने पर अपना ध्यान केंद्रित करने को कहा। जब वे रावण से पुनः युद्ध कर रहे थे तो रावण ने कहा, "तुम मुझसे व्यर्थ युद्ध कर रहे हो। केवल वह व्यक्ति जिसने बारह वर्ष तक उपवास किया है वह ही मुझे मारने में सफल होगा।" यह सुनकर हनुमान ने सुगा पक्षी का वेश बदलकर रावण से छलपूर्वक उसके जीवन का रहस्य पता कर लिया। रावण ने बताया कि उसका जीवन उसके ईंट के महल की भीतरी कोठरी में सुनहरी दीवारों वाले एक छोटे से कमरे में छुपा हुआ है। हनुमान और लक्ष्मण ने महल में घुसकर कमरा तोड़ डाला और रावण के जीवन को मुक्त कर दिया। इसके बाद दोनों का रावण से सामना हुआ और क्योंकि लक्ष्मण ने पिछले बारह वर्ष से कोई भोजन नहीं किया था, सिवाय मिट्टी के इसलिए वे रावण को मारने में सफल हुए।

मुंदरी रामायण

के.एस. सिंह का कहना है कि मुंडाओं ने रामकथा का वस्तुतः जनजातिकरण कर दिया है। उनकी कथा में अयोध्या एक गाँव है, सीता एक जनजातीय लड़की, जो अकाल के वर्ष में जनमी और मिली। जनक एक आम किसान। बकरियाँ चराती हुई सीता का रावण हरण कर लेता है।

मुंडाओं का कहना है कि 'सीता' की मुंडा व्युत्पत्ति उस शब्द की सही व्याख्या देता है, 'वह जो हल सी के नीचे जा मिली।' सीता ऋग्वेद की कृषि देवी थी और सवर जैसी मुंदरी जनजातियों में उसे मातृ देवी माना जाता है। पड़ोसी बोंडो जनजाति सीता को माँ मानती है, समृद्धि लाने वाली गाय, हर प्रकार के बीज का स्रोत, यहाँ तक कि

तंबाकू और ताड़ी भी। उनके विचार से यह स्वाभाविक ही है कि धरती की माँ को वापस धरती में लौट जाना चाहिए।

मुंडा कथा के अनुसार ऋष्यश्रृंग की तुलना गवल-सींग मुड़िया से की गई है और उसका चित्रण एक जनजातीय पुजारी के रूप में किया गया है, जो वास्तव में राम और उनके भाइयों के पिता थे। अपने जीवन के अंतिम चरण में राम की तीनों माँएँ और उनके भाई अयोध्या छोड़कर ऋषि के पास वापस चले गए। मुंडाओं का कहना है कि लंबी पूँछ वाले वानर वास्तव में वनवासी जनजाति थे, जो अपनी धोती इस प्रकार बाँधते थे, जिसका एक सिरा पूँछ की भाँति लटकता रहता था। आज भी मुंडा और सवर ऐसा करते हैं, विशेषकर नृत्य करते हुआ।

मुंडा लोगों का दावा है कि राम सदाचार की मूर्ति या एक आदर्श व्यक्ति या अवतार नहीं थे जैसा कि गोसाईं तुलसीदास ने उनका चित्रण किया है बल्कि वे एक आम आदमी थे, जिनमें मानवीय कमजोरी और शक्ति थी। उनका दावा है कि रावण एक उदात्त नायक था, जो एक मुंडा कुल, तिमलिंग से था। वह सीता के प्रति राम के व्यवहार का घोर आलोचक है और वह मुंडा कविता में कष्ट की प्रतिमूर्ति है।

अन्य जनजातियों में रामायण

एन.एन. व्यास जिन्होंने राजस्थान और निमाड़ मध्य प्रदेश में जनजातीय रामायण का अध्ययन किया, उन्होंने पाया कि भारतीय सभ्यता का जातिगत हिंदुओं की 'महान्' परंपरा और जनजातीय-लोक समूहों की 'लघु' परंपराओं के रूप में वर्गीकरण दोनों के बीच सक्रिय आदान-प्रदान के चलते तर्कसंगत नहीं था। उन्होंने पाया कि भारतीय सभ्यता सभी को समान रूप से अपनाकर त्योहारों, मेलों और कर्मकांडों के माध्यम से एक गहरी एकता स्थापित करती है, जो सांस्कृतिक और लौकिक को एक सांस्कृतिक ब्रह्मांड में एक करता है। वाल्मीकि का महान् महाकाव्य और आगे जाकर तुलसीदास द्वारा उसके रूपांतर को जनजातीय लोगों ने अपने भौतिक और सांस्कृतिक पर्यावरण को प्रतिबिंबित करने और उनकी विशिष्ट सामाजिक और नैतिक चिंताओं को संबोधित करने के लिए बनाया है। जनजातीय व्याख्या देश के विभिन्न हिस्सों में विशिष्ट और व्यापक तौर पर समान है, जैसे कि राजस्थान के भील, छोटानगर के संथाल और मध्य भारत के कोरकु। जनजातीय कथा के अनुसार रावण एक शक्तिशाली लेकिन क्रूर राजा था, जो पूरे ब्रह्मांड पर शासन करता था। उसने निर्धन लोगों का इतना दमन किया कि वे ईश्वर से उसे मारकर उसकी तानाशाही से उन्हें मुक्ति दिलाने की प्रार्थना करने लगे। उनकी प्रार्थना के उत्तर में भगवान् पृथ्वी पर राम के रूप में अवतरित हुए।

एक भोपा के जादू के फलस्वरूप राजा दशरथ के घर राजकुमार राम का जन्म हुआ, हालाँकि उन्हें नि:संतान होने का श्राप मिला था। दशरथ की तीन रानियों ने चार

पुत्रों को जन्म दिया। अपनी सेवा के बदले में भोपा को पहले दो राजकुमार मिलने थे, लेकिन जब समय आया तो दशरथ ने दोनों छोटे राजकुमार सौंप दिए। ऐसा इसलिए क्योंकि जनजातीय लोग मानते हैं कि शासक सदैव झूठ बोलते हैं और धोखा देते हैं। लेकिन भोपा ने झूठ पकड़ लिया और वह दोनों बड़े बेटों, राम और लक्ष्मण को अपने साथ गाँव ले गया।

सीता के बारे में जनजातीय लोगों का मानना है कि यदि राजा स्वयं भूमि को जोते तो अकाल से बचा जा सकता है। जनक की भूमि लगातार अकाल की मार झेल रही थी, इसलिए जनजातीय लोगों ने उससे भूमि जोतने को कहा और वह मान गया। जोतते हुए हल के बाहरी कोने ने एक मानव शरीर को छुआ और इस प्रकार सीता, जनक की पुत्री का जन्म हुआ। व्यास का कहना है कि सीता के उत्पन्न होने की यह विचित्र व्याख्या इस तरह से समझाई जा सकती है कि अकाल की मार झेल रहे लोग बहुधा अपने छोटे बच्चों को खेतों में छोड़ देते थे और सीता ऐसी ही त्यागी हुई बच्ची थी।

सीता से राम के विवाह को भी जनजातीय परिप्रेक्ष्य में रखा गया है। जनजातीय शासक के रूप में जनक एक मामूली झोंपड़ी में रहते थे। उनके आँगन में जनजातीय लोगों का प्रिय धनुष था, जो इतना भारी था कि उसे हिलाना किसी के लिए भी असंभव था। लेकिन आँगन को लीपते समय सीता ने उसे आसानी से उठा लिया। अत: जनक ने सीता का विवाह उस पुरुष से करने का निश्चय किया, जो धनुष के टुकड़े-टुकड़े कर सकेगा। राम ने यह कर दिखाया और सीता उनकी हुई।

विवाह के बाद राम का निर्वासन कैकयी की ईर्ष्या का परिणाम नहीं था बल्कि दशरथ की तानाशाही के कारण हुआ था। एक दिन दशरथ ने नगर द्वार पर लिख दिया कि भरत और शत्रुघ्न राज्य पर शासन करेंगे, जबकि राम और लक्ष्मण वन को जाएँगे।

वन में अपने निर्वासन के दौरान राम और लक्ष्मण ने स्वर्ण मृग का पीछा उसके मांस के लिए किया। सीता को यह देखकर बुरा लगता था कि राम और लक्ष्मण को जंगली फल ढूँढ़ने पड़ते हैं, इसलिए उन्होंने उनसे स्वर्ण मृग का शिकार करने को कहा। इस बीच रावण ने सीता का हरण कर लिया, क्योंकि सीता, जिसे रावण पर कुछ जादुई दाने थोड़े-थोड़े करके डालने के लिए दिए गए थे, ताकि वह धीरे-धीरे शक्तिहीन हो जाए, सीता ने सभी दाने एक ही बार में फेंक दिए। इसके फलस्वरूप रावण जल्दी ही पुनर्जीवित हो गया और राम और लक्ष्मण के लौटने से पहले उन्हें हर के ले गया। जनजातीय लोगों की इस जादुई विधि में गहरी आस्था है।

वहीं महेंद्र कुमार मिश्र ने मध्य भारतीय जनजातियों पर रामायण के प्रभाव का अध्ययन किया और पाया कि महाकाव्य के रचनाकारों ने देश के प्रत्येक क्षेत्र, उसकी नदियों, पर्वतों, वनों, स्थानीय संस्कृतियों और प्रथाओं के प्रति सम्मान दिखाया था। लोक नायकों की अवतारों से पहचान और विभिन्न क्षेत्रों की अवतारों द्वारा किए गए चमत्कारों

से पहचान की प्रकिया द्वारा महाकाव्य को क्षेत्रीय और जनजातीय संस्कृतियों से एकीकृत किया गया। इससे अनेक छोटे समूह राष्ट्रीय मुख्यधारा में आए। उन्होंने पाया कि रामायण "भारतीय सभ्यता के 'एकीकरण का केंद्र' थी" और 'क्षेत्रीय सभ्यताओं के जाल' पर इसका गहरा प्रभाव रहा है।

गढ़मंडल के गोंड अपना स्थान ऊँचा उठाने के लिए अपना संबंध राम से जोड़ते हैं। उनकी सृष्टि की कथा के अनुसार महादेव व पार्वती से जनमा पहला मनुष्य एक गोंड था। राम के रावण के साथ युद्ध के दौरान रावण के राज्य के निकट एक गोंड दंपती रहता था, जिसे पूर्वजन्म में महादेव ने नि:संतान होने का श्राप दिया था, जब तक कि वे राम के लंका आगमन पर उनकी चरणोडोका (चरणों का पानी) नहीं पीते। दोनों ने राम के आगमन की आतुरता से प्रतीक्षा की और उनके आगमन पर उनकी पूजा कर और उनके चरण धोकर उस जल को पीया। राम ने उन्हें तीन पुत्रों का आशीर्वाद दिया, जो रावणवंशी गोंड कहलाए। राम ने रावण से युद्ध किया और विजयी हुए। सीता सहित लंका से लौटते हुए वे अपने साथ कुछ गौंडों को लाए, जो सूर्यवंशी गोंड कहलाए। पूर्वजों को राम का समकालीन बताना इस बात की ओर इशारा करता है कि रामकथा का जनजातीय जीवन पर कितना गहरा प्रभाव है।

गुजरात और राजस्थान में भीलों ने महत्त्वपूर्ण भूमिका का निर्वाह किया। टी.बी. नायक ने पाया कि पंचमहलों की भीलोडी रामायण में सत्रह गीतों के लोक काव्य के माध्यम से कथा सुनाई गई है, जो बड़ा गणेश गणपति, महादेव, राम और सीता, हडुमान हनुमान, गुरु और वाल्मीकि ऋषि जिन्हें वालियों नामक भील बताया गया है, के आह्वान से आरंभ होती है। कथा मुख्यत: परंपरागत वर्णन के अनुसार है, लेकिन इसकी विशेषता आठवें गीत में है। इसमें एक भील शासक गोहक की कथा का उल्लेख है, जिसने राम के निर्वासन के समय उनके चरण इस बहाने से धोए कि यदि राम के पैर मैले हुए, तो गोहक की नाव एक स्त्री बन जाएगी और उससे उसकी आय का जरिया छिन जाएगा। तुलसीदास की कवितावली, अयोध्या कांड, चौपाई 6 और घनक्षरी में भी इसी प्रकार केवट जाति के निषाद नाविक ने राम को तब तक अपनी नौका में प्रवेश नहीं करने दिया, जब तक कि उसने उनके पैर नहीं धो लिये, क्योंकि दूसरी नौका लेना उसके लिए संभव नहीं था और उनका परिवार केवल इसी नाव पर अपनी जीविका के लिए आश्रित था। भील रामायण एक प्रार्थना के साथ समाप्त होती है, जिसमें भीलों के मदिरापान, चोरी और स्नान न करने का उल्लेख है, जिन्हें बुरी आदत माना गया है। अंत में गायक राम के चरणों में गिरकर उनकी प्रभुता में अपनी भक्ति दोहराते हैं।

सूरत, गुजरात की एक आदिम जनजाति दुबला, खेतों में काम कर अपना जीविकापार्जन करते हैं। लेकिन अक्तूबर-नवंबर के महीने में वे सुंदर पोशाकों और आभूषण पहनकर एक नृत्य समूह घेर बनाकर अपने सांस्कृतिक ज्ञान के अनुरूप राम

के गुणगान के गीत गाते हुए एक गाँव से दूसरे गाँव का दौरा करते हैं। स्वर्ण मृग के बारे में गीत पावाड़ों के अनुसार वन में रहते हुए लक्ष्मण ने एक कुआँ खोदा और सीता ने डमरों का एक पौधा लगाया, जिसमें वह नित्य पानी दिया करती थी। लेकिन प्रतिदिन एक मृग उस पौधे को खा जाता था, जिसके फलस्वरूप वह पौधा उगता ही नहीं था। सीता ने राम से उस मृग के बारे में कुछ करने का कहा। लेकिन जब दोनों भाई मृग को मारकर लौटे तो सीता वहाँ नहीं थी। राम का हृदय चूर-चूर हो गया—'कुटिया खाली है और उपवन भी; और खाली कुटिया के ऊपर कौवे मँडरा रहे हैं। राम अपनी कुटिया में बैठकर उनके पदचिह्न देखकर रोते हैं।'

सीता की खोज में हनुमान लंका के लिए चल पड़ते हैं और अनेक साहसिक कार्य करते हैं, जिनका बड़े जोश से वर्णन किया गया है। 'हनुमान उपवन को तहस-नहस कर देते हैं। राजा के पास जब इसकी शिकायत जाती है तो वह चार या पाँच नौकरों से हनुमान का पीछा कर उन्हें पकड़ने का आदेश देते हैं। जब नौकर उन्हें पकड़ने के लिए ऊपर चढ़ते हैं तो वानर तुरंत ही नीचे उतर जाता है। जब वे उसे पकड़ने में सफल होते हैं तो वे उसे मारते हैं, पर उसे चोट नहीं पहुँचा पाते।' थक-हारकर रावण के नौकर हनुमान से पूछते हैं कि वे उसे किस प्रकार मार सकते हैं। हनुमान उन्हें कहते हैं कि यदि वे एक तेल लगा कपड़ा उनकी पूँछ पर लगाकर उसे आग लगा देंगे तो वे जलकर मर जाएँगे। लेकिन जब रावण के आदमी ऐसा करते हैं तो हनुमान पूरी लंका में आग लगा देते हैं। वानर अपनी जलती पूँछ के साथ इधर-से-उधर कूदकर पूरी लंका में आग लगा देता है।' अंततः आग बुझाने के लिए हनुमान अपनी पूँछ पकड़कर उसे अपने चेहरे पर पोछ देता है। इससे उनका चेहरा काला हो जाता है और तब से सभी वानरों के चहरे काले हैं। लोहारों की अगाड़िया जनजाति की रामकथा का अपना वर्णन है। उनके अनुसार रावण को मारने के बाद राम ने सीता से कहा कि अब कोई शत्रु बाकी नहीं लेकिन सीता ने कहा कि नरक में हजार सिर वाला एक और रावण है। राम ने इस रावण को पैर से घायल किया, लेकिन रावण ने बाण निकाला और कहा, 'जिसने भी तुम्हें भेजा है जाकर उसे मारो।' बाण उड़कर गया और राम की छाती पर लगा, जिसके कारण वे मूर्च्छित होकर गिर पड़े। क्रुद्ध सीता लोहड़ीपुर भागी और लोगुंडी राजा से कहा, 'अग्यासुर और लोहासुर और तुम्हारे पास जितने भी देवता हैं, उन्हें मिट्टी के घड़े में आधा काठकोयला भरकर भेजो।' लोगुंडी राजा के पास केवल दो ही देवता थे, लेकिन उसने उन्हें ही काठकोयले सहित भेज दिया।

सीता ने काठकोयले के धुएँ से स्वयं को काला कर लिया। फिर एक हाथ में काठकोयले का घड़ा और दूसरे में तलवार लेकर उसने रावण का सिर काट डाला। अग्यासुर और लोहासुर ने बहने वाले खून को चाट लिया, जिसके बाद दो दानव निकले। उन्होंने सीता से रहने का स्थान माँगा अन्यथा उसे खाने की धमकी दी। सीता दानवों को

लोंगुडी राजा के पास ले गई और उनसे दानवों को अपनी भट्टी में रहने देने के लिए कहा, जहाँ से वे चुड़ैलों को भगाएँगे। उन्होंने अपने मिट्टी के घड़े में काठकोयले को जलाया और जैसे ही धुआँ उठा, लोगुंडी राजा मदमस्त होकर उनके चरणों पर गिर पड़ा। तबसे अगड़िया भट्टी से निकलने वाले धुएँ से बचते हैं, क्योंकि 'पहले यह आदमियों को मारता था और अब यह उन्हें मदमस्त करता है; इसलिए इससे बचना ही सही है।'

मध्य प्रदेश में उपरोरा जमींदारी के भँवरों को वह समय याद है, जब इमली के पेड़ की पत्तियाँ केले के पत्तों जितनी बड़ी थीं। जब राम, लक्ष्मण और सीता वन में निर्वासित जीवन व्यतीत कर रहे थे तो गरमी में वे खुले आकाश के नीचे सोते थे। वर्षा के दौरान वे इमली के विशाल पत्तों के नीचे शरण लेते थे। एक बार सावन जुलाई-अगस्त के दौरान दिन-रात वर्षा हुई और तेज हवा से पत्ते इधर-उधर उड़ने लगे, जिससे उस आग पर पानी पड़ गया, जिसपर सीता खाना बना रही थी। इससे क्रुद्ध होकर राम और लक्ष्मण ने इंद्र को लिखा कि वे 'मेघ राजा और रानी को उस छेद में वापस डाल दें, जहाँ से वे जनमे थे।' लक्ष्मण ने पत्र को बाण में बाँध कर आकाश की ओर छोड़ा; जैसे ही वह ऊपर उड़ा, बाण ने इमली के पत्तों के छोटे-छोटे टुकड़े कर दिए और तब से पेड़ की छोटी पत्तियाँ हैं।

भुइया कुंभकर्ण को तपस्या करनेवाला ऋषि मानते हैं। कोल लंकापुर को वह गाँव मानते हैं, जहाँ एक प्राचीन बैगा दंपती ने अग्नि को जन्म दिया। बैगा मानते हैं कि राम और लक्ष्मण बंदगरी में अर्जनी नामक बहन के साथ रहते थे।

जनजातियाँ अपने विभिन्न भौतिक सुखों के लिए रामायण के पात्रों को उत्तरदायी मानती हैं। काला हांडी, उड़ीसा के कमर कहते हैं कि लंका पर राम के हमले के दौरान हनुमान ने नगर को आग लगा दी। इसपर रावण चिल्लाने लगा, "संसार की सारी अग्नि बुझ जाए।" जब संसार की सारी अग्नि बुझ गई तो पकाने के लिए कुछ भी नहीं था। हनुमान महासागर के पास भागकर गए और निरंकार स्वामी से विनती की कि "यदि संसार में अग्नि नहीं हुई तो राम को शर्मिंदा होना पड़ेगा।" निरंकार ने उत्तर दिया, "अपना माथा रगड़ों तो उससे अग्नि जनमेगी; ऐसी अग्नि जिसे रावण के पिता भी नहीं बुझा पाएँगे।" हनुमान ने अपना माथा रगड़ा और उससे निकली अग्नि आज भी इस संसार में है।

रामायण की जनश्रुति ने अन्यथा सुदूर जनजातीय हिस्सों को इतना गहरे तक प्रभावित किया है कि जनजातियों द्वारा स्वयं को किसी महाकाव्य के पात्र का वंशज बताना आम है। सओरा स्वयं को शबरी सबरी, भील महिला भक्त, जिसने राम को एक-एक बेर चखकर दिया, ताकि वह उन्हें केवल मीठे बेर खिला सके। संथालों का कहना है कि उन्होंने राम की रावण के विरुद्ध सहायता की और उनके आखेट का वन अयोध्या के निकट था।

□□□